北京商务年鉴

(2012)

北京市商务委员会 编

责任编辑：林欣雨
责任印制：李未圻

图书在版编目（CIP）数据

北京商务年鉴．2012/北京市商务委员会编．—北京：华龄出版社，2012.8
ISBN 978-7-5169-0186-1

Ⅰ.①北… Ⅱ.①北… Ⅲ.①商务—北京市—2012—年鉴 Ⅳ.①F727.1-54

中国版本图书馆 CIP 数据核字（2012）第 204718 号

书　　名：北京商务年鉴（2012）
编　　者：北京市商务委员会
出版发行：华龄出版社
印　　刷：北京卡乐富印刷有限公司
版　　次：2012 年 12 月第 1 版　　2012 年 12 月第 1 次印刷
开　　本：880×1230　1/16　　**印　　张**：28.25
字　　数：600 千字　　印数：1～1000 册
定　　价：150.00 元

地　　址：北京西城区鼓楼西大街 41 号　　**邮编**：100009
电　　话：84044445（发行部）　　**传真**：84039173

《北京商务年鉴（2012）》编辑委员会

《北京商务年鉴（2012）》编辑部

2011年1月北京市市长郭金龙与跨国公司负责人座谈

2011年4月商务部部长陈德铭来京调研服务贸易发展及第三届服务贸易大会筹备情况

2011年1月商务部副部长姜增伟来京调研春节期间生活必需品市场供应情况

2011年5月北京市副市长程红出席“中欧经贸合作交流会”并作主题发言

2011年8月北京市副市长程红考察中华老字号博览会参展情况

2011年6月北京市商务委员会主任卢彦在第三届中国服务贸易大会之国际商贸中心发展论坛上发表“北京国际商贸中心发展战略思路”的主题演讲

2011年12月北京市商务委员会主任卢彦出席九省区市保障冬季首都市场蔬菜供应联合行动

2011年8月北京市商务委员会领导出席区县商务部门纪检监察工作沟通座谈会并讲话

2011年6月北京市商务委员会领导陪同市监察局领导等检查本市“双打”专项行动工作落实情况

2011年9月北京市商务委员会领导赴福建省莆田盐场考察本市食用海盐货源供应情况

2011年3月北京市商务委员会领导就“先行赔付”问题与中国出口信用保险公司进行沟通和交流

2011年8月北京市商务委员会领导在第二届“加拿大进口商品购物节暨魁北克省特色产品展”上与加拿大魁北克省省长亲切交谈

2011年6月北京市商务委员会领导到房山区调研再生资源回收利用体系建设工作

2011年12北京市商务委员会领导在北京市物流业与制造业联动对接会上致辞

2011年10月北京市商务委员会领导就调整外贸结构、转变外贸发展方式展开调研

2011年4月北京市人民政府口岸办公室主任检查首都国际机场航站楼内音像制品监管情况

2011年4月北京市粮食局局长陪同北京市人大、政协委员视察食用植物油库存情况

2011年2月北京市商务委员会领导在全国“两会”期间到超市检查安全生产

2011年9月北京市商务委员会领导陪同北京汽车行业协会领导在中国国际汽车零部件博览会上调研北京汽车零部件企业国际化发展情况

2011年8月北京市商务委员会领导与什邡市人民政府签订了《关于进一步推进什邡农特产品进京销售合作协议》，支持地震灾区重建

2011年6月北京市商务委员会领导到房山区考察酒类流通管理工作

2011年9月北京市商务委员会领导出席信用消费试点工作启动仪式并致辞

2012年1月“北京商务新春联欢会”在北京欢乐谷华侨城大剧院举行

2011年8月北京首家周末车载蔬菜市场在海淀北航社区正式营业

2011年10月时尚香港“北京大集”在朝阳区三里屯VILLAGE举行

2011年10北京“西藏（拉萨）商品大集”在金源新燕莎MALL举办

2011年5月“2011年春季进出口政策服务咨询会”在亮马河饭店会议中心举办

2011年5月“鼓励跨国公司在京设立地区总部政策解读会”在北京国际饭店举办

编 辑 说 明

一、《北京商务年鉴（2012）》（以下简称《年鉴》）由北京市商务委员会《年鉴》编辑委员会编纂，是本市商务领域唯一的权威性、综合性年鉴。该书的前身——《北京商务概览》创刊于2003年，2004年分为外经贸卷和内贸卷。2005年将两卷合一，更名为《北京商务年鉴》，并由内部刊印改为公开出版发行。

二、《年鉴》全面、系统地记述了上年北京市商务领域的基本情况和取得的成就。封面年号“2012”表示本期《年鉴》于2012年出版，主要包括2011年1月1日至12月31日期间的工作成果、相关数据和工作照片，并在重要文献中涉及2012年全市商务工作安排。

三、《年鉴》的内容由商务部门各单位提供，内容广泛，资料详实，数据准确，逐年出版，具有宝贵的文献保存价值。

四、《年鉴》不仅能为政府机关领导决策提供参考依据，也可为国内外商务领域和其他各界人士提供相关的法规、政策和数据资料，对本市商务领域的发展具有现实指导意义，对商务领域的各项工作也具有专业指导作用。

五、《年鉴》创刊以来，承蒙商务部门各单位领导的大力支持和撰稿人的积极参与，受到有关人士的欢迎和鼓励，在此谨致谢意，并希望继续得到各界人士的关心和支持。

《北京商务年鉴》编辑委员会

二〇一二年十二月

Editor's Notes

Ⅰ. *Beijing Commercial Yearbook* (2012) (hereinafter abbreviated as the Yearbook), compiled by the editorial committee of the Yearbook of Beijing Municipal Commission of Commerce, is the only authoritative and comprehensive yearbook in the commercial field in Beijing. The predecessor of the *Yearbook* is *Beijing Commercial Review* started publication in 2003. In 2004, the book was divided into two volumes-Foreign Economy& Trade Volume and Domestic Trade Volume. In 2005, the two volumes were combined together as one book with the name *Beijing Commercial Yearbook*, which changed from a periodical for restricted circulation into a publicly published one.

Ⅱ. The *Yearbook* gives a comprehensive and systematic record of the basic situation and achievements in the commercial field in Beijing, "2012" in the cover means the *Yearbook* is published in 2012. The *Yearbook* mainly includes the achievements of work, the related data and work photos from January 1 to December 31, 2011, and involves the commercial work arrangement of Beijing in 2012 in some important documents.

Ⅲ. The contents of the *Yearbook* come from various authorities of Commerce. With rich material, wide coverage and accurate data, the *Yearbook* is a valuable document.

Ⅳ. The *Yearbook* can not only provide reference for the leaders of government authorities to make decision but also provide the related materials of laws, regulations, policies and data for domestic and overseas personnel in the commercial field as well as other fields. It can offer practical directions to the development of the commerce in Beijing and professional directions to specific work in the commercial field.

Ⅴ. We are deeply appreciative of the great support from Beijing Municipal Commission of Commerce, the active participation of the writers, and the enthusiastic encouragement of the related personnel since the publication of the *Yearbook*. We hope we would be concerned and supported continuously in the future.

Editorial Committee of *Beijing Commercial Yearbook*

December 2012

目 录

第一部分　重要文献

第二部分　法规、文件选编

第三部分　主要业务

第四部分　口岸、海关、检验检疫

第五部分 开发区、区（县）商务

第六部分　统计资料

第七部分 大事记

第八部分　附　录

CONTENTS

Part Ⅰ Important Documents

Part Ⅱ Selection of Rules, Regulations and Documents

Part Ⅲ Main Work

Part Ⅳ Ports, Customs, Inspection and Quarantine

Part Ⅴ Busiuess in Development Area, Districts and Counties

Part Ⅵ Statistical Materials

Part Ⅶ Record of Major Events

Part Ⅷ Appendix

第一部分

重　要　文　献

程红副市长在2012年北京市商务工作会议上的讲话

2012年2月3日

（根据录音整理）

同志们：

今天召开全市商务工作会议，对2011年商务工作进行系统总结，同时对2012年商务工作进行全面部署。

首先，我传达一下刘淇书记和郭金龙市长对2011年商务工作的评价和对新一年商务工作的要求。

刘淇书记指出，2011年面对复杂多变的国内外经济环境，首都商务战线干部群众顽强拼搏，创新开拓，为全市经济实现平稳较快发展，做出了突出贡献，对商务发展取得的优异成绩表示祝贺！望再接再厉做好2012年的各项工作，加快推进国际商贸中心建设，为建设中国特色的世界城市再做贡献！

郭金龙市长对2011年的商务工作给予充分肯定。面对复杂的国际形势和国内结构调整带来的新挑战，商务战线的同志们奋发有为，在调结构、保增长中挑了大梁；在稳物价、惠民生中出了大力。希望认真总结经验，更好地把握现阶段商务工作规律，注重体制机制的建设。在2012年的工作中，希望再接再厉，弘扬“北京精神”，发挥敢于担当、敢于碰硬、敢于创新的精神，做好全年的各项工作。

一、关于2011年商务工作

2011年对商务工作来说是极不平凡的一年，也是经受考验的一年。

（一）经历了巨大的挑战和考验

2011年商务工作面临的挑战是前所未有的。

1. 消费环境

2011年，北京市积极贯彻中央的宏观调控政策，实施房地产调控；着眼于城市可持续发展，主动进行机动车限购，再加上其他结构调整方面的政策，消费需求因之也出现新调整。2011年，全年机动车销售下降了44%，少卖了61万辆车，初步估算销售额减少了将近800亿元。

2. 物价波动

2011年，本市农产品等生活必需品的价格上涨压力一度较大。为了稳定基本生活必需品的价格，市政府各部门和各区（县）在保障供应、优化流通体系、降低流通费用和组织对接等方面做了细致而卓有成效的工作，下半年，实现了基本生活必需品价格涨幅的缩小。

3. 应急处突

2011年应对的突发事件，时间紧，任务重。在3月份食盐抢购风潮中，各区（县）、各有关企业分秒必争，紧急调度，三天三夜恢复了市场稳定。利比亚事件发生后，在国务院统一领导下，市政府组织市应急办、市外办、市商务委、市交通委等，研究撤离线路、指挥撤离过程，紧急撤离中方人员5 414人。通过应对突发事件的考验，历练了果敢，积累了经验，锻炼了队伍，应急能力也得到了提升。

（二）取得了新的突破和发展

在这样一个充满挑战的特殊年份，商务工作取得了显著成绩，总结起来，表现为：规模更大、结构更优、企业更强、体系更加健全。

1. 规模更大

本市主要商务指标，在规模上都达到了历史新高，实现了历史性突破，迈上了新的台阶。

——消费市场。全年社会消费品零售额保持了10.8%的增长，达6 900亿。北京连续第四年位居全国城市消费市场之首。消费继续成为全市经济增长的主要拉动力，为全市经济稳定做出了贡献。

——货物进出口。全年北京地区进出口总值3 894.9亿美元，占全国进出口总额的比重有所提高；同比增长29.1%，增速高出全国平均水平6.6个百分点。

——服务贸易。全年服务贸易突破800亿美元，占全国20%左右，继续保持全国领军城市地位。

——引进外资。全市实际利用外资跃上70亿美元台阶。外商投资结构进一步优化。

——口岸运营。首都机场旅客吞吐量接近8 000万人次，继续位居全球第二。进出境人数超过了1 800万人次，关税首次突破500亿元。在海关、检疫、边检和口岸等有关部门共同努力下，首都机场旅客满意度首次进入全球前三名，机场服务得到了来自世界各地旅客的认可。

2. 结构更优

——消费方面。初步实现了从“一车独大”到多元支撑的转变。以前是“一车独大”，机动车在整个消费结构中最多时占了三分之一的份额。去年机动车的销售表现为“两降两升”。“两降”：一是全市机动车销售量下降了44%；二是限额以上批发零售企业汽车类零售额占全市社会消费品零售额的比重降至19%。“两升”：一是二手车销售的比例上升。二手车销售与新车销售比例由以前的1∶2提升到1∶1，全年新旧车销售基本上各是40万辆。这表明本市汽车消费市场正在转向成熟。二是二手车的外销率快速增长。去年二手车外销22万辆，同比增长了3.87倍，既实现了消费的升级，又有利于全市环境的改善。在这个过程中，汽车协会积极地组织汽车销售企业开拓市场，创新营销方式，着眼于周边市场，形成了区域市场整体营销策略。机动车销售比重虽然有所下降，但通过消费升级和结构转换，全市消费仍然保持了平稳的增长。发展型消费增长很快，文化办公用品类限上企业零售额超过了300多亿元，占比提高了两个百分点。保值型消费也有较快增长，金银珠宝类限上企业零售额同比增长50%以上。网上销售同比翻番，在各业态排名中提升了一位。消费结构进行深度调整，初步形成了多元支撑的格局，对于消费持续的增长十分有利。转型中的消费就如同转型的汽车，原来是汽油发动机，去年把其中一个缸换成混合动力，速度没有下来，能源却更清洁。消费结构的转换，不仅保证了经济的稳定增长，对于保持经济可持续发展也做出了重要贡献。总的来说，消费转换实现了一次蜕变，实现了一次升华。

——外贸方面。“双自主”企业产品出口比重继续增加。全市“双自主”企业出口达59.1亿美元，增长24.6%，占全市出口份额的十分之一，成为全市出口增长的领头羊。民营企业进出口表现突出，全年进出口同比增长77.2%，高出北京地区外贸整体增速48.1个百分点。民营企业在开放型经济当中发挥出了更大作用。

——外资方面。全年实际入资1 000万美元以上的大项目126个，实际入资51.2亿美元，增长12.2%，占72.6%，这是非常好的势头。作为首都，北京吸引外资主要靠增资和大项目带动，这是一种内涵式发展方式。

——服务贸易方面。2011年举办了第三届中国服务贸易大会，1 500多家企业、8 773人次参加了大会。在服贸大会中，有意识地增加了洽谈和交易，取得了非常好的效果。离岸服务外包执行金额达24.5亿美元，同比增长将近60%，继续保持了全国领军城市地位。

总的来说，规模持续增大是一个基础，但是结构调整更重要，这是我们进一步转变商务发展方式取得的重要成果。

3. 企业更强

按照市委、市政府要求，在“十二五”时期，我们要着力塑造“北京服务”和“北京创造”品牌。商贸是一个十分重要的领域，政府积极培育壮大企业，企业奋发有为，着力扩大市场，提升自己的竞争力和影响力。2011年，全市连锁企业有13家进入中国百强，销售规模和门店数量占百强总数的16%和4%，经营的总体实力和单店赢利能力明显提升。电子商务企业领军地位日益凸显，全国B2C销售规模排名前10名的企业中6家总部位于北京；14家企业获评示范企业，居全国之首。在本地销售过百亿的企业，又增加一家；销售过50亿的企业、增速在10%以上，达到50多家。北京获得中华“老字号”的企业117家，居全国前列。“老字号”企业全年新开416家店铺中有四分之三在外埠，扩大了“北京服务”品牌影响力。中国物流50强企业中，北京有20家；前20名中，北京有10家。物流企业规模进一步扩大，同时自动化、专业化的水平也在提升。4家服务外包企业入选2011年中国服务外包十大领军企业。北京建工集团在“走出去”领域也有所创新。对外承包工程在“中国标准走出去”、“联合走出去”等方面取得了新突破。企业实力进一步壮大，也是商务事业发展的一个根本性标志。

4. 体系更加健全

2011年年初市政府正式下发了《北京市加快国际商贸中心建设的意见》。全市有关单位齐心协力，朝着目标共同努力，国际商贸中心建设取得了阶段性成果，其中两个基础体系建设取得了突破性的进展。

——农产品流通调控体系。2011年，市政府始终把农产品流通调控体系建设作为重要的基础性工作。市领导多次研究措施、制订政策和部署工作。按照“市抓批发、区抓零售”原则，市区两级政府共同努力，农产品流通调控体系建设迈出了坚实步伐。市政府主要负责全市性的综合农产品批发市场的建设和管理。国资入股新发地农产品批发市场，这是一个重大举措。同时，积极指导区（县）在属地范围内，加强蔬菜零售网络体系的建设，探索直供直销等模式。区（县）加大工作力度，务实创新，探索了6

类12种蔬菜流通新模式，取得了显著成效。政府积极加强管理，进行调控；企业以高度的社会责任感，努力降低费用，在共同努力下，有效地稳定了物价。对农产品调控体系的建设，我们的思路越来越清晰，工作措施越来越有效，成效也越来越显著。

——口岸经济体系。在开放的背景下，市政府对于口岸资源十分重视。2008年开始建设天竺综保区，去年又建设完成了13.8万平方米的亦庄保税物流中心（B型），实现了当年报审、当年建设，当年验收、当年运行，得到海关总署高度评价。目前，天竺综保区、亦庄保税物流中心（B型）、平谷国际陆港，都有了较大发展。在天竺综保区，仅医药进出口就占到全市的三分之一以上。朝阳口岸外移至马驹桥的投资协议正式签署，并开始着手前期的相关工作。一个功能结构合理、空间布局合理的口岸经济体系初步形成。

在规模、结构、企业和体系四方面我们取得了新的成绩，主要是依靠两个“齐”：一是市区两级政府齐抓共管；二是政府、协会、企业齐心协力。其中，市区两级政府齐抓共管十分重要。在消费领域，2011年首次以市政府的名义向各区（县）政府下达促消费任务，并纳入了对区（县）政府的考核。各个区（县）都高度重视，有的区长每季度听取进展情况汇报，及时协调处理问题。有13个区（县）完成了2011年度消费增长任务目标，由于客观原因，还有3个区（县）没有完成。但是所有的区（县），都在积极努力，对消费的重视程度和政策支持力度都是前所未有。比如海淀、西城、房山、昌平、延庆等区（县）专门成立了促消费工作领导小组，建立了促消费工作联席会议；东城、朝阳、石景山、大兴、怀柔、门头沟、丰台、平谷等区出台了促消费奖励办法和鼓励办法，设立了专项资金，并且广泛开展促消费活动；通州、顺义、密云等区（县）加大了对新建商业企业的服务力度，现场协调解决实际困难。市相关部门也加大工作力度，共同促进消费增长目标的完成。市统计局全面加强统计工作，以更加科学的方法进行统计；市发改委、市农委、市农业局努力做好稳物价，保供应的工作；市旅游委、市交管局、市银监局、市节能中心等部门积极开展系列促销活动；市环保局牵头开展老旧汽车的更新淘汰工作，加快汽车更新换代，推动了新车消费。协会和企业在2011年促消费和稳物价过程中，也做了大量卓有成效的工作。

2011年，首都商务在面临特殊困难和挑战的情况下，通过大家的共同努力，齐抓共管、齐心协力，在“保增长，调结构，惠民生，保安全，优环境”上，取得了新的成绩。在此，我谨代表北京市政府对所有单位所做的工作表示感谢！对同志们的付出和艰苦的拼搏，表示崇高的敬意！

二、2012年商务工作思路

2012年是实施“十二五”规划承上启下的重要一年，是努力实现国际商贸中心建设的重要一年，今年党的十八大和北京市第十一次党代会也要召开，做好今年的各项工作十分重要。我们要按照市委、市政府的总体要求，特别要按照市委十届十次全会的精神，按照年初“两会”确定的各项目标，紧紧围绕科学发展这个主题和加快经济发展方式转变这条主线，牢牢把握扩大内需这一战略基点，牢牢把握保障和改善民生这一根本目的，做好各项商务工作。要牢牢把握“稳中求进”的总基调。“稳”是对全年商务工作的基本要求，就是要保持消费增长的稳定和价格的相对稳定，做好商务领域的安全和稳定工作。“进”就是要在商务事业的发展、惠及民生和对外开放等方面不断取得新的成绩。围绕全市中心工作，我们还要继续强化“三种意识”，办好一件大事，抓好三个方面的商务工作。

（一）强化“三种意识”

1. 强化机遇意识，乘势而上

近年，首都商务连续跨上历史台阶，这些成绩的取得离不开一定的历史背景。商务工作面临着两个非常重要的历史性机遇，一个是国家对扩大内需的高度重视；一个是国家对对外开放的深化。

第一，消费和内需。中央已经确定把扩大内需作为经济持续发展的战略基点。研究机构认为，在2030年以前中国的国内购买力将可能取代美国。中国将成为全球最大的市场，这是真正的历史性机遇。最吸引外商投资的是市场，是购买力。全球都在关注中国的市场，都在关注中国的需求，我们更要加倍挖掘、开发、开拓内需市场。城市化还没到一半的时候，经济发展主要是靠投资来拉动。北京城市化率已经超过80%，所以消费应该成为全市经济增长主要拉动力。

第二，对外开放。2011年是中国入世十周年。入世十年，北京外经贸发展变化很大，商品进出口增长了7.4倍；吸引外资超过了400亿美元，占到整个改革开放30年以来吸引外资的近70%。近五年，服务贸易增长了7倍以上。离开国家对外开放这个大局，我们是不可能实现这些目标的。在纪念中国入世十周年的大会上，胡锦涛同志对外以国家主席的身份表明中国对外开放的坚定决心。在入世第二个十年，我们要紧紧抓住对外开放的机遇，加快发展。

事业的成功离不开时代的发展，我们现在有幸处于这样一个阶段，国家给我们创造了这么好的历史机遇，大家一定要抓住机遇，乘势而上，把商务工作进一步向前推进。

2. 强化忧患意识，未雨绸缪

忧患意识是一种清醒的预见意识和防范意识，是一种危机感、责任感、使命感。作为首都的商务工作者，我们应该时刻持有忧患意识。2012年，我们依然面临着较大的压力，更要有忧患意识。在消费领域，2011年社会消费品零售额是6 900亿元，已经连续第四年位居全国城市之首，这是我们多年努力的结果，基数已经很高。今年还要增长12%，达到7 700多亿元，意味着每个月平均要实现644亿元，每天要达到21亿元，压力很大。北京消费在增长过程中，还有一些问题需要我们研究，比如去年的实际消费增长，扣除物价，只有7%。在与区（县）商议消费增长目标时，区（县）的第一感觉是难。有的企业反映，从2011年四季度开始，消费的增幅已经大幅度下降，市场的形势很不乐观。对于消费问题，今年大家还是要把各种困难分析透彻，针对难点采取措施。今年房地产调控和机动车限购的政策还将继续，虽然机动车销售不存在“跳空缺口”，但会在另外一条较低的轨道上运行，仍存在较大压力。市政府确定CPI不超过4%的目标，稳物价的任务仍然比较重。在稳物价方面，面对国际、国内两个市场，特别在换届，或者是一些重大活动前后，我们可能会面临一些复杂的问题和困难，大家要在思想上做好准备。外需方面，有些外贸企业反映，2012年的外需市场不亚于2008年第四季度的恶劣情况。所以，面对2012年复杂的国内国际形势，思想上要强化忧患意识，未雨绸缪，做好相应的准备工作。

3. 强化进取意识，迎难而上

面对挑战和困难，大家更要奋发有为，敢于担当、敢于碰硬、敢于创新，创造性地做好每项工作。今年是本届政府履职的最后一年，要在以下四个方面积极推进，注重总结。第一，农产品流通调控体系。市区两级政府，有关协会和企业，在新的开放市场的条件下，要确保生活必需品价格稳定、市场秩序稳定。本市东南方向全市性的农产品流通中心建设，要取得进展，在选址方面要加快进度，要确定相应的主体，以便在全市做好物流保障。第二，口岸经济体系。海关、检疫要加快推进口岸体系建设，通州和有关单位要确保通州马驹桥口岸今年开工。在条件成熟的情况下，争取有更多的口岸区域获得国家保税政策支持。第三，大都市生活必需品的应急调控体系。有关单位协同配合，进一步对应急调控体系进行升级和优化。第四，便民商业服务体系建设。充实和完善一刻钟生活服务圈，重点加大城乡结合部便民服务体系建设力度。

（二）举全市之力，办好“京交会”这件大事

2011年，国务院批准“京交会”永久落户北京。在市委十届十次全会和北京市的“两会”中，刘淇书记和郭金龙市长都对办好“京交会”提出了要求，大家要深刻全面地认识办好“京交会”的重大意义。近日，郭金龙市长召开了全市“京交会”领导小组会议，再次强调了举办“京交会”的三个意义。第一，实现国家开放战略。“京交会”是国家在对外开放新阶段的一个重要标志和重要举措。从国家来说，要形成货物贸易“广交会”，服务贸易“京交会”的格局，向世界表明中国深入持续对外开放的决心。办好“京交会”是北京服务中央的一项重要工作。第二，促进自身科学发展。通过举办“京交会”带动首都自身经济更好地发展。充分利用“京交会”，进一步加强国际合作，着力把北京服务业的亮点和重点充分体现出来。各区（县）和市级各部门，要利用“京交会”为北京发展创造更好的条件。第三，提升国际影响力。从21世纪开始，服务贸易的增速高于货物贸易的增速。服务贸易是全球经济的新引擎。借助举办国家级、国际性、综合型的服务贸易交易平台“京交会”，吸引全球客商来京交易，进一步树立北京品牌。我们要努力把北京建设成为国际服务贸易的枢纽，进一步提升北京的国际知名度和影响力。今年“京交会”的筹备工作很顺利。目前国外、国内企业要求参展洽谈的面积，超过我们可提供面积的近一倍。当前筹备工作正在紧锣密鼓进行，市里专门成立了领导小组。市商务委要会同有关部门做好工作。各区（县）、市级各部门，要积极支持“京交会”的工作，要以服务奥运的精神和标准积极参与这项工作，确保首届“京交会”一炮打响，把“京交会”办出水平，办出特色，办出实效。

（三）开拓创新，抓好三项重点工作

1. 千方百计，促消费、保增长

2012年要确保完成社会消费品零售额增长12%的目标。今年还要在“与改善民生相结合、与消费升级相结合、与商业升级相结合、与调整结构相结合、与首都市场优势相结合和与社会增量相结合”这六个方面

深入细致地开展工作。做好促消费工作的核心是研究消费发展的规律。郭金龙市长也强调，面对新的形势，要研究规律，尊重规律，顺从规律。各区（县）、市级各部门在促消费工作中，要尊重消费的规律，研究消费增长的规律，从消费规律中找到工作切入点。今年要在“延、换、联”三个字上加大工作力度。第一，延。注重延伸性消费，延伸营业时间，促进晚间消费；延伸机动车、住房、文化的相关消费；在特色街区延伸一些功能，促进消费。第二，换。着手研究在家居建材等新的领域开展“以旧换新”活动，特别是结合保障性住房的销售，加大促消费力度；结合10万辆黄标车的淘汰更新，促进消费。在以旧换新、促进绿色消费和节能产品消费等方面，持续地推出一些新的促消费政策。第三，联。联合多行业、多业态，共同开展营销活动，共享商机，比如：增强实体店和电子商务之间的互动；增强商业企业、物流企业和服务企业之间的互动；联合旅游、文化等部门，商旅结合、商文结合，推出特色购物、餐饮美食、文化体验消费线路，吸引外来消费者购买北京特色商品，品味北京特色餐饮，感受首都商业历史文化。

2. 扎实工作，稳物价、保安全

今年将召开党的十八大和北京市党的十一次代表大会，商务领域的“稳物价、保安全”工作十分重要，对我们是一次重大考验，不能有一点马虎。第一，稳物价，今年确定的目标是控制物价上涨在4%以内，需要各区（县）、市级各部门共同努力。今年，将出台加强蔬菜流通体系建设的规章，进一步明确市区两级政府在蔬菜流通体系中的责任；继续开展回购网点工作；强化产销对接和直供直销对接，对接的核心就是减环节，降成本，增强对蔬菜的环节控制和费用控制。企业要加强内部管理，降低销售成本，提升自身竞争力，自觉地承担起稳物价的责任。第二，保安全。保安全主要是做好食品安全、生产安全和市场秩序三方面的工作。政府部门要加大监管和检查力度，执法工作要重心下移。企业要切实担负起第一责任人的重任，遵照各项规定，加大投入，加强管理，增强安全控制能力。在流通秩序方面，要按照国家有关部署，进一步加大打击侵犯知识产权、假冒伪劣的工作力度，确保首都市场流通秩序更加和谐有序。

3. 积极有为，促转型、调结构

市委、市政府已经明确“双轮驱动”的发展战略。要借此之机，积极推进发展方式的转变和结构的调整。在商业服务业、外贸、外资发展方式转型上下功夫，积极促进内需与外需、出口与进口、“引进来”与“走出去”协调发展，形成内外联动的大市场、大流通、大开放的新格局。

第一，商业服务业的转型升级。要继续推进商业服务业现代化、国际化、规范化、专业化。当前我们推进食品安全和惠及民生的许多工作，遇到的核心问题就是生产组织化程度太低。连锁化的发展，能有效地提升整个社会组织化程度。商业服务业企业要加快转型升级，通过连锁等方式快速地增强企业自身实力。近年来，在以旧换新、生活必需品的调控和落实扩大消费等各项工作中，政府都是依托有责任心的规范的企业去实施。对于这样的企业，政府要一如既往地在政策上给予支持、在业务上给予照顾、在管理上给予优待。希望企业较快发展，配合政府做好相关的工作。

第二，物流业的发展。流通业的根本就是商业和物流业两大行业。郭金龙市长指出，要从两个角度去看物流，从产业的角度看，它是一个新兴的现代服务业；从服务性质看，它也是民生，特别是在一个两千多万人口的大城市，生活必需品的供应有赖于物流企业的发展和物流体系的建设。物流业要加快发展，2012 年要正式出台一些促进物流业健康发展的政策措施。

第三，外经贸发展方式转变。首先，注重新方式。鼓励生产型企业向营销型企业发展，鼓励外贸企业加强品牌建设，加强营销渠道建设，努力以新的方式出口商品，出口服务，而且要将产品出口和服务出口更好地统筹起来。其次，开拓新市场。俄罗斯去年加入 WTO，我国跟俄罗斯之间在经济上有很多互补，要重视像俄罗斯这样的新市场。市政府最近正在和铁道部等部门进行协调，争取给对俄的外贸出口创造更好的条件。同时，也要关注东盟市场。2011 年东盟自由贸易区建立，有很多的优惠政策。要认真研究这些市场，研究这些政策，要把这些政策用好用足。再次，开拓新领域。文化领域要有新的突破，首都要发挥文化中心的地位，推动文化大发展大繁荣。加快培育一批有实力有竞争力的外向型企业，通过出口，参与国际文化市场的竞争；加大首都文化领域优势的研究力度。海关在中国图书进出口公司建立了一个保税库，图书进出口因此更加便利。类似这样的一些文化重点项目、重点企业，商务部门要找好重点，提供服务。

第四，“引进来”。要进一步实现外资的内涵式增长。把引资工作和引智工作结合起来，通过资金、技术、人才、管理等资源的共同引进，加快我市经济发展方式的转型升级。

同志们，2012 年的商务工作光荣而繁重，希望商务战线的广大干部和职工，各相关部门、区（县）和行业协会的同志们，奋发有为，积极践行“北京精神”，继续发扬团结协作，勇与创新，敢于担当的精神，创造性地做好商务工作，再立新功、再创辉煌，以优异的成绩迎接党的十八大的召开。

2012年北京市商务工作报告

——惠民生，促转型，保增长 为实现首都经济社会平稳较快发展再立新功

北京市商务委员会主任 卢 彦

（二○一二年二月三日）

同志们：

今天召开全市商务工作会议，总结2011年商务工作，部署2012年重点工作任务。

一、2011年商务工作回顾

2011年是实施“十二五”规划启动之年，也是商务发展极为特殊和不平凡的一年。面对本市消费领域重大政策调整和复杂变化的国际市场环境，全市商务战线在市委、市政府的坚强领导下，深入贯彻落实主题主线要求，高举国际商贸中心建设旗帜，不断强化机遇意识、忧患意识和进取意识，着力加快消费方式转变、加快行业发展方式转变、加快工作方式转变，在创新中不断寻求突破，主要商务指标刷新历史纪录，实现了“十二五”良好开局。

一年来，商务部门的主要工作如下：

（一）政策实现重大突破，为商务发展提供有力支撑

1. 拓宽政策支持领域

落实《关于搞活流通扩大消费的意见》，加大对零售企业的奖励力度，出台批发业促消费奖励政策，并首次允许获奖企业对先进个人给予奖励。实施“二手车”外销促进政策，引导网上交易和拍卖，全年外销二手车22.7万辆，增长3.9倍。在继续落实“家电下乡”、家电“以旧换新”政策的基础上，在全国率先开展高效节能家电产品促销试点，三项活动累计促进家电销售128.4亿元。同时，推出了信用消费、刷卡消费等一系列鼓励政策，刷卡消费额月增幅超过30%，全年刷卡消费额占社会消费品零售额的比重超过70%。研究制定本市落实国家促进物流业健康发展政策措施的实施意见，加快推动物流业发展；制定再生资源回收体系建设产业化发展意见，昌平、丰台等区加大再生资源回收站点建设，全市新增站点309个，培育2家再生资源回收龙头企业；参与制定鼓励家政服务业发展意见和员工制家政服务企业资格认定办法，推进4家试点企业在京建立门店累计达111家，20家门店被评为2011年北京家政服务星级单位。

2. 加大政策支持力度

加大民生领域的财政支持力度，便民商业设施和农副产品流通体系建设全面提速。加强引导，全市短期出口信用保险的承保规模首次突破100亿美元，达到103.6亿美元，增长23.3%。落实进口贴息政策，支持企业加大高新技术和关键零部件进口。完善《北京市服务外包发展配套资金管理办

法》，促进本市服务外包发展，全年服务外包离岸执行金额 24.5 亿美元，增长 59.3%。

3. 创新政策支持方式

充分发挥政策叠加效应，围绕中心工作，形成发展促进合力。一是在促消费、对外经贸等领域积极争取国家政策支持。本市获得“国家电子商务示范城市”称号，14 家企业被商务部评为电子商务示范企业，数量居全国之首。二是市区联动，内外贸统筹，整合集成本市政策资源。推动通州电子商务聚集区建设；协调推进外资对电子商务企业的增资，支持国际电子商务发展；发布电子商务城市影响力报告，北京在 B2C 电子商务、网络团购和电子商务服务业领域影响力全国领先，处于电子商务影响力的第一集团。

（二）机制谋求创新，为商务发展提供坚实保障

1. 建立市、区两级消费增长促进机制

首次以市政府名义向区（县）政府下达消费增长任务，明确责任，并纳入对区（县）政府的考核内容。强化激励机制，加大奖励力度，有效调动区（县）政府和广大商业企业促消费积极性。东城、怀柔、门头沟等 13 个区（县）完成年初下达的任务，为全市消费增长目标的实现做出了积极贡献。

2. 完善市场供应保障机制

深化货源供应区域商务合作联动机制，继 2011 年初组织“七省区市保障春节期间首都市场蔬菜供应联合行动”后，2011 年末再次启动“九省区市保障冬季首都市场蔬菜供应暨服务产区菜农服务首都市民联合行动”，与 30 个蔬菜主产地签署合作协议，蔬菜上市量比日常供应量增加 10%。完善政府储备，蔬菜储备增加一倍。建立市、区（县）商务部门和骨干企业的联动工作机制，引导生猪屠宰企业组织货源，有效应对猪肉价格上涨。创新农产品流通体系建设机制，贯彻“市管批发，区管零售”原则，合力推动农产品流通体系建设。

3. 强化外贸稳定增长机制

按照“经济上优惠、管理上优待”的原则，加大对“双自主”企业和出口大户服务力度。建立紧密关贸协作机制，与北京海关签署合作备忘录，为改善贸易环境、提升贸易便利化水平提供支持。举办两次进出口政策服务咨询会，实现政府、服务机构、企业三方互动。建立外贸发展联席会议机制，协同配合，及时帮扶企业解决发展中遇到的难题。

4. 推进服务外资总部联动机制

协调政府相关部门，定期沟通，全面落实地区总部政策，新认定跨国公司地区总部 30 家，为历年最多，累计达 112 家；新设投资性公司 15 家，累计达 198 家；新设研发功能为主的外资法人企业 31 家，累计达 404 家，总部经济聚集度进一步提高。

5. 健全突发事件应对机制

修订完善生活必需品市场供应应急预案，应急商品供应企业由 30 家增加到 40 家。发挥应急保障机制作用，3 月份在 6 天内向市场投放食盐量相当于平时的 6.5 倍，在短期内成功平息食盐市场需求波动。启动处理突发事件应急预案，快速应对中东北非局势动荡、日本地震等突发事件，组织本市企业安全撤离在利比亚劳务人员 5 414 人，全力做好利比亚承包工程企业资产保全，两家企业获中国出口信用保险公司预赔款 2.1

亿元人民币，帮助企业克服经营困难。

（三）工作推进注重实效，找准促进商务发展的着力点

1. 抓市场

着力提升首都消费市场影响力。一是继续提高市场品牌丰富度。通过“各地商品大集”吸引480多个国内品牌落户，新批准零售外资店铺511家，累计超过3 700家，其中专卖店1 480家，带动品牌消费快速增长。二是提高特色企业集中度。重点改造鲜鱼口、酷车小镇等特色商业街，整体推介24条市级特色商业街区，拉动特色消费。举办“2011特色商业消夏节”活动，实现销售收入近15亿元，同比翻番。推进“老字号”企业创新发展，举办2011“中国（北京）中华老字号博览会”，评定中华传统技艺技能大师20名，推动“老字号”技艺传承。重点监测的20家“老字号”企业销售额增长33%，新开店铺416家。三是加快发展新型消费。举办“2011中国（北京）电子商务大会暨电子商务博览会”，大力促进网上零售业发展，网上商店零售额达256.4亿元，增长1倍。四是努力营造安全便利消费环境。深入推进由10项专利技术支撑的“放心肉”工程试点工作，形成了市级、区（县）到企业纵向贯通的信息化监管系统；丰台、大兴等区加强酒类流通管理，全市酒类备案登记企业达7.4万余户，在130余户酒类批发企业推广使用机打随附单；持续开展打击侵犯知识产权和制售假冒伪劣商品专项行动，处理案件1 880起，涉案金额超过3亿元；加强商业服务业安全生产监管，全年共检查经营单位9 951家次，消除安全隐患6 949起，保障流通领域平稳有序运行。

帮助企业开拓国际市场。组织829家次企业参加24场境内外国际展会，其中，“双自主”企业占参展企业的97.1%，带动全市“双自主”企业出口59.1亿美元，增长24.6%，占全市出口10%。组织230多家次服务外包企业参加8个境内外服务贸易展会，引导服务外包向高端发展。我市3家服务外包企业员工人数超万人，4家企业入选2011年中国服务外包十大领军企业，5家企业在境外上市，继续保持全国领军城市地位。加强与金融机构合作，促进我市对外承包工程企业在“中国标准走出去”、“联合走出去”等方面取得新突破。

2. 抓平台

搭建消费促进平台。举办“2011北京购物季”等16项全市性和东城王府井品牌节、西城西单时尚年会、海淀品牌消费节等95项区域性主题促消费活动。组织13期“各地商品大集”，推出“集超对接”新模式，并首次举办“北京台湾名品博览会”，累计1 000多家企业1万多种商品参加，签约金额和采购意向超过23亿元。开展“点击消费”促销活动，参与企业销售额126.7亿元，增长1.2倍。支持开展酒类促销活动，60家酒类监测企业销售214.6亿元，增长15.7%。举办“2011·北京国际美食盛典”，开展餐饮行业店堂展示大赛；餐饮业收入增长15.9%，达772.4亿元。

打造外经贸发展平台。成功举办第三届中国服务贸易大会，签订合作意向62.7亿元，比上届增长2倍。中国（北京）国际服务贸易交易会（简称京交会）自2012年起永久落户北京，将为服务贸易领域搭建全球唯一的综合型高端交易平台。推进优势产业外贸转型升级示范基地及公共服务平台建设，北京经济技术开发区生物医药产业基地

和朝阳区服装产业基地荣获第一批“国家外贸转型升级专业型示范基地”称号，21个公共服务平台获得商务部支持。推进政策功能区建设，天竺综合保税区与航空口岸实现对接，航空维修业务试点获商务部批准，亦庄保税物流中心揭牌运行，平谷国际陆港功能进一步完善，朝阳口岸外移至马驹桥工作稳步推进。

推进现代服务业发展促进平台建设。平谷、大兴等区加快物流基地建设，提升园区功能，各基地累计入驻企业700余家，业务收入超过600亿元，集聚效应进一步提高；支持建设北京公共物流信息平台，汇集企业2 300余家、库房资源800处，组织在线招投标230余次，推动物流业集约发展。会同有关部门推进商务服务行业运行监测和公共服务平台建设；支持朝阳、石景山等区9个商务服务业主题楼宇改造提升，加快集聚式发展。

组织企业对接平台。组织6家大型农产品批发市场与50家规范化社区菜市场开展“场店对接”，促进蔬菜批零直采，菜价平均降低15%；推进10家大型餐饮企业与农产品生产基地开展“农餐对接”活动，采购农产品7万余吨，增长60%，采购价低于市场价15%～20%；组织8家大型连锁超市与全国120家农业合作组织开展“农超对接”，果蔬经营面积和销售量增长15%，全年销售额14.3亿元，果蔬流通成本降低10%～15%。组织本市电子、医药、装备制造等生产企业和物流企业进行物流需求对接，实现联动发展；推动城市物流末端共同配送试点工程，建设完成15家社区共同配送站点。

3. 抓服务

支持商贸企业利用信用保险扩大信用销售，92家投保企业与2 180家企业开展国内贸易信用保险业务，实现信用销售415亿元。启动外商投资企业合同、章程格式化审批试点工作，试点下放3亿美元以下非限制类外资项目审批权限。落实地区总部政策，共为527名地区总部人员办理北京户口或工作居住证。引导帮助外贸企业开展跨境人民币结算业务，北京地区跨境贸易人民币结算额5 222亿元，居全国首位。加强部门协调，组织企业应对反倾销、反补贴案件调查27起，涉及金额1.52亿美元。

（四）旗帜领航发展，国际商贸中心建设迈出新步伐

制定发布《北京市“十二五”时期国际商贸中心建设发展规划》及相关配套规划，为商务发展描绘了新的蓝图。

1. 便民商业体系建设取得新成效

积极参与“一刻钟社区服务圈”建设。制定社区商业服务业提升引导规范，公开遴选并向社区推荐105家品牌连锁经营企业，开通“北京市社区商业便民服务体系信息管理系统”，全市600个社区商业基本便民服务功能实现全覆盖，努力打造“一刻钟社区服务圈”便民商业服务网络。组织评定“早餐经营示范店”93家，支持大型餐饮企业新增124家早餐门店和4个加工配送中心。开展“知名零售企业区（县）行”，引导大型流通企业设施向郊区发展，全市新开业大型商业设施半数以上集中在顺义、通州等新城；“万村千乡”市场工程持续推进，通过联合采购平台采购金额同比增长45.4%；房山、密云等区（县）积极推进10个农村商贸服务中心试点建设；完成19家农村集贸市场改造，累计达182家，实现郊区

(县)乡镇全覆盖，城乡居民生活便利度进一步提高。

2. 农产品流通体系建设取得创新性突破

出台农产品流通体系建设规划，协调推进国有资本入股新发地农产品批发市场，加快城市东南方向大型农产品流通中心的筹备工作。制定实施《关于加快本市蔬菜零售网络建设的指导意见》，努力破解蔬菜供应“最后一公里”难题，新增规范化社区菜市场31家，创新推出直营直供等6类12种蔬菜零售终端新模式，新建网点89个；全市统一组织，延庆县等参与组织货源，在海淀北航等社区举办的“周末车载蔬菜市场”模式得到国务院主要领导充分肯定，并被国家列为农产品流通体系建设重点任务向全国推广。

3. 高端交易领域实现新拓展

规范发展大宗商品交易市场，初步建立第三方资金监管制度，探索建设大宗商品价格指数体系。北京石油交易所完成股权重新配置，交易额增长近6倍。连续第五年举办北京拍卖季，培育大型拍卖企业和艺术品拍卖市场，全年举办拍卖会2 181场，总成交额559.7亿元，其中文物艺术品成交额431.4亿元，增长53.9%，首都拍卖行业品牌影响力进一步提升。211家典当企业典当总额增长51.1%，达151.4亿元，典当行业融资服务能力进一步增强。高端交易活动进一步聚集，承办国际展览164场，在国际大会及会议协会（ICCA）2011年公布的国际会议排名中，北京举办98场，居内地城市首位。

4. 主要商务指标再创新纪录

全市社会消费品零售额在机动车销售量下降44.3%的情况下，实现增长10.8%，突破6 900亿元，连续第四年位居全国城市之首，消费增长多点支撑格局初步形成。

货物进出口增长29.1%，达3 895亿美元，再创历史新高。服务全国的枢纽型贸易功能进一步增强。服务贸易高端领域快速增长，带动服务贸易进出口增长12%，突破800亿美元，继续保持全国领先地位。

在总部政策效应带动下，全市实际利用外资增长10.9%，首次迈上70亿美元台阶，达70.5亿美元，第三产业实际入资占88.5%，引领全市产业升级的作用更加突出。

对外经济合作在复杂环境中实现新发展，境外投资企业中方实际投资额增长6.9%，达7.5亿美元，对外承包工程完成营业额增长12.0%，达24.9亿美元。

口岸通关效率和服务水平持续提升，海关监管货物增长9.2%，达150.4万吨；征收关税及代征税增长9.6%，达441.0亿元。首都国际机场旅客吞吐量继续保持全球第二。

2011年，机关自身建设得到进一步加强。各级商务部门认真贯彻落实党风廉政建设责任制，圆满完成各项惩防体系建设任务，廉政风险防范管理网络初步构建，“一岗三责”实现纵向延伸，重点岗位和关键环节的制度建设不断完善。积极开展“创先争优”和“三进两促”活动，深入推进政风、行风和机关作风建设，为首都商务健康发展提供了保障。646项各类工作任务全部完成。扎实做好行政审批制度改革工作，对我委2009年底前制发的行政规范性文件进行全面清理。积极推行竞争上岗、任用干部票决、民主质询等制度，进一步推进干部选拔任用工作的民主公开。商务部门工作效能和履职能力进一步提升，成为2011年全市政风行风建设免评单位之一。

同志们，2011年，在重大考验面前，商务战线在促消费、保增长中敢于挑大梁，在稳供应、控物价中勇于出大力，为全市经济实现平稳较快发展做出了重要贡献。批发零售业继续保持全市第一大服务行业地位，涵盖批发零售、餐饮、居民服务、商务服务、物流等行业的商贸领域增加值和纳税额均占全市的四分之一，从业人员约占三分之一，在全市行业大类中位居第一。

上述成绩的取得，归功于市委、市政府的正确领导，各区（县）、部门的大力支持和共同努力，更有赖于商务战线广大企业、相关行业协会全体干部职工的拼搏奉献和创新开拓。在此，我谨代表北京市商务委员会向各级领导、各单位和同志们表示衷心的感谢！

二、2012年商务工作安排

2012年，是实施“十二五”规划承上启下的重要一年，也是加快商务发展方式转变、全面推进国际商贸中心建设的关键一年。首都经济社会平稳较快发展，特别是科技创新、文化创新“双轮驱动”战略的深入实施，为首都商务发展创造了良好的条件。同时也要看到，世界经济形势不稳定性不确定性上升，国内市场也存在制约消费增长的不利因素，商务领域面临更为复杂的发展环境。全市商务战线要增强机遇意识、忧患意识，发扬敢于担当、敢于碰硬、敢于创新的精神，认真贯彻落实中央经济工作会议、全国商务工作会议、市委十届十次全会要求，以邓小平理论和“三个代表”重要思想为指导，深入贯彻落实科学发展观，努力践行“北京精神”，主动应对国际形势新变化，全面体现首都发展新要求，牢牢把握扩大内需这一战略基点，以加快“便民利民、促进发展，服务全国、辐射世界”的国际商贸中心建设为中心任务，着力“惠民生、促转型、保增长”，抢抓机遇，创新开拓，推动全市商务发展再上新台阶，为实现首都经济社会平稳较快发展再立新功。

综合考虑国内外环境，并与全市经济社会发展预期目标、“十二五”国际商贸中心建设规划目标相衔接，2012年全市商务发展的主要奋斗目标是：

——社会消费品零售额增长12%左右；

——外贸进出口增长10%左右；

——实际利用外资达到65亿美元；

——对外承包工程营业额增长10%左右。

做好2012年的工作，必须牢牢把握稳中求进的工作总基调。稳，就是推进国际商贸中心建设的思路和目标不变，继续实施行之有效的政策、机制的做法不变，稳定首都市场供应、稳定国际市场份额的决心和工作要求不变；进，就是要在整合资源中求进，在推动转型升级中求进，在创新模式中求进，推动首都商务事业发展不断取得新的成就。为此，要重点做好以下工作：

（一）惠民生，在保障首都市场供应稳定中做出新贡献

牢牢把握保障和改善民生这一根本目的，继续完善便民利民的商业服务体系，不断提高居民生活便利度。

——进一步建立健全市场调控体系

完善生活必需品保障机制。在巩固生活必需品日常供给、安全供给、应急供给“三道防线”基础上，深化与周边省市产销对

接。以保供骨干企业为依托，加强调控与应对能力建设。推动政府储备库建设，完善生活必需品政府储备增储和轮换制度，提高市场供应保障能力。扩大监测品种数量和范围，加强生活必需品市场监测，及时应对市场异常波动，强化应急调控。加快生活必需品市场供应风险管理建设。

——加快构建新型农产品流通体系

深化“市管批发，区管零售”体制，创新推动农产品流通体系建设。加快全市性综合型农产品批发市场的“双核”保障机制建设，支持东南方向农产品流通中心尽早开工建设。推进农产品批发市场升级改造，培育农产品流通龙头企业，大力发展以现代物流、冷链配送为特征的现代农产品流通模式，加快形成“2＋15”农产品批发市场体系。推进《北京市社区菜市场建设管理办法》立法，采取多种机制完善零售终端建设，以减环节、降成本、多元化、多模式为核心，推广6类12种蔬菜流通新模式，新增蔬菜直营直供店60家，进一步解决菜篮子“最后一公里”问题；巩固“农超对接”、“农餐对接”、“场店对接”成果，“农超对接”超市企业增至10家，“农餐对接”扩展到20家餐饮企业和50个农产品生产基地。

——继续完善便民商业体系

加快建设“一刻钟社区服务圈”便民商业服务网络。推进连锁及品牌企业进社区发展，提高连锁便利店、美容美发、洗染、餐饮等服务终端的社区覆盖率，社区商业连锁率力争提高3个百分点，达到40%左右；支持连锁经营和电子商务企业建设社区配送平台，支持家政服务企业做大做强，开展专业化、差异化、特色化服务，家政连锁试点企业新增门店20家；拓展“北京家政服务网”功能，搭载家政、洗染、废品交售等多项居民生活服务功能；推进早餐固定门店经营，新增经营示范店200家，累计达到1300家。全面实施《北京市关于加快推进再生资源回收体系建设促进产业化发展的意见》，加大回收站点进社区力度，新建回收站点300个，培育2～4家再生资源回收示范企业。

大力促进郊区消费便利。促进乡镇连锁商业发展，试点开展“农商通”应用店铺300家，推进“一网多用”，逐步实现郊区配送商品的可追溯；扩大联合采购和统一配送规模，实现连锁系统内商品统一配送率60%以上；继续开展“知名零售企业区（县）行”系列活动，引导大型商业企业向郊区发展，带动郊区商业发展水平的整体提升。

——进一步强化流通领域安全监管

加强对全市14家生猪定点屠宰企业病害猪无害化处理全程监管，加快推广“放心肉”工程；加强酒类流通监管力度，酒类批发企业随附单使用新增100万份，运用电子随附单促进酒类流通溯源管理；继续在全市推广使用低钠盐，低钠盐销售占全市比重提升3个百分点，达15%。加大安全生产执法检查力度，组织开展隐患排查治理，推进企业安全生产主体责任落实，全力做好行业安全监管工作。

（二）扩市场，在进一步促进消费增长中取得新成效

充分认识消费对经济增长的基础性拉动作用，多措并举，千方百计促进消费持续较快增长，巩固本市消费拉动型经济增长格局。

——健全促进消费增长长效机制

稳定促消费工作机制。推动建立常态化促消费考核奖励机制，继续向各区（县）下达社会消费品零售额增长任务，并纳入对区（县）政府的考核内容。稳定促消费政策措施，继续出台零售（餐饮）和批发业促消费鼓励政策，给予贡献突出的区（县）和企业支持。继续实施“家电下乡”、节能家电补贴、信用消费补贴、鼓励刷卡消费和促进“二手车”外销奖励政策，探索开展家具以旧换新工作；加大市、区两级财政支持力度，培育新的消费热点，引导消费结构调整，全力保持消费对经济增长的持续拉动。

——巩固消费增长多点支撑格局

加大本地品牌培育力度，积极引进国内特色品牌，利用“进口商品购物节”等多种形式，扩大国际知名品牌和生活消费品进口，促进品牌消费、时尚消费；培育发展五道营等2～3条特色街区，促进“老字号”企业创新发展，重点监测企业销售额增长25%以上，鼓励企业开展特色经营，促进特色消费；继续开展节能产品示范店创建，加快企业高耗能设备升级改造，扩大高效节能产品销售，节能产品销售额力争实现100亿元，引导绿色消费；促进文化教育、体育娱乐、旅游休闲、养老保健、医疗建设等相关领域商品消费，推动消费结构升级。加强分类引导，提升标志性商业中心和功能性商业中心的服务功能，积极促进大型商业设施开业，扩大消费增量。鼓励实体商业企业开展网络零售业务，促进新型消费增长；继续提高商业街区等商圈POS机布放率，方便刷卡消费，刷卡消费额占社会消费品零售额的比重保持70%以上。

——继续开展品牌化大型主题促销活动

办好2012世界零售业大会亚太分会，继续开展购物季、拍卖季、“各地商品大集”、特色商业消夏节等大型品牌促消费活动；组织企业参加“第三届中国餐饮业博览会”，举办北京国际美食盛典、特色餐饮一日游等活动，推动餐饮聚集区试点改造提升，大力促进餐饮业发展。继续面向周边城市消费者，举办“乐享北京购物行”活动，推出特色购物、餐饮美食等线路，吸引外来消费。联合多行业、多业态龙头企业，配合保障房政策，举办扩大住房相关商品消费的促消费活动。

——进一步优化提升消费环境

开展专业店、专卖店店堂设计大赛、商业街橱窗设计大赛及服务技能大赛等活动，继续推进大型商场停车引导系统改造和无障碍设施改造，进一步提升商业服务环境。开展“诚信兴商”宣传月活动，推动信用评估、商业保理、履约担保等行业规范发展。严厉打击制假售假、商业欺诈、侵犯知识产权等行为。规范典当行业管理；做好促销活动监管、单用途商业预付卡专项治理、药品流通行业管理等工作，清理整治零售商违规收费等问题，营造公平、有序、规范的市场环境。

（三）促开放，在外向型经济转型升级中实现新突破

统筹两类贸易，推进双向投资，加快培育本市出口竞争新优势、实现更高质量“引进来”和更高层次“走出去”，全面提高首都开放型经济的国际影响力。

——举全市之力办好“京交会”，打造服务贸易高端发展平台

“京交会”是国家级、国际性、综合型服务贸易交易会。经国务院批准，“京交会”将永久落户北京，这既是北京服务业和服务

贸易发展的重大机遇，有利于“北京服务”品牌的提升，推动北京服务贸易更好地“加速聚集、占据高端、引领前沿、全面发展”，也是本市促进全国服务贸易发展，服务国家产业转型升级的重要平台。首届“京交会”涵盖服务贸易全部12个领域，包括6大板块、29个专题。办好“京交会”是商务部和市政府交给全市商务战线的光荣任务，市区商务部门、相关行业协会和企业都要以高度的责任感，全力以赴，主动参与，以服务奥运的工作标准，高水平策划筹备，高质量服务保障，精心营造环境，加强配合协作，确保首届“京交会”圆满、成功。

——发挥“京交会”带动作用，助力“北京服务”品牌塑造

充分利用“京交会”平台，广泛吸引国际行业组织和跨国公司参会，促进更多的交易机构、交易形态和交易活动在京聚集；推动更多国际高端组织和服务贸易总部型企业在京落户；引进新型服务业态，不断提升、丰富本市服务产业发展的能级和内涵，提升全产业链的服务能力；大力推介北京具有创新示范作用和市场潜力的服务类项目及企业，提升北京服务业的品牌影响力。深度参与全球服务贸易事务，逐步提高在国际上的话语权。

开展“北京服务、全球共享”系列宣传活动，加快服务贸易公共服务平台建设，促进计算机和信息服务等新兴服务贸易发展。落实服务外包支持政策，通过各种途径培训专业人才5 000人以上；拓展附加值高的业务形态，促进本市服务外包规模化、高端化和国际化，服务外包业务额同比增长20%，打造全球服务外包大转移中高端业务的最佳着陆点。

——优化货物贸易结构，扩大本市优势产品出口规模

大力支持“双自主”企业出口。创新外贸稳定增长机制，加大政策协调和支持力度，优化服务，积极推进贸易便利化。统筹资源，进一步加大展会资源和中小企业国际市场开拓资金向“双自主”企业倾斜力度，增强扶持政策的针对性，力争实现“双自主”企业出口占全市出口总额比重达12%。争取扩大跨境贸易人民币结算出口试点企业范围；加强产业损害预警，积极应对贸易摩擦，维护本市产业安全。

加快培育外贸转型升级示范基地及公共服务平台。市区联动，集成政策，强化行业特点，再培育2个国家级和5个市级外贸转型升级示范基地，促进特色出口产业聚集发展，提升国际市场竞争力；北京经济技术开发区生物医药产业基地和朝阳区服装产业基地努力实现出口额增长15%；继续培育外贸公共服务平台，提高平台为基地转型升级服务的能力；推进国际电子商务平台建设，举办网上商品展示，加大境外宣传。推动医疗器械、新能源、汽车等本市优势产业开拓新兴市场，加快海外自主营销网络建设；加大对机电出口重点企业的服务和支持；积极引导进口，发挥服务全国的贸易枢纽功能。在国际市场需求不确定性增强的背景下，努力保持本市进出口占全国比重超过10%，确保份额不减、位次不退。

——进一步提高总部经济聚集度，推动利用外资内涵式发展

大力吸引跨国公司地区总部入驻。认真落实地区总部政策，加大对具有投资意向的世界500强和国际知名企业的全程跟踪服务，进一步加大地区总部认定力度，全年再

认定30家以上，累计达150家；推动总部企业在京设立研发中心、结算中心、采购中心和营销中心，促进实体化经营；不断优化总部型企业发展环境，提升经营便利化的服务水平，促进总部企业提高在京投资比例，增强开放型经济发展后劲。

进一步优化利用外资结构。继续组织开展专业化、定向海外招商工作，利用科博会、文博会、京港洽谈会等大型外经贸活动及各类国际展会开展引资活动。围绕全市“两城两带、六高四新”产业布局，引导外资区域投向，扩大产业聚集效应；围绕重点产业，鼓励外资投向战略性新兴产业、生产性服务业、文化创意产业、高端制造业和面向民生的服务业，进一步促进全市产业调整升级。引资与引智相结合，发挥利用外资的溢出效应，全面提高利用外资的内涵式发展水平。

——拓宽“走出去”模式，全面提高对外经济合作水平

加强企业对接服务，促进产业优势叠加，实现“走出去”的集群突破。支持企业以对外投资带动工程承包，推动中国工程技术标准“走出去”；依托海外投资项目，带动服务业企业“走出去”；支持企业利用“技术代差”优势，促进多余产能通过“产业转移”实现“走出去”；借助央企集中优势，推动地方企业联合“走出去”；统筹资源，推动本市文化企业和产品利用境外孔子学院和电视转播等渠道实现“走出去”；开展境外投资促进工作，积极开拓新兴业务市场，加强境外承包工程市场巡查，推动本市对外经济合作实现新进展，对外实际投资额力争增长5%。

——完善现代化口岸体系，打造对外开放新格局

落实口岸发展规划各项任务，以航空口岸为主导、公路口岸为补充、铁路口岸为延伸，打造分类齐全、功能完备的进出口货物大通道，形成空陆海相互衔接、南北分布均衡、东西发展协调的大口岸、大通关格局。加强与满洲里、二连浩特等边境口岸合作，畅通陆路出口通道；优化天竺综合保税区服务环境，拓展服务功能，进出口总值增长12%以上，达780亿美元；发挥北京亦庄保税物流中心（B型）功能，满足高端制造业的保税需求；加快平谷马坊国际陆港二期建设，完成货运吞吐量25000个标箱，实现翻番；加快朝阳口岸外移，推动京津冀区域口岸合作，打造资源共享、合作共赢的通关服务体系。

（四）转方式，在优化首都商务发展内涵中取得新进展

加快发展方式转变，提升商务行业发展品质；加快工作方式转变，优化企业发展环境，壮大商务主体实力。

——发展现代流通方式，增强流通发展能力

大力发展连锁经营和电子商务。鼓励连锁经营企业加强品牌建设，推动企业在盈利模式、内部管理等方面实现创新和突破，继续开展优秀连锁经营品牌的推荐工作；鼓励连锁企业进入资本市场，不断扩大企业规模发展能力。制定《北京市关于促进电子商务发展的若干意见》，进一步完善发展环境，加快培育2～3个电子商务聚集区，深入推进国家电子商务示范城市建设。构建电子商务可信交易公共服务平台，大力发展网络购物，销售额增长1倍；举办2012中国（北京）电子商务大会，促进国际电子商务信

息、技术和人才交流合作；适应消费需求变化，鼓励支持电子商务企业技术和模式创新，培育企业做大做强，扩大在国内的领先优势地位。

加快现代物流业发展。切实贯彻《国务院办公厅关于促进物流业健康发展政策措施的意见》，推动本市实施意见的落实，加大对物流基地建设、鲜活农产品物流、总部型物流企业发展支持力度；组织开展农产品物流和快递物流的城市共同配送，建设社区共同配送站点100个，优化城市末端配送系统；支持物联网、可视化、货物跟踪、移动互联等先进技术应用，提升物流信息化水平；支持绿色运输、绿色包装、绿色流通加工等绿色物流技术应用，组织新能源物流车辆应用试点示范。

——加强和改进服务，为企业发展营造良好环境

加大为总部企业服务力度。会同税务、外汇、海关、检疫、公安等部门，针对具体问题，开展个性化服务；开通总部企业项目审批和服务绿色通道，健全落实全程跟踪服务机制，积极开展招商项目跟进和后续服务。加强市区联动，建立对新设重大外商投资企业定期走访机制，实施点对点服务，协助解决企业地区总部高级管理人员和技术人员办理工作居住证、外国人就业证、外国人居留许可、子女入学等问题，方便企业引进人才。

服务商贸龙头企业利用资本市场做大做强。出台支持企业上市的有关政策，会同金融部门，举办商贸服务业为主题的上市培训会和辅导会，加大对我市商贸服务企业上市的服务力度，加快培育本土商贸龙头企业。

强化为中小商贸企业发展服务。落实本市关于贯彻国务院进一步促进中小企业发展若干意见的实施意见，研究制定推动中小商贸企业发展政策，加大对中小商贸企业发展连锁、建设电子商务平台、开拓国际市场等方面的财政支持力度；搭建商贸企业融资服务平台，加强对百货商场及批发市场、集贸市场、特色商业街等中小企业的融资服务，切实解决中小商贸企业融资难问题；支持中小企业参加国内外展览展示，申请海外商标，推动中小外贸企业不断开拓国际市场。

——深化区域商务合作，实现共赢发展

加快推动首都经济圈商贸流通业、商务服务业、商务人才等方面的双向交流合作，推进首都经济圈区域物流公共信息平台建设，提高区域物流运行效率。深化与对口支援地区和其他兄弟省区的商务合作，继续推动已经签订的各项协议落实到企业，落实到项目。

（五）重创新，在服务首都发展大局中推出新举措

发挥渠道和平台优势，助力“双轮驱动”发展战略，推动商务发展实现新跨越。

——服务文化之都建设，助推文化大发展大繁荣

创建文化市场平台。大力促进商文结合，扩大文化产品流通和消费；利用境外广播电视设备展、东京动漫展、首钢中国动漫嘉年华等平台，促进文化相关产品出口，大力发展文化领域服务贸易，推动北京企业承包动漫游戏服务外包业务，支持北京文化企业利用多种渠道“走出去”，助力中华文化走向世界；大力吸引国际知名文化创意企业总部落户北京，吸收借鉴国外优秀文化成果。大力推动北京文物艺术品拍卖市场的发展，打造全球中国文物艺术品拍卖中心。

大力发展商业文化。办好2012“中国

（北京）中华老字号博览会”，振兴发展北京“老字号”，组织“老字号”企业参与科隆“中国年”活动，扩大“老字号”非物质文化遗产和中华传统技艺技能的影响；融合传统文化与现代时尚元素，将什刹海、前门—大栅栏等商业街区打造成为商业、文化、旅游相结合的特色商业街区；搭建特色商品创意设计工作平台，促进“北京品牌”建设，推动京商文化的传承与发展。

——拓宽科技产品流通渠道，服务国家自主创新示范区建设

加大政策倾斜，推动中关村国家自主创新示范区创新型企业扩大出口，积极做好中关村现代服务业综合改革试点的相关工作；发挥商务领域渠道优势，推动科技产品产销对接，为科技产品进入首都市场搭建桥梁。鼓励先进技术、设备和关键零部件进口，推动企业开展引进消化吸收再创新，提升“北京创造”品质。

——拓展高端交易领域，提升商务发展层级

加快推动高端服务业发展。研究制定商务服务业发展促进政策；加大国内外知名商务服务企业总部的引进力度；鼓励专业服务机构向全国和全球“走出去”；重点培育15个主题商务楼宇，促进商务服务业集聚发展。实施促进商业会展业发展的意见，加大财政支持力度，改造提升大型展馆配套设施，引进具有国际影响力的展会，培育一批首都品牌展会。促进融资租赁业发展，培育融资租赁产业聚集区。

规范发展大宗商品交易市场。加快交易环境和监管机制建设，保持棉花、化工、钢铁、木材等市场在国内的优势地位，支持扩大交易品种范围，加快形成大宗商品交易市场体系，逐步建立本市大宗商品价格指数，力争在千亿元级的大宗商品交易市场培育上取得突破。

做好2012年的工作，要求我们要进一步转变政府职能，改进工作作风，提高工作效率，全面落实党风廉政建设责任制，推进党务公开、政务公开和办事公开，提升公共服务水平；落实行政执法责任制，进一步推进依法行政；继续推进“创先争优”活动和“三进两促”活动，深化“一岗三责”风险防范管理工作；充分调动各方面积极性，紧紧依靠商务领域广大干部群众，发挥广大商务领域共青团员和青年的积极作用，凝心聚力，共同团结奋斗。

同志们，2012年商务发展任务光荣而繁重。我们要在市委、市政府的领导下，进一步坚定信心，开拓进取，推动首都商务科学发展再上新台阶，以更加优异的成绩迎接党的十八大胜利召开！

北京市“十二五”时期国际商贸中心建设发展规划

京政发〔2011〕49号

前　言

国际商贸中心是商贸流通、购物消费的国际化中枢，是世界城市在经济领域的重要体现。

北京建设国际商贸中心，符合世界城市发展的普遍规律；是围绕首都城市功能定位，增强和发挥“四个服务”功能的内在要求；是加快经济结构调整、转变经济发展方式的有效途径；是新时期、新阶段本市商贸领域科学发展的战略方向。为推进国际商贸中心建设，特制定《北京市“十二五”时期国际商贸中心建设发展规划》。

编制依据：

1、《中华人民共和国国民经济和社会发展第十二个五年规划纲要》；

2、《北京城市总体规划（2004年—2020年）》；

3、《北京市国民经济和社会发展第十二个五年规划纲要》；

4、《北京市人民政府关于印发北京市加快国际商贸中心建设意见的通知》。

适用范围：

适用于商业流通、居民服务、货物贸易、服务贸易、口岸、利用外资、境外投资、商务服务、物流配送等领域；涉及商贸领域关联产业及相关配套支撑产业。

实施期限：

2011—2015年。

第一部分　规划背景

一、新的起点

经过改革开放30多年发展、成功服务2008年奥运会和新中国成立60周年庆典、有效应对国际金融危机，北京商贸在“十一五”期间实现了跨越式发展，为加快国际商贸中心建设奠定了坚实基础。

（一）北京是全国主要的商贸流通交易中心

“十一五”期间，批发和零售业商品购销总额、购进额、销售额分别年均递增24.9%、27.8%、27.5%，分别超过“十一五”规划预期目标16.0、18.6、19.0个百分点。

商贸流通聚集、辐射的枢纽功能日益突出。北京批发和零售业商品购销总额多年位居国内各城市前列。2010年，在全市3.7万亿元商品购进额中，市外和境外购进额占77.9%，比2005年提高8.2个百分点；在全市4.0万亿元商品销售额中，批发额3.4万亿元，其中向市外和境外批发占77.7%，比2005年提高6.4个百分点。对外贸易以服务全国为主。2010年，在全市进、出口额中，为全国配置资源的进口占69.2%，带动全国产品进入国际市场的出口占47.3%，直接服务外省市的进出口额高达1 964亿美元，居全国第一。

商贸流通承载生产资料的配置作用举足轻重。第二次全国经济普查数据显示，在限额以上批发和零售业法人单位商品购进额中，矿产品、建材及化工产品，机械设备、五金交电及电子产品等生产资料购进额占70.3%。在限额以上批发和零售业法人单位商品销售额中，生产资料销售额占70.2%。2010年，在全市进口额中，生产资料类商品占80.4%；在全市出口额中，成品油、肥料和钢材三类商品出口占17.4%，其中外埠通过北京出口的成品油、肥料和钢材分别占该产品出口的88.8%、84.6%和66.6%。

体现首都优势的商品专业市场规模全国领先。电子通讯产品、文物艺术品、汽车等专业市场快速成长。依托中关村国家自主创新示范区，北京成为内地高新技术的主要输出地，对全国技术市场具有较强辐射力。北京艺术品市场繁荣，形成以潘家园为代表的古玩艺术品交易市场，在国内外具有较大影响力。文物艺术品拍卖成交额占全国的一半，交易价格成为全国市场的风向标。北京汽车进口量占全国的六成左右，已成为全国进口车的销售中心。棉花、钢铁等大宗商品交易市场迅速发展，在全国具有较强的辐射力和影响力。

（二）北京是全国最重要的城市消费市场

“十一五”期间，全市社会消费品零售额年均增长16.4%，高出规划预期增幅7.4个百分点；提前两年超过“十一五”末年的预期规模（4 470亿元）；2010年达6 229.3亿元，是2005年的2.1倍，连续第三年位居全国城市首位。

居民消费结构不断升级。批发和零售企业销售商品中，汽车、体育娱乐用品、金银珠宝类商品的比重逐步提高，分别从2005年的7.8%、0.9%和0.5%提高到2010年的16.2%、1.3%和1.5%。顺应出行、交易、结算等购物消费方式的变化，网络消费、信用消费等新型消费迅速发展。与文化娱乐、体育保健、旅游休闲、家装物业等产业融合，服务消费蓬勃发展。

特色商业独具魅力。目前，全市已有二十余条重点培育的市级特色商业街区和一批区域型特色商业街；全国1 128家中华“老字号”中，北京拥有116家，居全国前列；逐步形成了以特色商业街区为重要支撑、以“老字号”和特色店为重点的特色商业格局，增强了吸引和承载外来消费的能力，特别是在北京奥运会期间发挥了重要作用，成为传承北京文化和展示现代商业发展成果的窗口。

商业组织化、信息化、便利化程度进一步提高。全市现有连锁经营企业234家，连锁企业门店9 299个，比2005年增长55.7%；实现商品销售额2 133.0亿元，零售额1 625.5亿元，比2005年分别增长101.0%和71.0%；电子商务发展优势明显，2010年，全市限额以上企业实现电子商务销售额2 152.7亿元，比2008年增长30.7%；刷卡消费额6 864亿元，按可比口径计算，占社会消费品零售额65%以上；全市大中型商场、超市无障碍设施改造率达81%；二环路以内具备改造条件的大型商场停车引导系统改造率达93%。

（三）开放型经济国际影响力达到新水

平

"十一五"期间，对外贸易规模翻番，年均递增19.2%，2010年进出口达3 016.6亿美元，是2005年的2.4倍，再创历史新高。2010年服务贸易收支798.3亿美元，离岸服务外包执行额15.4亿美元，分别是2005年的2.7倍和5.1倍，继续保持全国领先地位。全市外商直接投资金额累计达281.8亿美元，是"十五"的2.3倍，占改革开放以来累计额的一半以上。累计核准境外企业（机构）672家，中方协议投资额累计达33.8亿美元，分别是"十五"时期的3.6倍和3.0倍。

首都发展的吸引力不断增强。截至2010年底，累计认定跨国公司地区总部82家，其中62家为世界500强企业地区总部；累计有256家世界500强企业在京投资598个项目；累计设立投资性公司183家、研发功能为主的外资法人企业353家；累计批准外资零售店铺3 245家，是2005年底的3倍多。

在全球经贸格局中的地位不断提升。2010年，北京货物进出口占全球0.99%，比2005年提高0.4个百分点。2010年，北京服务贸易收支规模占全球1.13%，比2005年提高了0.5个百分点。境外投资领域不断拓展，电子通信、软件开发、生物医药等本市优势产业境外投资发展迅速；全球最大225家国际承包商中，北京有3家企业入选。2010年，北京拥有30家世界500强企业全球总部，位居全球第二，为北京在全球经贸中提升资源配置能力奠定了基础和优势。

（四）商贸配套服务能力显著增强

北京的金融、信息、科技和文化创意产业发达，并聚集了律师、会计师、广告、咨询等国际顶级商务服务机构。首都会展经济优势突出，在国际大会及会议协会（ICCA）2010年公布的国际会议目的地排名中，北京是国内唯一跻身前十名的城市。现代物流体系更加完备，初步形成与交通线网有效衔接，以物流基地、物流中心为载体，多层次节点布局的物流网络。口岸体系不断优化，新增国家一类口岸北京西站铁路口岸和具有口岸功能的物流园区北京平谷国际陆港。口岸运行高效便捷，2006至2010年，北京口岸进出口货物监管量增长26.3%，达137.8万吨，征收关税及代征税增长44.1%，达402.4亿元，首都国际机场年旅客吞吐量增长52%，达7 394.8万人次，跃居世界第二。

（五）商贸领域是拉动经济增长、带动发展方式转变的重要力量

优化首都经济的资源配置。本市实际利用外资中第三产业的比重，多年领先于全市地区生产总值中第三产业的比重，2010年达88.5%，高出13.4个百分点，带动全市经济结构调整和产业升级。境外投资对开拓国际市场、开发国际资源、转移过剩产能发挥出日益重要的作用。

拓展首都经济的发展空间。2010年，全市一、二产业增加值对本市货源出口的依存度高达56.3%，相当于超过一半的增加值要靠国际市场实现；全市第三产业增加值对服务贸易输出收入的依存度达24.8%，相当于四分之一的增加值要靠国际市场实现。

增强全市经济发展的内生动力。得益于北京商贸产业的不断发展，本市最终消费率逐年攀升，自2006年起连续五年超过投资

率，2010年达到56.0%，超过投资率12.8个百分点，在全国率先形成消费拉动型经济。

经济社会环境效益贡献突出。近年，涵盖批发零售、餐饮、居民服务、商务服务、物流等行业的商贸领域增加值、纳税额、从业人员约占全市的25%、24%、36%，均居全市第一。批发和零售业、居民服务业、租赁和商务服务业的万元地区生产总值能耗和水耗，均较大幅度低于全市产业平均值。

二、新的形势

“十二五”时期，首都商贸处在可以大有作为的重要战略机遇期：世界经济贸易的新一轮上升周期，有利于拓展新的国际发展空间；全球经济的新一轮调整变化，有利于构筑新的对外发展优势；国家持续实施扩大内需促进消费政策、新技术加速发展、城镇化进程加快等因素，将有利于北京扩大消费规模，提升商业发展水平；随着北京人均地区生产总值超过1万美元，多元化消费需求将进一步释放，消费结构不断优化升级，消费方式不断创新；北京以建设中国特色世界城市为长远目标，为首都商贸发展注入强劲动力；首都经济圈的统筹规划，为北京发挥市场中心辐射带动作用，创造了良好条件。

同时，“十二五”时期，北京商贸发展还面临着困难因素：国际经济形势依然复杂，不断带来新的挑战，北京需要以更宽阔的视野审视发展，在更高层次上参与全球分工和国际竞争；国内加快转变发展方式刻不容缓，任务艰巨，北京在服务业主导格局总体确立、消费拉动作用日益突出之后，全市进入了推动经济结构深度调整、经济发展方式加快转变的关键阶段。因此，首都商贸发展要更加主动地适应国际形势新变化，更加全面地体现首都发展新要求，创新工作方式，在内外两大需求中培育新的增长动力，在内外两种资源中集成新的发展优势，在内外两个市场中拓展新的发展空间，不断实现商贸发展的新跨越。

在新的形势下，北京在加快商业服务业发展方式转变，更好地满足居民的新需求、新期待；在加快外经贸发展方式转变，更好地带动企业创新和国际化、高端化发展；在壮大首都商贸流通产业，以更高水准服务全国、辐射世界等方面，首都商贸还需要进一步提升和优化。与建设中国特色世界城市的要求相比，“十二五”期间，首都商贸尤其要在提升专业交易市场的国际影响力、增强商贸企业的国际市场开拓能力、提高自主品牌的国际知名度、优化商贸发展软环境等方面取得新的突破。

第二部分 发展思路、基本原则和建设目标

一、发展思路

按照建设“人文北京、科技北京、绿色北京”的发展战略，着眼建设中国特色世界城市的长远目标，立足首都商务发展的新阶段、新形势，发挥首都优势，以科学发展为主题，以加快转变商务发展方式为主线，以“便民利民、促进发展，服务全国、辐射世界”为商务工作的着力点，全面推进商贸流通“规范化、现代化、特色化、国际化”发展，塑造“北京服务”，助力“北京创造”。围绕商贸流通关键内容，重点实施“五项工程”，努力实现“四个显著提升”。

专栏 2-1 “五项工程”和“四个显著提升”

五项工程：商贸交易领域拓展工程、商贸交易市场完善工程、商贸品牌特色提升工程、商贸交易主体壮大工程和商贸配套环境优化工程。

四个显著提升：国际流通交易功能显著提升、国际购物消费功能显著提升、国际商贸主体实力显著提升和国际商贸发展环境显著提升。

在“十二五”乃至更长的时间内，努力建设符合首都城市功能定位，拥有全球化配置资源和先导性带动作用的商贸产业，拥有创意、研发、营销特色商品和特色服务的综合能力，拥有金融、信息、物流、商务服务等完备的产业配套体系，拥有开放、规范、诚信、安全的商贸环境，服务全国、辐射世界的国际商贸中心，促进经济发展方式转变，保持消费对经济发展的持续拉动作用，为世界城市建设发挥更重要的作用。

二、基本原则

一是适度超前。借鉴世界城市发展的成功经验，把握世界经济新一轮调整的战略机遇，拓展首都商贸发展的新兴领域，创新发展方式，增强引领产业发展的能力，更好地服务国家经济社会发展和北京中国特色世界城市建设。

二是突出重点。结合首都优势和资源特点，加快发展商贸高端领域。着力加强高端组织和高能级商贸主体的聚集，吸引全球的商流、资金流、信息流和高端人才汇聚，积极推动以电子交易为代表的虚拟交易市场和服务平台建设。

三是强化特色。发挥后发优势，突出北京人文特色，增强多元商贸文化的包容性，提高首都商贸发展的核心竞争力和可持续发展能力。

四是产业融合。适应首都经济发展和居民消费需求的新变化、新期待，加强商贸发展与关联产业的深度融合，大力发展商贸领域新兴业态，引领新型消费。

三、建设目标

到“十二五”规划末期，国际商贸中心建设要在便民利民，更好满足居民多方面、多层次消费需求的基础上，实现以下主要预期目标：

（一）要素资源聚集、辐射能力显著增强

——在商品流通规模翻番的基础上，外埠和境外购进额占购进总额的比重保持70%以上，外埠和境外销售额占销售总额的比重保持60%以上，强化国内全球采购中心的地位。

——对外贸易持续增长，货物贸易、服务贸易占全球比重均在1%以上，提升在全球贸易网络中的枢纽地位。

——服务贸易加快发展，承接国际服务外包的规模年均增长20%，进一步巩固服务外包的全国领军城市地位。

（二）国际时尚消费功能更加完备

——社会消费品零售额突破1万亿元，达到世界城市消费规模。

——现代化水平大幅提升。商业流通组织化程度提高，连锁销售额占全市社会消费品零售额的比重达40%左右；电子商务零售额占全市社会消费品零售额的比重达8%左右，达到世界先进水平。

——特色优势更加凸显。传承北京悠久文化，创新推出时尚品牌，增强对消费的吸引力和承载力。

（三）商贸主体高端化、多元化格局基本形成

——高端商贸主体加速聚集，总部经济聚集程度在世界城市中名列前茅。本市累计认定的跨国公司地区总部达到300家左右。

——规范、发展3家以上千亿元规模大宗商品电子交易市场。

（四）商贸配套服务水平全面提升

——商务服务业的领先优势进一步扩大，增加值占全市地区生产总值的比重达10%，高端服务能力进一步增强。

——会展业持续快速发展，成为亚太地区乃至世界最具影响力的国际会展之都。

——社会物流总额年均递增20%左右，物流成本占全市地区生产总值的比重降至12%左右，接近发达国家平均水平。

“十二五”规划末期国际商贸中心建设的主要预期指标

类别	序号	指标	目标
便民利民	1	全市各类商业服务网点覆盖率（个/万人）	>60
	2	大中型商场、超市无障碍设施和二环以内大型商业设施停车场改造率（%）	>95
	3	新城大型商业设施停车场改造率（%）	90
	4	刷卡消费占全市社会消费品零售额的比重（%）	>60
聚集辐射	5	外埠和境外购进额占购进总额的比重（%）	>70
	6	外埠和境外销售额占销售总额的比重（%）	>60
	7	货物贸易占全球比重（%）	>1
	8	服务贸易占全球比重（%）	>1
	9	承接国际服务外包的规模年均增长率（%）	20
时尚消费	10	社会消费品零售额（亿元）	>10000
	11	连锁销售额占全市社会消费品零售额的比重（%）	40
	12	电子商务零售额占全市社会消费品零售额的比重（%）	8
商贸主体	13	累计认定的跨国公司地区总部（家）	300
	14	千亿元规模大宗商品电子交易市场（家）	≥3
配套服务	15	商务服务业增加值占全市地区生产总值的比重（%）	10
	16	社会物流总额年均增长率（%）	20
	17	物流成本占全市地区生产总值的比重（%）	12

第三部分　重点任务

建设国际商贸中心是一项全市性、长期性的战略任务，“十二五”期间，重点围绕本市商贸流通发展的关键内容，推进实施以下“五项工程”。

一、商贸交易领域拓展工程

促进全市商贸发展的增长点由商品交易拓展到服务交易，由消费品交易延伸到要素资源交易等高端领域。

（一）扩展高端交易领域

拓宽要素交易领域。在做强钢铁、石油、棉花等大宗商品交易市场的同时，争取在稀土、能源、纤维、环境资源等要素资源交易领域取得新的突破并纳入国家战略，逐步成为重要商品价格形成中心，增强对国际交易、价格、标准、规则的话语权。

加快拍卖、租赁行业发展。建立拍卖公共服务平台，培育龙头拍卖企业，使北京成为国际知名的中国文物艺术品拍卖中心。继续组织好北京拍卖季活动，着力培育艺术品拍卖市场，树立北京高端拍卖市场的品牌形象。促进融资租赁领域拓展、品种增加，提高配置存量商品资源的能力。

发挥商贸领域会展的产业关联作用，以会展带动策划、洽谈、交易、结算等商流高端环节聚集北京，发现和创造新的商机，孕育商贸发展的增长点。

（二）培育新兴消费

树立大消费理念，促进服务消费。深化商贸与关联产业的融合互动，扩大文化娱乐、医疗保健、旅游休闲、金融保险、电子信息等新兴服务消费，提高新兴服务消费在全市最终消费中的比重。满足都市居民不断提升的休闲时尚品质需求，加快建设以中关村国际商城、房山长阳休闲商业区、西红门休闲商业区等为代表的休闲商业中心。

发展新型消费，培育消费热点。顺应消费市场结构变化，积极促进汽车装饰、用品、配件等汽车售后消费；顺应人口结构变化趋势，开发老年人市场，发展银发消费；顺应多元消费需求增长的趋势，促进书刊杂志、电子出版物及音像制品等文化消费；顺应消费方式变化，促进网络消费、刷卡消费、外卖消费、媒体定购消费等新型消费；顺应居民生活方式变化，促进和规范家政等居民服务业健康发展；加强商贸与金融服务互动发展，推进信用消费。

倡导绿色消费理念，推动低碳消费。加强低碳消费观念的宣传，营造有利于低碳消费的氛围。支持绿色科技创新与应用，增加绿色产品供给。引导企业增加绿色产品销售，鼓励绿色包装，减少一次性用品耗费。推进社区和农村再生资源回收站点建设，增强再生资源分拣和加工处理能力，构建经营规范、运行高效的再生资源回收利用产业化发展体系。

（三）发展服务贸易

完善服务贸易促进体系，扩大服务贸易规模。秉承“北京服务，全球共享”理念，依托中国（北京）国际服务贸易交易会（简称京交会）、中国国际版权贸易中心建设等载体，搭建具有国际影响力的服务贸易促进平台。加快文化、教育、体育等新兴服务贸易发展，巩固本市服务贸易在全国的领先优势，带动服务产业向国际一流水平提升。到2015年，本市年服务贸易额达1200亿美元。

推进服务外包发展。加强本市服务外包示范区公共服务平台建设。完善量化考评机制，引导中关村科技园区海淀园、商务中心区（CBD）等六个服务外包示范区健康快速发展。借力中关村国家自主创新示范区建设，促进高端服务业聚集发展。利用京交会、软件和信息服务交易会、国际服务外包交易博览会等展会平台，支持本市企业承接跨国公司服务外包业务，引进国外高端客户，打造服务外包高端业务的最佳着陆点和交易中心，推动服务外包向价值链高端升级。加强服务外包人才培训中心建设，年均培训各类人才5000人，增加服务外包人才供给。2015年，承接国际服务外包的规模达35亿美元。

二、商贸交易市场完善工程

完善国际商贸中心建设的功能载体，推进专业类型与空间布局兼顾、消费市场与要素市场并举、有形市场和无形市场互补的商贸交易市场体系建设。

（一）优化商贸交易设施空间载体

优化商贸设施层级体系。科学设置商业服务网点，构建城市标志性商业中心、功能性商业中心、宜居型社区商业三层级商业发展格局。一是围绕王府井、西单、前门—大栅栏三大商业区，通过进一步强化综合服务功能、明确定位、突出品质，打造集中展示北京商业现代繁荣形象、具有广域辐射力和影响力的城市标志性商业中心；二是适应居民消费结构升级趋势，结合北京商业产业优势，大力发展区域性商业中心、城市商务区商业中心、文化体验型特色商业区、休闲商业中心、生活方式中心和交易中心六类功能性商业中心；三是进一步发展社区商业，包括发展以现代生活广场为代表模式的社区商业中心、社区便利终端以及乡镇商业中心、乡镇零售终端。

专栏3-1 六类功能性商业中心

区域性商业中心：以北苑、望京、青年路、朝外、崇文门、公主坟等商业集聚区及新城中心商业区为重点，提高商贸设施水平，发展和提升区域商业中心。

城市商务区商业中心：推动北京商务中心区（CBD）、金融街、通州国际新城等商务区商业中心建设，扩大高端商业品牌引进规模，着力发展国际化、现代化、商务商业互动的城市商务区商业中心。

文化体验型特色商业区：依托北京中心城核心区文保区，适应和集中满足城市文化体验和现代休闲特色消费需求。

休闲商业中心：将城郊生态景观资源和现代休闲品质消费相结合，充分满足都市主流休闲时尚消费需求的新型商业中心。

生活方式中心：适应现代生活方式对一站式、休闲化、体验化生活模式的要求，以休闲体验为核心，集聚商业、餐饮、休闲娱乐、生活服务等多功能于一体。

交易中心：在棉花、钢材、黄金珠宝、时装等具有较好产业基础和广域影响力的领域，积极建设虚拟化现代交易平台、有形实体交易中心和现代交易集聚区。

完善便民商业服务设施建设。进一步提高全市各类商业服务网点覆盖率，使平均每万人拥有网点数达60个以上。打造“一刻钟社区服务圈”便民服务网络，满足社区居民基本生活服务需求。推进连锁便利店、餐饮网点等便利终端向社区延伸；着力解决居民蔬菜供应“最后一公里”问题；引导美容美发、洗染、家政服务、再生资源回收等居民服务行业连锁经营、规范发展。引导大型零售企业向郊区连锁发展。促进供应链整合，扩大联合采购规模，提高郊区连锁超市统一配送率。完善市场监测、政府储备和应急投放体系建设，保障生活必需品市场供应稳定。

继续推动商业无障碍设施建设和改造工

作，努力提升无障碍服务水平。到2015年，大中型商场、超市无障碍设施和二环以内大型商业设施停车场改造率均达95%以上；新城大型商业设施停车场改造率达到90%。进一步规范、完善商品装卸、存储以及出租车停车位等商业配套设施。继续提升刷卡消费水平。到2015年，在全市社会消费品零售额中，刷卡消费占比保持在60%以上。

（二）推进专业化商品市场发展

完善现代流通交易体系，基本形成产业配套、多业态发展的市场体系。提升专业批发市场的交易、集散能力，扩大辐射范围。在发展基础较好的商贸领域，率先形成若干具有较大影响的交易聚集区。依托中关村国家自主创新示范区，打造高科技产品交易聚集区；规范发展汽车、汽配市场，优化提升包括二手车在内的汽车交易市场体系；依托核心企业，建设集存储、交易、流通、收藏为一体的黄金珠宝艺术品主题交易聚集区；推动红桥市场升级，打造世界一流的珍珠（珠宝）交易聚集区；引导木樨园—大红门区域服装市场转型，建设集服装文化展示、交易、研发、体验及相关服务等功能于一体的服装产业交易聚集区；打造集产品展示、商贸洽谈、茶品拍卖、消费体验、文化交流于一体的马连道茶业交易中心。规范、发展大宗商品电子交易市场，到2015年，形成3家以上千亿元规模市场，增强大宗商品定价权和交易规则制定话语权。

专栏3-2 大宗商品交易市场

大宗商品交易市场具有战略储备、资源配置、价格发现、对冲风险等功能，是现代市场体系不可缺少的重要组成部分。世界级的大宗商品交易市场是国际商贸中心的重要功能载体。北京规范发展大宗商品交易市场，对于增强向全国乃至世界的聚集辐射功能、加快国际商贸中心建设具有重要意义。

（三）大力发展电子商务

加大电子商务应用的行业覆盖率，保持本市电子商务重点行业在全国的领军地位，成为发展环境最优、服务和规范经营水平最高的电子商务应用的首善之区。加快电子认证、电子支付、信用、标准和物流配送等电子商务支撑体系建设，支持第三方电子商务企业发展。重点建设通州商务园等3至5个电子商务聚集区，增强承载电子商务规模化、高端化、国际化发展综合能力。鼓励有实力的电子商务企业开展国际化经营。

积极发展网上商城，鼓励有条件的零售企业提供网上销售和配送服务，实现以网上销售带动门店销售，以门店销售支撑网上销售。建设电子商务展示体验中心，推广高新技术在电子商务产业中的应用。到2015年，电子商务零售额占全市社会消费品零售额的比重达8%左右。

三、商贸品牌特色提升工程

适应消费需求变化，提高市场品牌丰富度和特色企业集中度，增强消费市场吸引力，带动消费规模扩大和消费结构升级。

（一）发展自主品牌，推动北京创造

推动“老字号”品牌创新发展，更加适应当代消费需求。支持有实力的在京商贸企业创立和经营自主品牌，倡导商家开发、营销自有品牌商品和服务，培育目标消费群体的品牌认知度和品牌忠诚度。发挥中关村国家自主创新示范区和文化创意产业发展优势，促进自主创新优势和文化优势有机结合，培育一批新兴品牌。中小企业开拓国际市场资金和展会资源等向“双自主”企业倾斜，支持“双自主”产品出口，推动“北京创造”走向世界。推进支撑自主品牌国际化推广的公共服务平台建设，发挥电子产品、生物医药及保健品、医疗器械、汽车、新能源、乐器等特色产业优势，打造一批特色化和专业化出口基地。支持有实力的企业海外推介自有品牌，尽快培育一批国际知名的自有品牌商品企业。到2015年，“双自主”产品出口占全市出口比重达10%以上。

（二）汇聚国内品牌，经营中国特色

加强商贸领域跨区域合作，为国内品牌商品和服务进入首都市场搭建平台，荟萃、营销全国特色商品和名优商品，在服务全国的过程中，发展壮大首都的零售市场和商贸流通产业。打造“北京购物季”等全市性促消费品牌活动，增强首都市场对消费者的吸引力，促进“美食消费”、“特色消费”、“外来消费”持续增长。

（三）引进国际品牌，融入国际时尚

依托中心商业区和多功能购物中心，引进更多国际知名品牌，促进国际品牌来京设立辐射全国或亚太市场的代理总部和地区总部。吸引更多国际知名消费品类展会在京举办，培育一批专业化的品牌代理商，拓展品牌引进渠道，繁荣首都消费市场。吸引国际一流研发、创意人才，打造北京首发的国际时尚名品。组织开展北京国际美食盛典、中国北京国际餐饮食品博览会等系列活动，吸引国外知名餐饮品牌落户北京。

（四）强化商贸特色，彰显文化魅力

深入挖掘文化内涵，深化特色商业街区的提升改造，提高特色企业集中度。在完善现有特色街区的基础上，强化传统文化和现代时尚、国际元素的结合，培育若干条具有北京特色、享誉国内外的知名商业街以及一批社区特色风情街，引导特色产品和服务聚集；打造以大栅栏—琉璃厂—天桥、什刹海、南锣鼓巷等为代表的，以商旅休闲、文化创意、特色演艺等为内容的融合时尚与传统的文化体验消费区。

深化商贸与文化创意、科技研发的融合，开发高品位的工艺、艺术产品和有特色的旅游商品，创新推出时尚商品和服务。引进国际知名文化活动，大力发展文化产品和文化服务的贸易，增强商贸领域满足文化消费的承载能力。

四、商贸交易主体壮大工程

吸引国内外商贸主体聚集，壮大本市商贸企业实力，加快龙头企业国际化进程，夯实国际商贸中心建设的产业基础，提升对国际商贸要素的配置能力。

（一）提高总部经济聚集度

进一步加大对跨国公司的招商引资力度，吸引跨国公司在京设立地区总部，重点引进研发中心、营运中心、采购中心、结算中心，做实做强总部实体经济。到2015年，本市累计认定跨国公司地区总部300家左右。

依托国家部委和在京中央企业，设立、发展各类大宗商品交易市场企业总部和进出口企业地区总部。畅通渠道，搭建活动对接平台，促进国内百强商贸企业，特别是知名商业连锁企业与本市商业地产商对接，加快各地商贸企业地区总部入驻北京。利用展会和中介等途径，推动国内有实力的民营商贸企业来京投资。

（二）培育本市商贸龙头企业

培育大型商贸集团，鼓励跨区域、跨所有制的兼并重组，推动商贸企业做大做强。支持有条件的商贸企业借助资本市场实现融资，提高上市公司的运行质量及再融资能力。鼓励企业增加科技投入，扩大连锁经营，提高规模化、组织化、信息化水平，增强国内外市场竞争力。推动我市商贸企业向外埠拓展业务。支持有实力的大型商贸企业“走出去”，加快产业优势转变为国际市场竞争优势。加强对企业的政策宣传和培训，引导企业有效防范境外投资经营风险。

（三）支持“老字号”企业改革和发展

进一步完善保护和促进“老字号”发展的扶持体系，促进“老字号”在特色商务发展中发挥更大作用。加大“老字号”企业再造力度。支持“老字号”企业引入现代经营理念和经营管理方式，加大体制、技术和经营管理创新力度，实现创新发展。加强对“老字号”的宣传，将“老字号”企业纳入北京文化旅游线路，推进“老字号”与文化创意产业相结合，挖掘其传统文化内涵，传承和弘扬“老字号”优秀文化。

专栏3-3 “老字号”企业

“老字号”是指历史悠久，拥有世代传承的产品、技艺或服务，具有鲜明的中华民族传统文化背景和深厚的文化底蕴，取得社会广泛认同，形成良好信誉的品牌。“老字号”所传承的独特产品、精湛技艺和经营理念，具有不可估量的品牌价值、经济价值和文化价值。老字号承载着优秀的中华民族文化，是新时期开展诚信兴商、弘扬商业文明的核心内涵和宝贵财富。扶持“老字号”传承和发展信誉好、质量优的产品和服务，是扩大消费、满足居民消费需求、促进社会和谐、培育自主品牌的有效途径。引导“老字号”利用品牌优势做精做强，不断发展壮大，是走自主创新道路、实施名牌战略的重要任务。

——参见商务部、国家发展改革委等部门联合颁发的《关于保护和促进老字号发展的若干意见》。

五、商贸配套环境优化工程

与国际商贸中心建设要求相适应，建立配套产业支撑体系，优化商贸发展软环境，提高商务服务完善度。

（一）推动配套服务产业持续发展

发挥金融对商贸企业的支持作用，进一步提升消费金融公司、货币兑换公司、融资租赁公司发展水平。深入开展跨境贸易人民币结算试点相关工作，继续加大对中小企业和“双自主”企业投保出口信用保险的支持力度。积极探索为“走出去”企业提供更为完善的信用保险服务。

大力发展商务服务业。积极吸引国际知名商务服务企业落户北京。依托国内外大型展会等平台推介本市商务服务企业，促进企业开拓国内外市场；引导本市商务服务企业参照国际标准提升服务水平，推动企业做大做强。把握北京商务中心区（CBD）东扩和通州国际新城核心区等城市商务区发展契机，提高商务服务业发展的集聚程度，打造商务服务业主题示范楼宇。到2015年，形成商务服务业主题楼宇30个以上。商务服务业增加值年均增长15%左右，占第三产业增加值的比重提高到10%左右。

大力推进国际会展之都建设。制定出台会展业发展鼓励政策，建立协调机制，加强联动服务。完善会展设施及配套服务体系，提高承接国内外大型会展的能力。扩展会展领域的国际交流与合作，积极吸引更多国际知名展会在京举办，提升北京会展业的国际竞争力。

振兴发展现代物流业，增强支撑商贸发展的配套服务能力。优化空间布局，完善物流基础设施。重点完善提升顺义空港、平谷马坊、通州马驹桥和大兴京南等物流基地的基础设施和功能，提高物流企业的集聚效应。完善城市物流配送体系，大力发展农产品物流、冷链物流和电子商务物流，推动开展共同配送，提高城市运行的物流保障能力。服务本市优势产业和战略性新兴产业发展，完善辐射区域经济和全国市场的社会化、专业化物流体系。积极引进国内外知名物流企业落户北京，支持开展资金结算、营运组织、管理控制等高端物流总部业务，打造物流总部经济。强化区域物流合作，拓展首都经济圈物流服务功能。发挥政策功能区优势，加快发展国际物流。加快物流发展方式转变，推动物流信息化建设，推广应用绿色物流技术，促进物流领域的节能减排，实现可持续发展。

（二）发挥功能区的政策优势

以政策功能区为平台，加快贸易主体和贸易促进机构聚集，强化承载国际货物贸易、国际服务贸易的功能。进一步完善现代化口岸体系，打造一流口岸，构筑北有天竺、南有亦庄、东有平谷，海运、陆运、空运统筹的高效口岸体系。发挥北京天竺综合保税区的政策优势，加快招商引资步伐，吸引跨国公司设立国际采购分拨中心，增强离岸贸易和保税物流的功能，力争到2015年货物通过量达1 000亿美元。推动北京经济技术开发区保税物流中心建设，增强对高端制造业产业链企业的服务能力。发挥平谷国际陆港的区位优势，形成连接天津港的新的海陆联运物流通道，深化京冀区域合作。加快推进北京朝阳口岸平移至通州马驹桥物流基地工程。提升首都机场空港口岸服务能力，力争在过境免签时限增加、购物离境退税等方面取得突破。到2015年，首都国际机场年客运吞吐量近1亿人次，货邮吞吐量超过250万吨。

（三）加强商贸发展软环境建设

研究制定国际商贸中心建设的有关支持政策，优化商贸发展政策环境。加强知识产权保护，加大市场监管和消费者权益保护力度，引导行业自律，推进诚信体系建设；完善产业损害预警机制，为企业争取公平贸易环境；提高政府部门工作效率，强化为企业服务。

加强对首都商贸发展的全局性、前瞻性研究，推动建立实现商务科学发展的长效机制。通过多种渠道，全方位展示首都商贸发展的新形象，提高国际影响力和美誉度。

第四部分　规划实施保障

一、建立协调联动机制

深化本市与商务部、海关总署等国家部委确立的部市合作机制，加强与中央有关部门及在京中央企业的沟通、对接；深化首都经济圈以及环渤海地区的区域合作机制，构建资源共享、优势互补的统一商贸发展格局；强化本市各部门间的统筹推进机制，特别是加强商务与金融、旅游、投促、贸促等的协调、联动，形成合力；强化市商务部门与各区（县）政府和功能区商贸领域规划实施的衔接配套，开创上下联动共同推进国际商贸中心建设的新局面。

二、分解落实规划任务

本规划提出的预期指标的完成，主要依靠发挥市场机制的作用实现。市有关部门和区（县）政府要通过改进经济调节、加强市场监管、健全利益导向机制和创造良好发展环境，引导市场主体行为与规划发展战略意图相一致。

对规划的实施实行责任制，并纳入考核体系。按照部门职责，分解任务，落实责任。依据本规划的总体安排部署，加强年度计划制订实施，逐年落实规划提出的发展目标和重点任务，加强对本规划实施进展情况的分析和总结。区（县）政府要发挥各自区域优势，制定相应计划，扎实推进本区域各项目标任务的落实。

三、加强财政资金保障

统筹兼顾商务服务、会展、电子商务、物流等商贸发展的新领域，安排专项资金，推动国际商贸中心建设。各区（县）政府也要安排相应资金支持。编制实施好年度财政预算，为规划实施和目标任务完成提供有力的财政资金保障。强化对财政资金使用的审计监督，坚持厉行勤俭节约，严格控制行政成本。

四、加大人才培养和引进力度

落实首都中长期人才发展规划纲要，培养和引进商贸领域各类人才，构建行业发展梯次型人才队伍，普遍提高商贸领域员工的整体素质，重点推动高端人才的优化聚集，为国际商贸中心建设提供人力资源保障。

五、动员全社会共同实现规划

要群策群力落实好本规划，加强对规划的宣传，深化公众对国际商贸中心建设的认识和了解，有效组织引导公众参与规划的实施和监督，举全市之力共同推进北京国际商贸中心建设。

北京市“十二五”时期商业服务业发展规划

京商务规字〔2011〕28号

前言

“十二五”时期是我国加快转变经济发展方式的关键时期，也是北京中国特色世界城市建设、国际商贸中心建设的重要时期。商业服务业作为维系民生的重要行业，作为首都经济发展和宜居城市建设的支柱型产业，面临转型升级和加快发展。

适应“十二五”时期首都产业发展方向和功能布局，适应百姓生活方式和消费变化趋势，根据国务院和北京市委、市政府关于制定国民经济和社会发展第十二个五年规划的总体部署，特制定《北京市“十二五”时期商业服务业发展规划》。

本规划服务于北京中国特色世界城市和国际商贸中心建设，以科学发展为主题，以加快转变经济发展方式为主线，着眼于商业服务业内涵式发展，将通过全面、系统、规范建设，构建面向未来，与城市经济运行系统相协调的现代新型商业服务系统，为服务和改善民生，促进北京经济、社会、环境协调发展做出积极贡献。

本规划适用领域为批发零售业、餐饮业、居民服务业及典当、拍卖、租赁等特殊流通业。

规划实施期限为2011—2015年。

一、规划总则

（一）规划目的

通过规划引导，加快转变商业经济发展方式，进一步提高北京商业服务业运行质量和发展水平，进一步强化商业引擎带动作用，促进北京现代商业可持续发展，对城市发展做出积极贡献，切实推进国际商贸中心建设。

（二）规划重点

前瞻谋划“十二五”时期北京商业服务业发展的基本思路，预测商业发展规模和商业服务业发展水平，明确商业发展重点任务和布局，夯实商业发展基础。

（三）规划依据

主要以国务院办公厅《关于搞活流通扩大消费的意见》（国办发〔2008〕134号）、《北京市国民经济和社会发展第十二个五年规划纲要》、《北京市人民政府关于印发北京市加快国际商贸中心建设意见的通知》（京政发〔2011〕5号）等市级规划、相关文件及北京市土地、人口、交通等专项规划为依据。

（四）规划原则

1. 协调发展

着眼建设中国特色世界城市和国际商贸中心的长远目标，结合《北京城市总体规划（2004—2020）》和《北京市国民经济和社会发展第十二个五年规划纲要》，联动旅游、文化、交通等相关领域“十二五”时期发展规划，促进商业服务业全面协调发展，促进经济、社会、环境全面协调发展。

2. 前瞻谋划

把握世界城市、国际商贸中心商业发展规律，前瞻预测城市发展和消费变化趋势，引导北京商业服务业的可持续发展，保证规划的科学性。

3. 统筹兼顾

从北京商业服务业发展实际出发，既要突出重点、突出特色，又要兼顾统筹。做到内外贸统筹，中心城、新城、乡镇及农村城乡统筹，各功能区统筹，全面均衡发展。

4. 融合创新

坚持创新发展理念，适应首都经济发展和居民消费需求变化趋势，加强商贸发展与关联产业的深度融合。

二、发展面临的形势和挑战

(一)“十一五”发展回顾

“十一五”时期北京商业服务业发展取得了一系列积极成果，规范化、特色化、现代化、国际化建设取得重大进展，影响力不断增强。

1. 商业发展规模持续增长，连续三年成为国内最大的城市消费市场。“十一五”时期，北京商业保持了持续快速增长的势头，社会消费品零售额连续五年保持两位数增长，2006—2010 年年均增长 16.4%，2010 年，全市社会消费品零售额达 6229.3 亿元，连续第三年位居全国城市首位。“十一五”期间，批发零售业商品购销总额、购进额、销售额分别年均递增 24.9%、27.8%、27.5%，分别超过“十一五”规划预期目标 16.0、18.6、19.0 个百分点，居全国各城市前列，商贸流通聚集、辐射的枢纽功能日益突出。

2. 在全国率先形成消费拉动型经济格局，对首都经济增长贡献加大。一是最终消费率逐年攀升，自 2006 年起连续五年超过投资率，2010 年达到 56.0%，超过投资率 12.8 个百分点，在全国率先形成消费拉动型经济。二是批发零售业对首都经济增长贡献能力增强。“十一五”时期，批发零售业增加值年均增长 21.7%。2010 年，批发零售业增加值位居当年全市服务业之首。

3. 切实发展民生商业，城乡居民生活便利度有较大提升。“十一五”时期，以服务民生为主要功能的民生商业得到长足发展。通过积极推动规范化菜市场建设、主食加工中心和早餐网点建设、停车引导系统改造、再生资源回收网络体系建设，培育生活服务品牌企业，开通家政服务网等工作，有效满足了城乡居民生活服务需求，居民生活便利度有较大提升。初步构建了乡村现代流通网络，已实现乡镇和千人以上大村现代流通网络建设“两个基本覆盖”，实现了网络质量和配送率“两个全面提升”；启动了“家电下乡”惠民工程，开展“一乡一集市”工程，取得了良好的经济和社会效益。

4. 商业业态结构不断完善，商业发展面貌得到显著改善。“十一五”期间，北京商业服务业业态更加丰富，业态结构明显升级，百货店、大型超市、生鲜超市、便利店、折扣店、专业店、专卖店等各类零售业态发展迅速，特别是具有综合功能的购物中心业态实现了快速发展。新型餐饮业态不断涌现，大众餐饮、休闲餐饮快速发展，大众快餐、酒吧、茶楼、主题餐厅、休闲餐厅等给北京餐饮市场注入了新鲜活力。拍卖、典当和租赁等特殊流通行业加快发展，规范化程度进一步提高。

5. 商业组织化水平不断提高，连锁经营增长迅速。商业组织化程度不断提高，到

"十一五"末，全市共有连锁经营企业234家，连锁企业门店9 299个，比2005年增长55.7%；实现商品销售额2 133.0亿元，零售额1 625.5亿元，比2005年分别增长101.0%和71.0%；13家企业进入中国连锁百强，销售规模和门店数量分别占到百强总数的15%和5%。

6. 电子商务和信息化发展水平全国领先，已具有一定产业优势。"十一五"是北京电子商务大发展时期，知名网购企业数量居全国第一，发展水平全国领先。电子商务交易额前十位企业所实现的交易规模约占总交易规模的90%以上，领军企业在独立B2C市场和服装B2C市场中份额排名第一。网络零售发展迅速，规模处于行业领先。2010年，北京电子商务企业实现网络在京销售额157亿元，同比增长1.2倍。全国B2C销售规模排名前8位的企业中，有北京企业5家，交易规模占全国网络购物交易规模的57.7%。刷卡消费实现快速发展，全市累计发展银行卡特约商户18.5万户，较2005年增长3.5倍；刷卡消费额占社会消费品零售额的比重从2005年的27%上升到2010年的65%，提高38个百分点。

7. 商业品牌层级不断提升，有效带动消费升级。"十一五"时期，北京通过不断引进国际国内知名品牌，不断丰富北京市场，有效带动了消费升级。近300家世界知名零售商中超过40%入驻北京，全市已有超过3 000家零售外资店铺，1 200多家国际品牌专卖店，世界顶级品牌100强中已有90家进入北京市场。顶级品牌占有率位列世界第六，零售业开放程度居内地之首。

8. 商业特色化发展效果明显，特色商业街和老字号成为展示北京独特商业文化的窗口。"十一五"时期，北京特色商业街发展进入新时期。全市已形成了什刹海—烟袋斜街、南新仓、红桥市场、世贸天阶、潘家园旧货市场、雅宝路、马连道茶叶街等20余条风格各异的特色商业街。2006、2010年，商务部认定的第一、二批"中华老字号"中，北京有117家企业入选。现有26个老字号项目入选"国家级非物质文化遗产名录"，全市重点老字号企业销售额、利润额和缴税额年均增长15%以上。

9. 立足首都功能，保障了重要会议、重大活动和突发事件的供应服务。"十一五"时期，北京商业服务业立足于发挥首都功能，切实做好服务保障工作，现已建立了粮油、猪肉、蔬菜等18个品种的生活必需品政府储备，形成了生活必需品储备体系，在全国城市中率先建立了蔬菜政府储备机制；出色完成了全国"两会"、北京"两会"、北京奥运会、国庆六十年阅兵等重要会议、重大活动和应对甲型H_1N_1流感、南方冰雪灾害，汶川、玉树地震等突发事件的供应服务保障工作，确保了特殊时期城市商业运行平稳、安全、有序。

（二）"十二五"时期面临的挑战

在"十二五"乃至更长时期内，北京将努力构建"便民利民、促进发展、服务全国、辐射世界"的国际商贸中心。北京国际商贸中心建设将突出体现产业的先导性、功能的引领性和模式的先进性。

随着北京人均GDP突破1万美元，北京市民生活方式正在走向富裕阶段，城市消费呈现出明显的高端化、层级化、休闲化和体验化特征。

当前，国际经济环境趋于复杂，尽管世界经济正处于缓慢复苏之中，但国际经济走势仍呈现较大波动性和不确定性。从国内看，“十二五”时期，我国将处在以加快转变经济发展方式为主线的转型与改革的关键阶段。作为密切联系消费、维系民生的重要行业，作为首都经济发展和宜居城市建设的支柱型产业，北京商业服务业面临创新发展的迫切要求。

以国际商贸中心发展标准和水平相衡量，北京市商业服务业还存在着现实差距：商业产业规模和对区域社会经济的整体贡献还有待加强；商业产业先导性、功能引领性和模式先进性还不够突出；商业空间分布还不够均衡，商业品牌聚集度还有待提高；商业服务业发展品质还有一定的提升空间，北京特色商业文化内涵还有待深入挖掘；商业组织化程度还有待提升，商业企业国际竞争力、文化创新力还有待加强。

三、发展思路

“十二五”时期，是北京国际商贸中心建设的重要时期。北京商业服务业建设将积极发挥在保障民生、满足消费、繁荣城市、激发都市产业活力等方面的重要作用，走内涵发展、创新发展、绿色发展之路，进一步落实“人文北京、科技北京、绿色北京”发展要求，努力提高首都服务水平。

（一）指导思想

以科学发展为主题，以加快转变经济发展方式为主线，以改革创新为动力，以保障和改善民生为出发点和落脚点，认真贯彻落实党的十七届五中全会精神，着眼于建设中国特色世界城市和国际商贸中心，着眼于建立扩大消费需求的长效机制，从首都功能定位出发，适应消费升级和消费结构变化趋势，巩固消费、投资协调拉动经济增长的新格局，加速促进商业服务业的整体升级，助力北京创造，塑造北京服务。

（二）发展目标

通过“十二五”时期的快速发展，构建与北京中国特色世界城市和国际商贸中心发展战略相适应的规范化、现代化、特色化、国际化的都市商业服务系统，率先建成覆盖城乡的高品质民生商业服务体系，率先建成以信息技术为推动力的智能型商业发展模式，率先建成以创新流通方式为引擎的现代商业发展格局，率先建成兼具北京特色与国际时尚的品牌之都。

（三）总体思路

“十二五”时期北京市商业服务业发展的总体思路是：提升品质、突出特色、强化引擎、创新模式。

1. 提升品质——提升服务品质。突出民生品质商业，民生商业发展以便民利民为核心，以安全、绿色、便利、宜居为基本特征，通过强化基础、提升品质，有效提升城市宜居生活品质。

2. 突出特色——突出文化特色、品牌时尚特色。坚持北京特色，突出文化体验，通过商业、旅游、文化休闲产业一体化发展，集中展示北京商业文化底蕴和特色。融合北京特色与现代时尚，提升北京品牌、集聚全国品牌、引进国际品牌，积极打造国际品牌之都。

3. 强化引擎——强化引擎带动作用。以交易集聚为核心，发挥商业引擎带动作用，拉动现代服务业等关联产业的集聚、发展，拉动全产业链优化提升。

4. 创新模式——创新发展模式。坚持创新，以信息技术为依托，加强商业组织化、现代化建设，加强流通基础设施建设，积极探索北京国际商贸中心商业发展模式。

（四）发展指标

北京市“十二五”时期商业发展主要预期指标：

类　别	2015年目标
商业综合指　标	社会消费品零售额达到1万亿元，年均增长10%左右
	商品购销总额超过12万亿元以上，年均增长15%左右
商业现代化指　标	连锁经营销售额占全市社会消费品零售额比重40%左右
	电子商务零售额占社会消费品零售额比重8%左右刷卡消费占社会消费品零售额比例65%以上

四、重点任务

适应北京市商业服务业发展目标和总体思路，“十二五”时期北京商业服务业将从民生品质商业、特色时尚商业、现代引擎商业、商业发展模式创新、现代流通基础设施建设五方面加快发展建设。主要任务是：

（一）优先发展民生品质商业

民生商业与百姓生活密切相关，“十二五”时期，将集中发展社区商业、乡镇商业，通过发展社区服务终端、建设新型社区商业中心、建设乡镇商业服务网络，并依托民生商业体系搭载公益性便民服务平台等举措，切实提升民生商业品质。

1. 打造“一刻钟社区服务圈”便民服务网络。

（1）加大社区菜市场、连锁生鲜超市、便利店等现代便利终端的社区覆盖率，解决菜篮子“最后一公里”问题，形成绿色、安全的生活必需品供应网络。“十二五”期末，现代便利终端社区覆盖率达到60%。

（2）鼓励现代便利终端、社区服务中心（站）设施搭载早餐、洗衣冲印、金融缴费、快递邮政、家政修理等综合便利服务；鼓励现代便利终端与网络商业结合发展，成为网络商业的实体店和配送平台，实现零距离商业服务。

（3）鼓励发展社区连锁品牌餐饮、生活服务企业，规范社区商业经营，提升服务品质。“十二五”期末，社区餐饮、生活服务连锁店覆盖率达到50%。

（4）推进再生资源回收体系建设，加快规范化再生资源回收站点建设，“十二五”期末，实现城市社区和农村千人以上大村回收功能全覆盖。

（5）推进社区商业服务信息化建设，依托96156社区服务信息网络系统，搭建统一的社区商业展示平台，展示家政服务、洗衣、维修、再生资源回收等商业服务信息。

专栏

“一刻钟社区服务圈”便民服务网络

具有社区菜市场（或便民菜店）、便利店、早餐、洗衣、美容美发、再生资源回收等服务设施，社区内逐步实现宅送服务、订购服务、商务服务、刷卡支付，增设代收代缴服务点，进一步提高便民服务效率，提高社区商业服务的便捷、便利和舒适度。在中心城区、新城范围打造“一刻钟社区服务圈”，居民平均步行一刻钟即可到达社区服务点。

2. 建设新型社区商业中心。根据新建和改建居住区人口规模，建设以现代生活广场为代表模式的新型社区商业中心。“十二五”期末，全市形成一批示范性新型社区现代生活广场。

专栏

现代生活广场

现代新型社区商业中心，以“集中式店铺”和“开放式广场”为特征，服务人口2—6万，面积约1.2—3.6万平方米，设施相对集中，功能开放、环境舒适。可集中设置零售、餐饮、娱乐和生活服务设施，亦可集中设置派出所、街道等机构。既满足社区居民日常购物或服务需求，同时作为社区的文化中心、休闲中心和社会交往中心。

3. 构建乡镇现代商业服务网络。积极发展乡镇商业，促进乡镇商业供应链整合，扩大联合采购规模；发挥流通引导生产的带动作用，探索建立农村适用型商品的开发和市场推广机制，促进农村市场消费潜力的进一步释放；促进乡镇连锁系统的健康成长和发展，加强与周边省市的合作对接。“十二五”期末，连锁网络经营和服务店铺数超过1万家；实现连锁系统内商品统一配送率60%以上（其中食品统一配送率超过80%）；乡镇连锁系统商品销售额达到50亿元。

（二）大力发展特色时尚商业

适应现代都市消费升级和变化趋势，积极引导新型消费，集中发展城市标志性商业中心、城市商务商业中心、城郊休闲商业及城市文化体验商业，集聚现代时尚，完善零售、餐饮、服务全面协调发展的商业服务体系，促进北京特色与现代国际时尚有机融合。

1. 推进北京国际品牌之都建设。发挥商业产业带动作用，打造北京品牌，汇聚中国特色，不断优化国际商务服务环境，积极引进国际品牌。依托北京文化优势、国际交往优势，拓展渠道，培育品牌代理商、经销商，搭建品牌展示、时尚发布平台，引进品牌总部，全面推进北京国际品牌之都建设。

2. 推进特色商业街区建设。继续推进特色商业街建设，提升北京特色商业街知名度和影响力，提升特色商业街对周边商圈的区域带动力。重点推进文化体验型特色商业街区建设，鼓励发展多元文化聚集的“风情街”。以历史文化底蕴和商业文化特色为依托，建设文化体验型特色商业街区。利用中心城核心区、文保区有效整合历史、文化、空间资源，促进特色零售、餐饮酒吧、休闲会所、展览演艺等文化体验特色商业集聚，形成代表北京人文时尚品质的商业集群。“十二五”期末，新增6条市级特色商业街，形成3个城市文化体验型特色商业区。

3. 推进北京世界美食之都建设。加速餐饮业结构优化和产业升级，培育餐饮龙头企业，壮大北京餐饮品牌，集聚中外餐饮品牌，丰富餐饮业态，改善服务环境，推进餐饮业与文化创意产业、假日经济、旅游经济、会展经济、食品工业的结合，改造建设10个餐饮特色街和餐饮聚集区，推进北京世界美食之都建设。“十二五”期末，力争实现餐饮收入1 500亿元。

4. 加速老字号现代创新。鼓励社会资本参与，促进老字号体制机制创新，促进传统老字号经营模式转型，鼓励其加强传统技艺和历史文化传承，加速与现代生活方式接轨。“十二五”期末，3家以上老字号企业年销售规模突破100亿元。

（三）积极推进现代引擎商业

通过交易中心建设、流通企业总部建设、商贸龙头企业建设等，发挥商业在城市社会经济发展中的引擎作用，拉动首都现代服务业及其他关联产业集聚和提升，拉动全产业链增值和优化，推动首都经济圈的形成。

1. 建设现代交易中心。在北京现有产业优势基础上，建设具有广域交易能力的多类型现代交易中心，形成有形交易和无形交易相结合的多交易中心发展格局。“十二五”期末，培育和规范3家千亿元规模大宗商品电子交易中心、3家交易规模50亿元以上的有形实体交易中心、5家交易规模100亿元以上的现代交易聚集区。

2. 壮大本土商贸龙头企业。培育、推动大型商贸集团发展，鼓励企业增加科技投入，创新发展自有品牌，扩大连锁经营，提高规模化、组织化、信息化水平，增强国内外市场竞争力。支持有实力的企业“走出去”，将产业优势转变为国际市场竞争优势。“十二五”期末，发展两家以上年销售额突破200亿元的本土商贸龙头企业。新增4家以上实现国际化经营的本土商贸企业。

3. 积极引进流通企业总部。服务国家部委和在京央企总部建设，引进其流通交易平台落户北京；开发流通市场，吸引外埠商业企业总部入驻北京；发挥国际交往优势，积极引进跨国流通企业、知名品牌企业地区总部入驻北京。“十二五”期末，设立、发展各类大宗商品市场的企业总部和进出口企业地区总部10家左右，引进国内百强商业企业10家左右。

4. 规范发展典当、拍卖、租赁行业。规范典当行业发展，适度控制企业增量，鼓励品牌典当企业规模化发展，引导特色化差异化经营，完善市场监督管理机制，维护良好市场秩序，提高公共服务水平；规范拍卖行业发展，建立拍卖公共服务平台，积极支持引导拍卖交易中心发展。着力培育文物艺术品拍卖市场，建设国际性的中国文物艺术品拍卖中心；鼓励发展经营性租赁业务，加快推进融资租赁，培育融资租赁企业聚集区和二手租赁设备交易市场，规范租赁交易行为，引导现代新型消费。

5. 加强区域合作共同协调发展。北京商业服务业坚持优势互补、合作共赢，发挥辐射带动作用，广泛深入开展与津冀晋蒙及环渤海地区商贸流通领域合作，共同推动商贸流通领域区域一体化进程。鼓励本市商贸优势企业到兄弟省市发展；促进产销对接，完善生活必需品保障合作机制，鼓励发展服务首都市场的农产品流通体系，支持本市商贸企业在周边地区建设农副产品基地，打造企业为主体、市场为纽带的农产品供应产业链。同时加强对口支援和区域商务合作，深化北京企业与西藏、新疆、内蒙、四川等对口省市企业的市场对接，建立对口支援和区域合作项目数据库。

（四）加强流通基础设施建设

通过农产品现代流通体系建设、市场供应应急保障体系建设、城市末端配送系统建设、商业经营环境软硬件设施等现代流通基础公益设施建设，切实保障民生，进一步搭建北京流通现代化的基础建设平台。

1. 加快现代农产品流通体系建设。提升和规范粮油、蔬菜等农产品批发市场，以现代连锁为基础，大力发展订单农业，规范农产品直供基地建设，发展以田间督导、现代物流、冷链配送为特征的现代农产品流通模式，提高流通安全性和流通效率，形成传统模式与现代模式相互补充、共同发展的农产品流通格局。“十二五”期末，形成2个全市综合性、15个区域性综合农产品批发市场，建立起“2＋15”的农产品批发市场体系。农产品现代流通模式交易量占比提高到30％。

2. 加强应急保障体系建设。完善以生活必需品监测、政府储备、应急投放三大机制为核心的城市生活必需品应急保障体系，建立健全生活必需品市场供应风险管理体系的基本框架。按照“准确监测，全面分析，科学预测，快速反应”的原则，完善生活必需品市场监测制度。严格政府储备制度，优化生活必需品和应急物资储备商品政府储备数量、品种。依托现代连锁和物流配送等载体，完善应急投放网络，提升生活必需品应急投放能力。

3. 优化城市末端配送系统。通过构建以共同配送为重点的高效配送组织管理模式、搭建共同配送平台、鼓励企业间建立协同配送机制等举措，积极发展以城市商贸配送及生活配送为主体的城市物流配送，引导实施共同配送，提高城市配送服务效率。建设重点包括在大型商业密集区改造和新建一批公共接货设施；按照社区居民密集度，试点建设商务区的快递服务共同接收设施；在现有配送中心基础上逐步扩展配送中心群；建设一批共同配送示范工程等。

4. 提升商业经营环境软硬件设施。进一步改造大中型商场、超市无障碍设施和停车引导系统，提升刷卡消费无障碍水平；推动建设商业节能节水建筑，提高大型商场节能节水改造水平，推广节能节水设备应用，鼓励发展洗衣园区；增强再生资源分拣和加工处理能力，着力构建便民、规范、安全、可持续的再生资源回收体系。“十二五”期末，大中型商场、超市无障碍设施改造率进一步提升；二环以内大型商业设施停车引导系统改造率达到95％以上；新城大型商业设施停车场改造率达到90％；全市社会消费品零售额中刷卡消费所占比例达到65％以上；形成4个符合绿色环保要求、辐射范围广、分拣能力强的市级再生资源分拣中心；每个具备条件的远郊区（县）重点建设1个区（县）级再生资源分拣中心；培育形成10家以上回收能力强、具有一定规模和产业示范效应的再生资源回收企业。推行废旧汽车拆解物无害化处理。倡导绿色消费，打造绿色商业服务业。

（五）创新发展现代流通方式

创新发展以连锁经营和电子商务为代表的现代流通方式。

1. 深入发展现代连锁。加速形成以企业为主体、资本为要素、市场为纽带、各种资本相互融合的连锁发展局面。发挥连锁龙头企业作用，通过兼并、收购、重组等形式，鼓励连锁企业向郊区、乡镇和外埠扩展，向多领域、多业态延伸，进一步提升连锁经营发展水平和效率，提升商业流通组织化程度。“十二五”期末，连锁销售额占全市社会消费品零售额的比重达40%左右。

2. 大力发展电子商务。进一步优化电子商务发展环境，完善电子商务支撑体系建设，开展电子商务示范工程，创建国家电子商务示范城市。建设电子商务产业聚集区，吸引规模企业总部集聚。推进企业电子商务应用，发挥龙头企业示范作用，支持中小企业运用成熟的第三方服务平台开展电子商务，充分利用商务服务外包模式，实现高效增长。促进网络零售行业发展，鼓励以新技术应用推动传统行业创新，鼓励企业将传统业务与网络技术有机结合，开展网络零售业务，增加商品经营品种，创新商业交易模式，提高企业服务和持续发展能力。“十二五”期末，以电子商务为代表的新型消费方式占比提高至8%，达到世界先进水平。重点建设3～5个电子商务聚集区，吸引企业集群式发展。

五、优化布局

进一步统筹中心城、新城、乡镇及各功能区商业，促进商业布局科学均衡发展。围绕“三大标志”、“六类中心”和宜居型“社区商业”，突出重点，立体架构商业布局，优化商业布局体系。

（一）提升三大标志性商业中心

发展若干个集中体现北京现代商业最高水平、集中展示北京商业现代繁荣形象的标志性中心商业区。进一步提升王府井、西单、前门—大栅栏商业区，突出品质，强化特色，集聚品牌，引领城市生活方式，打造北京特色鲜明，宜购、宜乐、宜游的国际化、现代化标志性商业中心。

（二）发展六类功能性商业中心

着眼于国际商贸中心建设，适应首都居民消费结构变化趋势，结合北京产业优势，大力发展六类功能性商业中心。

1. 发展区域性商业中心。适应北京城市人口流向、分布及消费规律，进一步发展和提升区域综合商业中心。以北苑、望京、青年路、朝外、崇文门、公主坟等商业集聚区及新城中心商业区等为重点，提升、改造区域综合商业中心，增加配套停车设施，合理导引车流、人流，增加餐饮、娱乐设施，协调商业层级结构、完善业态结构。

2. 发展城市商务区商业中心。发展国际化、现代化，商务商业互动的城市商务区商业中心，集中体现北京商业现代国际品质。加快推动北京CBD、金融街、通州国际新城、朝阳东坝等商务区商业中心建设，扩大高端商业品牌引进规模，合理配置购物、餐饮、休闲服务设施，形成城市商务商业发展标杆。同时进一步完善亦庄、昌平未来科技城、首都机场等产业区商务商业配套建设。

3. 发展城市文化体验型特色商业区。满足城市文化体验和现代休闲特色消费需求，充分发挥北京京味文化特质，积极发展传统文化体验与现代时尚休闲特色消费密切结合的文化体验型特色商业区。在发展中心城核心区、文保区文化体验型特色商业基础上，以点带面、连线成片、蔓生发展，形成大栅栏-琉璃厂-天桥、什刹海-烟袋斜街、南锣鼓巷—五道营三大城市文化体验商业区，打造以商旅休闲、文化创意、特色演艺为重点的融合时尚与传统的文化体验型特色商业区。

4. 发展休闲商业中心。满足都市居民

不断提升的休闲时尚品质需求，积极发展具有典型现代时尚和品质休闲特征的休闲商业中心，提升北京现代休闲商业品质。依托城市发展新区、条件适宜的生态涵养区和南城地区发展5~8个休闲商业中心。形成一批以中关村国际商城、房山长阳休闲商业区、西红门休闲商业区等为代表的休闲商业中心。

5. 发展生活方式中心。创新发展以体验为核心的生活方式中心，满足城市居民高品质生活需求。生活方式中心建设着眼于高起点、高标准，引导在中心城核心区拆迁改造区域，中心城新兴大型人口聚集区和新城区三类区域发展。建成若干生活方式中心示范项目。

6. 发展交易中心。以钢材、稀土、石油、棉花、建材、汽车、黄金、葡萄酒、文化产品、时装、茶叶等产业为重点，积极建设虚拟化现代交易平台、有形实体交易中心和现代交易集聚区。实现商流物流分离，发挥商业引擎作用，提升北京商业辐射力和集聚力。

专栏

文化体验型特色商业区

适应和集中满足城市文化体验和现代休闲特色消费需求的北京特色商业区。建于北京中心城核心区文保区，在现有特色商业街基础上，通过集聚、蔓生发展形成，集中体现北京特色商业文化品质。

城郊休闲商业中心

位于城郊，密切结合生态景观资源和现代休闲品质消费，充分满足都市主流休闲时尚消费需求的新型商业中心。通常建筑规模在20万平方米以上。

生活方式中心

适应现代生活方式对一站式、休闲化、体验化生活模式的要求，以休闲体验为核心，集聚商业中心、餐饮文化中心、休闲娱乐中心、生活服务中心、人际交往中心等多种功能于一体的复合型区域商业中心。通常建筑规模在5万平方米以上。

专栏

交易聚集区建设示例

信息科技产品交易领域，立足北京国家高新技术创新、研发与生产基地职能，促进中关村核心区科技产品交易市场转型，建设国家级高科技产品交易聚集区；

服装交易领域，促进木樨园—大红门区域服装市场转型，打造集服装文化展示，交易、研发、消费体验，商务服务等功能于一体，面向华北、东北、西北和国际贸易的服装产业交易聚集区；

文化用品交易领域，依托永外革新南路文化办公用品特色街，规范发展北方地区最大的文化用品销地市场，建设以展示销售及文化用品品牌商区域总部办公为主的商务型交易聚集区；

黄金珠宝交易领域，加快菜市口黄金珠宝交易中心建设，依托核心企业，通过建设权威资质的交易机构和商务中心，开展黄金珠宝金融衍生交易，发展国际拍卖，建设集存储、交易、流通、收藏为一体的黄金珠宝艺术品交易中心，形成黄金珠宝艺术品主题交易聚集区；

珍珠交易领域，促进占世界珍珠交易量1/7的红桥珍珠市场转型，从物流中心、客流中心向商流中心、信息流中心转变，逐步建成世界一流品质的珍珠（珠宝）交易聚集区。

（三）建设宜居型社区商业

以提升城市宜居品质，推进北京宜居城市建设为发展目标，在现有基础上，进一步发展社区商业，完善社区商业配套。社区商业分两种类型，分别为以现代生活广场为代表模式的社区商业中心及社区便利终端，乡镇商业中心及乡镇零售终端。逐步完善以社区商业中心或乡镇商业中心为节点，以社区便利终端或乡镇零售终端为端点，覆盖全市的社区商业网络。

六、保障措施

（一）加强组织领导，建立协调联动机制

加强组织领导，围绕社区商业服务体系建设、农产品流通体系建设、新城商业规划建设等重点领域，建立部门联动、市区协同的工作机制，形成合力，统筹推进商业服务业规划发展。

（二）优化商业服务业发展环境

加强安全监管，完善监管体系和企业安全生产责任体系，提升企业安全生产水平。规范企业经营行为，健全商业服务业行业准入标准，倡导行业自律，加强知识产权保护，加大消费者权益保护力度，严厉打击非法违法生产经营行为。

（三）加强商业建设的引导

有计划、有步骤地使用商业用地。将商业用地规划纳入总体规划中严格执行，列入规划的集中商业用地，不得用作它用。制定配套商业设施设计指南。研究制定商务区商业、产业区商业、社区商业、加油站非油品经营等配置规范，强化商业对产业发展的支撑，为各类商业设施配套建设科学发展提供依据。

（四）进一步完善重点领域相关扶持政策

在土地、资金、财税、投资等领域出台扶持政策。用好用足商业流通发展资金，重点支持农产品流通体系、城市应急保障体系建设、郊区现代流通网络建设、商业绿色节能节水的公益性商业领域和交易中心培育、品牌引进与发展、电子商务平台等促进国际商贸中心建设的重点商业领域。

（五）充分发挥行业协会、咨询、教育等社会组织作用

充分发挥商业服务业行业覆盖面广、协会中介组织资源丰富的优势，督促引导各类协会积极发挥职能作用，在政府和社会企业

之间搭建平台和桥梁，形成政府、协会、企业多方推动商业服务业发展的良好局面。推进现代商业人才体系建设。依托中央及地方高校、中高级职业学院等各类教育资源，建设北京商业人才培训中心，培育一批中高级管理人才、一线实用型技术人才，加强在职职工培训，为北京商业规范化、现代化、特色化、国际化发展奠定基础。

（六）加强行业基础调查研究和规划动态评估工作

紧紧围绕商业服务业发展热点难点和共性问题，深入开展调查研究。与相关部门加强沟通协调，进一步完善商业服务业基础统计数据资料，完善重点领域信息监测制度，加强统计数据和监测信息分析，及时准确提出促进商业服务业加快发展的政策建议。加强对商业服务业以及相关专业规划实施的跟踪评估和动态调整，提高规划的科学性和可操作性。

附件：商业配置试行指南

“十二五”时期，为保障商业建设规范化和发展品质，对于新兴商务区商业、产业区商业、社区商业和加油站商业，在商业配置上明确相关指南。

1. 商务区商业配置

在新兴商务区建设中，按照功能需求，以合理比例预留商业面积，在已建成的商务区，通过资源要素组合、设施置换调整等，逐步达到合理的商业配置标准。

商务区总体商业配套应不低于20%，零售、餐饮、休闲服务面积比为4：4：2。

——合理零售面积应达到总面积的9%左右

——合理餐饮面积应达到总面积的9%左右，其中写字楼配套餐饮应达到2%，其余7%的餐饮面积通过单体餐饮设施和商场配套来解决

——合理休闲服务面积应达到总面积的2%左右

——按4‰的比例配置商业，每5万平米写字楼应当配置一个营业面积200平米的商业设施，满足众多白领的应急消费需求。

2. 产业区商业配置

在规模以上产业区（工业区）按合理比例（原则上按产业区建筑面积1%的比例）配置商业服务设施，满足产业区（工业区）企业员工应急购买和即时消费需求和便捷餐饮服务需求。

分三个层次配置商业设施：

(1) 第一层次：产业区服务区

面积为2 000～10 000平方米，集成产业区商务设施及各类餐饮、购物及小型休闲娱乐设施，作为产业区集中的商业配套服务区。

(2) 第二层次：产业区小型商业聚集地

面积为400～800平方米，营造绿色、生态环境，协调工业区的单一色调，商业设施集约、适用。包括面积为50～100平方米的便利店、可为周边企业提供送餐服务的快餐店、小型饮品店、小型办公用品专卖店等，与加油站或停车场结合的绿岛可附设汽车美容、修理设施。

(3) 第三层次：产业区应急服务配套商业

散布于产业区内，由自动售货机、微型便利店、流动售货车等组成的应急服务网络。

3. 社区商业配置

社区商业发展重点是社区商业中心、社区便利终端的规范建设和便利服务发展。

社区商业中心、社区便利终端的商业面积比为6∶4。

(1) 社区商业中心

按社区的不同类型、不同规模，发展不同类型的社区商业中心：

——新建住宅区（含预留商业用地已建社区）配建现代生活广场

——没有预留商业用地的建成社区，在现有基础上置换调整商业面积，或以周边新开发社区商业加以弥补

——周边有大型商业设施的社区，不再另设社区商业中心

——原则上总建筑规模50万～250万平方米，人口规模2万～6万的社区，可以配建营业规模1.2万～3.6万平方米的现代生活广场。

(2) 社区便利终端

推广实体店＋网店的模式，逐步覆盖全市社区，建设社区便利服务网络体系。

(2.1) 实体店

——单店辐射1000户居民

——经营单品不少于1000种，其中生鲜食品不少于50种，价格有竞争力

——搭载各类便民服务项目，满足社区居民多层次生活服务需求，并可提供送货上门服务

——配建标准：

均匀发散式分布，平均4000人商圈内可以配建一个；

步行3～5分钟的半径范围内，距离社区商业中心200米以上，呈网络节点结构分布。

(2.2) 网店

——经营商品不少于2万种，以生活日用品和食品为主

——附设规范建设的配送中心

(3) 发展模式

社区商业发展主要遵循三种模式：

新建大型区域：生活方式中心＋社区便利终端；

新建中小社区、无条件建设生活方式中心的区域：现代生活广场＋社区便利终端；

生活方式中心建设条件有限或功能不足、原有三个层级基础需要改造的区域：宜居中心＋现代生活广场＋社区便利终端。

4. 加油站商业配置

利用加油站网络优势，积极发展非油品业务，引进和发展品牌连锁企业，实行统一配送，连锁化经营，形成非油品业务经营网络。

加油站商业配置主要遵循三种模式：

市区加油站：加油站＋便利店；

郊区加油站：加油站＋便利店＋汽车餐厅；

高速公路服务区：加油站＋集中购物、餐饮、休闲及汽车服务设施

其中，便利店面积不超过200平方米，经营单品1 000～3 000种；汽车餐厅拥有专用车道，4～6个专用停车位；高速公路服务区商业配套面积不少于1 000平方米，除配备品牌连锁超市、快餐店、休闲饮品店，还附设汽车快修、保养、美容和汽车百货等设施。

加油站经营烟草、药品、书籍、报刊、音像制品、邮品等业务，商业配套包括加水机、充气机、公用电话等自助服务设施。

北京市“十二五”时期对外经贸发展规划

京商务外运字〔2012〕3号

前 言

首都对外经贸以货物贸易和服务贸易、利用外资和境外投资为主要内容，以功能园区为重要载体，主动双向开放，带动全市、服务全国、辐射世界。

在更高水平上发展对外经贸，是调整经济结构、加快转变经济发展方式的有效途径，是新时期、新阶段北京市对外经贸领域科学发展的战略方向，也是建设中国特色世界城市、打造国际商贸中心的必然要求。为推进首都对外经贸发展，特制定《北京市“十二五”时期对外经贸发展规划》。

编制依据：

1.《中共中央关于制定国民经济和社会发展第十二个五年规划的建议》；

2. 国务院关于《北京城市总体规划（2004年—2020年）》的批复；

3.《北京城市总体规划（2004年—2020年）》；

4.《中共北京市委关于制定北京市国民经济和社会发展第十二个五年规划的建议》；

5.《北京市国民经济和社会发展第十二个五年规划纲要》；

6. 商务部《商务发展第十二个五年规划纲要》；

7.《北京市加快国际商贸中心建设的意见》；

8. 市委、市政府有关文件精神。

实施期限：

2011年至2015年。

第一部分 规划起点

经过改革开放30多年发展、成功举办2008年奥运会和服务新中国成立60周年庆典、有效应对国际金融危机，“十一五”时期，北京市着力提升对外经贸发展水平，完成了“十一五”规划主要目标任务，首都对外经贸不断实现新的突破，为“十二五”时期加快转变外经贸发展方式、进一步推动对外经贸科学发展奠定了坚实基础。

一、实现新跨越

外经贸主体快速增加。2010年，北京市有进出口业绩的企业1.17万家，是“十五”末年的1.4倍，约占全国4%。民营企业实现较快发展，进出口额占全市进出口总额的8.6%，比“十五”末年提高5.2个百分点。外商投资企业1.5万家，是“十五”末年的1.6倍，约占全国5%。境外投资企业和机构1173家，是“十五”末年的2.1倍。此外，北京市还有外国商会20家、外企办事机构1.5万家。

双向投资发展迅猛。2006年开始，实际利用外资连跨40亿、50亿、60亿台阶，2010年达63.6亿美元，年均增长12.5%。截至2010年底，已有147个国家（地区）

的外商投资项目进入北京市86个行业；“十一五”期间，全市外商直接投资金额累计达281.8亿美元，是“十五”的2.3倍，占改革开放以来累计额的一半以上。

“十一五”期间实际利用外资情况

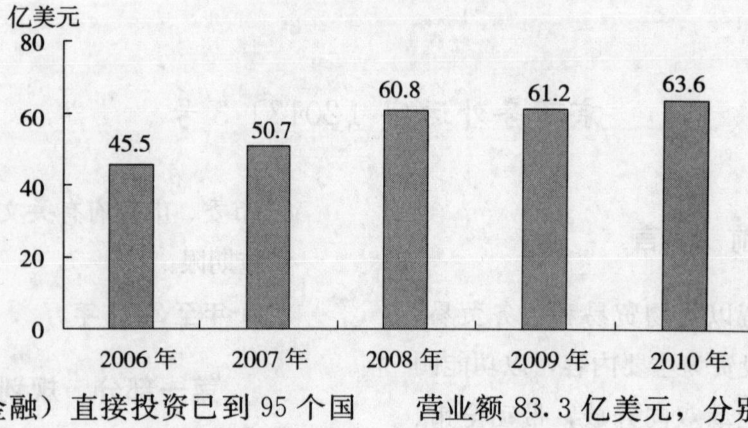

对外（非金融）直接投资已到95个国家（地区）投资。“十一五”期间，北京市累计核准境外企业（机构）672家，累计投资总额48.4亿美元，其中中方协议投资额33.8亿美元，分别是“十五”时期的3.6倍、2.4倍和3.0倍。北京市对外承包工程与劳务合作累计合同额159.5亿美元，累计营业额83.3亿美元，分别是“十五”时期的5.9倍和4倍。境外投资方式、投资地区、投资目标、投资主体多元化的趋势明显，呈现出领域广泛、方式多样、水平提高、增长迅速的特点，2010年并购投资占11.9%，电子通信、软件开发、生物医药等优势产业境外投资发展迅速。

“十一五”期间对外工程承包和劳务合作营业额情况

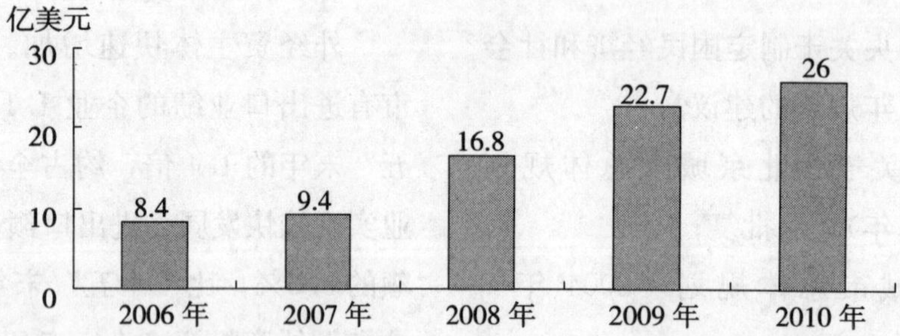

对外贸易成倍增长。2010年，货物贸易进出口3014.1亿美元，是“十五”末年的2.4倍，年均增长19.2%，占全国10.1%。服务贸易收支798.3亿美元，是“十五”末年的2.7倍，年均增长21.6%，占全国22.0%，稳居全国前列，其中通讯、电影、保险等领域占全国比重均超过50%。

重点发展领域取得突破。引资方式实现新突破：利用中介和国际展会招商，扩大新的引资对象，实现以商招商；与国际知名私募投资基金对接，推进股权投资基金等利用外资新方式。国际分拨业务实现新突破：吸引知名跨国公司在综保区发展国际分拨业务，设立国际分拨中心，全球采购分拨功能不断增强。

"十一五"期间货物进出口情况

"十一五"期间服务贸易收支情况

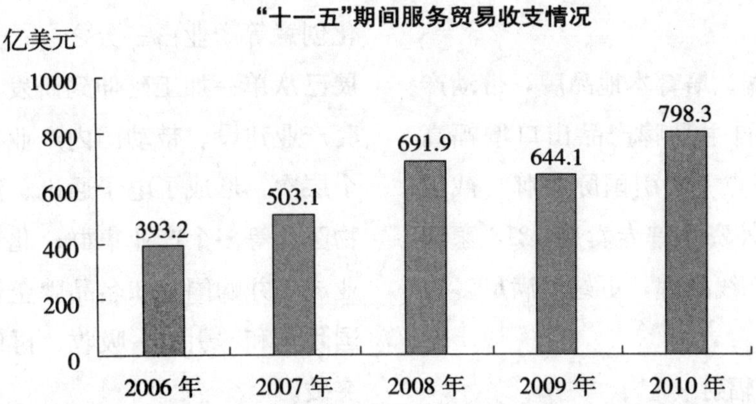

发展环境持续改善。北京天竺综合保税区和北京亦庄保税物流中心（B型）分别于2008年和2010年获批，充分满足企业保税物流的需求。2010年3月，北京平谷国际陆港建成并启用，为本市企业开辟了一条新的海运通道。市政府分别与海关总署、中国出口信用保险公司（以下简称中国信保）等签署战略合作协议，共同推动首都外经贸发展。针对地区总部、服务外包、留学人员和海外人才来京创业、知识产权保护等领域，制定促进政策，营造良好政策环境。下放外资审批权限，减少行政审批事项，进一步提高办事效率，为外资企业提供优质服务。

开放型经济发展贡献突出。2010年，全市一、二产业增加值对北京市货源出口的依存度达57.4%，带动全市14%的就业；第三产业增加值对服务贸易收入的依存度达25.4%，带动全市20%的就业；占全市企业数不足4%的外商投资企业，吸纳了全市13.7%的从业人员，贡献了全市19.7%的税收和24.7%的地区生产总值。外商投资企业能耗、水耗普遍大幅低于同行业平均水平，促进资源节约型、环境友好型城市建设。

二、呈现新特点

（一）高端化引领

一是产业高端。利用外资引领全市产业升级，截至2010年底，在全市累计利用外资中，第三产业占近八成，信息、金融、科技、商务、物流等生产性服务业占近五成，加快了服务产业的现代化和国际化。出口商品结构优化，带动北京市优势产业发展。2010年，北京市"双自主"产品、高新技术产品和机电产品出口分别占全市出口的

4.2%、34.9%和61.2%，比2005年提高了0.5、3.4和10.7个百分点。

二是组织高端。以跨国公司地区总部、投资性公司等为载体的总部经济聚集程度显著提高。截至2010年底，已有256家世界500强企业来京投资598个项目，累计认定跨国公司地区总部82家、投资性公司183家，增强了配置资源的能力。北京外贸强企优势显著，中国外贸500强企业中，在京企业有56家，前10强中在京企业占据4家，居各省市之首。

三是品牌高端。培育本地品牌，带动产业升级，2010年自主品牌产品出口增幅高于全市39个百分点。吸引国际品牌，截至2010年底，引进外资品牌专卖店1218家和90%的世界百强一线品牌，更好地满足多方面、多层次需求。

（二）枢纽式辐射

全国对外贸易中枢的功能更加凸显。“十一五”时期，非本市目的地进口额达6086.9亿美元，非本市货源地出口额达1047.2亿美元，占全市进口额和出口额的比重比“十五”时期分别提高8.2和2.9个百分点。2010年，非本市货源地和目的地进出口占全市进出口65.2%，北京市近七成的进口商品用于外埠，近五成的出口商品来源于外埠。2010年，北京通讯服务、电影音像、保险服务、建筑服务出口分别占全国的70.39%、62.60%、47.61%、41.17%，进口分别占全国的79.15%、75.47%、53.32%、54.22%，成为全国相关领域服务贸易进、出口的重要窗口。首都对外贸易服务全国作用明显。

2010年，北京市货物贸易和服务贸易分别占全球0.99%和1.13%，较“十五”末期分别提高0.4和0.5个百分点。北京在全球贸易网络中的地位进一步提升。

（三）创新型驱动

开放型经济发展产生广泛溢出效应。引进国际化人才和跨国公司研发中心、进口先进技术，带动多方面创新，截至2010年底，跨国公司已在京设立研发中心353家，2010年全市技术进口1359项，中关村国家自主创新示范区企业参与了86项国际标准的制定；在全市累计吸收外资中，高新技术和文化创意等产业占三分之一；重点出口产业发展已从单一加工延伸到研发、营销、国内配套产业建设、带动国内产业和品牌发展等多个层次，形成了电子通讯、液晶、汽车和生物医药等多个产业集群；北京市多家汽车企业成功并购国际知名品牌企业，在汽车产业国际化和“引进、吸收、再创新”上取得新突破。

三、面临新形势

未来五年首都外经贸发展仍然处于大有作为的重要战略机遇期，面临着新的发展机遇和一系列有利条件。国家综合国力和首都城市影响力整体提升，国际社会更加关注中国、关注北京，为开展多方面、多层次合作提供了重要机遇。在更高水平上发展开放型经济，是建设中国特色世界城市、打造国际商贸中心的必然要求。

与此同时，国际国内形势更趋复杂多变，外部环境不确定性因素增多。在“十二五”期间，围绕北京特点，立足整体发展格局，首都外经贸发展也面临着加快发展方式转变，调结构、保增长的战略任务。在提高外资内涵式发展水平，做强做实总部经济；增强对外贸易的辐射力，提高“双自主”产品出口比重；提升企业“走出去”整体实力，增强“北京服务”、“北京创造”品牌影响力等方面，都需要进一步强化和提升。

第二部分 发展目标

一、指导思想

深入贯彻落实科学发展观，按照建设“人文北京、科技北京、绿色北京”的发展战略，着眼建设中国特色世界城市、打造国际商贸中心的目标，立足首都外经贸发展新阶段，发挥首都优势，以科学发展为主题，以加快转变发展方式为主线，以“便民利民、促进发展，服务全国、辐射世界”作为工作出发点和着力点，强化高端引领和创新驱动，塑造“北京服务”，助力“北京创造”，推动首都对外经贸发展实现新的跨越。

二、主要目标

“十二五”时期首都对外经贸发展的主要预期目标是：

利用外资更加注重内涵式发展。“十二五”期间，第三产业利用外资比重占80%以上；累计实际利用外商直接投资预计实现300亿美元；到2015年末，北京市累计认定跨国公司地区总部力争达到300家，总部经济聚集程度在世界城市中名列前茅。

对外贸易辐射能力显著增强。提升在全球贸易网络中的枢纽地位。到2015年，年服务贸易额达到1 200亿美元，占全球比重1%以上；年货物贸易额达到5 000亿美元，占全球比重突破1%；“双自主”企业出口占全市出口比重达到10%以上。

“走出去”步伐加快。“十二五”期间，对外（非金融）直接投资保持稳定增长态势；对外承包工程累计完成营业额达到115亿美元。发挥优势产业引领带动作用，推动“北京服务”、“北京创造”品牌企业“走出去”。

第三部分 重点任务

一、提升利用外资内涵式发展水平

（一）优化调整利用外资结构

围绕北京城市功能定位和产业调整、升级方向，引导外资投向以商务服务、信息服务、科技服务、金融服务、物流服务为主的生产性服务业和创意设计、动漫、游戏等文化创意产业；鼓励外资投向新一代信息技术、生物、节能环保、新材料、新能源等战略性新兴产业；吸引外资发展高效、高辐射、高技术的高端制造业；大力吸引世界500强企业、知名跨国公司在京设立地区总部；积极推动研发中心、结算中心、采购中心和营运中心等功能性机构落地；加快落实鼓励总部企业实体化经营的支持政策，加大对总部企业拓展业务、经营便利化的支持力度；依托国家部委和在京央企，设立、发展各类大宗商品交易市场企业总部和进出口企业地区总部；加强引进技术含量高、资本实力强的外资项目，优化资本来源区域结构。

（二）引导利用外资区域投向

按照全市区域功能定位，围绕“两城两带、六高四新”产业布局规划，引导外资区域投向，充分发挥其在体制创新、科技引领、产业集聚、土地集约利用方面的载体和平台作用，扩大产业聚集效应，加快全市开放型经济发展。城市核心区形成以商务服务业为主的产业集聚区；商务中心区（CBD）形成以跨国公司地区总部、高端服务、国际金融、文化创意为主的产业集聚区；中关村国家自主创新示范区形成以高新技术、研发中心为主的产业集聚区；经济技术开发区形成以高端制造业、商贸物流为主的产业集聚区；北京天竺综合保税区形成具有保税功能特色的，以现代物流、国际贸易、保税加工、保税研发、检测维修、保税展览和特色金融为主的产业集聚区。

（三）扩大利用外资溢出效应

促进存量外资企业业务转型、功能拓展，鼓励和引导企业向低污染、低能耗、低水耗、高效益和高附加值转型，促进外企在生产、运营环节基础上向研发、采购以及结算等功能拓展；推进外资企业本地化进程，鼓励外商投资研发机构，鼓励外企不断延伸和丰富产业链条；引导企业承担更多社会责任，鼓励外资投入环境保护等节能环保产业，鼓励内、外资企业引进、培育国际化高端管理和技术人才，不断扩大利用外资在人才、技术、管理和理念等方面的溢出效应。

二、扩大服务贸易全国领先优势

（一）加快新兴服务贸易发展

依托特色商务楼宇发展，不断促进商务中心区（CBD）、金融街、中关村西区、东二环交通商务区等特色商务服务业集聚区发展。完善服务贸易发展促进政策，逐步建立针对不同行业的支持政策，加快服务贸易公共服务平台建设，促进文化、教育、体育、医疗保健等新兴服务贸易发展，带动服务产业向国际一流水平提升。进一步优化服务贸易出口结构，实现服务贸易的跨越式发展。

（二）推进服务外包高端发展

围绕“规模化、高端化和国际化”发展方向，引导和鼓励服务外包向价值链高端升级。充分利用国际、国内相关展会平台，支持企业开拓国际市场。加强服务外包示范区公共服务平台建设，引导中关村海淀园、昌平生命科学园、商务中心区（CBD）、北京经济技术开发区、大兴生物医药基地、密云呼叫产业基地等6个服务外包示范区突出特色，促进产业聚集，努力把北京打造成为国内全球服务外包高端业务最佳着陆点和交易中心。促进高端服务业在中关村国家自主创新示范区聚集，支持服务外包国际化发展。2015年，年服务外包营业额达到35亿美元以上，力争达到50亿美元。

（三）搭建综合型国际服务贸易交易平台

按照“货物贸易广交会，服务贸易京交会”的要求，举全市之力办好中国（北京）国际服务贸易交易会（简称“京交会”），力争在提升国际化水平、扩大展会规模和交易规模、引进国际著名展会和整合国内展会资源、拓展新兴领域和塑造品牌形象上取得突破，促进首都服务业创新发展。逐步提高北京在国际服务贸易价格、标准、规则制定上的话语权，推动北京成为有国际影响力的服务贸易市场中心。

三、增强货物贸易影响力和辐射力

（一）推进外贸协调发展

积极推动进口与出口、外贸与外资和外经、货物贸易与服务贸易、外贸与内贸协调发展。

积极引导进口，强化枢纽式辐射，扩大进口在全国的资源配置功能，促进全国贸易平衡，减少贸易摩擦。鼓励先进技术和关键设备进口，推动企业开展引进消化吸收再创新，提升“北京创造”品质，进一步优化出口商品结构，鼓励成套设备出口，着力促进首都优势产业和战略性新兴产业出口。

推动跨国公司地区总部扩大进出口。发挥服务贸易的促进作用和对外承包工程出口带动作用，促进货物贸易增长。发挥首都会展经济优势，以展促贸。推进内外贸融合发展，在内外两大需求中培育新的增长动力，在内外两种资源中集成新的发展优势，在内外两个市场中拓展新的发展空间。

（二）促进外贸转型升级

实施品牌战略，提升国际竞争力，按照“经济上优惠、管理上优待”原则，培育自主品牌产品，推动“双自主”产品出口，增强核心竞争力。推动中关村国家自主创新示范区创新型企业扩大出口。完善外贸电子商务平台，打造永不落幕的进出口交易会。

充分发挥北京天竺综合保税区政策功能优势，促进加工贸易转型升级、吸引知名跨国公司设立国际采购分拨配送中心，推动建立航空维修基地和开展融资租赁、转口贸易、研发和展览展示等业务。发挥北京亦庄保税物流中心（B型）作用，完善对高端制造业产业链企业的服务功能。

做好北京市外贸转型升级示范基地培育工作，重点支持和培育产品设计与贸易促进中心、公共检验检测平台和公共技术研发平台等外贸公共服务平台，用平台聚集企业，集约发展，使之成为品牌、技术和标准等出口竞争新优势的重要推动载体。将外贸公共服务平台建设工作和外贸转型升级示范基地培育工作有机结合起来，促进外贸转型升级，提升发展质量和水平。

实施贸易主体多元化战略，集成各种政策，引导鼓励中小外贸企业开拓国际市场，培育新的外贸增长点，拉动相关产业发展。实施市场多元化战略，充分利用国际知名展会，帮助企业拓展市场渠道，巩固传统市场，开拓新兴市场。

（三）引领外贸高端拓展

培育壮大本土外贸企业，增强市场竞争力。引导鼓励企业积极参与国际技术行业标准的制定，努力把具有较强竞争优势产品的技术标准和行业标准纳入国际标准体系，掌握竞争先机。

引导支持有实力的企业建立自主营销网络，把出口产品贸易链延伸到国外批发和零售终端，把进口贸易环节逐步延伸到上游生产供应端，提高贸易附加值和渠道控制力。引导鼓励企业融入国际定价体系，利用进口规模优势，提升在国际市场的话语权。

培育国际化特色商品交易市场，逐步发展成影响特定商品国际市场行情的交易中心、定价中心和商务咨询中心。

四、提升企业“走出去”综合竞争力

（一）推动“北京服务”、“北京创造”走出去

鼓励“北京服务”、“北京创造”品牌企业设立境外企业（机构）、投资办厂；利用服务贸易发展契机，积极推进企业并购、组建国际化服务联盟等工作，树立“北京服务”品牌，实现规模化、品牌化、国际化经营；抓住“走出去”机遇，带动本市货物、服务、品牌、技术、资本等输出与发展，提高跨国投资经营能力和合作，拓展“北京服务”、“北京创造”国际市场空间。

（二）支持“走出去”企业高端发展

鼓励和引导企业从单纯产品输出向服务输出、资本输出、技术输出、标准输出和品牌营销并重的方向转变。支持具有国际竞争力的企业通过境外上市、并购、投资等方式“走出去”，参与国际市场分工，培育具有国际影响力的高端跨国企业。

（三）探索对外援助、对外承包工程和劳务合作新形式

积极探索对外援助工作新模式，注重硬援助和软援助相结合，加强“就地援助”和

"请进来培训"相结合，立足于援助工作和"走出去"工作相结合，探索优惠贷款和商业融资相结合，促进援外工作健康发展。

加快转变对外承包工程和劳务合作发展方式，增强自主创新能力；树立品牌意识，加快企业向依靠技术和品牌发展方式转变的步伐；提高企业海外风险防范意识。到2015年，实现本市对外承包工程与劳务合作企业超过200家。

五、推动对外经贸实现新的发展

（一）扩展高端领域，实现创新发展

拓宽要素交易领域。在做强钢铁、石油、棉花等大宗商品交易市场的同时，争取在稀土、能源、纤维、环境资源等要素资源交易领域取得新的突破并纳入国家战略，逐步成为重要商品价格形成中心，增强对国际交易、价格、标准、规则的话语权。

大力发展商务服务业。积极吸引国际知名商务服务企业落户北京。依托国际大型展会等平台推介本土商务服务企业，促进企业开拓国际市场；引导商务服务企业参照国际标准提升服务水平，推动企业做大做强；把握商务中心区（CBD）东扩和通州国际新城核心区等城市商务区发展契机，提高商务服务业发展的集聚程度，打造商务服务业主题示范楼宇。

推进国际会展之都建设。制定出台会展业发展鼓励政策，建立协调机制，加强联动服务。依托首都的资源优势，培育一批规模较大、国际影响力较强的品牌展会。扩展会展领域的国际交流与合作，积极吸引更多具有国际影响力的展会在京举办，提升北京会展业的国际竞争力。

着力提升品牌特色。鼓励北京品牌走出去，在外注册商标，形成更多具有竞争实力及国际影响力的出口企业和品牌；发挥枢纽作用，带动国内品牌商品和服务走出去；依托中心商业区和多功能购物中心，引进更多国际知名品牌，促进国际品牌来京设立总部。

（二）聚焦"京交会"，实现融合发展

发挥"京交会"带动作用，促进策划、洽谈、交易、结算等商流高端环节聚集。为优势服务业企业搭建与国外合作伙伴的对接桥梁，拓宽"走出去"渠道，进一步增强"走出去"服务业企业国际化配置市场资源的能力。吸引国际知名服务供应商和采购商，引进更多国际服务贸易企业在京设立地区总部，加速商务服务业企业聚集，形成高端服务业的发展高地，提升全产业链的服务能力。

（三）围绕重点区域，实现集聚发展

围绕北京新城建设及重点区域开发，推动开放型经济集聚发展。以政策功能区为平台，发挥政策优势，加快贸易主体和贸易促进机构聚集，强化承载国际货物贸易、国际服务贸易的功能。

（四）创新服务模式，实现联动发展

提高工作效率，创新服务模式，强化为企业服务。深化与商务部、海关总署等国家部委确立的合作机制，加强与国家有关部门及在京央企的沟通、对接；强化本市各部门间的统筹推进机制，特别是加强商务与投促、贸促的战略联动，形成合力；强化市商务部门与各区（县）政府和功能区有关规划的衔接，市、区联动共同推进首都对外经贸发展。

第四部分　保障措施

一、强化统筹协调机制

围绕全市对外经贸工作，加大协调力度，加强与国家、本市有关部门、区（县）和功能区的对接协作，建立协调机制，强化整体统筹，提高便利化程度，共同推进全市开放型经济发展。

二、发挥政策集成效应

进一步完善对外经贸政策，强化政策集成，形成适应国际商贸中心建设、符合国际规则的政策体系，更好地服务首都外经贸发展。

全面落实北京市吸引跨国公司地区总部政策，进一步加大对跨国公司的招商引资力度。积极推进跨境人民币结算试点工作。加大对“双自主”品牌企业的支持力度，充分发挥出口信用保险的作用，促进出口。

三、完善服务体系建设

提高服务意识，健全服务保障。进一步推进行政审批制度改革，优化审批服务流程，提高便利化水平。加强开放型经济运行监控，搭建信息服务平台。完善国际物流体系，服务首都开放型经济。推进落实与海关总署、中国信保等签署的战略合作协议，促进首都对外经贸发展。

进一步调整口岸功能布局，充分利用空港资源，加强“出海通道”建设，健全区域口岸合作机制，提升口岸通关效率和综合服务水平，不断完善外经贸发展环境。

运用贸易救济措施，应对贸易摩擦，维护产业安全。健全贸易救济服务体系，不断完善产业损害预警机制，推进全市产业安全数据库扩容工作。密切跟踪贸易壁垒最新动态，积极探索应对策略，为企业争取公平贸易环境。

四、汇聚高端人才优势

加大对外经贸高端人才培养和引进力度，构建外经贸发展人才梯队，提高外经贸领域员工的整体素质，重点推动外经贸高端人才的优化聚集，为北京建设中国特色世界城市、打造国际商贸中心提供人力资源保障。

北京市“十二五”时期物流业发展规划

京商务物流字〔2011〕6号

序　言

物流业是生产性服务业的重要组成部分，是融合运输业、仓储业、货代业和信息业等的复合型、基础性、先导性产业。大力发展现代物流业，对于优化发展环境、带动产业升级、降低流通成本、普遍提高经济运行的质量和效益、增强城市综合服务保障能力，具有十分重要的意义。

“十一五”期间，北京市物流业实现平稳较快发展，物流基础设施日益完善，社会物流规模迅速增长，运行效率不断提高，高端物流集聚效应逐渐显现，物流发展的总体水平居国内领先。成功服务2008年北京奥运会和国庆六十周年庆典等重大活动，物流服务保障能力显著提升，为支撑首都经济发展、便利居民生活发挥了重要作用，也为今后五年物流业持续快速发展打下良好基础。

“十二五”时期，北京物流业将以科学发展为主题，以加快转变发展方式为主线，贯彻落实“人文北京、科技北京、绿色北京”战略，以服务中国特色世界城市建设为目标，按照“便民利民、促进发展，服务全国、辐射世界”的发展宗旨，加快推进物流业结构调整与创新，更加注重物流系统运行效率的提高和服务保障能力的增强，进一步完善高效、集约、低碳的城市物流体系，提升物流业发展的现代化、国际化水平，打造具有广泛国际影响力的物流中心城市。

《北京市“十二五”时期物流业发展规划》编制的主要依据是：

《北京城市总体规划（2004年—2020年）》

《北京市国民经济和社会发展第十二个五年规划纲要》

国家发展改革委等九部委《关于促进我国现代物流业发展的意见》

《物流业调整和振兴规划》（国发〔2009〕8号）等

规划期限为2011年至2015年。

第一部分　规划背景

一、“十一五”时期物流业发展回顾

（一）总体规模快速增长，运行效率不断提升

2010年，全市社会物流总额达5.04万亿元，较2006年的2.54万亿元增长98.4%，对推动全市经济发展发挥了重要的支撑作用。在社会物流总额的构成中，外省市流入物品和进口货物的占比由2006年的68.3%增长到2010年的76.5%，物流业发展的枢纽地位和服务国内外市场的辐射能力得到进一步提高（见表1-1）。

表 1-1 北京市社会物流总额及构成 单位：亿元，%

指标	2010 年	占比	2006 年	占比
社会物流总额	50 424.7	100.0	25 406.5	100.0
一、农产品	280.2	0.6	224.0	0.9
二、工业品	11 390.9	22.6	7 511.6	29.6
三、进口货物	16 649.1	33.0	9 386.8	36.9
四、再生资源	69.3	0.1	257.3	1.0
五、外省市流入物品	21 909.6	43.5	7 971.5	31.4
六、单位与居民物品	125.6	0.2	55.2	0.2

数据来源：《北京统计年鉴》

2010 年，物流业实现增加值 493.7 亿元，较 2006 年增长 34.2%，占全市 GDP 的比重为 3.5%。其中，交通运输、邮政、仓储等行业实现增加值 382.9 亿元；流通加工、配送、包装等增值性物流业务实现增加值 110.8 亿元，较 2006 年增长 79.3%，明显高于行业整体增幅（见表 1-2）。

表 1-2 北京市物流业增加值及构成 单位：亿元，%

指标	2010 年	2006 年	增长
合计	493.7	368.0	34.2
交通运输邮政仓储业	382.9	306.2	25.0
流通加工、配送、包装业	110.8	61.8	79.3

数据来源：北京统计年鉴

物流业发展进一步扩大了就业。2010 年，本市物流从业人员 48.6 万人，比 2006 年增长 14.1%，占全市从业人员的 4.7%，占第三产业从业人员的 6.3%（见表 1-3）。

表 1-3 物流从业人员及构成 单位：亿元，%

指标	2010 年	2006 年	增长
合计	48.6	42.6	14.1
交通运输邮政仓储业	31.2	27.3	14.3
采掘业、制造业、批发和零售业	17.4	15.3	13.7

数据来源：北京统计年鉴

“十一五”时期，本市物流效率不断提高，社会物流总费用与 GDP 的比率由 2006 年的 17.7%下降到 2010 年的 15.5%，低于全国平均水平 2.3 个百分点，促进了首都经济社会发展环境的进一步优化和企业运行效益的普遍提高。

（二）基础设施日益完善，网络格局基本形成

2006至2010年，本市物流业固定资产投资累计超过1400亿元。截至2010年末，全市公路总里程达21114公里，其中高速公路里程达到903公里，公路线路9833条；铁路运营里程达到956公里；规模以上专业物流企业、商业企业和工业企业自有仓储面积（含仓库和货场）达到3099.9万平方米，增长84.9%；拥有货运车辆4.2万辆，增长55%，其中冷藏车、集装箱运输车等专用车辆1.1万辆，增长29.7%；拥有起重机、叉车等装卸设备3.5万台，增长53.2%（见表1-4）。

表1-4 “十一五”期间全市物流基础设施变化情况 单位：亿元，%

指标	计量单位	2010年	2006年	增长
铁路里程	公里	956	961.7	-0.6
公路里程	公里	21 114.0	20 502.6	3.0
公路线路条数	条	9 833	9 583	2.6
管输里程	公里	3 423.5	2 151.8	59.1
管道线路条数	条	15	10	50.0
规模以上单位物流基础设施情况				
自有仓储面积	万平方米	3 099.9	1 676.4	84.9
货运车辆数	辆	41 858	27 011	55.0
普通货车数	辆	32 472	18 691	73.7
专用货车数	辆	10 793	8 320	29.7
装卸设备台数	台	35 026	22 860	53.2
物流计算机管理系统套数	套	1 966	1 386	41.8

数据来源：《北京统计年鉴》

“十一五”时期，北京市加快顺义空港、通州马驹桥、平谷马坊和大兴京南等物流基地以及十八里店物流中心、西南物流中心等一批物流中心（综合物流区）和配送中心（专业物流区）的规划与建设，形成了以物流基地、物流中心为载体，专业物流为特色的多层次节点布局，以及与交通线网有效衔接的物流网络。点、线、面相互协调的“三环、五带、多中心”的物流设施空间格局基本建立。

（三）专业物流体系基本建立，运行保障能力显著增强

专业物流体系建设取得长足进展。农产品及各类快速消费品的物流配送不断完善，医药、图书、冷链等专业化物流快速发展，已成为本市物流业发展的重要推动力量。

物流业态创新加快推进，“电子商务＋物流”、“总部＋物流”、“展示交易＋物流”等新模式日益成型，满足“最后一公里”物流需求的快递服务实现基本覆盖，物流服务对城市生活、生产的保障能力显著增强。

物流技术支撑体系逐步完善。北京物流公共信息平台（一期）建成并投入使用；自动分拣、实时跟踪、精益化管理等现代物流技术逐步推广应用。物流信息化、自动化、标准化建设持续推进，现代物流技术应用水

平居国内领先地位。

物流快速响应能力大幅提高，应急体系建设加快推进。圆满完成了2008年北京奥运会、国庆六十周年庆典等重大活动的物流服务任务，在应对雨雪冰冻天气和汶川地震等突发自然灾害中发挥了重要的应急保障作用。

（四）口岸体系加快建设，国际物流发展空间不断拓展

口岸体系进一步发展和完善，通关效率得到较大提升。初步形成了以首都机场空港口岸为核心，北京西站铁路口岸、朝阳口岸、丰台口岸、北京平谷国际陆港为重要补充的布局合理、功能齐全的口岸体系，为提高国际物流运行效率创造了条件。

国际物流发展的相关政策功能区建设实现重大突破。天竺综合保税区已封关运营，并与首都机场实现区港一体、无缝对接，成为发展国际物流和保税物流的重要平台，本市国际分拨中心的地位更加凸显。平谷国际陆港积极推动京津两地跨关区快速通关，为本市外向型企业提供了新的海运通道。北京经济技术开发区保税物流中心（B型）获得批准，为保税物流的发展增添了新的政策功能优势。

（五）骨干企业实力不断壮大，市场集中度进一步提高

物流骨干企业加快发展，实力增强。“2010中国物流企业50强”有19家总部设在北京，位居前20的有9家。优势企业的进一步聚集，凸显了本市物流业发展的运营组织及管理控制等总部型经济特征。

物流资源和市场进一步向优势企业集中，大中型物流企业市场占有率不断扩大。2010年，本市物流业务收入达1 686.1亿元，其中，817家规模以上专业物流企业实现物流业务收入1 260.2亿元，占总量的75%。在817家规模以上专业物流企业中，大中型企业数量占比为13.1%，而其物流业务收入占比则达74.4%（见表1-5）。

表1-5 2010年规模以上专业物流企业按规模划分物流业务收入情况

单位：个，亿元，%

企业规模	单位数	收入	收入比重
合计	817	1 260.2	100
大型企业	25	526.1	41.7
中型企业	82	411.6	32.7
小型企业	710	322.5	25.6

数据来源：北京市统计局

（六）配套政策相继出台，发展环境不断优化

2007年，首次发布实施物流业发展专项规划，提出了全市物流业发展的目标和任务。为有效应对国际金融危机，及时制定出台《北京市物流业调整和振兴实施方案》。建立现代物流工作联席会议制度，对物流业发展的推进和协调力度明显加大。扩大税收试点企业范围，实现物流企业差额纳税。截至“十一五”末，本市已有税收试点物流企业47家。实施促进物流业发展的鼓励政策，实现物流企业水、电、气、热与工业企业同价，降低物流企业经营成本。

虽然本市物流业在“十一五”期间取得

了较好发展，但与国际先进水平相比、与建设中国特色世界城市和打造国际商贸中心的目标要求相比，在物流设施建设、运行效率、服务保障以及集聚辐射能力等方面仍需要进一步完善和提高。

二、"十二五"时期物流业发展面临的形势

跨入新世纪的第二个十年，本市仍处于可以大有作为的重要战略机遇期。首都经济社会的又好又快发展和人民生活水平的不断提高，对物流服务能力和水平都将提出更高要求。"十二五"期间，物流业发展既面临着难得的机遇，也要应对新的挑战。

（一）发展机遇

特大型城市为发展城市物流配送提供了巨大需求。本市商品市场交易繁荣，社会消费品零售总额连续三年居全国城市之首。"十二五"时期，北京将以保障和便利居民生活为出发点，建设更高水平的商贸流通产业体系。同时，居民收入水平的提高和对外来消费吸引力的增强，也将促进多元化消费方式、特别是以电子商务为代表的新型消费方式的发展，为农产品物流、冷链物流、电子商务物流、居民消费"最后一公里"物流等带来巨大的发展潜力。

高端现代制造为发展专业化物流提供了强劲动力。"十二五"期间，本市将大力发展高端现代制造业，培育壮大一批现代产业群，重点推动新一代信息技术、生物医药、新能源、节能环保、新能源汽车、新材料、高端装备制造和航空航天等战略性新兴产业的发展。高端现代制造业产品高集成度、高附加值的特点，要求物流系统具有运作的精益性和响应的时效性。高端现代制造业区域化、全球化发展，以及企业间战略联盟体的壮大，为以供应链物流为代表的专业化物流发展注入了强劲动力。

首都经济圈建设为发展区域物流提供了新的契机。"十二五"期间，北京将更深入广泛地开展与津冀晋蒙及环渤海地区合作，充分发挥首都优势，增强服务区域、服务全国的功能，共同推动区域一体化进程和首都经济圈形成。在加快一体化交通网络建设、深化资源能源等领域战略合作、推动区域产业分工与合作发展、加强城市运行保障和管理对接以及创新区域合作机制等方面积极推进，促进区域资源合理配置和共同市场形成。这些都将加速生产、生活类物资在区域内的流动，为区域物流发展提供了难得的机遇。

开放型经济为发展国际物流提供了广阔空间。"十二五"期间，本市将大力吸引总部聚集，努力建设面向全球的总部经济和高端产业集聚地；积极争取更多国际会展和体育赛事等国际活动在京举办；大力发展和提升商贸服务业，建设服务全国、辐射世界的国际商贸中心。这些都将推动跨国经营、全球采购、国际分拨、国际化消费的快速发展，从而对保税物流、国际物流以及进出口报关、货运代理等相关物流服务产生旺盛需求。

（二）面临挑战

本市的土地资源、交通、人力等物流业发展的投入要素成本相对较高，影响到物流企业扩张发展的能力；本市服务型经济主导的产业结构调整，要求物流业加快转变发展方式，实现集约式发展，第三方物流、专业化物流服务能力需要进一步提高；公共物流区的设施、功能以及吸引集聚能力有待加强。

概念专栏1 物流的基本概念

物流：物品从供应地向接收地的实体流动过程。根据实际需要，将运输、储存、装卸、搬运、包装、流通加工、配送、信息处理等基本功能实施有机结合。物品指经济与社会活动中实体流动的物质资料。

物流活动：物流过程中的运输、储存、装卸、搬运、包装、流通加工、配送等功能的具体运作。

物流企业：从事物流基本功能范围内的物流业务设计及系统运作，具有与自身业务相适应的信息管理系统，实行独立核算、独立承担民事责任的经济组织。

物流设施：具备物流相关功能和提供物流服务的场所。

物流园区：指为了实现物流设施集约化和物流运作共同化，或者出于城市物流设施空间布局合理化的目的而在城市周边等各区域，集中建设的物流设施群与众多物流业者在地域上的物流集结地。

物流中心：从事物流活动且具有完善信息网络的场所或组织。应基本符合下列要求：1）主要面向社会提供公共物流服务；2）物流功能健全；3）集聚辐射范围大；4）存储、吞吐能力强；5）对下游配送中心客户提供物流服务。

配送中心：从事配送业务且具有完善信息网络的场所或组织。应基本符合下列要求：1）主要为特定客户或末端客户提供服务；2）配送功能健全；3）辐射范围小；4）提供高频率、小批量、多批次配送服务。

第三方物流：独立于供需双方，为客户提供专项或全面的物流系统设计或系统运营的物流服务模式。

（上述定义均来源于国家标准《物流术语》GB/T18354－2006）

第二部分 指导思想、基本原则和发展目标

一、指导思想

以科学发展为主题，以加快转变经济发展方式为主线，落实“人文北京、科技北京、绿色北京”的发展战略，以服务中国特色世界城市建设、打造国际商贸中心为目标，发挥物流业支撑首都经济社会发展和保障城市运行的基础性作用。坚持“便民利民、促进发展，服务全国、辐射世界”的发展宗旨，加快推进物流业结构调整与服务创新，进一步提升本市物流业发展的现代化、国际化、高端化水平，完善高效、集约、低碳的综合物流体系，打造具有广泛国际影响力的物流中心城市。

二、基本原则

（一）统筹规划，促进协调发展

按照城市发展总体规划要求，统筹考虑物流重点设施布局与产业发展和居民生活的相互匹配，注重资源利用的高效性、经济发展与城市运行的协调性。整合利用存量物流资源，合理布局新增大型物流项目。建立功能协调、运行顺畅、高效集约的城市物流网

络，实现物流发展与城市功能的有机协调。

（二）科技引领，实现创新发展

发挥首都信息化水平高、人才科技资源丰富的优势，推广应用先进物流技术，鼓励物流服务创新，提高信息化、自动化、智能化、标准化水平，创新驱动首都物流业的可持续发展。

（三）结构调整，带动高端发展

加快推进物流业结构调整和升级，培育引进高能级企业主体，打造物流总部经济聚集地；引导物流企业整合与重组，积极发展第三方物流，逐步提高行业集中度；鼓励新型物流服务业态发展，加强区域与国际物流合作，带动整体水平提升。

（四）功能提升，增强保障能力

加强重要物流节点、物流通道和末端物流设施建设，完善城市物流体系，提升物流系统服务功能和应急响应能力，强化物流对城市运行的保障作用。

三、发展目标

（一）总体目标

进一步完善物流基础设施，引导产业集聚发展，构建以特大型都市运行保障为基础，以物流总部经济和国际物流为特色，以社会化、集约化、专业化物流为骨干的城市现代物流服务体系。全面提升物流服务的能力和水平，为建设中国特色世界城市、打造国际商贸中心提供坚实的物流服务保障。

（二）预期指标

——社会物流总额年均增长20%左右，物流业对经济增长的支撑作用更加明显。

——物流业实现平稳较快增长，增加值年均增长8%左右，规模以上物流企业物流业务收入年均增长10%以上。

——物流现代化水平持续提升，到2015年，社会物流总费用与GDP的比率降至12%左右，接近发达国家平均水平；规模以上连锁超市主要商品统一配送率提高到90%以上，乡镇连锁商业系统商品统一配送率达到60%以上；果蔬、肉类、水产品冷链流通率分别提高15%左右。

——物流业发展的集聚效应更加凸显，到2015年，我市物流基地和天竺综合保税区物流业务总收入超过1 000亿元；积极扶持营业收入百亿元级的国际物流企业发展，培育发展营业收入十亿元以上的城市物流配送龙头企业。

概念专栏2 物流指标体系说明

2006年，国家发展和改革委员会印发了《关于组织实施社会物流统计核算与报表制度的通知》，正式组织实施物流统计核算制度（以下简称《制度》）。根据《统计法》和相关规定，2010年对《制度》进行了修订并经国家统计局批准继续执行，其中对主要物流核算指标及其计算方法进行了解释和说明。

社会物流总费用：一定时期内，国民经济各方面用于社会物流活动的各项费用支出。包括：支付给运输、储存、装卸搬运、包装、流通加工、配送、信息处理等各个物流环节的费用；应承担的物品在物流期间发生的损耗；社会物流活动中因资金占用而应承担的利息支出；社会物流活动中发生的管理费用等。社会物流总费用划分为运输费用、保管费用、管理费用三大部分核算。

社会物流的物品总额：简称社会物流总额，即一定时期内，社会物流物品的价值总额。包括5个方面：①进入需求领域的农产品物流总额；②进入需求领域的工业品物流总额；③外部流入货物物流总额，包括海关进口总额和从区域外流入的物品总额；④进入需求领域的再生资源物流总额；⑤单位与居民物品物流额。社会物流总额在很大程度上决定社会物流产业活动的规模，它的增长变化一定程度上反映物流需求的增长变化。

社会物流业务总收入：是指一定时期内，物流相关行业参与社会物流活动，提供社会物流服务所取得的业务收入总额。是物流相关行业的总产出，也是物流市场总规模。包括：参与社会物品物流过程中运输、储存、装卸搬运、包装、流通加工、配送、信息处理等各个方面业务活动的收入。与社会物流总费用指标体系的核算相对应，社会物流业务总收入根据参与过程，也可以简单划分为运输收入和保管收入两大部分来计算。

物流业增加值：指物流相关行业劳动者报酬、固定资产折旧、生产税净额、营业盈余四项之和。反映物流相关行业物流活动的最终成果。(该定义来源于《北京统计年鉴》)

第三部分　空间布局

一、布局原则和思路

围绕本市物流业发展的总体目标，“十二五”时期物流规划空间布局的基本原则是：①有利于服务和保障首都城市发展和改善民生的现实需求；②有利于服务首都各类功能区的产业集聚和发展环境优化；③有利于加快首都经济圈建设和区域经济一体化发展；④有利于提高首都经济发展的国际影响力和辐射力；⑤统筹考虑与城市交通干道的衔接、以及与未来五年主要交通枢纽重点建设项目的协调配套。

“十二五”时期物流规划空间布局的思路是：继续完善“三环、五带、多中心”物流节点空间布局，发挥各物流节点的设施功能优势，引导物流资源在空间上的合理配置；适应未来五年物流业发展的实际需要，以加快物流业发展方式转变和服务水平提升为着力点，深化内涵、延伸发展，按照城市保障物流、专业物流、区域物流和国际物流的发展主线，强化本市物流业发展“广覆盖”、“多组团”、“立体化”的网络结构特征，进一步优化全市物流空间布局。

二、布局重点

“十二五”时期，在现有空间布局的基础上，以节点、通道、网络建设为依托，整合设施存量，合理配置增量，完善物流设施的空间布局体系。

（一）城市物流配送设施布局

服务城乡建设和市民生活需要，以满足农产品流通体系和生活必需品配送体系的发展要求为重点，完善物流配送重点设施布局，提高运行效率和保障能力，实现物流配送服务的“广覆盖”。

加强农产品批发市场物流配送中心建设。改造和新建一批农产品物流配送中心，提高新发地、岳各庄、大洋路、八里桥等批发市场配送中心的功能和配送能力；鼓励中央批发市场、顺鑫石门市场、昌平水屯市场等建设物流配送中心。同时，在城区周边西郊、黄港、西毓顺、琉璃河等地新建一批农产品物流配送中心，逐步形成承接农产品向城内辐射新的物流节点。

支持连锁经营的商业、餐饮企业调整优化配送中心布局，完善提升配送中心功能。调整优化现有提供社会化服务的物流配送中心的布局和功能，支持冷链物流专用设施建设；鼓励利用城区既有仓储设施改建现代化的生活必需品配送中心；引导通州、顺义、大兴等城市发展新区及其他郊区（县）新城发展所需的配送中心建设。

（二）产业集聚区专业物流设施布局

服务本市高端产业功能区、工业开发区以及专业集聚区的建设与发展，在五环和六环周边新建和改造相对集中、功能完善、规模化的物流中心或配送中心，引导物流资源集聚，形成多个“组团式”的专业物流设施空间布局。

——东部组团：服务于通州经济技术开发区、电子商务总部基地等产业园区，以及机电、都市工业、新能源新材料、文化创意等产业，在潞城、张家湾、宋庄等地重点发展电子电器、食品饮料、图书音像等专业物流集聚区；

——东南组团：服务于北京经济技术开发区、中关村科技园区金桥科技产业基地等产业园区，以及电子信息、生物医药、环保、新能源新材料等产业，在马驹桥、十八里店、亦庄、黑庄户等地重点发展电子、医药、快速消费品、家用电器等专业物流集聚区；

——南部组团：服务于中关村科技园区大兴生物医药基地、大兴经济开发区等产业园区，以及生物医药、机械制造、印刷包装、服装等产业，在大庄、黄村、西红门等地重点发展医药、快速消费品、食品冷链、农产品、纺织服装、快递等专业物流集聚区；配合北京新机场建设，合理规划预留物流发展的设施空间；

——西南组团：服务于中关村科技园区丰台园、北京石化新材料科技产业基地、北京窦店高端现代制造业产业基地等产业园区，以及石油化工、机械制造、电子信息、生物医药、新能源新材料、汽车及配件等产业，在房山区燕山、窦店、闫村等地和丰台区五里店、榆树庄、白盆窑等地重点发展农产品、石化、汽车、钢材、医药、图书、服装等专业物流集聚区；

——西北组团：服务于中关村国家自主创新示范区核心区，包括中关村科技园区昌平园、未来科技城、国家工程技术创新基地、中关村生命科学园、中关村永丰高新技术产业基地等高科技园区，北京八达岭经济开发区、北京新能源汽车设计制造产业基地、北京工程机械产业基地等产业园区，以及汽车、新材料、生物医药、环保和新能源等优势产业和新兴产业，在南口、马池口、沙河、清河等地重点发展汽车、工程机械、新材料、生物医药、农产品等专业物流集聚区；

——东北组团：服务于北京天竺综合保税区、北京天竺空港经济开发区、北京汽车生产基地、北京林河经济开发区、北京雁栖经济开发区等产业园区，以及汽车、装备制造、都市工业、临空经济等产业，在首都机场周边、赵全营、高丽营、李桥、庙城等地重点发展航空物流、保税物流、会展物流及电子、汽车、食品饮料、农产品、快递等专业物流集聚区。

（三）区域物流设施布局

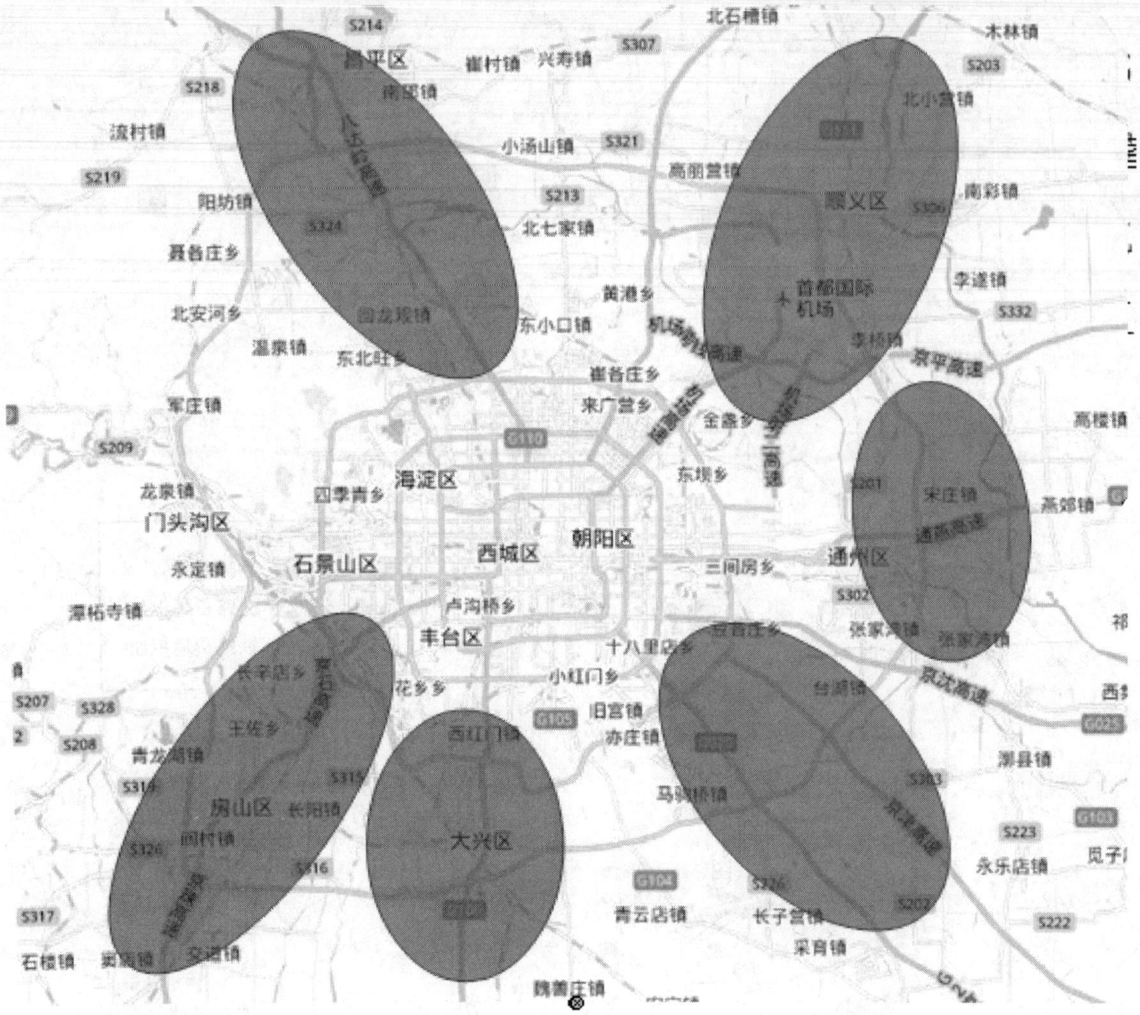

图1 “组团式”专业物流集聚区布局图

服务首都经济圈建设需要，发挥北京作为全国航空、铁路、公路枢纽的优势，依托物流基地、物流中心等重要节点，加强物流通道建设，发展多式联运，打造便捷高效、辐射力强的区域物流网络体系。

完善物流基地的设施条件，发挥其在区域物流网络中的重要节点作用。继续强化以航空货运枢纽型为特征的空港物流基地功能，加快推动马驹桥、马坊物流基地海陆联运体系建设，提升京南物流基地公铁联运的服务功能。

围绕规划新建的铁路、公路货运枢纽，布局建设服务区域、辐射全国的物流中心。依托昌平、房山等铁路中心站点，规划建设马池口、窦店等以集装箱运输为特点的公铁联运物流中心；依托东坝、豆各庄、马驹桥等临近六环路的八个新建公路货运枢纽，规划布局能实现甩挂运输的公路物流中心，形成城际间干线运输的重要物流节点。

（四）国际物流设施布局

服务首都开放型经济发展，以口岸和政策功能区设施建设为重点，为构筑多种运输方式衔接顺畅的“立体化”国际物流体系奠定设施基础。

继续优化北京口岸体系。调整口岸功能布局，完善口岸功能，加强国际物流配套设

图 2　区域物流设施布局图

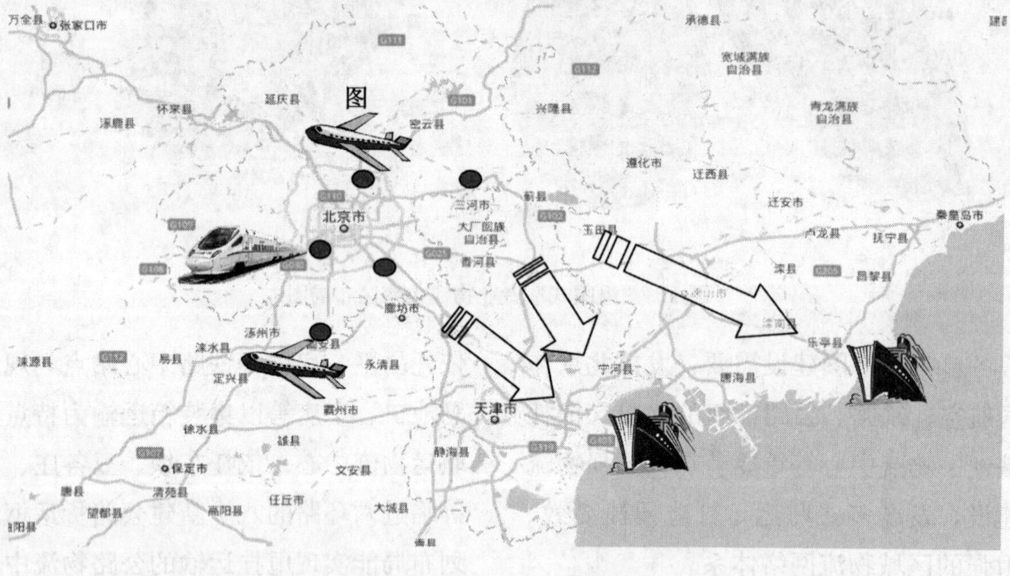

图 3　国际物流设施布局图

施建设，打造具有世界一流水平的国际物流“高速走廊”。加强入海通道建设，推进通州马驹桥口岸功能区及配套设施建设，加快朝阳口岸向通州马驹桥平移；继续完善平谷国际陆港口岸功能区设施，形成连接天津新港的海运国际物流通道；完善首都机场空港口岸周边综合配套，在北京新机场一期工程建设基础上，启动新机场口岸建设工作；加强北京丰台铁路货运口岸与边境口岸合作，配合铁路集装箱中心站建设合理规划口岸功能。

推进服务国际物流发展的政策功能区设施建设。加快推进天竺综合保税区的一期设施建设和二期用地调整、土地一级开发，大力推动亦庄保税物流中心（B型）建设，形成南北呼应的政策功能区分布格局。

第四部分 发展任务与重点工程

一、优化空间布局，完善物流基础设施

整合现有物流资源，合理安排新建项目，形成布局合理、层次分明、运转有序的现代物流网络体系。

发挥物流基地在物流发展中的基础平台作用，加大资金投入，推进配套设施建设，完善基础设施条件，提升物流基地功能。天竺综合保税区要在完善一期开发配套设施、优化园区公共服务环境的基础上，加快推进二期开发建设，拓展发展空间，重点发展保税物流，打造服务京津冀、辐射东北亚的重要功能平台；空港物流基地要发挥临空经济区核心区区位优势，在拓展一期范围内设施建设的同时，加快重点项目落地，优先发展体现首都产业优势和特色的航空物流、金融物流，加快推进空港物流基地东区建设，拓展发展空间，吸引高端物流企业入驻；马驹桥物流基地要继续推进各项设施建设，不断完善硬件投资环境，加快形成服务首都及周边区域的物流集聚区，重点推进朝阳口岸平移，提升国际物流服务功能；马坊物流基地要完善口岸基础设施，开展平谷国际陆港二期建设，在实现京津海陆联运的基础上，推进与京唐港的口岸对接与物流合作；京南物流基地要依托铁路专用线及主要进京公路货运通道承担北京南部货运集散功能，在推进基础设施建设的同时，加快物流资源整合和提升，重点发展以展示和交易为特征的商贸物流；配合北京新机场建设，研究规划南部临空物流园区。

根据城市功能区定位，特别是服务新城建设和城南行动计划的实施，相应新建和改造提升物流中心（综合物流区）和配送中心（专业物流区），实现物流节点服务于产业发展和居民生活的功能。

完善物流节点与多种交通方式的有效衔接，顺畅国际物流、区域物流和城市配送物流通道，依托机场、铁路和高速公路等交通基础设施，打造快速物流集散系统，缓解交通拥堵。

项目专栏1　物流基地基础设施重大项目

1. 顺义空港物流基地：主要建设内容为空港物流基地东区62.6公顷土地开发及市政基础设施建设、一期A、B地块17.5公顷土地开发、二期市政建设以及建筑面积为5万平方米的现代物流总部中心。

2. 平谷马坊物流基地：继续完善一期1.3平方公里的开发建设，主要建设内容包括道路管线及市政配套工程、电子商务园建设工程、物流总部大厦建设工程等；开展物流基地二期1600亩土地征地拆迁、市政建设等土地一级开发工程。

3. 通州马驹桥物流基地：计划新开发多功能用地64.3公顷，口岸功能区用地56.4公顷，以及配套市政基础设施建设。

4. 大兴京南物流基地：建设内容为大兴新城东南片区庆丰路、龙河路、海南西路、天河北路、污水主干线，道路全长8.4公里。

二、提升城市物流配送水平，提高服务保障能力

完善物流配送重点设施及配送网络，推广现代物流信息技术和管理技术，构建面向商贸流通企业和消费者的城市物流配送体系，全面推进流通领域国家现代物流示范城市建设，提高城市运行服务保障能力。

推动农产品物流配送体系建设。按照农产品流通体系建设要求，加快农产品配送中心建设。提高农产品检测、加工、包装、仓储、配送等设施条件和水平，试点推行农产品物流全程跟踪、监控。

实施物流共同配送试点工程。鼓励企业以多种形式搭建共同配送平台，整合商贸企业物流需求和社会物流资源，优化共同配送管理运行模式，提高商贸流通配送的社会化、集约化水平。

加快电子商务物流发展。构建支撑电子商务发展的物流服务体系，支持电子商务企业加强物流配送网络建设，鼓励电子商务企业与第三方物流企业开展深度合作，实现电子商务与现代物流的集成发展。实施城市快递物流共同配送试点工程，搭建同城快递共同配送信息平台，以进小区、进校园为试点，实现信息标准化、配送区域化、服务集中化，优化“最后一公里”快递配送服务网络，提高居民生活便利度。

加强城市应急物流体系建设。建立覆盖全市的应急物流网络体系，完善应急预案。选择和培育一批具有应急能力的重点物流企业，建立应急物流绿色通道及绿色车队，提高应对突发事件的物流快速响应能力。

项目专栏2 城市物流配送设施项目

1. 首农（北京）安全食品仓储、物流中心群：北京首都农业集团有限公司环城区周边（多方位）五、六环间区域自用规划产业土地，约12宗，总建筑面积148万平方米。

2. 超市发生鲜配送中心：位于海淀区后八间榆庄子，占地面积约为45亩。

3. 华冠大型连锁配送中心：位于房山区良乡镇小营村，占地面积206亩，总建筑面积14万平方米，主要分三期建成常温库6.5万平方米、低温库2.7万平方米及物流中心4.2万平方米。

4. 银汇鑫丰低温仓储项目：位于顺义区北小营镇牛富屯村东，规划建筑面积6.5万平方米，分三期建成牛羊肉等产品低温冷冻仓储设施。

三、大力发展专业化物流，打造物流总部经济

服务本市装备制造业、电子信息、生物医药、音像图书等优势产业和新能源、新材料等新兴产业发展，大力推进专业化物流体系建设，提高对区域和全国市场的辐射能力。

选择关联度强、贡献率大的行业，实施制造业与物流业联动试点工程。以汽车、电子、医药行业企业为重点，运用供应链管理和信息技术，推动制造业与物流业联动发展。

加快冷链物流发展，实施食品冷链技术应用示范工程。加强冷链基础设施建设，完善食品冷链物流体系。在试点的基础上，推动以信息技术和冷冻冷藏技术为代表的现代科技在冷链物流中的推广应用，提高冷链物流发展的整体水平。

吸引国内外知名物流企业落户北京，支持开展资金结算、营运组织、管理控制等高端物流总部业务。鼓励创建自主物流服务品牌，积极发展物流金融、物流咨询等新型服务模式。培育一批服务水平高、市场竞争力强的现代物流企业，增强物流业发展的集聚效应。

项目专栏3 专业物流配送设施项目

1. 北京九州通医药仓储二期：位于大兴经济开发区，建筑面积2.8万平方米，建设内容为自动化立体仓库及配套设施设备。

2. 科园信海医药物流中心：位于空港物流基地，顺于路北侧，规划面积4.3万平方米，建设周期2011—2012年，建设3.5万平方米医药产品仓储物流及配送设施。

3. 怀柔汽车配件物流园区：位于怀柔区庙城镇，占地200亩，建筑面积7万平方米，服务怀柔及周边地区汽车零部件集货运输、仓储配送。

4. 北京海纳川汽车和零部件销售中心：位于顺义区赵全营镇工业区，规划面积3万平方米，建设周期2011—2013年。

5. 顺义航空产业园航空物流中心：位于顺义区仁和镇，建设内容为航空物流中心综合库房2万平方米。

6. 顺义国际钢铁物流基地：位于顺义区李桥镇，占地26万平方米，包括仓储物流区和综合服务区，提供钢材仓储和运输、金融、税务等服务。

7. 中建一局钢材交易中心：位于大兴京南物流基地内，占地31.5公顷，规划建筑面积20万平方米，建成以钢材为主、包括重型建筑材料在内的交易中心。

8. 北京京西南钢材交易中心：位于房山区闫村镇，占地面积200亩，总建筑面积13万平方米，包括经营区8万平方米、物流仓储区5万平方米。

9. 金泰集团市级煤炭储备基地：位于房山区坨里镇，占地面积336亩，规划建筑面积22万平方米，设计煤炭储存量约30万吨，建设3个全封闭钢结构煤棚及配套设施。

10. 燕山四联石化物流中心：位于房山区燕山东流水工业区内，规划占地90亩，建设总面积2万平方米、仓储规模达到6万吨的现代化固体石化产品物流中心。

四、强化区域物流合作，拓展首都经济圈物流服务功能

强化区域物流、特别是与津冀地区的深度合作，加强北京市物流产业与周边地区联动发展，完善首都经济圈物流系统，服务区域经济一体化建设。

继续推进物流基地建设，完善提升服务功能，增强辐射区域经济的吸引和聚集能力。加强区域物流合作的通道建设，依托京沪、京津等高速公路，加强京津物流主通道建设；依托京哈、京港澳、京开、京藏等高速公路，推动京冀物流合作，全面构建京津冀区域物流合作网络。

调整优化首都经济圈物流产业空间布局，鼓励大型物流项目与周边地区加强衔接；发挥物流协会等行业中介组织作用，支持物流企业优势互补，开展区域合作；推进区域物流信息平台建设，实现信息交换与共享，提高区域物流合作效率。

项目专栏4 物流仓储设施项目

1. 东方信捷大兴魏善庄物流枢纽：位于大兴魏善庄，占地600亩，建设高标准钢结构库房22万平方米，年货物吞吐量200万吨，成为京西南重要的商品周转枢纽。

2. 东方信捷昌平南口物流中心：位于昌平南口，占地80亩，建设高标准钢结构库房3.7万平方米，年货物吞吐量25万吨，成为京西北重要的商品周转中心。

3. 北京祥龙京南昌达仓储物流项目：位于大兴京南物流基地内，占地723亩，建筑面积32.4万平方米，涵盖现代化仓储物流（冷链、特殊专业库）、第三方物流及信息中心。

4. 金泰物流园“一港三区”项目：位于大兴京南物流基地内，占地1067亩，规划建筑面积28万平方米，建设内容包括金泰物流港大厦、经营交易区、商务配套区、大宗商品存储区。

五、发挥政策功能区优势，加快发展国际物流

优化国际物流发展环境。完善口岸体系，加快“大通关”建设，进一步提高口岸通关效率，提升口岸服务水平，吸引更多物流企业聚集，拉动国际物流货量增长。

发挥政策功能，拓展国际物流业务。天竺综合保税区要加快公共服务体系建设，吸引高端企业入驻，建设国际采购分拨中心、保税维修中心、公共检测实验中心、保税展览展示交易中心和离岸金融中心，实现以保税功能为特色的国际物流发展新突破；建设平谷国际陆港与天津口岸数据交换公共服务平台，引进船代、货代、报关行驻场办公，推行便捷、高效的业务运营模式，扩大以海陆联运为特征的国际物流业务；建设并投入使用亦庄保税物流中心（B型），为本市外向型企业发展提供保税仓储物流服务。

引导国际货代、报关、船运公司等服务企业规范发展，积极引进拥有全球经营网络供应链管理能力的第四方物流企业，为国际物流发展提供良好配套服务。

项目专栏5 国际物流建设项目

1. 北京天竺综合保税区一期建设工程：主要建设内容包括市政基础设施二期工程、市政设施管理用房、保税展览展示交易中心、综合服务平台、标准化保税监管库、公共检测实验中心、现场监管查验设施、金融综合服务中心等。

2. 北京天竺综合保税区二期用地调整土地一级开发项目：位于首都机场西侧、北侧，涉及铁匠营村、杨二营村、十二里堡村三个行政村总占地面积为400公顷，其中纳入综保区二期规划的土地为121公顷，建设内容包括征地、拆迁、安置等。

3. 亦庄保税物流中心（B型）：位于北京经济技术开发区，一期建设5万平方米库房、查验库、罚没库、卡口、围网、停车场及报关报检楼，二期建设5万平方米库房及相关配套工程。

4. 通州马驹桥物流基地口岸功能区建设：占地846亩，包括土地一级开发，建设40万平方米仓库、3万平方米堆场以及8万平方米办公及配套用房，融合仓储、配送、保税、加工等多种功能。

5. 平谷国际陆港二期：位于平谷马坊物流基地，占地26.7公顷，包括国际陆港保税物流中心仓储区和国际陆港综合服务区。

概念专栏3　保税物流

保税区：在境内的港口或临近港口、国际机场等地区建立的在区内进行加工、贸易、仓储和展览，由海关监管的特殊区域。

保税货物：经海关批准未办理纳税手续进境，在境内储存、加工、装配后复运出境的货物。

保税仓库：经海关批准设立的专门存放保税货物及其他未办结海关手续货物的仓库。

（上述定义来源于国家标准《物流术语》GB/T18354－2006）

保税物流中心A型：是指经海关批准，由中国境内企业法人经营、专门从事保税仓储物流业务的海关监管场所。按照服务范围分为公用型物流中心和自用型物流中心。公用型物流中心是指由专门从事仓储物流业务的中国境内企业法人经营，向社会提供保税仓储物流综合服务的海关监管场所。自用型物流中心是指中国境内企业法人经营，仅向本企业或者本企业集团内部成员提供保税仓储物流服务的海关监管场所。（该定义来源于《中华人民共和国海关对保税物流中心（A型）的暂行管理办法》）

保税物流中心B型：是指经海关批准，由中国境内一家企业法人经营，多家企业进入并从事保税仓储物流业务的海关集中监管场所。（该定义来源于《中华人民共和国海关对保税物流中心（B型）的暂行管理办法》）

六、加快物流业发展方式转变，实现可持续发展

鼓励生产制造型企业和商贸流通企业按照专业化分工原则，剥离或外包物流业务，提高物流发展的社会化程度。支持第三方物流骨干企业提升服务能力和水平，逐步提高物流业发展的行业集中度。

依托国家及北京市现代服务业综合改革试点和中关村国家自主创新示范区发展现代服务业试点工作，推动开展现代物流领域的科技创新和应用，提高物流业的科技发展水平。依靠科技进步，推动物流发展的信息化、自动化、智能化、标准化，促进物流业从外延式增长到内涵式发展转变。推动物流业两化融合，加大对物联网技术、可视化技术、货物快速分拣技术、无线射频识别技术（RFID）和移动物流信息服务等先进适用技术的推广力度，组织开展标准化应用示范项目，进一步规范物流作业流程，提高企业运作效率，引导企业加强管理创新和服务创新，带动物流行业产业升级。

完善物流产业链条，按照资源节约型、环境友好型原则，鼓励节约用地、用水、用能物流项目建设，支持以绿色运输、绿色仓储、绿色包装、绿色流通加工等为代表的绿色物流发展。以电子产品、废旧家电、汽车等为重点，建设逆向物流体系，实现资源的循环再利用；在城市配送、快递物流等领域，试点组建零排放绿色新能源车队，降低对城市交通、环境的影响，推动物流业的可持续发展。

项目专栏6　物流技术提升项目

1. 中关村电子产品逆向物流体系：组建逆向物流产品交易中心、建立拆解处置平台、建设中关村废弃电子产品社区回收示范网络、推动物联网和信息技术在逆向物流体系中的创新应用。

2. 北京城市快递共同配送平台：搭建同城快递共同配送信息平台，建立便民同城配送网点，实现各快递公司系统与共同配送信息平台完全对接，做到资源共享、数据共享、共同调度。

3. 首农集团冷链物流可追溯系统：通过RFID、GIS、GPS、GPRS系统的集成应用，支持货物运输、仓储的全局组织、协调、跟踪和控制，有效保障产品流通过程的质量安全及较低的物流成本。建设快速检测系统，买方、卖方产品质量可追溯系统；建立冷链物流温度跟踪系统。

4. 顺丰全自动智能分拣信息系统：针对快递物流业务操作过程中分拣作业的全过程控制信息进行系统研发，实现对货件自动分类、集中操作，安全检查、重量或体积的复核、自动照相补码、自动计数、标签自动打印等；实现配送业务信息提前知会、数据自动平衡以及相关数据分析提供等。

5. 城市鲜活农产品物流共同配送试点：依托新发地，建设占地面积300亩左右的北京城市鲜活农产品物流配送示范园区，建设场内智能配货系统，购置500辆小型绿色环保电动运输车，实现新发地市场内货物的调配工作，规范场内运输秩序；建设北京鲜活农产品城市物流配送公共服务平台，包括：信息发布子系统、电子采购子系统、物流配送管理子系统、会员业务管理子系统。

6. 宝供福田基于供应链的汽车物流系统：采用现代化的供应链管理体系来降低采购、生产、销售和服务等环节的成本，完成仓储设备及配套信息系统的建设，包括结算系统、销售及仓储管理系统。

7. 北京医药第三方自动化医药物流配送中心：实行药品集中统一管理、信息化操作和运输配送调度，采用高位托盘货架存储整件商品，叉车进行存取货作业，信息化及条形码实现货位管理，以满足大宗整件商品方便快捷的进出库作业，库内同时建设冷库，以适应冷链配送发展的需要。

概念专栏 4 其他物流概念

共同配送：由多个企业联合组织实施的配送活动。

冷链：根据物品特性，为保持其品质而采用的从生产到消费的过程中始终处于低温状态的物流网络。

应急物流：针对可能出现的突发事件已做好预案，并在事件发生时能够迅速付诸实施的物流活动。

精益物流：消除物流过程中的无效和不增值作业，用尽量少的投入满足客户需求，实现客户的最大价值，并获得高效率、高效益的物流。

逆向物流：物品从供应链下游向上游的运动所引发的物流活动。

多式联运：联运经营者受托运人、收货人或旅客的委托，为委托人实现两种或两种以上运输方式的全程运输，以及提供相关运输物流辅助服务的活动。

国际多式联运：按照多式联运合同，以至少两种不同的运输方式，由多式联运经营人将货物从一国境内的接管地点运至另一国境内指定交付地点的货物运输方式。

甩挂运输：用牵引车拖带挂车至目的地，将挂车甩下后，牵引另一挂车继续作业的运输。

（上述定义均来自国家标准《物流术语》GB/T18354－2006）

物联网：通过射频识别（RFID）、红外感应器、全球定位系统、激光扫描器等信息传感设备，按约定的协议，把任何物品与互联网相连接，进行信息交换和通信，以实现智能化识别、定位、跟踪、监控和管理的一种网络概念。

（该定义根据相关资料整理）

第五部分 保障措施

一、加大对物流业投入力度

以直接关系民生的城市保障型物流设施、物流公共基础设施、物流产业结构调整、信息化提升和先进技术应用示范等项目为重点，加大政府扶持力度。

拓宽投融资渠道，鼓励社会资金投向物流行业。支持金融、担保机构为物流企业发展提供融资服务，改善物流企业融资环境。

二、保障重要物流设施用地

对纳入规划的物流基地、物流中心、配送中心等重要物流设施建设用地给予重点保障，提高土地使用效率。鼓励将工业企业旧厂房、仓库和存量土地资源用于发展物流业。

三、减轻物流企业税收负担

贯彻国家税务总局《关于试点物流企业有关税收政策问题的通知》（国税发〔2005〕208 号），扩大物流领域税收试点企业范围。完善仓储设施用地的土地使用税等政策，切实减轻物流企业税收负担。

四、促进物流车辆便利通行

研究解决城市中转配送难、配送货车停靠难等问题。严格执行鲜活农产品绿色通道政策，为城市物流配送车辆提供便利。进一步降低过路过桥收费，大力推行不停车收费系统。

五、推进物流技术创新和应用

以产学研为基础，开展物流信息化等领域的科技创新与应用示范。积极推广物流标准，提升物流业标准化水平。启动物联网技术的示范试点，提高全市物流业发展的科技水平。

六、加强物流人才培养和引进

发挥首都教育资源优势，加大物流人才培养和培训力度，普遍提高全行业的劳动者素质。完善人才激励政策，积极引进国内外优秀物流人才，特别是具有国际视野和全球网络运作能力的高端物流人才，为物流业的持续发展提供人力资源保障。

七、发挥行业中介组织桥梁纽带作用

加强物流协会等行业中介组织建设，更好地履行行业服务、行业自律的职能，在反映企业诉求、规范企业行为、推广行业标准、开展人才培训、提供咨询服务等方面发挥更大作用。

北京市“十二五”时期农产品流通体系发展规划

京商务规字〔2011〕25号

一、总则

为了贯彻落实《国务院关于稳定消费价格总水平保障群众基本生活的通知》（国发〔2010〕40号）、《北京市人民政府关于统筹推进本市“菜篮子”系统工程建设保障市场供应和价格基本稳定的意见》（京政发〔2010〕37号）、《北京市人民政府关于切实做好稳定消费价格水平保障群众基本生活有关工作的通知》（京政发〔2010〕39号）的精神，加快推进北京农产品流通体系建设，保障农产品市场供应，特制定《北京市“十二五”时期农产品流通体系发展规划》。

本规划阐述了北京市农产品流通体系现状、发展目标、空间布局、主要任务及保障措施。

本规划编制依据：《北京城市总体规划（2004—2020年）》、《关于制定北京市国民经济和社会发展第十二个五年规划的建议》、《北京市“十二五”时期国民经济和社会发展规划》、《北京市“十二五”时期商业服务业发展规划》等。

本规划实施期限为2011年—2015年。

二、发展现状和趋势

（一）农产品流通体系现状

1. 农产品流通体系基本满足流通需要和消费需求

到“十一五”时期末，北京市建立了以销地农产品批发市场为核心的农产品流通体系，多种渠道、多种方式地满足了农产品流通需要和居民生活消费需求，有效保障了首都城市平稳运行和经济社会发展，是我国北方地区农产品流通网络重要枢纽。2009年，全市主要农产品批发市场总交易量约2 580万吨、总交易额约1 120亿元；扣除25%过境集散量，供应本市的总交易量约1 935万吨。其中9个大型农产品批发市场合计交易量约2 000万吨、合计交易额约890亿元，分别占农产品批发市场总交易量和总交易额的77.5%、79.5%。

2. 农产品批发市场体系多层次、多方位格局已经确立

从层次上看，已形成大型农产品批发市场（经营收入20亿元以上）为主要集散中心、区域性批发市场为重要节点的批发市场格局。全市性综合型和区域性综合型农产品批发市场成为整个农产品批发市场格局的重要组成部分；从方位上看，北京东、南、西、北方向均有分布，初步形成京西南、京东、京北三个大型农产品批发市场聚集区。9个大型农产品批发市场有5个在五环路内、4个在五环外。各类农产品批发市场互为补充，总体格局稳定。

3. 农产品批发市场基础设施水平和功能明显提升

9个大型农产品批发市场合计建筑面积达到220万平方米，批发市场基础设施、交

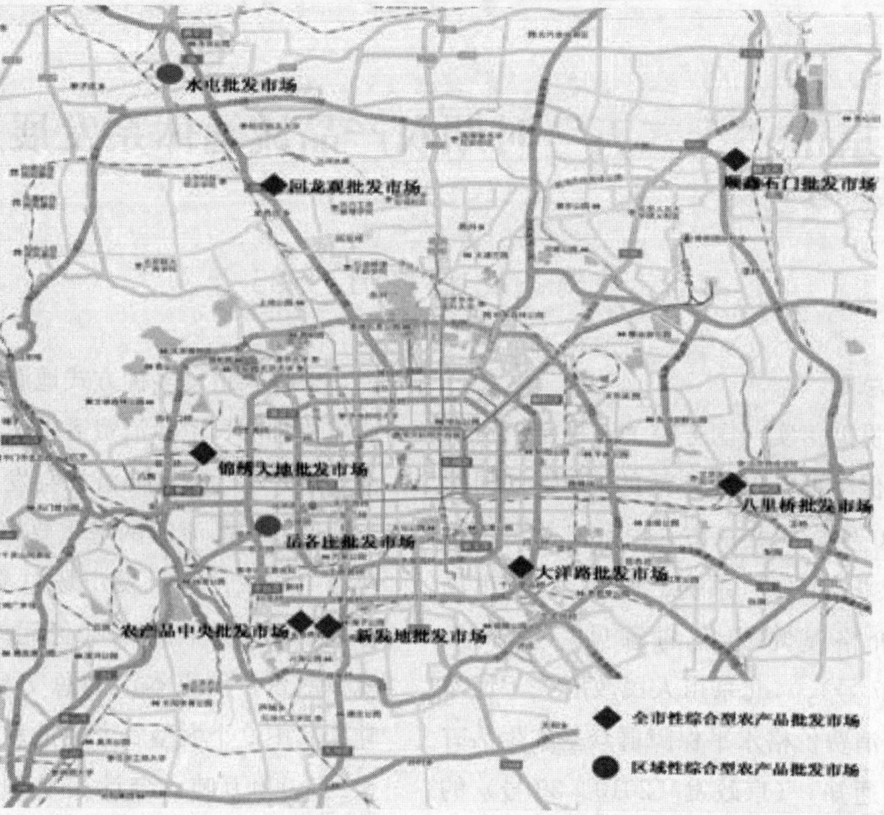

图1　九大农产品批发市场布局图

易设施、冷链仓储设施有了很大改善，全部建成检测检疫中心、信息中心和安全监控中心，实现了对农产品主要品种的快速检测、价格和交易信息的及时发布。在全国率先建立了蔬菜政府储备和轮换机制，保证了应急状态下的市场供应。

4. 城市东南方向是外埠农产品进京的主要通道

北京农产品自给率较低，绝大多数品种依靠外地市场供给。从农产品进京主要通道流量看，通过京沪高速（东南方向）进京农产品占全市外埠进京农产品总量的四成以上(42.4%)。其他方向进京流量比重分别是：京开高速（京南）占15.3%；京哈高速（京东）占13.5%；京藏高速（京西北）占11.3%；京港澳高速（京西南）占10.2%；京承高速（京北）占7.3%。

5. 多元化流通模式有效连接农产品生产和消费

流通模式主要有三种：一是农超对接、农餐对接流通新模式，约占市场交易总量的20%左右；二是运销专业户流通模式；三是公司加农户流通模式。后两种流通模式都经过批发市场环节，目前约占市场交易总量的80%左右。

6. 多样化的零售网络满足了居民多层次的消费需求

菜市场、生鲜连锁超市、网店等多样化的零售网络初步形成，既满足了普通居民的基本需求，也适应了居民消费结构升级后的差别化需求，为不同消费层次的居民提供了多元化的选择。

（二）存在的问题

农产品自给率偏低，对外依存度较高。

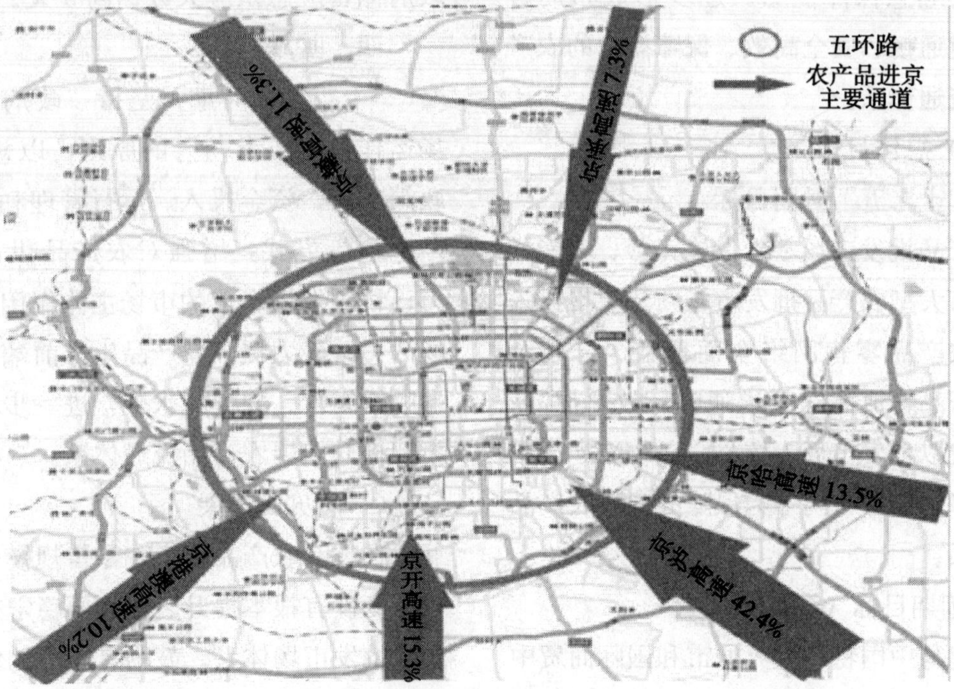

图 2 外埠农产品进京主要通道图

由于城市规模快速发展，同时我市农产品生产前端和零售末端组织化、规模化水平较低，尤其是一家一户的零售摊商小规模分散进货，导致农产品物流配送比例较低，导致农产品批发市场难以远离中心城区，导致农产品批发市场层次不高。

（三）发展环境和趋势判断

1. 经济社会发展进入新阶段

“十二五”时期，是北京市全面推进“人文北京、科技北京、绿色北京”建设、加快向世界城市迈进的重要时期。北京城市总体发展进入工业化、信息化、城镇化、市场化、国际化的新阶段。

2. 市场需求规模继续扩大

2000 年至 2010 年，本市农产品交易量每年平均增加 180 万吨左右。按此增速，到“十二五”时期，本市农产品年交易量平均水平将达到约3 000万吨。

3. 城市建设步伐加快

根据北京城市建设总体规划，城市功能区定位更加明确，中心城区和城市发展新区建设步伐加快，土地资源稀缺，绿色低碳环保要求提高，对农产品流通体系建设提出了新要求。

4. 产业高端化发展趋势明显

未来北京产业结构调整将进一步加快，都市型现代农业服务体系建设将全面推进。作为都市型现代农业九大服务体系之一，农产品流通体系将承担着衔接产销和供需、促进都市型现代农业加快发展的重要职能。

三、指导思想和发展目标

（一）指导思想

按照建设中国特色世界城市和打造国际商贸中心的总体要求，进一步明确农产品批发市场城市重要基础设施地位，增强农产品批发市场公益性作用；进一步优化布局，完善功能，发展现代流通方式，培育现代经营主体，健全零售网络，提高市民生活便利度，强化应急保障能力。逐步形成布局合理、渠道通畅、安全高效、保障有力的农产品现代流通体系。

（二）总体目标

1.“十二五”时期目标

农产品批发市场基础设施完善、功能增强；全市大型农产品批发市场新建项目投入使用；农产品零售网络全面覆盖、分布合理；农产品物流配送渠道通畅、效率提高；初步形成以批发市场为核心、以物流配送中心为支撑、以零售网络为保障的现代农产品流通体系。

2. 远期目标（至2020年）

构建与中国特色世界城市和国际商贸中心相适应的农产品现代流通体系，形成2～3个全市大型综合农产品批发市场，每个远郊区（县）保有1个区域性综合型农产品批发市场；形成全市覆盖、连锁经营、组织化程度较高的农产品零售网络；农产品批发市场与生产基地和零售末端紧密衔接，货源保障充足，形成布局合理、渠道通畅、安全高效、保障有力的农产品现代流通体系。

（三）发展指标

——本市蔬菜自给率由不足30%提高到35%。

——形成2个全市性综合农产品批发市场，承担全市80%左右的市场供应量。

——新增规范化菜市场150个，形成比较完善的农产品零售网络。

——构建现代化农产品物流服务体系。果蔬、水产品、肉类等三类农产品冷链流通率由目前的10%、30%和50%分别提高到20%、45%和70%以上。

——生活必需品政府储备能力进一步增强，应急保障体系更加完善。耐储蔬菜品种政府储备应急供应天数达到5天。

四、基本思路

“十二五”时期，坚持“政府指导、市场运作、多方参与”的原则，以规划引导、政策支持、资金投入、运行管理和必要时价格干预等方式，增强对农产品供应的控制力；积极发挥企业的市场主体作用，保持市场活力；着力提高农产品生产前端和零售末端的组织化、规模化水平，进一步巩固、创新和提升发展农产品流通体系。

（一）巩固发展

在现有农产品生产和零售规模化、组织化程度没有根本提升之前，要稳定现有的农产品批发市场体系。鼓励有实力的农产品生产、流通企业参与新的农产品批发市场建设，稳步提升现有农产品批发市场现代化水平。在生产和零售组织化、规模化水平提升后，再逐步实施农产品批发市场梯度调整。

（二）创新发展

在巩固和提高本市农产品自给率的基础上，提高本市农产品生产的组织化、规模化水平。鼓励批发市场、物流配送中心和全国规模化、组织化程度较高的农产品生产基地对接。在促进连锁超市规模化、组织化进一步提升的基础上，着力提升菜市场分销体系组织化、规模化水平，发展连锁经营。鼓励农产品生产组织、批发市场建立直营的社区分销网络，鼓励批发市场和国有企业通过参资入股等方式控制、稳定社区菜市场经营方向，必要条件下对菜市场进行企业化改造。

（三）提升发展

推进9大批发市场“八大中心”建设，在提升结算、信息、检测、安全监控和废弃物处理五项功能基础上，进一步完善加工、储藏和配送三项功能。随着农产品生产前端和零售末端组织化、规模化水平的提高，鼓励有条件的批发市场逐步提高农产品标准化和包装规范化，实行大交易商间的电子结算，探索适当品种的拍卖、电子定货等现代交易方式。

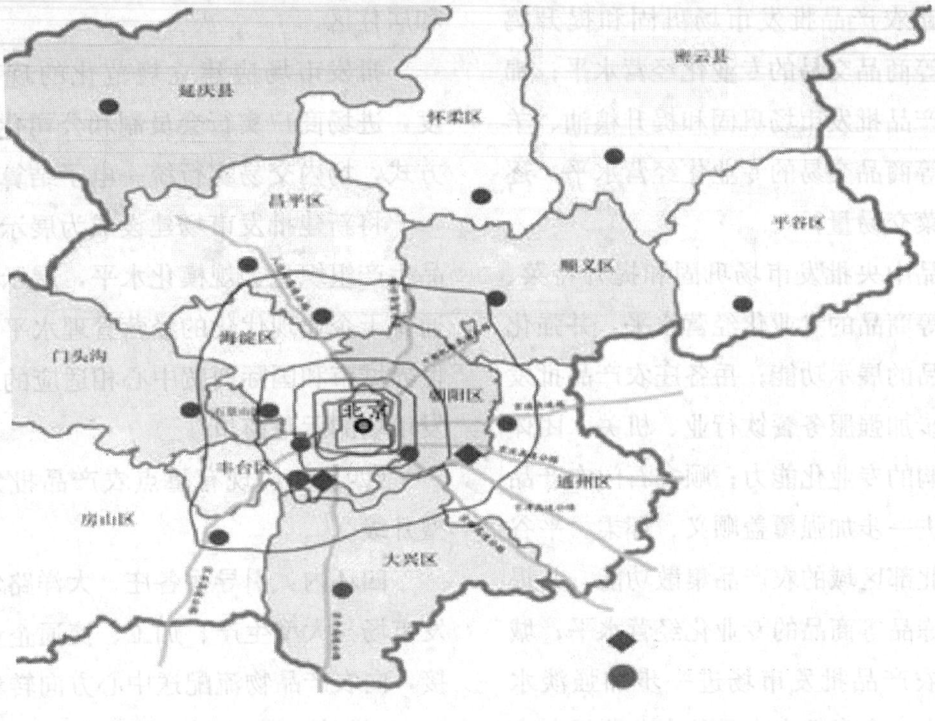

图 3 “十二五”时期全市性及区域性综合型农产品批发市场布局

五、空间布局

（一）进一步优化农产品批发市场空间布局

“十二五”期间，形成 2 个全市性大型综合型农产品批发市场，各远郊区（县）确保 1 个区域性综合型农产品批发市场，建立起“2＋15”的农产品批发市场体系。

在五环外东南方向黑庄户乡，采取园区式开发模式，新建 1 个全市性大型综合农产品批发市场，占地约 100 公顷。

新发地批发市场对现有的市场进行设施改造和功能提升，继续发挥全市大型综合型农产品批发市场的交易和集散中心作用。

（二）进一步完善农产品批发市场的功能定位

1. 形成全市性综合型农产品批发市场的双核保障机制

巩固新发地农产品批发市场蔬菜、水果交易流通的核心地位，提升市场设施和管理现代化水平，增强向农产品生产前端和零售末端延伸和整合能力，成为保障我市农产品市场供应的主要渠道。

在黑庄户地区高水平规划建设全市性综合型农产品批发市场。以蔬菜和水果交易为主，覆盖城市东部、南部区域，发展成为与新发地农产品批发市场交易规模相当的大型批发市场，与新发地市场共同形成保障全市农产品市场供应的双核保障机制。

2. 引导区域性农产品批发市场发展专业化错位经营

支持现有重点农产品批发市场在保障区域农产品供应的基础上，突出重点、错位经营，逐步向专业化、特色化发展。同时，加快提升物流配送能力，逐步向专业物流配送中心转型。

大洋路农产品批发市场巩固和提升鸡蛋、香蕉等商品交易的专业化经营水平；锦绣大地农产品批发市场巩固和提升粮油、羊肉、调料等商品交易的专业化经营水平，逐步提高蔬菜交易量；

农产品中央批发市场巩固和提升特菜、菌类交易等商品的专业化经营水平，并强化京郊农产品的展示功能；岳各庄农产品批发市场进一步加强服务餐饮行业、机关、团体一站式采购的专业化能力；顺鑫石门农产品批发市场进一步加强覆盖顺义、怀柔、平谷等城市东北部区域的农产品集散功能，并提升水果、冻品等商品的专业化经营水平；城北回龙观农产品批发市场进一步加强淡水鱼、牛羊肉、禽类等农产品的专业化经营水平；八里桥农产品批发市场继续发挥保障通州区、朝阳东部地区农产品市场供应的作用。水屯农产品批发市场进一步加强对昌平区、海淀北部地区等城市西北区域的农产品市场供应保障能力，逐步成为承接西北方向河北张家口、内蒙古乌兰察布等产区进京蔬菜的集散中心。

其它远郊区（县）区域性农产品批发市场进一步提高承载全市性综合型农产品批发市场农产品转运能力以及本地农产品的交易集散能力，保障区域农产品市场供应，并逐步发展区域特色，提高专业化经营水平。

（三）高水平建设现代农产品批发市场

建设功能完善、设施齐全的现代化全市大型综合农产品批发市场，应具备交易、集散、储藏、加工、配送等功能，应具备结算中心、信息中心、检测监测中心、安全监控中心、废弃物废水处理中心、加工中心、冷藏中心、配送中心等相关设施。场内应合理设置交易区、加工区、冷藏区、配套商务区和居住区。

批发市场应建立规范化的现代企业制度，进场商户实行会员制和公司化经营管理方式，场内交易实行统一电子结算。

将新建批发市场建设成为展示本市农产品生产组织化、规模化水平，展示农产品流通骨干企业现代化的经营管理水平，展示与世界城市和国际商贸中心相适应的现代化批发市场的示范窗口。

（四）加快现有重点农产品批发市场转型升级

四环内：引导岳各庄、大洋路农产品批发市场与大型生产、加工、流通企业进行对接，向农产品物流配送中心方向转型发展。

四环外：农产品中央批发市场目前对原有市场进行改造提升，稳定供应，提高效率，新建市场启用后择机迁出。引导锦绣大地农产品批发市场在充分发挥粮油等农产品集散功能的同时，强化物流配送功能。进一步巩固顺鑫石门、八里桥、城北回龙观、水屯等区域批发市场农产品集散和物流配送功能。

五环内：禁止新建农产品批发市场，严格限制现有市场扩张占地规模。积极创造条件推动五环内农产品批发市场实施梯度调整。

六、流通模式

（一）大力发展现代流通模式

大力发展“农超对接”、“农餐对接”、“场店对接”、无店铺流通等以物流配送为特征的现代流通模式，减少流通环节，提高流通效率。现代流通模式交易量占比由20％上升到30％。

（二）积极提升传统流通模式

促进批发市场向生产前端和零售末端双向延伸，强化物流配送功能，逐步向现代流通模式转型升级，形成传统模式与现代模式相互补充、共同发展的流通格局。传统流通模式交易量占比由80%下降到70%。

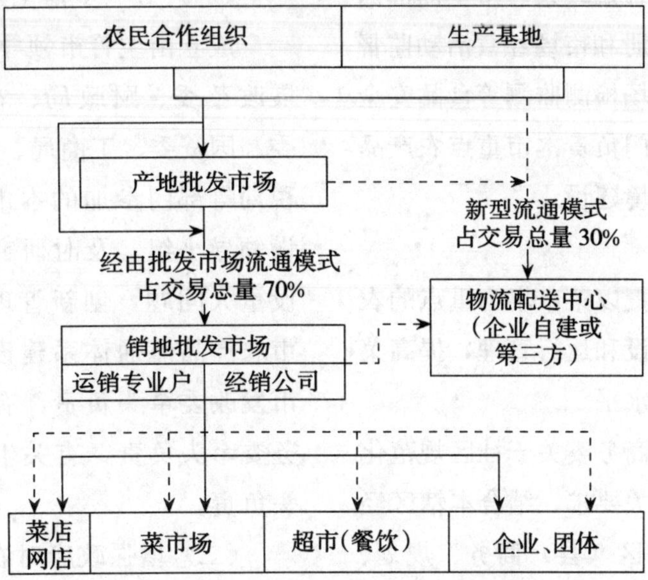

图4 “十二五”时期农产品流通模式

七、主要任务

按照“市管批发、区管零售”责任划分原则，市管批发、管储备，区管终端、管零售。同时，充分调动社会和企业积极性，整合各种资源，共同推进农产品流通体系建设。

（一）市管批发

政府相关部门密切配合，共同建立农产品日常供应保障机制和应急供应保障机制。

市商务部门负责农产品流通体系的整体规划和运行管理，及全市农产品应急保障体系的建设和管理；通过参资入股等方式增强政府对批发市场的调控能力，确保城市农产品供应安全。市农业部门负责农产品基地建设，提高农产品自给率和农产品生产的组织化、规模化水平；推动我市农产品生产企业与外埠规模化、组织化程度较高的农产品生产基地进行紧密型对接，多渠道组织农产品货源。由商务部门和农业部门在做好“农超对接”、“农餐对接”等日常对接基础上，重点落实应急状态下本市农产品生产基地、生产企业与批发市场、连锁超市的应急对接，在巩固原有对接渠道基础上，由农业部门提供本市农产品生产基地与农业合作组织名单，与商务部门共同负责分区域直接与京客隆、超市发、物美等大型连锁商业应急投放网点进行对接，进一步增强我市农产品应急供应保障能力。

市发展改革部门负责农产品批发市场基础设施和仓储设施建设，将批发市场设施建设项目列入全市基础设施建设范围，并会同市商务部门按照农产品流通体系规划，组织安排批发市场建设年度项目；同时负责批发市场和菜市场的价格与摊位租金管理。市规划部门负责新建农产品批发市场规划选址并预留用地。市国土部门负责研究农产品批发市场土地出让政策，并确保批发市场土地用途不变。市财政部门负责按年度为市商务部门和区（县）政府安排农产品流通体系运行管理资金，会同税务部门研究减免农产品流通中相关税费的意见和措施，研究出台应急状态下批发市场相关补贴政策。市工商部门负责新设市场登记注册和市场经营活动监督管理，农产品批发市场检测监测等食品安全保障工作。市金融部门负责本市重点农产品批发市场刷卡交易环境建设。

（二）区管零售

区（县）政府负责以菜市场为重点的农产品零售网络规划建设和运行管理，提高菜市场组织化、规模化水平。

根据商务部和市商务委关于社区规范化菜市场指导意见和相关要求，结合本辖区经济社会发展规划，由区（县）商务、规划、城建、发改等部门联合制定本区（县）菜市场建设规划，设立菜市场发展专项资金，统筹解决菜市场建设用地用房，推进菜市场建设。

保证菜市场的经营方向，不得无故关停菜市场。因城市开发建设确需拆除菜市场，本着“先建后拆”的原则，并提前向市商务部门备案。

积极推动社区菜市场与批发市场、生产基地等进行对接。鼓励批发市场、农业生产企业建设社区直销菜市场或在现有菜市场建立蔬菜直销点。通过产权收购或参资入股等方式直接持有一定比例的社区菜市场产权，逐步实现社区菜市场企业化改造，发展社区菜市场连锁经营，提高组织化程度。

远郊区（县）参照上述要求，在稳定现有市场供应的基础上，深化“一乡一集市”工程，推动远郊区（县）集贸市场提升设施环境，规范经营管理；对本区域的批发、零售市场进行改造提升，提高组织化、规模化水平和市场供应保障能力。

八、保障措施

（一）进一步强化领导体制和管理机制

成立由主管市领导牵头，市商务委、发展改革委、财政局、农委、规划委、交通委、国资委、工商局、国土局、国税局、地税局等部门参加的本市农产品流通体系建设领导小组，及时研究农产品流通体系建设重大问题，创新管理机制，共同推进全市农产品流通体系建设。有关价格事项由市发改委牵头负责，有关流通事项由市商务委牵头负责，有关生产事项由市农委牵头负责。

（二）增强政府对农产品市场的调控能力

市区（县）相关部门加大投入力度，通过产权收购或参资入股等方式，重点投入农产品批发市场和社区菜市场建设，进一步增强政府调控能力；扩大政府储备数量，优化储备商品结构，强化政府储备监管。积极发挥商业骨干企业作用，增强商业库存储备功能。加强应急保障三道防线，完善应急投放网络，确保应急状态下生活必需品供应迅速、顺畅、到位。

（三）制定支持农产品流通体系发展相关政策

将新建农产品批发市场列入我市“十二五”重要城市基础设施建设规划，在土地供应计划中优先保障新建市场用地。落实中央关于农产品批发市场用地按工业用地对待的政策。参照农业生产企业确定批发市场水电气热供应价格。研究制定农产品批发市场税收减免政策、农产品物流配送、城市绿色通道相关政策。

（四）完善农产品流通运行管理规范

进一步健全和完善农产品流通基础设施建设、市场管理、质量安全、物流配送等标准，进一步规范批发和零售环节的运行管理，按照市发改、工商、卫生、质监、城管等部门的管理规定，严格监管市场业主单位、经营单位的经营行为，进一步提高农产品市场的经营管理水平。

第二部分

法规、文件选编

2011年国家制（修）订的部分法律、法规目录

序号	名　　称	文　　号
1	中华人民共和国刑法修正案（八）（2011.02.25）	主席令第41号
2	中华人民共和国非物质文化遗产法（2011.02.25）	主席令第42号
3	中华人民共和国车船税法（2011.02.25）	主席令第43号
4	中华人民共和国煤炭法（2011修正）（2011.04.22）	主席令第45号
5	中华人民共和国建筑法（2011修正）（2011.04.22）	主席令第46号
6	中华人民共和国道路交通安全法（2011修正）（2011.04.22）	主席令第47号
7	中华人民共和国个人所得税法（2011修正）（2011.06.30）	主席令第48号
8	中华人民共和国行政强制法（2011.06.30）	主席令第49号
9	中华人民共和国兵役法（2011修正）（2011.10.29）	主席令第50号
10	中华人民共和国居民身份证法（2011修正）（2011.10.29）	主席令第51号
11	中华人民共和国职业病防治法（2011修正）（2011.12.31）	主席令第52号
12	国务院关于废止和修改部分行政法规的决定（2011.01.08）	国务院令第588号
13	国家赔偿费用管理条例（2011.01.17）	国务院令第589号
14	危险化学品安全管理条例（2011修订）（2011.03.02）	国务院令第591号
15	出版管理条例（2011修订）（2011.03.19）	国务院令第594号
16	个体工商户条例（2011.04.16）	国务院令第596号
17	中华人民共和国个人所得税法实施条例（2011修订）（2011.07.19）	国务院令第600号
18	中华人民共和国对外合作开采陆上石油资源条例（2011修订）（2011.09.30）	国务院令第606号
19	中华人民共和国对外合作开采海洋石油资源条例（2011修订）（2011.09.30）	国务院令第607号
20	放射性废物安全管理条例（2011.12.20）	国务院令第612号
21	中华人民共和国招标投标法实施条例（2011.12.20）	国务院令第613号

（供稿人：梅　焱）

2011年商务部规章、部分公告目录

序号	名称	文号
1	出版物市场管理规定（2011）（2011.03.25）	国家新闻出版总署、商务部令第52号
2	固体废物进口管理办法（2011.04.08）	环境保护部、商务部、国家发展和改革委员会、海关总署、国家质量监督检验检疫总局令第12号
3	对外援助物资项目管理办法（2011.05.30）	商务部令2011年第1号
4	对外援助物资项目实施企业资格管理办法（2011.06.08）	商务部令2011年第2号
5	对外承包工程项目投标（议标）管理办法（2011.12.07）	商务部、银监会、保监会令2011年第3号
6	生活必需品市场供应应急管理办法（2011.12.12）	商务部令2011年第4号
7	商业特许经营备案管理办法（2011修订）（2011.12.12）	商务部令2011年第5号
8	外商投资产业指导目录（2011年修订）（2011.12.24）	国家发展和改革委员会、商务部令第12号
9	未依法申报经营者集中调查处理暂行办法（2011.12.30）	商务部令2011年第6号
10	商务部现行有效规章目录及商务部现行有效规范性文件目录（一）（二）（2011.01.10）	商务部公告2011年第2号
11	关于调整《实行进口报告管理的大宗农产品目录》的公告（2011.02.09）	商务部公告2011年第6号
12	关于撤销食品添加剂过氧化苯甲酰、过氧化钙的公告（2011.02.11）	卫生部、工业和信息化部、商务部、国家工商行政管理总局、国家质量监督检验检疫总局、国家粮食局、国家食品药品监管局公告2011年第4号
13	公布《商务部实施外国投资者并购境内企业安全审查制度有关事项的暂行规定》（2011.03.04）	商务部公告2011年第8号
14	发布《第三方电子商务交易平台服务规范》（2011.04.12）	商务部公告2011年第18号
15	关于“电子商务示范企业名单”的公告（2011.08.10）	商务部公告2011年第50号
16	国家发展改革委、科技部、工业和信息化部、商务部、知识产权局公告2011年第10号——当前优先发展的高技术产业化重点领域指南（2011年度）（2011.06.23）	国家发展改革委、科技部、工业和信息化部、商务部、知识产权局公告2011年第10号

（续）

序　号	名　　称	文　　号
17	商务部关于评估经营者集中竞争影响的暂行规定（2011.08.29）	商务部公告2011年第55号
18	关于修改《中华人民共和国政府和新加坡共和国政府自由贸易协定》原产地规则和海关程序的公告（2011.10.20）	海关总署、商务部、国家质检总局联合公告2011年第63号
19	关于商务部有关行政强制规定的清理结果的公告（2011.12.27）	商务部公告2011年第95号
20	关于发布《出口机电产品国际认证指南》的公告（2011.12.28）	商务部公告2011年第96号
21	发布《两用物项和技术进出口许可证管理目录》(一)（二）(2011.12.31)	商务部、海关总署公告2011年第101号

（供稿人：梅　焱）

2011年其他有关部门规章目录

序号	名称	文号
1	音像制品进口管理办法（2011）（2011.04.06）	国家新闻出版总署、海关总署令第53号
2	科学研究和教学用品免征进口税收规定（2011修订）（2011.06.14）	财政部、海关总署、国家税务总局令第63号
3	中华人民共和国海关《中华人民共和国政府和哥斯达黎加共和国政府自由贸易协定》项下进出口货物原产地管理办法（2011.07.30）	海关总署令第202号
4	中华人民共和国海关《中华人民共和国政府和新加坡共和国政府自由贸易协定》项下进出口货物原产地管理办法（2011修订）（2011.10.19）	海关总署令第203号
5	中华人民共和国海关管道运输进口能源监管办法（2011.10.24）	海关总署令第204号
6	海关总署关于废止《中华人民共和国海关特别优惠关税待遇进口货物原产地管理办法》的决定（2011.12.30）	海关总署令第205号
7	车辆购置税征收管理办法（2011修订）（2011.12.19）	国家税务总局令第27号
8	进出口水产品检验检疫监督管理办法（2011.01.04）	国家质量监督检验检疫总局令第135号
9	进出口肉类产品检验检疫监督管理办法（2011.01.04）	国家质量监督检验检疫总局令第136号
10	质量技术监督行政处罚案件审理规定（2011.03.02）	国家质量监督检验检疫总局令第138号
11	质量技术监督行政处罚程序规定（2011.03.02）	国家质量监督检验检疫总局令第137号
12	口岸艾滋病预防控制管理办法（2011修订）（2011.04.08）	国家质量监督检验检疫总局令第139号
13	特种设备作业人员监督管理办法（2011修订）（2011.05.03）	国家质量监督检验检疫总局令第140号
14	认证机构管理办法（2011.07.20）	国家质量监督检验检疫总局令第141号
15	出口食品生产企业备案管理规定（2011.07.26）	国家质量监督检验检疫总局令第142号
16	进出口化妆品检验检疫监督管理办法（2011.08.10）	国家质量监督检验检疫总局令第143号

（续）

序　号	名　　称	文　　号
17	进出口食品安全管理办法（2011.09.13）	国家质量监督检验检疫总局令第144号
18	个体工商户登记管理办法（2011.09.30）	国家工商行政管理总局令第56号
19	公司债权转股权登记管理办法（2011.11.23）	国家工商行政管理总局令第57号
20	国家工商行政管理总局关于按照《中华人民共和国行政强制法》修改有关规章的决定（2011.12.12）	国家工商行政管理总局令第58号
21	公共场所卫生管理条例实施细则（2011）（2011.03.10）	卫生部令第80号
22	医疗器械召回管理办法（试行）（2011.05.20）	卫生部令第82号
23	中央企业境外国有产权管理暂行办法（2011.06.14）	国务院国有资产监督管理委员会令第27号
24	危险化学品重大危险源监督管理暂行规定（2011.08.05）	国家安全生产监督管理总局令第40号
25	《生产安全事故报告和调查处理条例》罚款处罚暂行规定（2011修订）（2011.09.01）	国家安全生产监督管理总局令第42号

（供稿人：梅　焱）

2011年国务院、商务部等有关部委和北京市部分相关文件目录

序号	名称	文号
1	国务院关于印发进一步鼓励软件产业和集成电路产业发展若干政策的通知（2011.01.28）	国发〔2011〕4号
2	中共中央、国务院转发《中央宣传部、司法部关于在公民中开展法制宣传教育的第六个五年规划（2011—2015年）》的通知（2011.03.23）	中发〔2011〕6号
3	国务院关于贯彻实施《中华人民共和国行政强制法》的通知（2011.08.14）	国发〔2011〕25号
4	国务院关于印发“十二五”节能减排综合性工作方案的通知（2011.08.31）	国发〔2011〕26号
5	国家食品安全事故应急预案（2011修订）（2011.10.05）	
6	国务院关于进一步做好打击侵犯知识产权和制售假冒伪劣商品工作的意见（2011.11.13）	国发〔2011〕37号
7	国务院办公厅关于建立外国投资者并购境内企业安全审查制度的通知（2011.02.03）	国办发〔2011〕6号
8	国务院办公厅关于印发2011年食品安全重点工作安排的通知（2011.03.15）	国办发〔2011〕12号
9	国务院办公厅转发人民银行监察部等部门关于规范商业预付卡管理意见的通知（2011.05.23）	国办发〔2011〕25号
10	国务院办公厅关于促进物流业健康发展政策措施的意见（2011.08.02）	国办发〔2011〕38号
11	国务院办公厅关于加快发展高技术服务业的指导意见（2011.12.12）	国办发〔2011〕58号
12	国务院办公厅关于加强鲜活农产品流通体系建设的意见（2011.12.13）	国办发〔2011〕59号
13	国务院办公厅关于印发社区服务体系建设规划（2011－2015年）的通知（2011.12.20）	国办发〔2011〕61号
14	商务部、农业部关于全面推进农超对接工作的指导意见（2011.02.23）	商建发〔2011〕43号
15	商务部、发展改革委、财政部等关于“十二五”期间实施积极的机电产品进口促进战略的若干意见（2011.03.04）	商产发〔2011〕48号
16	商务部、工业和信息化部、公安部等关于进一步推进网络购物领域打击侵犯知识产权和制售假冒伪劣商品行动的通知（2011.04.21）	商商贸发〔2011〕119号
17	商务部、外交部、发展改革委等关于“十二五”期间促进机电产品出口持续健康发展的意见（2011.07.07）	

（续）

序号	名称	文号
18	商务部、住房和城乡建设部关于加强对外承包工程外派人员管理工作的紧急通知（2011.04.11）	商合函〔2011〕201号
19	商务部、银监会关于支持商圈融资发展的指导意见（2011.08.01）	商秩发〔2011〕253号
20	商务部办公厅关于贯彻落实规范商业预付卡管理意见的通知（2011.08.01）	商办秩函〔2011〕876号
21	商务部、发展改革委、科技部等关于促进战略性新兴产业国际化发展的指导意见（2011.09.08）	商产发〔2011〕310号
22	商务部关于加强产业损害预警工作的指导意见（2011.09.22）	商调查发〔2011〕339号
23	商务部、财政部、中国人民银行关于“十二五”时期做好扩大消费工作的意见（2011.10.21）	商运发〔2011〕381号
24	商务部关于加强中小商贸流通企业服务体系建设的指导意见（2011.10.27）	商流通发〔2011〕399号
25	商务部、人力资源社会保障部、海关总署关于促进加工贸易梯度转移重点承接地发展的指导意见（2011.12.16）	商产发〔2011〕473号
26	商务部关于“十二五”期间促进会展业发展的指导意见（2011.12.20）	商服贸发〔2011〕463号
27	商务部关于开展国家电子商务示范基地创建工作的指导意见（2011.12.30）	商电发〔2011〕490号
28	国家发展改革委、商务部、中国人民银行等关于开展国家电子商务示范城市创建工作的指导意见（2011.03.07）	发改高技〔2011〕463号
29	国家发展改革委办公厅、商务部办公厅、财政部办公厅等关于同意北京市等21个城市创建国家电子商务示范城市的复函（2011.11.11）	发改办高技〔2011〕2753号
30	环境保护部、商务部、科学技术部关于加强国家生态工业示范园区建设的指导意见（2011.12.05）	环发〔2011〕143号
31	财政部、商务部、海关总署、国家税务总局关于来料加工企业转型为法人企业进口设备税收政策有关问题的通知（2011.11.14）	财关税〔2011〕66号
32	北京市国民经济和社会发展第十二个五年规划纲要（2011.01.01）	
33	中共北京市委、北京市人民政府转发《市委宣传部、市司法局关于在全市开展法制宣传教育的第六个五年规划》的通知（2011.06.23）	
34	北京市人民政府关于加强法治政府建设的实施意见（2011.01.01）	京政发〔2011〕20号
35	北京市人民政府关于印发推进两化融合促进首都经济发展若干意见及任务分工的通知（2011.01.13）	京政发〔2011〕2号
36	北京市人民政府关于印发北京市加快国际商贸中心建设意见的通知（2011.02.01）	京政发〔2011〕5号
37	北京市人民政府关于印发首都标准化战略纲要的通知（2011.08.01）	京政发〔2011〕39号
38	北京市人民政府关于促进首都知识产权服务业发展的意见（2011.12.13）	京政发〔2011〕71号
39	北京市人民政府关于进一步加大统筹力度支持高技术产业发展的若干意见（2011.12.23）	京政发〔2011〕73号

（续）

序号	名称	文号
40	北京市人民政府关于印发北京市加快推进再生资源回收体系建设促进产业化发展意见的通知（2011.12.31）	京政发〔2011〕78号
41	北京市人民政府办公厅关于鼓励发展家政服务业（“家七条”）的意见（2011.05.04）	京政办发〔2011〕23号
42	北京市人民政府办公厅关于严厉打击食品非法添加行为切实加强食品添加剂监管的通知（2011.05.10）	京政办发〔2011〕26号
43	北京市人民政府办公厅关于加强全市应急队伍建设的意见（2011.05.27）	京政办发〔2011〕29号
44	北京市人民政府办公厅关于印发进一步促进本市老旧机动车淘汰更新方案的通知（2011.07.27）	京政办发〔2011〕42号
45	北京市人民政府办公厅关于健全市政府重大行政决策和行政规范性文件合法性审查工作机制的通知（2011.12.30）	京政办发〔2011〕73号

（供稿人：梅　焱）

2011年北京市部分地方性法规、规章目录

序号	名称	文号
1	北京市安全生产条例（2011修订）（2011.05.27）	北京市第十三届人民代表大会常务委员会公告第16号
2	北京市消防条例（2011修订）（2011.05.27）	北京市第十三届人民代表大会常务委员会公告第17号
3	北京市生活垃圾管理条例（2011.11.18）	北京市第十三届人民代表大会常务委员会公告第20号
4	北京市实施《中华人民共和国残疾人保障法》办法（2011修订）（2011.11.18）	北京市第十三届人民代表大会常务委员会公告第19号
5	北京市就业援助规定（2011.12.23）	北京市人民代表大会常务委员会公告第21号
6	北京市南水北调工程保护办法（2011.02.10）	北京市人民政府令第230号
7	北京市行政问责办法（2011.06.16）	北京市人民政府令第233号
8	中关村国家自主创新示范区企业登记办法（2011.06.24）	北京市人民政府令第234号
9	北京市自然科学基金管理办法（2011.07.07）	北京市人民政府令第235号
10	北京市价格监测办法（2011.10.19）	北京市人民政府令第240号
11	北京市实施《工伤保险条例》若干规定（2011.12.05）	北京市人民政府令第242号

（供稿人：梅　焱）

2011年北京市商务委员会部分规范性文件目录

序号	名称	文号
1	关于推进社区商业便民服务工作的通知（2011.02.10）	京商务流通字〔2011〕1号
2	关于以单位名义享受家电以旧换新政策审核事项的通知（2011.05.03）	京商务交字〔2011〕64号
3	关于2011年商业流通发展项目申报工作的通知（2011.07.21）	京商务财务字〔2011〕36号
4	关于开展信用消费试点工作的通知（2011.09.05）	京商务秩字〔2011〕14号
5	关于印发《北京市高效节能家电产品促销试点工作方案》的通知（2011.09.05）	京商务秩字〔2011〕16号
6	关于印发《北京市“十二五”时期农产品流通体系发展规划》的通知（2011.10.08）	京商务规字〔2011〕25号
7	关于印发〈北京市“十二五”时期商业服务业发展规划〉的通知（2011.12.12）	京商务规字〔2011〕28号

（供稿人：邵　丽）

关于推进社区商业便民服务工作的通知

京商务流通字〔2011〕1号

各区（县）商务委、社会办，各有关企业：

为贯彻落实中共第十七届中央委员会第五次全会精神、国务院《关于加强和改进社区服务工作的意见》（国发〔2006〕14号）、商务部《关于加快我国社区商业发展的指导意见》（商改发〔2005〕223号）和市委十届八次全会精神，按照《北京市社会建设工作领导小组办公室关于实施〈北京市社区基本公共服务指导目录（试行）〉的意见》（京社领办发〔2010〕7号，以下简称《指导目录》）文件精神，顺应市民过上更好生活新期待，通过连锁经营、电子商务等现代流通和信息技术带动，进一步完善北京社区商业服务业便民服务功能，加快提高社区商业便民服务水平，满足居民日益增长的服务需求，为促进本市经济和社会快速和谐发展做出贡献。现将有关事项通知如下：

一、社区商业便民服务目标

社区商业是城市商业的基础，是满足居民日常生活需求的重要载体。随着城市居民生活水平提升、工作节奏的加快、家庭小型化、人口老龄化，社区居民的消费需求和消费习惯发生显著变化，社区居民对社区服务的需求越来越多，要求越来越高。做好社区商业便民服务工作对于扩大消费、改善民生、增加就业、化解社会矛盾、促进和谐社会建设具有重要意义。

加强社区商业便民服务，坚持深入贯彻落实科学发展观，坚持以人为本的发展理念，按照“保基本、广覆盖、多层次、可持续”的工作要求，以满足社区居民群众服务需求为导向，创新工作机制，整合社会资源。充分发挥市场配置资源的基础性作用，在社区商业便民服务体系建设中，坚持传统与现代商业服务模式相结合，零售、餐饮等多业种便民服务相结合，商业、民政等多种社区服务功能相结合，市场行为与公益行为相结合的原则。加大政策和资金引导力度，以现代流通技术为支撑，调整提升低端经营服务网点的组织化程度和经营管理水平，建设与国际商贸中心相适应的社区商业，为加快“人文北京、科技北京、绿色北京”建设，为建设中国特色世界城市发展奠定良好基础。

市商务委与市社会办针对目前全市社区商业网点布局及行业结构配置、服务功能、经营水平等现状，在“十二五”期间，将大力推进社区商业便民服务体系建设。按照“便利消费进社区，便民服务进家庭”的要求，在“统筹规划、分步推进”原则下，以社区规范化建设达标社区为重点（名单见附件），落实《指导目录》便民服务项目，并根据每年规范化建设达标社区的完成情况，有计划、有步骤、分批次地滚动推进，逐步实现社区商业便民服务的全覆盖。同时，用连锁经营方式改造提升社区内较低端服务业态形式。主要有：社区再生资源回收站点、小发廊、小便民浴池、小洗染店、小餐饮店、小百货店和小食杂店。

《指导目录》确定的服务项目和内容主要包括：

（一）社区便民商业服务。积极开发、设置社区菜市场（或便民菜店）、便利店、早餐、洗衣、美容美发、再生资源回收等网点，合理布局。

（二）社区代收代缴服务。鼓励社区具有支付能力的商业网点、社区服务网站增设“代收代缴服务点”内容，为居民提供代收水费、电费、煤气费、电话费等服务。

（三）社区家政服务。不断完善北京家政服务网的功能，为提高家政服务水平提供信息服务平台；鼓励品牌家政企业向社区延伸服务。

二、社区商业便民服务发展重点

在“以人为本 服务社会”的宗旨下，以加快转变经济发展方式为主线，以“便民、利民、为民”、改善民生为出发点，进一步完善新建社区商业便民服务功能，优化原有老社区商业结构布局、调整提升低端社区商业便民服务设施。抓住村庄社区化的机遇，推动“万村千乡市场工程”向社区化村庄发展，增加服务功能，逐步把“万村千乡市场工程”农家店打造成集商业、服务、休闲、娱乐、文化等功能为一体的农村商贸中心。积极调动和利用社会资源参与社区商业便民服务网络建设，逐步形成政府引导、市场化运作、企业投入、社会参与的社区商业便民服务体系建设机制，加快营造和谐、便利、高水平的社区商业便民消费环境。

（一）鼓励连锁经营企业加快向社区发展。为提升社区商业服务业的管理和业态水平，规范服务行为，鼓励品牌连锁经营企业参与社区商业建设，到社区设立超市、便利店、标准化菜店、餐饮店、洗衣店、美容美发等各类便民、利民的网点，并逐步搭载其它便民服务功能，满足社区居民多样化、个性化的消费需求。采取收购、兼并、直营连锁或特许加盟等方式整合分散的社区商业资源，改造提升现有社区内的小型门店，实现专业化、规范化、标准化经营，提高小型商业服务设施经营商品及服务的质量和安全性。积极引导下岗失业、就业困难等人员参与社区商业便民服务工作，把社区创业就业与发展社区商业经济有机结合起来。各区（县）商务主管部门要在街道社区的大力支持和帮助下，积极主动地引进连锁经营企业改造社区内小型低端门店，改造情况将作为商业示范社区的条件之一。

（二）规范管理加快提升社区商业便民服务水平。按照为居民建设“一刻钟社区服务圈”的要求，对现有社区商业服务网点进行合理规划，优化布局。按照首都现代化、国际化发展的要求，结合区域特点，研究制订社区商业服务业相关行业的进入标准，建立和完善不符合进入标准的社区商业服务企业的退出机制，力争做到总量控制、严格准入。同时，为保障社区商业服务业便民服务质量，要对从业人员进行严格筛选和管理，要建立和完善社区商业服务企业从业人员的职业资格认定和持证上岗制度，从业人员须具备相应的职业资格，以保证从业人员素质。

（三）不断丰富社区商业便利服务功能。在不断提高社区商业服务业连锁经营管理水平的基础上，引导和鼓励企业不断丰富和完善便民服务功能，增加便民服务项目，特别是在宅送服务、订购服务、商务服务、刷卡支付、增设“代收代缴服务点”等方面加大推进力度。社区商业服务业企业要积极与市民政局提供的“养老助残券”的使用相衔接，力争成为定点服务网点，让老人和残疾人不出社区就可感受到政府的关爱。街道、社区要积极与商务部门配合，协助做好社区内网点资源设置和管理等工作，将《指导目录》中需要建设的商业服务设施和服务内容，优先列入辖区发展计划，抓好落实。

（四）利用电子商务创新社区商业便民服务模式。鼓励电子商务服务企业面向社区开展便民综合服务，打造便利、安全、快捷的电子商务服务环境。鼓励有条件的社区服务单位建立电子商务公共服务平台，为社区居民提供各类信息咨询服务。鼓励各类社区商业服务企业通过电子商务平台与居民沟通商品及生活服务需求信息和供给信息，积极为居民提供各类上门服务。鼓励传统商业服务业企业将实体经营与网上销售服务相结合，弥补社区网点经营面积小、商品不丰富等缺陷。鼓励电子商务批发企业通过提供网上订货、配送等服务，调整社区低端小百货、小食杂店的商品经营结构和质量。

（五）引导地产开发商等社会资源创建社区商业新模式。随着城镇化进程的加快，新的居住社区不断建设形成，社区商业也随之逐渐打破原有的商业模式，向一站式社区购物中心方向转变和发展。鼓励商业地产商顺应社区商业发展的新趋势，在社区购物中心建设方面抢占市场先机，为社区商业发展探索出一条新路。各区（县）商务部门要积极与街道、物业公司、房地产开发商、商业服务企业等通力配合，为提高社区商业设施和服务水平积累经验，做出新贡献。

（六）继续开展创建商业示范社区活动。按照商务部《关于加快我国社区商业发展的指导意见》的要求，在全市范围继续开展商业示范社区创建活动。重点建设和培育具有现代社区商业服务理念，以建设社区购物中心业态为重点的社区商业示范项目，以改造提升低端小业态成效显著的社区商业示范项目。通过召开社区商业发展座谈会、现场会等形式，总结和推广商业示范社区建设经验，引导社区制定切实可行的社区商业建设、发展方案或规划，按照现代化、国际化大都市社区商业发展的要求，加快提升首都社区商业服务水平。

三、工作措施

（一）制定社区商业示范区的新规范。在商务部《社区商业全国示范社区评价规范》的基础上，按照市委市政府关于提升社区商业设施和服务水平的有关要求，市商务委针对社区内再生资源回收站点、小发廊、小便民浴池、小洗染店、小餐饮店、小百货店和小食杂店等7种业态，从企业资质、经营场地、从业人员、场地使用属性等4个方面制定调整提升规范。同时，调整商业示范社区的推荐条件，将创建商业示范社区工作纳入现代化、规范化的发展轨道。

（二）跟踪了解社区商业便民服务建设情况。区（县）商务部门要了解掌握《指导目录》中便民服务项目和服务内容的建设情况，按照“缺什么，补什么”的原则，有针对性、有计划地推进服务项目的落实。市商务委将通过公开遴选的方式，推荐一批各行业品牌连锁经营企业、电子商务企业和提供各类公共服务的企业，作为改造调整社区商业服务业网点、增加便民服务项目的推荐服务商，逐步建立社区商业服务准入管理模式。

（三）建立促进社区商业发展的工作机制。各区、县商务主管部门和社会建设部门要加强与相关部门、街道的沟通和配合，充分发挥街道办事处、社区、物业管理部门和商业服务企业等方面的积极性，将社区商业便民服务建设工作与创建和谐社区相结合，形成互联互动、协调配合的工作机制。要加强对社区商业便民服务工作的研究与指导，加强与兄弟区（县）的交流与学习，不断创新工作思路和方式，在了解和掌握社区商业发展新趋势和居民群众新需求的基础上，有的放矢地做好社区商业便民服务工作。

（四）优化促进社区商业发展的政策环境。为促进和推动本市社区商业快速健康发展，不断丰富便民服务功能、提升服务水平，市商务委、市社会办将对在调整提升低端业态工作中做出积极贡献的连锁经营企业、社区服务企业给予政策引导和扶持，对获得国家商务部和北京市商业示范社区给予一定的政策支持。

各区（县）商务委、社会办要按照本通知精神，结合实际，制定贯彻落实的具体措施。市商务委将适时了解跟踪社区商业便民服务项目的建设情况和“社区商业服务业提升引导规范”的执行情况，并进行情况通报。

北京市商务委员会

北京市社会建设工作办公室

二〇一一年一月二十一日

附件1、北京市第一批社区规范化建设达标社区名单

附件2、北京市社区商业服务业提升引导规范（试行）

附件 1:

北京市第一批社区规范化建设达标社区名单

（共 645 个）

东城区（110 个）

东四街道七条社区
东四街道南门仓社区
东四街道总院社区
和平里街道兴化社区
和平里街道新建路社区
和平里街道小黄庄社区
和平里街道安德里社区
和平里街道二区社区
和平里街道上龙社区
和平里街道七区社区
和平里街道六铺炕社区
和平里街道五区社区
和平里街道民旺社区
北新桥街道二条社区
北新桥街道民安社区
北新桥街道海运仓社区
北新桥街道前永康社区
北新桥街道门楼社区
北新桥街道小菊社区
交道口街道交东社区
交道口街道府学社区
交道口街道菊儿社区
交道口街道南锣鼓巷社区
交道口街道鼓楼苑社区
交道口街道大兴社区
交道口街道福祥社区
安定门街道五道营社区
安定门街道钟楼湾社区
安定门街道分司厅社区
东华门街道黄化门社区
东华门街道汪芝麻社区
东华门街道隆福寺社区
东华门街道魏家社区
东华门街道韶九社区
东华门街道正义路社区
东华门街道台基厂社区
东华门街道多福巷社区
东华门街道南池子社区
东华门街道黄图岗社区
东华门街道智德社区
东直门街道东环社区
东直门街道清水苑社区
东直门街道胡家园社区
东直门街道新中街社区
东直门街道香河园北里社区
建国门街道苏州社区
建国门街道大雅宝社区
建国门街道东总布社区
建国门街道西总布社区
建国门街道赵家楼社区
建国门街道崇内社区
朝阳门街道史家社区
朝阳门街道礼士社区
朝阳门街道内务社区
朝阳门街道演乐社区
朝阳门街道朝西社区
朝阳门街道朝内头条社区

朝阳门街道新鲜社区
北新桥街道青龙社区
北新桥街道草园社区
北新桥街道九道湾社区
北新桥街道炮局社区
北新桥街道北新仓社区
北新桥街道板桥社区
北新桥街道北官厅社区
北新桥街道十三条社区
北新桥街道十二条社区
北新桥街道藏经馆社区
景山街道皇城根北街社区
东直门街道工人体育馆社区
东直门街道东外大街北社区
东直门街道东外大街社区
东直门街道十字坡社区
建国门街道干面社区
建国门街道外交部街社区
建国门街道禄米仓社区
前门街道前东社区
龙潭街道光明北社区
龙潭街道华城社区
龙潭街道浦园社区
龙潭街道漪园社区
龙潭街道龙北东社区
龙潭街道安化楼社区
永外街道安乐林社区
永外街道管村社区
永外街道西革新里社区
永外街道景泰社区
永外街道革新西里社区
永外街道定安里社区
永外街道富莱茵社区
东花市街道东花市南里社区
东花市街道广渠门外南里社区
东花市街道东花市南里东区社区
东花市街道花市枣苑社区
东花市街道忠实里社区
东花市街道北里西区社区
东花市街道北里东区社区
东花市街道广渠门北里社区
天坛街道永内东街西里社区
天坛街道东里南区社区
天坛街道东里北区社区
天坛街道金鱼池西区社区
天坛街道金鱼池中区社区
体育馆路街道国家体育总局社区
体育馆路街道长青园社区
体育馆路街道法华南里社区
崇外街道兴隆都市馨园社区
崇外街道崇西大街社区
崇外街道新怡家园社区
崇外街道新世界家园社区

西城区（82个）

西长安街街道西交民巷社区
西长安街街道义达里社区
什刹海街道柳荫街社区
什刹海街道鼓西社区
新街口街道西里三社区
新街口街道西四北六条社区
新街口街道北草厂社区
新街口街道中直社区
新街口街道富国里社区
新街口街道西四北三条社区
新街口街道宫门口社区
金融街街道丰汇园社区
金融街街道文昌社区
金融街街道砖塔社区
金融街街道温家街社区

金融街街道丰融园社区
金融街街道新文化街社区
金融街街道大院社区
金融街街道东太平街社区
金融街街道宏汇园社区
金融街街道受水河社区
金融街街道丰盛社区
金融街街道西太平街社区
月坛街道三里河一区社区
月坛街道三里河二区社区
展览路街道朝阳庵社区
展览路街道新华里社区
展览路街道百万庄西社区
展览路街道车公庄社区
展览路街道洪茂沟社区
展览路街道榆树馆社区
展览路街道三塔社区
展览路街道阜外西社区
展览路街道新华南社区
展览路街道北营房西里社区
展览路街道文兴街社区
展览路街道新华东社区
展览路街道百万庄东社区
德胜街道六铺炕石油社区
德胜街道德外大街东社区
德胜街道新明家园社区
德胜街道黄寺大街西社区
德胜街道裕中东里社区
德胜街道北广社区
德胜街道双旗杆社区
德胜街道水电社区
大栅栏街道百顺社区
大栅栏街道铁树斜街社区
广外街道莲花河社区
广外街道 15 号院社区
广外街道红莲中里社区
广外街道三义东里社区
广外街道椿树馆社区
广外街道车站东街社区
广外街道朗琴园社区
广外街道小马厂社区
广外街道天北社区
广外街道荣丰社区
广外街道车站西街社区
广内街道西便门西里社区
广内街道西便门东里社区
广内街道校场社区
广内街道长椿里社区
广内街道长西社区
牛街街道菜园北里社区
牛街街道春风社区
牛街街道牛街西里二区社区
牛街街道牛街西里一区社区
牛街街道右北大街社区
椿树街道椿树园社区
椿树街道琉璃厂西街社区
椿树街道红线社区
白纸坊街道崇效寺社区
白纸坊街道里仁街社区
白纸坊街道双槐里社区
白纸坊街道新安南里社区
天桥街道永安路社区
天桥街道太平街社区
天桥街道天桥小区社区
天桥街道虎坊路社区
陶然亭街道红土店社区
陶然亭街道龙泉社区

朝阳区（175 个）

朝外街道芳草地社区

朝外街道雅宝里社区
朝外街道吉祥里社区
朝外街道三丰里社区
朝外街道体东社区
劲松街道劲松中社区
劲松街道八棵杨社区
劲松街道劲松北社区
劲松街道农光里社区
劲松街道大郊亭社区
亚运村街道安慧里社区
亚运村街道安慧里南社区
亚运村街道安翔里社区
亚运村街道安苑里社区
亚运村街道京民社区
亚运村街道北辰东路社区
亚运村街道祁家豁子社区
亚运村街道华严北里社区
望京街道大西洋城社区
望京街道望花路东里社区
望京街道望京西园三区社区
望京街道南湖西园社区
望京街道南湖西里社区
望京街道南湖中园社区
望京街道望京西园四区社区
望京街道望花路西里社区
望京街道花家地社区
望京街道爽秋路社区
望京街道望京东园五区社区
望京街道圣星社区
团结湖街道中路北社区
团结湖街道一二条社区
团结湖街道团结湖水碓子社区
团结湖街道团结湖中路南社区
团结湖街道三四条社区
呼家楼街道东大桥社区
呼家楼街道金台里社区
呼家楼街道小庄社区
呼家楼街道关北街社区
呼家楼街道呼北社区
呼家楼街道新街社区
三里屯街道中纺里社区
三里屯街道北三里社区
三里屯街道中三里社区
三里屯街道东三里社区
香河园街道柳芳北里社区
香河园街道西坝河东里社区
香河园街道柳芳南里社区
香河园街道西坝河南里社区
香河园街道西坝河西里社区
香河园街道西坝河中里社区
香河园街道光熙门北里北社区
双井街道富力社区
双井街道九龙南社区
双井街道九龙社区
双井街道广泉社区
双井街道大望社区
双井街道双花园社区
双井街道百子园社区
双井街道广和里社区
建外街道南郎社区
建外街道永安里东社区
建外街道光华里社区
建外街道秀水社区
建外街道北郎东社区
和平街街道十四区社区
和平街街道小黄庄社区
和平街街道胜古北社区
和平街街道胜古庄社区
和平街街道和平家园社区
和平街街道樱花园社区

垡头街道一区社区
垡头街道二区社区
垡头街道西里社区
垡头街道东里社区
酒仙桥街道高家园社区
酒仙桥街道驼房营西里社区
酒仙桥街道南路社区
酒仙桥街道大山子社区
酒仙桥街道中北路社区
六里屯街道晨光社区
六里屯街道道家园社区
六里屯街道炫特社区
六里屯街道十里堡北里社区
六里屯街道碧水园社区
六里屯街道甜水园社区
麦子店街道枣营北里社区
麦子店街道农展南里社区
麦子店街道朝阳公园社区
潘家园街道松榆西里社区
潘家园街道松榆东里社区
潘家园街道潘家园南里社区
潘家园街道华威西里社区
潘家园街道武圣农光社区
潘家园街道松榆里社区
潘家园街道磨房南里社区
潘家园街道潘家园社区
小关街道惠新苑社区
小关街道惠新北里社区
小关街道小关社区
安贞街道安华里社区
安贞街道安华西里社区
安贞街道安贞里社区
安贞街道安贞西里社区
八里庄街道华贸中心社区
八里庄街道远洋天地家园社区
八里庄街道十里堡社区
八里庄街道城市华庭社区
八里庄街道罗马嘉园社区
八里庄街道八里庄东里社区
八里庄街道八里庄西里社区
左家庄街道三源里社区
左家庄街道左北里社区
左家庄街道新源西里社区
左家庄街道曙光里社区
左家庄街道顺源里社区
左家庄街道静安里社区
左家庄街道新源里社区
机场街道南路东里社区
机场街道南平里社区
大屯街道慧中里第一社区
大屯街道慧中里第二社区
大屯街道新新家园社区
大屯街道安慧东里社区
大屯街道慧中北里第一社区
大屯街道大屯里社区
大屯街道育慧西里社区
大屯街道世纪村社区
大屯街道欧陆经典社区
东湖街道南湖中园北社区
东湖街道利泽西园一区社区
东湖街道南湖东园北社区
东湖街道望京西园社区
东湖街道望京花园社区
东湖街道望湖社区
南磨房乡百子湾东社区
南磨房乡紫南家园社区
南磨房乡平乐园社区
南磨房乡南新园社区
南磨房乡百子湾西社区
南磨房乡东郊社区

南磨房乡欢乐谷社区
三间房乡美然动力社区
豆各庄乡文化传播社区
太阳宫乡夏家园社区
太阳宫乡太阳宫社区
奥运村南沙滩社区
奥运村林萃社区
东风乡东润枫景社区
东风乡观湖国际社区
管庄乡建东苑社区
管庄乡惠河东里社区
来广营乡朝来绿色家园社区
来广营乡绣菊园社区
来广营乡黄金苑社区
来广营乡立清路第一社区
来广营乡莲葩园社区
来广营乡紫绶园社区
来广营乡清友园社区
来广营乡茉黎园社区
来广营乡时代庄园社区
来广营乡北京青年城社区
来广营乡新街坊社区
来广营乡立城苑社区
黑庄户乡双桥第一社区
黑庄户乡双桥第二社区
黑庄户乡康城社区
将台乡梵谷水郡社区
将台乡将府家园社区
平房乡姚家园西社区
平房乡星河湾社区
常营乡民族家园社区
常营乡连心园社区
常营乡鑫兆佳园社区
崔各庄乡马南里社区

海淀区（40个）

中关村街道华清园社区
中关村街道小泥湾社区
中关村街道太阳园社区
中关村街道东里南社区
八里庄街道北京印象社区
八里庄街道定慧西里二社区
八里庄街道颐慧佳园社区
八里庄街道八宝庄社区
北下关街道南二社区
北下关街道皂君庙东社区
北下关街道净土寺社区
北下关街道气象局社区
学院路街道二里庄社区
学院路街道农大东校区社区
学院路街道西王庄社区
学院路街道东王庄社区
西三旗街道9511联合社区
西三旗街道沁春家园社区
西三旗街道建材西里社区
西三旗街道冶金社区
万寿路街道永定路西里社区
羊坊店街道有色设计院社区
羊坊店街道普惠寺社区
紫竹院街道车南里社区
紫竹院街道厂洼社区
北太平庄街道志强北园社区
北太平庄街道蓟门里社区
海淀街道碧水云天社区
海淀街道稻北社区
青龙桥街道军科社区
田村路街道泽丰苑社区
清河街道领秀硅谷社区
四季青镇闵行南里社区

曙光街道曙光花园社区
上地街道上地东里第一社区
马连洼街道天秀社区
东升地区前屯社区
甘家口街道四道口社区
香山街道四王府社区
清华园街道荷清苑社区

丰台区（65个）

新村街道三环新城社区
新村街道万年花城社区
新村街道怡海花园社区
新村街道富锦嘉园社区
新村街道桥二社区
新村街道万柳园社区
新村街道韩二社区
右安门街道玉林西里社区
右安门街道玉林里社区
右安门街道翠林一里社区
右安门街道东庄社区
右安门街道永乐社区
大红门街道彩虹城社区
西罗园街道洋桥东里社区
西罗园街道海户西里北社区
西罗园街道洋桥西里社区
西罗园街道西罗园三区社区
马家堡街道嘉园一里社区
马家堡街道双晨社区
马家堡街道嘉园二里社区
马家堡街道星河苑社区
卢沟桥街道长安新城社区
卢沟桥街道青塔东里社区
卢沟桥街道六里桥社区
卢沟桥街道京铁家园社区
卢沟桥街道丰体时代花园社区
卢沟桥街道大井社区
卢沟桥街道民岳社区
丰台街道北大地西区社区
丰台街道丰益花园社区
丰台街道63号院社区
丰台街道正阳北里社区
丰台街道南开西里社区
丰台街道北大街社区
云岗街道南区第一社区
云岗街道大灰厂社区
太平桥街道三路居社区
南苑街道机场社区
南苑街道槐房社区
方庄地区芳群园第二社区
方庄地区芳群园第三社区
方庄地区芳城东里社区
宛平地区晓月苑社区
宛平地区宛平城社区
东铁匠营街道蒲黄榆第二社区
东铁匠营街道横七条第二社区
东铁匠营街道蒲安一里社区
东高地街道三角地第二社区
东铁匠营街道刘家窑第一社区
东铁匠营街道南方庄社区
长辛店街道西峰寺社区
长辛店街道北岗洼社区
长辛店街道车辆厂社区
长辛店街道芦井社区
长辛店街道朱南社区
大红门街道大红门东街社区
大红门街道石南一社区
大红门街道西马场北里社区
大红门街道建欣苑社区
大红门街道西马小区社区
太平桥街道太西里社区

太平桥街道精图社区
和义街道和义东里第三社区
和义街道南苑北里第二社区
东高地街道东高地社区

石景山区（38个）

五里坨街道联勤部大院社区
五里坨街道石府社区
五里坨街道红卫路社区
五里坨街道西山机械厂社区
鲁谷重聚园社区
鲁谷衙门口东社区
鲁谷衙门口西社区
鲁谷五芳园社区
八角街道杨庄北区
八角街道黄南苑社区
八角街道八角北里社区
八角街道杨庄南区社区
八角街道八角南路社区
八角街道八角北路社区
八角街道八角路社区
八角街道特钢社区
八角街道古城南里社区
八宝山街道三山园社区
八宝山街道玉泉西里中社区
八宝山街道玉泉西里北
八宝山街道四季园社区
八宝山街道永乐东小区北社区
广宁街道高井路社区
古城街道十万平社区
古城街道八千平社区
古城街道南路东社区
金顶街街道金五区社区
金顶街街道金四区社区
金顶街街道模式口西里中社区
金顶街街道模式口东里社区
苹果园街道装司社区
苹果园街道西黄新村西里社区
苹果园街道西井社区
苹果园街道琅山社区
老山街道东里北社区
老山街道京源路社区
老山街道东里南社区
老山街道何家坟社区

门头沟区（6个）

东新房街道北涧沟社区
城子办事处新老宿舍社区
大台办事处桃园社区
大峪街道新桥西区社区
大峪街道永新社区
大峪街道向阳东里社区

房山区（14个）

拱辰街道电力设备总厂社区
拱辰街道文化路社区
拱辰街道渔儿沟社区
拱辰街道长虹社区
拱辰街道北大街社区
迎风街道杰辉苑社区
长阳镇长阳社区
长阳镇长龙苑社区
城关街道农林路社区
城关街道南里社区
东风街道羊耳峪里第二社区
向阳街道迎风一里社区
西潞街道苏庄一里社区
西潞街道月华社区

通州区（21个）

北苑街道玉带路社区

北苑街道新北苑社区
北苑街道复兴南里社区
北苑街道京贸国际社区
北苑街道长桥园社区
玉桥街道玉桥北里社区
玉桥街道玉桥南里社区
玉桥街道玉桥东里社区
玉桥街道梨花园社区
玉桥街道葛布店南里社区
中仓街道莲花寺社区
中仓街道东里社区
中仓街道西营社区
中仓街道运河园社区
中仓街道上营社区
新华街道天桥湾社区
新华街道司空社区
新华街道如意社区
永顺镇西马庄社区
永顺镇盛业家园社区
梨园镇格瑞雅居社区

顺义区（13 个）

光明街道幸福东社区
光明街道滨河社区
胜利街道建南第二社区
胜利街道义宾北社区
胜利街道义宾南社区
胜利街道怡馨家第二社区
石园街道五里仓第二社区
石园街道石园南社区
石园街道石园东苑社
旺泉街道西辛北社区
旺泉街道前进花园社区
旺泉街道宏城花园社区
旺泉街道西辛社区

昌平区（35 个）

回龙观地区万润家园社区
回龙观地区龙锦苑六区社区
回龙观地区北店嘉园社区
回龙观地区东村嘉园社区
回龙观地区金榜园社区
回龙观地区良庄社区
回龙观地区龙兴园社区
回龙观地区龙泽苑东区
回龙观地区龙禧苑二区
回龙观地区吉晟社区
东小口地区都市芳园社区
东小口地区华龙苑北里社区
北七家镇蓬莱公寓社区
北七家镇王府花园社区
北七家镇燕城苑社区
北七家镇王府公寓社区
北七家镇西湖新村社区
城北街道三街社区
城北街道东关南里社区
城北街道二街社区
城北街道西关社区
城北街道城角社区
城北街道宁馨苑社区
城北街道史家坑社区
城北街道北城根社区
城北街道东关北里社区
城北街道玉虚观社区
城北街道国通家园社区
城北街道永安社区
城北街道南环里社区
城北街道安福苑社区
城南街道世涛天朗社区
城南街道水屯家园社区

城南街道秋实家园社区
城南街道拓然家园社区

大兴区（19个）

清源街道金惠园二区社区
清源街道兴华园社区
清源街道香留园社区
清源街道滨河北里社区
清源街道金惠园三区社区
清源街道清源西里社区
清源街道郁花园社区
清源街道兴盛园社区
观音寺街道盛春坊社区
观音寺街道金华里社区
观音寺街道团河社区
观音寺街道观音寺社区
兴丰街道黄村西里社区
兴丰街道兴华东里社区
兴丰街道黄村中里社区
林校路街道建兴家园社区
林校路街道兴政东里社区
林校路街道车站中里社区
亦庄地区贵园南里社区

平谷区（6个）

滨河街道滨河社区
滨河街道林荫家园社区
滨河街道北小区社区
滨河街道金海社区
渔阳地区迎宾花园社区
兴谷街道光明社区

怀柔区（8个）

泉河街道富乐北里社区
泉河街道于家园二区社区
泉河街道北园社区
泉河街道富乐社区
龙山街道望怀社区
龙山街道南华四区社区
龙山街道龙湖新村社区
龙山街道商业街社区

密云县（8个）

鼓楼街道花园社区
鼓楼街道沿湖社区
鼓楼街道宾阳北里社区
鼓楼街道行宫社区
鼓楼街道长安社区
果园街道果园西里社区
果园街道果园新里北区社区
果园街道密西花园社区

延庆县（5个）

城镇办事处振兴南社区
城镇办事处康庄社区
城镇办事处温泉东社区
城镇办事处川北东社区
城镇办事处湖南社区

附件 2：

北京市社区商业服务业提升引导规范（试行）

序号	业态名称	选址要求	建设要求	从业人员管理	经营管理
1	再生资源回收站点	社区再生资源回收亭（站、点）或农村再生资源暂存间（以下统称回收站点）应有固定选址，具有与经营所在地的居（村）委会或者物业管理部门签订的用地协议书。	回收亭站点应是封闭式固定建筑，社区回收站点的建筑面积一般不小于10平方米，农村回收站点的建设面积一般不小于20平方米。	负责回收站点的回收人员必须由各区（县）再生资源回收主体企业统一培训后上岗（培训时间不得少于3小时），统一着装，并佩戴统一印制的上岗证。	回收站点回收的各类再生资源物品必须由统一标识的专业物流车运输，运送至本市再生资源分拣中心或再利用企业。
2	社区菜市场	选址应符合城市规划要求，新建小区规划有零售网点公共服务配套设施的，应设置在设施内；以方便居民购物，不扰民、不妨碍正常交通为原则，宜选择在居民区附近的交通便利处，附近不得有危险品存放场所。	菜市场面积不小于150平方米，规划有菜市场等零售网点公共服务配套设施的小区，菜市场面积应符合规划面积。菜市场建设标准参照北京市《社区菜市场（农贸市场）设置与管理规范》。	菜市场开办者应当核验入市经营者的合法经营凭证，与入场经营者签订书面合同，约定合同双方的权利义务和违约责任，办理入场登记手续。经营者应具备工商、卫生等市场、卫生管理部门要求的职业资格。	参照北京市《社区菜市场（农贸市场）设置与管理规范》并符合工商、卫生等市场、卫生管理部门的管理规定。
		企业资质要求	经营场地要求	从业人员管理	场地使用属性
3	小发廊	具备有效的《卫生许可证》和《营业执照》等相关证照。	专营理发的美发厅经营场地面积不小于50平方米；经营美发和美容两项服务的美发美容厅经营场地总面积不得小于100平方米；店面形象整齐美观。	须持劳动部门颁发的职业资格证或行业部门颁发的培训证和卫生部门颁发的健康证上岗；每店至少应有2名具备技师以上职业资格人员。	符合商业用房地场地属性和要求。

（续）

序号	业态名称	选址要求	建设要求	从业人员管理	经营管理
		企业资质要求	经营场地要求	从业人员管理	场地使用属性
4	洗染店	具备有效的《营业执照》和环评手续，并在区、县商务主管部门备案。	营业面积不少于50平方米，不能为住宅楼底商。	干洗设备要求：须使用全封闭环保型节能干洗设备，质量检测合格并达到北京市排放标准要求。必须具有劳动部门颁发的职业资格证书及行业协会颁发的上岗证书，店内至少应有一名中级洗衣师。	符合商业用房地场地属性和要求。
5	餐饮店	具备有效的《营业执照》、《卫生许可证》（或《餐饮服务许可证》）等相关证照和环保部门的批准手续，开业前须经过消防部门验收合格，依法设立，合法经营。	经营服务场地面积不少于50平方米，具备洗涤、消毒条件；设备设施与经营服务项目相适应，店面形象整齐美观，店堂干净、整洁。开展早餐经营的店铺符合《北京早餐经营示范店规范（试行）》。	全部持有合法有效的本市健康证明，均须持劳动部门颁发的职业资格证上岗。	符合餐饮用房场地属性和要求。
6	小百货店	具备有效的《营业执照》等相关证照。经营者为营业执照的持有者。	经营场地面积不小于50平方米；店面形象整齐美观，店堂干净，商品摆放整齐。	为本市户籍人口或持有本市暂住证在2年以上。	符合商业用房地场地属性和要求。
7	小食杂店	具备有效的《营业执照》等相关证照。	经营场地面积不小于30平方米；店面形象整齐美观，店堂干净，商品摆放整齐。食品、饮料等商品有正规的进货渠道，食品包装上具有“QS”市场准入标志。	为本市户籍人口或持有本市暂住证在2年以上。	符合商业用房地场地属性和要求。

关于以单位名义享受家电以旧换新政策审核事项的通知

京商务交字〔2011〕64号

各区(县)商务委、家电以旧换新参与企业：

为贯彻落实《商务部　财政部　环境保护部关于进一步规范家电以旧换新工作的通知》（商商贸函〔2011〕210号）的要求，进一步规范本市家电以旧换新工作，完善家电以旧换新管理制度，现就以单位名义享受家电以旧换新政策审核事项通知如下：

一、审核对象

拟以单位名义参加家电以旧换新，购买新家电5台以上，享受家电以旧换新政策补贴的购买人（以下简称“购买单位”）。

二、购买单位应提交的材料

(一)《组织机构代码证》原件及复印件；

(二）法定代表人身份证复印件；

(三）申请办理人身份证原件及复印件；

(四)《以单位名义参加家电以旧换新申请表》(以下简称“申请表”，见附件）一式两份。

三、审核程序

(一）以单位名义参加家电以旧换新，购买单位应按要求提交材料，并在申请表中注明用途，到所在区(县）商务委进行审核。

(二）区（县）商务委审核同意的，在申请表上加盖区（县）商务委公章，一份申请表退回购买单位，一份申请表及申请材料复印件由区（县）商务委留存备案。

(三）购买单位在购买新家电时，须向家电销售企业提供区（县）商务委审核同意的申请表。

(四）家电销售企业留存申请表，并与购买单位的组织机构代码证复印件、销售发票、家电回收凭证和《家电以旧换新（家电）补贴资金申报表》等材料一起，向区（县）商务部门申请兑付补贴。

四、审核工作要求

(一）自2011年4月25日起，购买单位须向所在区（县）商务委提出申请并通过审核后，才能以单位名义参加家电以旧换新活动。

(二）区（县）商务委要对购买单位提交材料的真实性和购买用途进行认真审核，对中标销售企业和经营五类家电（电视机、电冰箱、洗衣机、空调、电脑）的商贸流通企业参与家电以旧换新的行为要加大审核力度，防止骗补和套利行为的发生。

(三）区（县）商务委在审核企业兑付财政补贴资金的申请时，要把申请表作为审核单位购买补贴资金的必备材料；若无申请表，区（县）商务委不得审核通过。

特此通知。

附件：以单位名义参加家电以旧换新申请表

北京市商务委员会

二〇一一年五月三日

附件：

以单位名义参加家电以旧换新申请表

<table>
<tr><td>单位名称</td><td colspan="3"></td></tr>
<tr><td>地　　址</td><td colspan="3"></td></tr>
<tr><td>组织机构代码</td><td></td><td>邮政编码</td><td></td></tr>
<tr><td>法人代表</td><td></td><td>电话</td><td></td></tr>
<tr><td>联系人</td><td></td><td>电话</td><td></td></tr>
<tr><td>申
请
事
项</td><td colspan="3">年　月　日
（单位公章）</td></tr>
<tr><td>区（县）商委审核意见</td><td colspan="3">年　月　日
（单位公章）</td></tr>
<tr><td>备　　注</td><td colspan="3"></td></tr>
</table>

注："申请事项"中须注明新购家电的用途。

关于2011年商业流通发展项目申报工作的通知

京商务财务字〔2011〕36号

各区（县）商务委、财政局，各有关单位：

根据全市商务重点工作任务，经研究，现将2011年商业流通发展项目征集的有关事项通知如下：

一、2011年商业专项资金的重点支持范围

（一）推进“菜篮子”工程，促进农产品流通

1. 开展农超对接工作。支持北京市大中型连锁超市企业、郊区骨干流通企业与农产品基地、农民专业合作社对接项目。大中型连锁超市企业的生鲜配送中心建设和改造，超市果蔬分拣平台建设和改造。

2. 农产品批发市场改造升级。支持农产品批发市场中提供公共服务的检测检疫中心、信息中心、废弃物污水环保处理中心、结算中心、安全监控中心、加工中心、冷藏中心、配送中心以及运输和交易场所的建设和改造提升。

3. 农村集贸市场改造。支持市场内道路场地、雨污水排放等配套设施、交易厅棚等经营设施建设以及基本的食用农产品检测检验设备购置。

4. 农产品流通新模式推广。支持优化蔬菜流通渠道、减少流通环节的蔬菜直营直供菜市场和菜店；组织化、连锁化发展的规范化社区菜市场和菜店；提高政府调控能力的蔬菜零售终端产权收购、回购、回租、投资参股项目。

（二）发展便民商业，推进社区便民服务发展

1. 再生资源回收体系。支持按照《关于推进北京市再生资源回收体系产业化发展试点方案的实施意见》要求运作的再生资源回收体系前端（站点）、物流运输、专业分拣中心、报废汽车回收拆解企业。

2. 引导连锁商业企业进社区。支持承担社区便民服务任务的连锁超市（便利店）、餐饮店、美容美发、洗衣、再生资源回收、代收代缴服务的企业进社区设立经营网点。

3. 完善北京早餐便民服务网络。支持连锁早餐经营网点的发展，按照《主食加工配送中心建设规范》的要求，建设、改造主食加工配送中心。

4. 推进万村千乡市场工程建设（郊区连锁经营）。支持郊区连锁企业开展商品联合采购，提高为连锁店铺配送商品的能力，新建或改造商品配送中心。

5. 停车引导系统升级改造。支持列入市级停车系统改造建设计划的商场（市场）进行停车引导系统升级改造。

（三）促进特色商业发展

1. 特色商业街升级改造。支持符合北京市城市总体规划及北京市商业发展规划的区域性商业街区，列入市级重点改造计划的特色商业街（特色市场）升级改造，改善经

营环境，提升综合服务水平。

2. 促进老字号发展及商业服务业中华传统技艺保护发展。支持企业建立传承人（大师）工作室，组织开展传统技能技艺培训、交流，开展大师传统技能技艺宣传推广及组织开展大师评审认定；采用现代流通方式，实现老字号品牌化发展；加速信息化建设，提高信息化管理水平；保护老字号知识产权和非物质文化遗产；为老字号企业构建公共服务平台和服务体系，提供经营管理咨询和培训；拓展国内外市场进行整体宣传推介。

（四）转变商务发展方式，提升企业经营管理水平

1. 促进电子商务发展。支持与电子商务聚集区相配套的设施建设，第三方电子商务技术服务商为中小企业提供电子商务应用服务，采用现代信息和通讯技术进行企业信息管理系统建设和改造、二手车网上交易平台的建设和完善。

2. 现代物流体系建设。支持公共物流服务体系建设、城市运行保障及直接关系民生的物流体系和应急物流体系建设，引导本市物流业调整、升级及新技术应用、示范。

3. 商务楼宇培育和商务服务业服务平台建设。支持对认定的主题商务楼宇为提升综合服务功能而进行的公共服务设施改造，吸引符合主题楼宇特色的商务服务企业入驻给予的租金补贴，商务服务业行业运行监测系统和主题商务服务楼宇公共服务信息系统建设，支持商务服务企业组建产业联盟实现联合服务。

4. 发展员工制家政公司。支持员工制家政公司进行连锁门店装修改造、员工暂住帮扶室改造，加强连锁总部管理信息系统及企业网站开发建设、家政服务员培训设备设施建设。

5. 特色商业创意设计。支持特色商业创意设计与品牌提升，研发设计新产品新包装，满足消费者新的需求，进行企业标识logo新的创意设计及企业店铺形象VI升级设计，提供创意设计咨询培训和拓展国内外市场开展宣传、展示、推介活动成效突出的项目。

二、项目申报单位条件

（一）在北京市登记注册、具有独立法人资格、独立核算、内部管理规范、核心业务突出的企业或单位；

（二）申报单位经营状况良好，财务管理制度健全；

（三）申报单位依法经营，近年无违法违规记录；

（四）申报项目应在计划期内启动，并能够按申报计划实施；

（五）同一项目已享受政府其他专项补助资金的，原则上不得重复申报。

三、项目申报材料

（一）项目申报书、项目可行性报告；

（二）项目申报单位承诺书；

（三）项目单位法人证明文件复印件（营业执照、组织机构代码证书、法定代表人身份证明等）；

（四）项目单位近两年财务报表（资产负债表、损益表、现金流量表）；

（五）申请贷款贴息的项目，需出具项目单位与有关金融机构签订的贷款合同、银行进账单、利息凭证；

（六）相关已发生费用合法凭证复印件；

（七）其他与项目相关的证明材料。

项目申请材料应按顺序装订成册，并加

盖单位公章。

四、项目申报程序

凡依法纳税，诚信经营、符合本市商业发展规划及市商业流通发展专项资金使用原则和支持范围的企业均可申请。

（一）区（县）属商业企业向区（县）商务委提交申报材料，经区（县）商务委、财政局初审合格后，由区（县）商务委将符合条件的项目汇总后报市商务委。

（二）市属商业企业向市属商业企业集团提交申报材料，经初审合格后，由市属商业企业集团将符合条件的项目汇总后报市商务委。

五、时间安排

项目集中申报时间为2011年7月25日—8月15日，各区（县）商务委、市属商业企业集团应于2011年8月20日前上报汇总材料。

六、工作要求

（一）各项目申报单位要坚持实事求是的原则，保证上报材料真实有效、项目各项建设手续合规、项目建设资金落实到位、项目按时保质完成，并向市商务委做出书面承诺。获得专项资金支持的各项目单位在项目完工后1个月内应将项目实施、资金使用等情况向主管部门书面报告。

（二）各项目主管部门要强化对项目的审核，及时了解掌握项目建设情况、资金筹措情况，对符合条件的申报项目，汇总后以书面形式向市商务委报送审核材料。

（三）各项目主管部门应加强对已支持项目的后续指导和执行情况的监管，定期对项目进行监督检查，确保项目实施效果，提高财政资金的使用效益。

（四）根据《北京市财政局北京市商务委员会〈关于印发北京市商业流通发展专项资金管理暂行办法〉的通知》，为充分调动区（县）积极性，事权为区（县）政府的扶持项目，市商务委、市财政局按照因素分析法将相关专项资金分配到区（县），由区（县）商务委、财政局组织项目实施，并及时进行项目验收。

联系人：北京市商务委员会　王葆玮

电　话：85163186

联系人：北京市财政局　查晓倩

电　话：88549654

附件：1. 项目申报书

2. 项目申报单位承诺书

3. 项目已发生费用明细表

4. 项目贷款及付息情况表

5. 2011年市商业专项资金申报项目情况表

6. 2011年市商业专项资金申报项目汇总表

北京市商务委员会

北京市财政局

二〇一一年七月二十日

附件1：项目申报书

项目申报表

项目名称	
项目编码	
项目单位	
上级单位	
一级部门	
预算级次（所属区（县））	
支出科目	
是否政府办实事项目	
是否政府采购项目	
是否1000万元以上项目	
申报日期	
项目申请资金年份	
是否传入预算处	
区（县）部门是否批准	
区财政是否批准	
市部门是否批准	
市财政是否批准	
市财政领导批复	
指标文号	

项目信息表

<table>
<tr><td>项目名称</td><td colspan="3"></td></tr>
<tr><td>项目负责人</td><td></td><td>联系电话</td><td></td></tr>
<tr><td>单位地址</td><td></td><td>邮政编码</td><td></td></tr>
<tr><td>项目类型</td><td colspan="3"></td></tr>
<tr><td>项目属性</td><td colspan="3"></td></tr>
<tr><td rowspan="2">预算科目</td><td colspan="2"></td><td>类</td></tr>
<tr><td colspan="2"></td><td>款</td></tr>
<tr><td>项目申请理由及项目主要内容</td><td colspan="3"></td></tr>
<tr><td>项目总体目标</td><td colspan="3"></td></tr>
<tr><td rowspan="4">阶段性目标</td><td>实施阶段</td><td>目标内容</td><td>时间（月）</td></tr>
<tr><td>第一阶段</td><td></td><td></td></tr>
<tr><td>第二阶段</td><td></td><td></td></tr>
<tr><td>第三阶段</td><td></td><td></td></tr>
<tr><td>项目组织实施条件</td><td colspan="3"></td></tr>
</table>

项目支出预算明细表

<table>
<tr><td colspan="2">项目名称</td><td colspan="3"></td></tr>
<tr><td rowspan="29">项目支出预算及测算依据</td><td rowspan="11">项目资金来源</td><td>来源项目</td><td>申报额（万元）</td><td>批复额（万元）</td></tr>
<tr><td>资金来源合计</td><td></td><td></td></tr>
<tr><td>申请财政资金</td><td></td><td></td></tr>
<tr><td>其中：市财政</td><td></td><td></td></tr>
<tr><td>区财政</td><td></td><td></td></tr>
<tr><td>项目总投资</td><td></td><td></td></tr>
<tr><td>其中：中央财政拨款</td><td></td><td></td></tr>
<tr><td>国债资金</td><td></td><td></td></tr>
<tr><td>银行贷款</td><td></td><td></td></tr>
<tr><td>自筹资金</td><td></td><td></td></tr>
<tr><td>其他资金</td><td></td><td></td></tr>
<tr><td rowspan="17">项目支出明细预算</td><td>支出明细项目</td><td colspan="2">金额（万元）</td></tr>
<tr><td>合计</td><td colspan="2"></td></tr>
<tr><td></td><td colspan="2"></td></tr>
<tr><td></td><td colspan="2"></td></tr>
<tr><td></td><td colspan="2"></td></tr>
<tr><td></td><td colspan="2"></td></tr>
<tr><td></td><td colspan="2"></td></tr>
<tr><td></td><td colspan="2"></td></tr>
<tr><td></td><td colspan="2"></td></tr>
<tr><td></td><td colspan="2"></td></tr>
<tr><td></td><td colspan="2"></td></tr>
<tr><td></td><td colspan="2"></td></tr>
<tr><td></td><td colspan="2"></td></tr>
<tr><td></td><td colspan="2"></td></tr>
<tr><td></td><td colspan="2"></td></tr>
<tr><td></td><td colspan="2"></td></tr>
<tr><td></td><td colspan="2"></td></tr>
<tr><td>预算依据及说明</td><td colspan="3"></td></tr>
</table>

项目可行性执行报告

附件2：

项目申报单位承诺书

北京市商务委员会：

我单位将严格按照《北京市商业流通发展专项资金管理暂行办法》、《北京市支持中小企业发展专项资金管理暂行办法》及相关配套管理办法的有关规定组织实施____________项目，保证向市商务委及有关部门提供的资料真实、有效，项目建设各项手续齐全、合规，项目建设资金落实到位，项目按计划实施，确保项目建设效果。

我单位承诺保证不出现任何项目建设违法违规行为，如出现上述问题我单位将承担一切责任。

项目单位法人代表：____________　　　　单位公章

2011年　　月　　日

附件 3：

项目已发生费用明细表

填报单位：（公章）

序号	记账时间	会计凭证号	费用名称	金额（元）
1				
2				
3				
4				
5				
6				
7				
8				
9				
10				
11				
12				
13				
14				
15				
16				
17				
18				
19				
20				
	合计			

注：项目已发生费用明细按时间先后顺序填写

附件 4：

项目贷款及付息情况表

填报单位：（公章）　　　　单位：元

序号		贷款银行	贷款用途	贷款起止日期	贷款合同号	贷款金额	贷款利率	付息时间	实际付息额	息单号
贷款一	1									
	2									
	3									
	4									
贷款二	1									
	2									
	3									
	4									
……										
		合计								

附件5：

2011年市商业专项资金申报项目情况表

填报单位：（公章） 单位：万元

企业性质				
注册资本				
上年度销售额				
企业职工人数				
申请资金	商业流通发展资金		中小企业发展资金	
项目计划投资总额				
其中：自筹资金				
银行贷款				
企业申请财政资金	补助资金		贷款贴息	
项目进度	开工时间		完工时间	
项目已投资及建设情况				
项目负责人				
办公电话				
手机				

填报人： 联系电话： 审核人：

附件6：

2011年市商业专项资金申报项目情况汇总表

填报单位：（区县商务委、财政局盖章）

单位：万元

序号	项目单位	项目名称	计划投资				企业申请		企业性质	企业注册资金	项目已投资	项目进度		项目负责人	办公电话	手机	项目主要内容	项目主要支出预算
			总额	自筹资金	银行贷款	其它资金	金额	支持方式				开工时间	完工时间					
一	市商业流通发展资金项目																	

（续）

序号	项目单位	项目名称	计划投资				企业申请		企业性质	企业注册资金	项目已投资	项目进度		项目负责人	办公电话	手机	项目主要内容	项目主要支出预算
			总额	自筹资金	银行贷款	其它资金	金额	支持方式				开工时间	完工时间					
二	市支持中小企业发展专项资金项目																	
总计																		

填报人： 审核人： 联系电话：

备注：此表由区县商务委、市属商业企业集团填报。

关于开展信用消费试点工作的通知

京商务秩字〔2011〕14号

各区（县）商务委、财政局，各有关企业：

为支持大型零售企业向消费者直接开展信用消费，鼓励大型零售企业与商业银行、信用担保公司、消费金融公司等合作开展各类信用消费业务，进一步推动新型消费，市商务委、市财政局制定了《北京市开展信用消费试点实施方案》，现印发给你们，请结合实际，贯彻执行。

北京市商务委员会

北京市财政局

二〇一一年八月三十一日

北京市开展信用消费试点实施方案

为支持大型零售企业向消费者直接开展信用消费，鼓励大型零售企业与商业银行、信用担保公司、消费金融公司等合作开展各类信用消费业务，进一步推动新型消费，特制定本方案。

一、试点时间

2011年8月1日至2012年1月31日。

二、补助标准

对开展信用消费或发放信用消费贷款的企业，在补助资金额度内按不超过信用消费额1.5%给予费用补助。补助资金用于弥补坏账损失、补充开展信用消费所产生的费用、或直接补贴给消费者。

三、申报试点企业满足以下三个条件

（一）在北京市注册，具有独立法人资格的规模以上商业零售企业或消费金融公司。

（二）面向消费者开展信用消费或发放信用消费贷款，消费者购买的产品符合国家产业政策及相关规定。

（三）会计、纳税、银行信用等方面无不良记录。

四、试点申报组织征集工作

市商务委、市财政局及时组织申报工作，面向全市征集参加信用销售试点企业名单，并对参加试点企业资格进行审查。

征集时间：2011年9月3日至2011年9月10日。

提交申报材料地点：东城区朝内大街190号北京市商务委员会流通秩序处（427房间），联系人：谭成海，联系电话：85163108。

征集结束后，组织审核并最终确定参与试点企业名单。

五、参与试点工作企业需要提交的资料

（一）试点申请报告（包括企业基本情况介绍及具备的相应条件）；

（二）企业法人营业执照复印件；

（三）信用消费试点工作方案；

以上材料需加盖公章，一式两份。

六、申报资金材料

顾客购物发票的复印件、购物 POS 卡单复印件以及顾客姓名、联系方式等材料。

七、申报资金程序

（一）项目申报。各试点企业每月 10 日前向市商务委、市财政局报送申报项目的电子数据和纸质文件。

（二）项目评审。市财政局、市商务委审核申报项目后，由评审公司进行评审并出具评审结论。

（三）资金拨付。市财政局根据评审结论拨付资金。

（四）项目总结。各试点企业于试点结束 10 日内，分别向市财政局、市商务委报送信用消费试点工作总结情况。

附件：1. 申请书

2. 企业基本情况介绍

3. 信用消费试点工作方案

附件 1:

申 请 书

根据《北京市开展信用消费试点实施方案》的相关规定，-------（申请企业名称）提出试点工作促销企业申请，并提交下述文件正本一份，副本二份，电子版本二份：

一、申请书

二、企业基本情况介绍

三、试点工作推广方案

四、相关证明材料

1. 营业执照

2. 税务登记证明

3. 银行出具的促销企业资信证明

4. 其他材料

并确认如下事项：

1. 本企业按相关文件的规定履行责任和义务；

2. 本企业已详细审查全部申请材料，并保证材料的真实性；与申请有关的正式往来信函请寄：

地址：________________ 联系人：______________

电话：________________ 传真：______________

网址：________________ 电子邮件：______________

法定代表人签章 日期

附件 2：

企业基本情况介绍

试点促销企业名称
详细地址

企业法人代表	组织机构代码
营业执照号码	所有制性质
注册资金（万元）	固定资产（万元）
企业人数	销售人员人数
联系人	联系电话
E-MAIL	邮政编码

企业基本能力介绍（包括生产规模、管理水平、研发能力、质量保障能力、资信状况、销售网络和组织体系、售后服务条款及能力、社会责任，限 2000 字以内）

附件 3：

信用消费试点工作方案

（包括、组织实施、推广进度安排、保障措施和宣传计划等，限 4000 字以内）

关于印发《北京市高效节能家电产品促销试点工作方案》的通知

京商务秩字〔2011〕16 号

各区（县）商务委、财政局、发展改革委，各有关商业零售企业：

为扩大节能家电消费，促进节能减排和循环经济发展，市商务委、市财政局、市发展改革委、北京节能环保中心制定了《北京市高效节能家电产品促销试点工作方案》，现印发你们，请结合实际，贯彻执行。

北京市商务委员会　北京市财政局

北京市发展和改革委员会　北京节能环保中心

二〇一一年八月三十一日

北京市高效节能家电产品促销试点工作方案

为促进节能降耗和循环经济发展，扩大节能家电消费，市商务委、市财政局、市发展改革委、北京节能环保中心等部门共同组织开展北京市高效节能家电产品促销试点工作（以下简称促销试点工作），并向购买家电“以旧换新”产品范围中能效标识为一级或二级节能家电产品的单位和个人给予财政补贴。

一、实施时间

2011 年 9 月 1 日至 2012 年 2 月 29 日。

二、补贴政策

（一）补贴产品范围

能效标识为一级或二级节能型家电产品（简称节能产品）包括：电视机、电冰箱、洗衣机、空调、电脑（配有节能显示器）。

参加活动的节能产品要通过能效标识备案，且在近三年内国家产品质量监督抽查、质量监测和能效标识市场专项检查中，同品牌的产品无不合格情况。

（二）补贴对象

参与家电以旧换新活动并购买节能产品的单位和个人。

（三）补贴金额

凡购买节能产品的，在享受以旧换新补贴的同时再给予补贴。其中，凡购买一级能效电视机、电冰箱、洗衣机、空调的，再给予 300 元/台的补贴；凡购买二级能效电视机、空调的，再给予 100 元/台的补贴；凡购买节能电脑（配有一级和二级能效显示器）的，再给予 200 元/台的补贴。

三、补贴领取流程

（一）购买人领取补贴程序

购买者选择北京市以旧换新家电销售资质的企业，凭有效身份证件、家电以旧换新凭证，到家电销售企业购买新家电。对符合领取家电以旧换新条件的，销售企业在销售新家电时直接向购买人垫付促销试点工作补贴资金，购买人在《北京市节能家电补贴确认书》上签字，销售企业加盖单位公章，并将相关信息录入家电以旧换新管理信息系统。

其中，若购买者所购节能产品正开展其他方式的打折促销，销售企业应在其他打折促销方式的基础上，垫付购买者促销试点工作补贴；如采用赠品促销方式，购买者也应全部享受。对不符合条件的购买人，销售企业应立即告知购买者。

（二）销售企业领取补贴程序

按照《北京市家电以旧换新实施细则》、《〈北京市家电以旧换新实施细则〉补充规定》的要求，销售企业在填报的以旧换新补贴资金申请材料中，加注促销试点工作补贴资金申请情况。按照以旧换新补贴资金的领取程序，递交申请材料，领取节能产品促销试点工作补贴。

家电销售企业根据节能产品销售情况定期对购买人的申报资料进行整理，经区（县）商务部门审核后，到区（县）财政部门申领家电补贴。区（县）财政部门审核确认后，将补贴资金通过国库集中支付方式直接支付到家电销售企业在银行开设的基本账户。区（县）财政、商务部门要加强对家电销售企业垫付补贴情况的监督检查，防止骗补行为的发生。

四、组织领导

市商务委会同市财政局、市发展改革委、北京节能环保中心等部门成立北京市高效节能家电产品促销试点工作小组，并按照部门职责分工和本方案的规定，共同组织实施促销试点工作，工作小组办公室设在市商务委，统筹组织促销试点工作。

市商务委指导区（县）商务部门开展补贴申报资料档案管理工作，负责参与企业补贴申报审核的组织管理，指导开展促销试点工作的相关核查、评估工作。市财政局负责确定促销试点工作补贴资金。

市发展改革委依法加强价格管理，规范促销企业价格行为。

北京节能环保中心在市商务委、市发展改革委指导下开展相关宣传活动，负责对促销试点工作的实际效果进行评估。

区（县）商务委会同本区（县）财政、发展改革委等部门负责本辖区内促销试点工作的监督管理，按照促销试点工作的核查和评估工作结果，拨付辖区内销售企业促销试点工作补贴资金。

五、监督管理

在试点工作期内，参与企业发生以下情况的，一经查实，视情节轻重，给予扣除家电以旧换新履约保证金、向社会公开通报、取消节能家电产品促销试点资质、直至取消家电以旧换新资质的处罚。

（一）所销售产品在安全、质量、能效等方面存在严重问题、侵害消费者利益的；

（二）明显高于市场正常价格销售节能产品（电视机、电冰箱、洗衣机、空调、配有节能显示器的计算机）变相提价的。

（三）采取任何方式，使消费者不能同时享受企业促销打折价、家电以旧换新补贴等和促销试点工作补贴的。

（四）利用参与企业或政府有关部门名义进行不实宣传、误导消费者的。

（五）提供虚假信息、骗取补贴资金的。

（六）出现大规模投诉等情况，造成不良社会影响的。

商务部门要会同财政、发展改革、北京节能环保中心等部门对促销试点工作进行全过程监督管理，采取专项检查、抽查、暗访等多种措施，对节能产品质量、销售价格、服务质量等进行不定期核查；采取对购买人入户调查等方式，对集中购买一定数量的购买安装信息进行全面核查，对其他用户的购买安装信息进行抽样核查。通过以上方式及时掌握动态情况，建立顺畅的信息渠道，及时发现和处理问题，确保促销试点工作顺利开展。

第三部分

主　要　业　务

一、依法行政

法制建设概述

2011年，在市委市政府的正确领导下，市商务委认真贯彻落实《北京市关于加强法治政府建设的意见》（京政发〔2011〕20号）和《关于进一步加强和改善行政执法工作的意见》（京政发〔2010〕27号）等精神，结合首都商务工作实际，扎实推进依法行政工作，取得了积极成效。

一、领导班子高度重视依法行政工作

市商务委领导班子高度重视推进依法行政工作，明确推进依法行政工作由一把手负总责，重大事项由主任办公会研究决定。以创建法制型、服务型、效能型机关为目标，不断加强组织领导，健全体制机制，把推进依法行政工作贯穿于全委各项工作之中。2011年，结合商务工作实际，研究制定了《北京市商务委员会关于加强法治政府建设的实施意见》，主任办公会分别讨论了行政审批制度改革、行业管理与注册登记衔接、行政处罚自由裁量权行使等依法行政议题。

二、不断建立健全科学民主决策机制

完善重要决策法律分析和论证制度，凡提请市政府讨论的重大决策事项、重大制度制定、规范性文件起草、法律文件审核及疑难案件处理等方面均事前进行合法性审查。认真执行重大决策集体讨论制度，对涉及商务事业发展全局的重大事项，广泛征求被管理对象及相关部门意见。不断畅通公众参与渠道，增强决策的民主性、科学性。充分发挥内外部监督制约机制。自觉接受人大监督和政协的民主监督，认真接受新闻舆论监督。

三、继续深化行政审批制度改革

按照市政府“加快、简化、下放、取消、协调”要求，将深化行政审批制度改革列入2011年全委重点工作。经全面梳理核对，共取消6个审批事项、下放1个审批事项。积极开展下放审批事项监管工作，研究起草《关于进一步落实已下放行政审批项目工作的安排》，明确督促检查的内容、工作安排及工作要求，确保行政审批事项“放得下、用得好、管得住”。进一步加强行业管理与企业登记工作的有效衔接，对涉及企业登记的行政审批事项进行全面梳理。经确认全委涉及企业登记的行政审批事项共23项，其中登记前置行政许可项目13项、备案事项9项、有关行业规范后再予以登记的项目1项。

四、深入落实行政执法责任制

召开全市商务系统行政执法例会，传达学习《北京市人民政府关于进一步加强和改善行政执法工作的意见》文件精神，通报2010年全市商务行政处罚案卷评查结果，介绍2010年市商务委颁布的《北京市商务委员会行政执法监督相关制度（试行）》以及“生猪屠宰、食盐、促销”三部法规规章的行政处罚自由裁量权实施细则。按照自查和重点抽查相结合的方式，精心组织行政处罚和行政许可案卷评查工作。加强行政处罚

执法资格管理工作，组织全市商务系统50多名执法人员资格考试。不断完善行政复议各项制度，畅通行政复议渠道。深入贯彻落实《北京市人民政府关于进一步加强本市行政应诉工作的意见》（京政发〔2010〕19号）文件精神，认真履行法定职责，不断加强应诉能力建设，积极做好全年4件行政诉讼案件应诉工作。

五、加强规范性文件管理

按照《北京市行政规范性文件备案监督办法》，认真做好全委规范性文件的审核和备案工作。专门召开行政规范性文件管理工作专题会，进一步明确规范性文件管理的具体要求。2011年，共办理规范性文件备案7件。按照商务部和市政府文件要求，深入开展规章规范性文件清理工作。认真办理60余部法规规章及规范性文件征求意见工作。积极推进本市社区菜市场立法，研究起草《北京市社区菜市场建设管理办法（草案）》。

六、扎实开展法制宣传培训工作

研究制定《北京市商务委员会2011年普法学法计划》，明确了年度学习目标、内容和方式。坚持委党组中心组集体学法制度，结合年度公务员培训，专门组织开展了《国务院关于加强法治政府建设的意见》、《北京市行政问责办法》等专题讲座，切实增强全体公务员的法律意识，不断提高其依法行政的能力和水平。组织编写北京市商务法律法规汇编，并向机关公务员及执法人员发放。充分利用各种媒体资源，积极开展普法宣传活动。全年向市政府法制信息平台报送依法行政信息40余条，其中近30条被采用。

（雷　堃）

【积极推进社区菜市场立法工作】为抓好“菜篮子”工程建设，市商务委积极推进本市社区菜市场立法工作。在充分借鉴外地立法经验和多次调研的基础上，研究起草《北京市社区菜市场建设管理办法（草案）》。现该立法项目已列入2012年政府立法计划项目。

（于文、佟广军）

【进一步深化商务行政审批制度改革】2011年，按照市政府“加快、简化、下放、取消、协调”要求，市商务委继续深化行政审批制度改革，并将此项工作列入年度重点工作。经全面梳理核对，共取消6个审批事项、下放1个审批事项。

（于文、佟广军）

【精心组织行政许可案卷评查工作】为进一步提高行政许可事项的办理质量和水平，市商务委组织开展行政许可案卷评查工作。评查小组随机抽取13个行政许可案卷进行评查。评查结果表明，市商务委行政许可案卷的制作水平进一步提高。

（佟广军）

【推进行业管理与工商登记衔接工作】为进一步加强行业管理与企业登记工作的有效衔接，市商务委对涉及企业登记的行政审批事项进行了全面梳理。经确认全委涉及企业登记的行政审批事项共23项，其中登记前置行政许可项目13项、备案事项9项、有关行业规范后再予以登记的项目1项。

（佟广军）

【扎实推进规范行政处罚自由裁量权工作】为贯彻落实《北京市人民政府关于加强法治政府建设的实施意见》（京政发〔2011〕20号）等文件精神，进一步减少执法随意性。结合商务执法工作实际，市商务委研究制定了《生猪屠宰管理条例实施办法》和《生猪定点屠宰厂（场）病害猪无害化处理管理办法》行政处罚自由裁量权细则。

（佟广军）

【组织全市商务系统行政处罚执法资格考试】为贯彻落实《北京市行政处罚执法资格管理办法》，确保商务执法人员持证上岗，市商务委组织全市商务系统50余人参加行政处罚执法资格考试。参加者考核成绩全部合格。

（李民、佟广军）

【不断加大依法行政培训力度】市商务委研究制定《北京市商务委员会2011年普法学法计划》，明确了年度学习目标、内容和方式。坚持委党组中心组集体学法制度，专门组织开展了《国务院关于加强法治政府建设的意见》专题讲座。结合年度公务员培训，开展依法行政专题讲座，收到良好效果。

（佟广军）

【做好经营者集中案件调查工作】2011年，市商务委按照商务部要求，配合开展了雀巢收购徐福记等4件经营者集中案件调查工作。在办理案件过程中，市商务委认真征求市政府相关部门、行业协会及相关企业的意见，多方面收集信息和资料，为案件的最终审查决定提供参考。

（佟广军）

【组织召开商务行政执法例会】为贯彻落实《北京市商务委员会行政执法监督相关制度（试行）》文件精神，市商务委组织16个区（县）商务委、市商务执法监察大队及有关业务处室召开第一次商务行政执法例会。会议主要传达了《北京市人民政府关于进一步加强和改善行政执法工作的意见》精神和全市商务行政执法情况。

（于文、佟广军）

【积极开展下放行政审批事项监管工作】为做好已下放行政审批事项的后续监管工作，市商务委研究起草《关于进一步落实已下放行政审批项目工作的安排》，明确督促检查的内容、工作安排及工作要求，确保行政审批事项“放得下、用得好、管得住”。

（雷堃、佟广军）

【认真做好行政诉讼案件应诉工作】为深入贯彻落实《北京市人民政府关于进一步加强本市行政应诉工作的意见》（京政发〔2010〕19号）文件精神，市商务委认真履行法定职责，不断加强应诉能力建设，积极做好全年4件行政诉讼案件的应诉工作。

（于文、佟广军）

【进一步加强规范性文件管理工作】2011年，为深入贯彻《北京市行政规范性文件备案监督办法》，进一步规范市商务委行政规范性文件管理工作，采取以会代训形式进行培训，请市法制办同志就规范性文件的制定、审查和备案，以及本市行政规范性文件管理工作现状和存在的问题进行专题讲座，与会同志结合工作中遇到的问题和情况进行了认真的讨论和交流。

（邵　丽）

【清理商务领域政府规章和规范性文件】按照《关于开展专项集中清理不利于民间投资发展的政策文件工作的通知》（京政法制发【2011】32号）要求，围绕《通知》中关于不利于鼓励和引导民间资本进入社会事业领域的政策文件、不利于鼓励和引导民间资本进入市政基础设施和建筑工程领域的政策文件、不利于鼓励和引导民间资本重组联合和参与国有企业改革的政策文件和不利于推动民营企业加强自主创新和转型升级的政策文件的四个方面清理内容，组织进行了认真细致的清理工作。经清理，不存在《通知》中涉及的“不利于”内容。

（邵 丽）

【开展商务领域知识产权战略推进工作】2011年，市商务委认真贯彻落实《关于实施首都知识产权战略的意见》，围绕《2011年首都知识产权战略推进计划》的任务要求，结合工作实际，采取有效措施，积极开展了知识产权战略推进工作。一是借助展会平台大力实施品牌战略；二是加强老字号自主知识产权保护工作；三是大力实施科技兴贸战略。

（邵 丽）

【开展贯彻国家标准工作】2011年，市商务委宣传贯彻国家标准，一是认真贯彻落实商务部《关于贯彻实施农产品流通标准的通知》并落实有关精神，结合工作实际，认真研究贯彻《黄瓜流通规范》等7项农产品流通标准并落实有关工作；二是贯彻商务部《社区商业全国示范社区评价规范》，在规范基础上，按照市委市政府关于提升社区商业设施和服务水平的有关要求，针对社区内再生资源回收站点、小发廊、小便民浴池、小洗染店、小餐饮店、小百货店和小食杂店等7种业态，从企业资质、经营场所、从业人员和场地使用属性四个方面落实提升规范的有关工作。

（邵 丽）

【开展行政执法与刑事司法衔接工作】2011年，我委认真开展“行刑衔接”有关工作。一是结合行政执法事项，认真梳理对应的法律、法规条款；二是对涉嫌违法把握不准的问题，进行认真研究和分析，统一认识；三是与公安机关共同研究案件移送标准，建立双方案件移送协调和配合工作机制。

（邵 丽）

【开展行政执法处罚案卷评查工作】2011年全市商务系统共实施一般程序行政处罚案件53件。其中，市执法监察大队18件，区（县）商务委35件。在抽查的11件中，82%的处罚案件取得了优秀的成绩。

（李 民）

【认真贯彻落实“六五”普法工作部署】根据国家和本市有关“六五”普法的工作部署,结合商务工作实际，研究制定了《2011—2015年北京市商务委员会法制宣传教育工作方案》，明确普法任务目标，加强指导监督。

（梅 焱）

【积极推进首都商务领域依法行政】为进一步推进市商务委的依法行政工作，提高机关工作人员依法行政的能力和水平，切实转变职能，研究制定了《北京市商务委员会关于加强法治政府建设的实施意见》。

（于文、梅焱）

【深入贯彻落实行政强制法有关要求】为深入学习贯彻《中华人民共和国行政强制法》，市商务委在梳理市商务执法监察大队行政强制措施、行政强制执行事项和实施主体的基础上，召开了行政强制清理工作会议。对由我委负责起草、实施的市政府规章、规范性文件涉及行政强制措施和行政强制执行事项、行政强制实施主体进行了分析和梳理。文件中没有涉及需要清理内容。

（李 民）

【严格落实行政复议相关制度】不断完善行政复议各项制度，畅通行政复议渠道，强化对行政行为的监督。认真落实《北京市商务委员会关于进一步加强行政复议工作的意见》和《北京市商务委员会关于行政复议案办理程序暂行规定》，明确行政复议案件办理和行政复议案件答辩规程。全年作为复议被申请人案件1起，商务部维持市商务委作出的行政决定。

（于文、佟广军）

商务执法概述

2011年，市商务执法监察大队紧紧围绕首都商务中心工作，认真履行法定职能，不断提高商务执法监察效能，严厉打击违法违规行为，积极研究解决执法疑难问题，全面建设进一步得到加强，圆满完成了工作任务。

一、工作完成情况

全年共出动执法人员5 687人次，检查单位1 896家，处理举报投诉117件，实施简易处罚67件、一般程序处罚29件，罚款人民币19.327 7万元，没收违法盐产品33 518千克。协调配合相关区（县）取缔私屠及生猪注水窝点22个，没收生猪及生猪产品62.5头。商务执法涵盖安全生产、促销、生猪屠宰、食盐专营、洗浴和美容美发、特许经营、典当、拍卖、对外承包工程等16个领域。

二、深入开展行政执法

安全生产执法方面，2011年，检查督促704家规模以上企业整改问题和隐患543件，对9家企业存在的应急广播设置、排油烟管道清洗、无购物出口设置等问题实施了行政处罚。认真抓好对企业进行宣传教育，对连锁龙头餐饮和零售经营单位抓好执法检查，在全国“两会”、13期“各地商品大集”及建党90周年等时期，深入开展安全隐患大排查，对两家举办购物返券促销活动企业和两家排油烟管道失火的连锁餐饮企业加强监管，协调配合其他行政执法部门抓好执法督察和打非督导。食品安全执法方面，全年检查21家企业、129家农贸市场、2 115个摊位食盐购销情况，查处私自包装食盐窝点1个，实施一般程序处罚9件。加大生猪定点屠宰企业行业监管，河南双汇“瘦肉精”事件发生后，对12家定点屠宰企业进行10天驻场监督检查，对3家违规企业依法予以行政罚款处罚；指导、协调区（县）商务部门取缔生猪注水及私屠窝点22个，没收违法屠宰生猪及生猪产品62.5头。10月28日，快速妥善处理了反映我市屠宰销售注药注水生猪的举报。全年检查酒类经营商户99家，发放告知单59张。其他法规执法方面，受理特许经营举报投诉16件，依法处罚3件。检查7家B类典当企业和75家拍卖企业，并对违规企业予以处罚。检查71家次洗浴和美容美发经营场所，作出行政处罚2件，罚款2 000元。检查报废汽车回收企业13家次、对外承包工程企业26家次、成品油经营企业6家、洗染企业10家、再生资源回收企业5家。

三、注重加强基础建设

坚持“三重一大”事项民主集中决策，组建执法四队，采取竞争上岗、轮岗、挂职锻炼及交流学习培训等形式，不断优化执法队伍结构。配合委法制与公平贸易处组织2次全市商务系统执法资格考试，对29件一般程序处罚案卷进行审理，选送8个案卷参加市政府法制办评查，其中6个获得百分，两个获得99.5分。10条商务执法信息被市政府及市法制办信息平台采用。起草国务院《生猪屠宰管理条例》、商务部《生猪屠宰管理条例实施办法》等5部法规的行政处罚自由裁量权实施细则。

完善运行并向全市推广执法业务管理（OA）系统。

（郭明学）

【**实施典当、拍卖、生猪屠宰行政处罚**】7月，对某典当行“从商业银行以外的单位和个人借款”的违法行为实施了5 000元的行政处罚。12月，对某拍卖公司“法定代表人未取得拍卖师资格主持拍卖活动”的行为进行了立案调查，在得知工商部门已对该行为实施处罚后，按照“一事不二罚”的原则，对该单位予以了警告行政处罚。5月，对3家生猪定点屠宰企业处以行政罚款7.6万元，这是自2008年8月1日起施行新修订的国务院《生猪屠宰管理条例》后，实施的首次行政罚款处罚。

（余　军）

【**在全市推行商务执法电子政务系统**】在执法大队内部运行执法业务管理（OA）系统成熟稳定后，逐步向区（县）推行。3月，首次在石景山、西城等5个区（县）商务执法部门试运行。3月22日，对16区（县）商务执法部门进行辅导培训。4月，向全市商务执法部门推行。商务执法业务管理系统在全市的普及运行，使执法数据统计更加科学精确，数据报送更加统一快捷，执法信息资源得到共享，推动了电子政务建设。

（余　军）

【**迅速平息“3·17”食盐抢购风波**】日本“3·11”地震核泄露引发食盐抢购风波后，在市商务委的部署下，监督配合中盐北京市盐业公司向市场配送食盐2 000吨。对50多家规模以上商业零售经营单位和市场销售食盐情况进行检查，及时查处违法购销、扰乱食盐市场经营秩序等行为。

（余　军）

【**积极推行执法联席协作机制**】9月份，联合中盐北京市盐业公司，协调区（县）商务执法部门与区（县）级盐业经营机构规范食盐购销秩序。11月，与委法制与公平贸易处等9个机关处室召开工作协调推进会。12月份，与市工商局、中盐北京市盐业公司召开盐政执法座谈会，构建市级商务与工商盐政执法联动机制。先后5次联系市公安局、工商局、卫生局、动检所等执法部门，协调解决执法难题。牵头和参与6次联合执法行动，有效发挥联合执法叠加效应。结合“三进两促”活动深入通州区和丰台区东铁匠营街道进行法规宣传，进一步扩大了商务执法的影响。

（余　军）

【**指导协调区（县）开展商务执法**】2011年1月、7月，分别召开全市商务执法联席会，部署、指导和协调全市商务执法工作；4月27日至28日，对区（县）66名执法人员进行食盐专营和生猪屠宰执法程序培训，并对一般程序文书制作要点和执法业务管理系统使用进行辅导；指导、帮助东城区商务委实施安全生产行政处罚1件。指导、协调通州区、大兴区商务委取缔注水及私屠窝点22个。帮助朝阳区商务委在东坝取缔食盐制假窝点1处。协助昌平、房山区商务委开展盐政专项执法。

（赵　波）

【**调整组织机构**】结合执法队伍现状和执法需要，组建了执法四队，并对四个执法队的职能进行了重新划分。

（张家铭）

【**调研全市商务执法队伍建设**】6月1日至11月25日，执法大队对16个区（县）商务执法队伍建设现状进行了调研。就如何加强队伍建设、落实行政执法责任制、推进执法重心下移，提出了建议，形成了《区（县）商务执法队伍建设现状调研》。

（石宝珉）

【加强法制业务研究】2011年，受委法制与公平贸易处委托，市商务委起草了国务院《食盐专营办法》、国务院《生猪屠宰管理条例》和《北京市商业零售经营单位促销活动管理规定》等3部法规的行政处罚自由裁量权实施细则，并由市商务委出台施行。完成了商务部《生猪屠宰管理条例实施办法》和商务部《生猪定点屠宰厂（场）病害猪无害化处理管理办法》等2部法规的行政处罚自由裁量权实施细则的起草工作。

（余 军）

【执法难题研究取得突破】针对食盐专营一般程序处罚效率不高、程序繁琐、当事人逃逸及不配合调查等难题进行研究沟通，部分难题得到了协调解决。对食盐专营和生猪屠宰一般程序处罚文书进行了简化，破解简易处罚不能没收物品的问题。

（余 军）

二、商业流通规划与发展

流通规划概述

2011年是“十二五”规划启动之年，也是北京打造国际商贸中心开局之年。紧密围绕市政府和市商务委中心工作，大力推进农产品流通体系建设，强化特色商业，积极推进品牌工程，各项工作取得了积极成效。

——强化规划引导作用，两项重点规划顺利发布实施

一是研究制定了《北京市“十二五”时期商业服务业发展规划（2011－2015）》。明确了新一轮五年规划期间本市商业服务业发展的总体思路、任务、布局和保障措施。本着创新发展的要求，提出了重点发展民生品质商业、发挥商业引擎带动作用等新的规划发展理念。探索性地提出了商务区商业、产业区商业、社区商业和加油站商业配置指南，加强全市商业配置指导；二是制定发布了《北京市“十二五”时期农产品流通体系发展规划（2011－2015）》，着眼于建设世界城市和打造国际商贸中心，明确了本市农产品流通体系建设总的指导思想、总体目标、基本思路、空间布局、主要任务，提出了保障措施。此外，还制定了推进本市农产品流通体系建设工作方案，明确了各相关部门的工作任务，形成了农产品流通体系建设联动工作机制。

——农产品流通体系建设取得新进展

一是积极打造农产品流通“双核”保障机制建设。城市东南方新建农产品流通中心各项筹备工作积极推进。我委积极协调相关部门提出了政府对建设大型农产品流通中心的功能要求、支持政策、配套资金和建设标准等具体意见，积极配合市规划委做好大型农产品流通中心具体选址工作，引导相关单位按照政府提出的规划建设标准抓紧研究提出新建农产品流通中心规划建设具体方案。另外政府入股新发地农产品批发市场各项筹备工作进展顺利。根据市政府专题会议要求，积极推动新发地在不上市前提下的政府参股前期各项筹备工作，研究提出了政府支持新发地发展的投资意见和参股出资意见。二是积极推动区（县）政府落实属地责任，蔬菜零售网络建设取得新进展。组织召开了加强蔬菜零售网络建设现场会，推动各区（县）落实零售菜篮子工程属地责任，加强了蔬菜零售网络建设先进经验的宣传和推广，进一步明确了蔬菜零售网络建设“区管零售”的原则和“三到位”、“七明确”的总体要求。还研究制定并与发改、财政、农委、工商联合发布实施《关于加快本市蔬菜零售网络建设的指导意见》。进一步明确了蔬菜零售网络建设的重点任务、量化指标和保障措施，为区（县）政府落实属地责任明确了方向。三是“一乡一集市”工程基本覆盖乡镇，农村商品交易条件得到明显改善。

——加大特色商业街培养发展力度，助力特色商业发展

根据市领导关于特色商业街“现代化、规范化、特色化和国际化”发展的要求和全市商务工作安排，加大北京特色商业街的培育发展力度。2011年通过各区（县）上报特色街提升改造项目22个，在广泛征求区（县）项目的基础上，通过认真遴选，专家论证，将东城区五道营文化休闲街、鲜鱼口民俗餐饮街、朝阳区酷车小镇等6条商业街列为2011年特色商业街提升改造重点项目。通过积极引导支持，特色街培育发展项目工程进展顺利。改造后的特色街效果显著，特色企业更加集中、街区风貌更加美化、管理更加规范、公共服务更加完备。同时留存了北京古都风貌，凸显了北京风情，突出了鲜明特色，体现人文关怀。2011年市级特色街全部完成授牌，特色商业街知名度影响力进一步提升。

——推动无障碍设施和停车引导系统改造，提升商业配套水平

一是继续推动大中型商场超市和餐饮经营单位无障碍设施改造。并加强对全市大中型商场超市已建无障碍设施的日常维护和管理，积极配合市规划委、残联等部门做好全市无障碍建设工作；二是为进一步配合做好全市缓解交通拥堵工作，我委继续推动大型商业设施停车引导系统改造；三是进一步强化信息跟踪调查，促进全市大型商业设施发展有序发展。

——品牌工程建设深入推进

一是知名外资零售品牌加快发展。2011年，全市新批准零售外资店铺559家，同比减少5.9%。新增店铺中，品牌专卖店开店速度明显加快，所占比例显著提高，店铺规模明显扩大。二是继续举办知名品牌企业区（县）行活动。通过政府搭建平台，为知名品牌企业和区（县）商业地产项目实现有效对接，推动本市知名品牌企业向新区、郊区拓展布局。这既促进了高端品牌在本市各区域的科学发展布局，也为提高城市发展新区和郊区的居民生活便利度、市场品牌丰富度和商务服务完善度创造了有利条件。三是引导品牌协会发挥桥梁纽带作用。2011年，品牌协会加强自身建设，新发展品牌协会会员单位26个，协会会员总数达到130多家。启动了品牌发展规划专题调研工作，组织了品牌大讲堂培训，编辑出版了品牌宣传专刊、品牌简报和通讯，积极协助市区政府组织第三届中国服务贸易大会国际品牌发展论坛、第二届王府井国际品牌节等品牌发展与促进活动，助力品牌引进与发展工作。

——积极配合市政府相关部门开展聚焦通州、首钢新区、城南行动计划、西部地区加快发展等专项行动计划

主动联系朝阳区政府，积极做好促进东坝国际商贸中心建设和商业项目国际招商服务指导工作。抓住商务领域重点工作，积极促进城南行动计划和燕房合作计划的实施。引导房山、丰台、石景山等区（县）积极推进西部地区加快发展计划，会同石景山区商务部门研究制定新首钢高端产业综合服务区商业服务业发展思路和重点项目，促进了全市各个专项工作的顺利落实。

——深入推进商务领域工程建设专项治理工作

市商务委认真落实北京市治理工程建设领域突出问题工作领导小组的部署，根据开展工程治理重点领域集中检查和认真做好工程领域专项治理自查工作的要求，围绕工程治理整改遗留项目开展了深入自查。积极协调和督促相关单位和部门解决商务领域工程建设专项治理遗留问题。房山卓宸畜牧有限公司低温配送中心建设项目未取得开工证擅自施工问题得到整改解决，按照规定补办了开工许可手续，消除了商务领域工程治理挂账问题。

（曹丽君）

【“场店对接”降低蔬菜价格】全市共有6家大型农产品批发市场、10个区50家规范化社区菜市场参加“场店对接”，由200辆蔬菜运输车组成“绿色车队”，发放“绿色车队”统一标识600张。通过场店对接，实现了菜市场到一级批发市场的直采，蔬菜价格降低15%。所设立的100个“保本菜摊”深受百姓欢迎。

（褚志磊）

【积极探索创新蔬菜流通新模式】围绕“减环节、降成本”，积极探索创新直营直供、公司化经营、业态提升、批零延伸、军地共建、周末车载车售等六类蔬菜零售新模式，进一步减少了蔬菜流通中间环节，降低了经营成本。74个蔬菜流通新模式网点全部纳入市统计局降低CPI指数的蔬菜价格监测体系中。我市率先探索的蔬菜直营直供模式和周末车载模式，不仅为解决本市蔬菜供应“最后一公里”问题探索了新途径，也得到了国务院、商务部领导的关注和认可，成为国务院部署农产品流通体系建设常务会议明确的全国重点任务之一。

（褚志磊）

【探索开办周末车载蔬菜市场】周末车载蔬菜市场按照“政府引导、市场运作、减少环节、惠民利农”的原则，由政府搭建平台，帮助京郊蔬菜生产专业合作社进城直接销售蔬菜，最大限度减少流通环节，降低流通成本，着力解决蔬菜买难卖难问题。四家周末车载蔬菜市场既方便了市民生活，也促进了农民增收，受到社区居民和农民的欢迎。市场供应的新鲜蔬菜价格比超市和菜市场蔬菜平均价格低20%左右。周末车载蔬菜市场成为“菜篮子”零售网络建设新的补充形式。

（褚志磊）

【鲜鱼口特色街重张开街】5月8日，位于前门地区拥有570多年历史的鲜鱼口正式开街。鲜鱼口定位为“京味特色、美食经典——鲜鱼口老字号美食街”，续延街区业态特色、历史风貌，确保原生地老字号重张，聚集民族特色餐饮老字号，使鲜鱼口街成为展示古都文化、京商文化的重要窗口。

（李轶鼎）

【酷车小镇打造特色商业街】酷车小镇是北京市首家汇集世界知名汽车改装品牌、以汽车服务消费和创意休闲为主题的专业特色商业街区，也是国内唯一以汽车个性化改装、设计、装饰为特色的汽车文化商业街。

（李轶鼎）

【特色商业消夏节促消费作用明显】“2011特色商业消夏节”活动以特色商业街为基础，统一组织、统一宣传，多主题、多角度开展特色商业消夏活动，以达到推广特色商业街，宣传特色商业企业、特色商品，便民利民、服务社区、营造氛围、促进消费的目的。全市共有9个区（县）的52项主题活动纳入“消夏节”活动板块，涉及特色商业街、大型购物中心、百货、超市、餐饮、老字号企业近150余家。除了丰富多彩的“消夏节”开幕式外，还组织了特色商业进社区、特色商业京郊行等主题活动。消夏节活动促进特色消费效果明显，商业街和企业客流、收入双增长。消夏节期间，参加活动的特色街和特色商业企业客流量达到约2 000万人次，同比去年活动期间增长19.4%；

实现销售收入近15亿元，比去年成倍增长，有力促进了消费。

（李轶鼎）

【开展商业街橱窗展示大赛活动】为贯彻落实程红副市长关于“组织开展商业街橱窗展示比赛和交流活动”的批示精神，我委在全市范围内组织开展了商业街橱窗展示大赛活动。按照比赛、培训相结合，整体提升商业街橱窗展示设计水平的工作目标，邀请知名专家进行了专题培训。在“2011特色商业消夏节”开幕式上，对“特色商业街橱窗展示大赛”获得优秀奖的雅宝城塔威娜店、蓝色港湾雅莹店等30个优秀作品进行了隆重表彰，并将获奖作品集合成册进行统一宣传。进一步提升了商业街区形象品质和消费凝聚力。

（李轶鼎）

【继续实施停车引导系统升级改造】2011年，全市11个区23家大型商业设施完成了停车场升级改造，共改造停车场面积51.87万平方米，改造停车位12 917个，新增停车位1 765个，设置无障碍停车位149个。截止目前，全市已有97家大型商业设施实施了停车场升级改造，共改造停车场面积188.81万平方米，改造停车位45 374个，新增停车位4 437个。

（李轶鼎）

【继续推动无障碍设施建设改造】2011年继续以大中型商场超市和500平方米以上的餐饮企业为重点，推动无障碍设施改造。37家企业实施了无障碍设施改造，共设置了146处无障碍坡道、新建或改造了32部无障碍电梯和143个方便乘坐轮椅顾客使用的无障碍厕所（厕位）、新设置低位服务台21个、低位收款台26个，配备轮椅40部，新增无障碍标识460多个。

（李轶鼎）

【大型商业设施业态布局不断优化】2011年全市新开业大型商业设施18家，新增营业面积56.93万平米，新增建筑面积74.96万平米。新增商业设施集中在购物中心、百货店等现代商业业态，且总体布局不断优化。新增商业设施半数选址郊区（县），尤其是顺义、通州等新城的吸引力逐步增大。在新增商业设施中，9家选址郊区（县），占总数的50%。9家中又有6家选址新城，占总数的33.3%。

（曹丽君）

【品牌专卖店发展迅猛】2011年，我市新增品牌专卖店410家，占总数的73.3%，无论从数量还是比例上都比2010年的364家和61.3%有所增加。去年才落户东城的美国盖璞（GAP）今年增开了3个专卖店，且面积均在1 000平米以上。2011年新增专卖店平均面积达到270平米，同比增加30平米。迅销公司龙德广场店、彩盈储贤商贸（北京）有限公司东方广场店均超过2 000平米。新引进了一批国际知名品牌来京发展，其中包括南非的Graff品牌钻石珠宝、芬兰的Repala品牌渔具、西班牙的OYSHO与ZARA HOME品牌家居用品和法国的Pierre Balmain品牌服装等国际知名品牌。

（曹丽君）

【“知名品牌企业区（县）行”效果良好】“知名品牌企业区（县）行”活动启动以来，我市近10家知名商业企业同举办活动郊区（县）的22个商业地产项目进行了接洽。截止2011年底，家乐福房山店、乐购丰台东路店、蓝岛大厦通州店已盛装开业；银泰百货丰台项目已签订合作合同；永旺购物中心丰台项目已签订意向书。

（李轶鼎）

流通发展概述

2011年，围绕实施“十二五”规划和建设国际商贸中心，以“便民利民、促进发展”为目标，抓民生、抓重点、抓创新，紧密结合首都商务工作实际，主动适应形势变化，较好地完成了各项工作任务。

——惠民生，采取多项措施推动便民服务工作

第一，继续深化农超对接工作。2011年全年，我市开展农超对接的超市已扩展至8家（新增华堂、永辉），与全国120家农业合作组织建立合作关系，果蔬农产品销售量和销售面积同比增加15%左右，销售量达13.4万吨，销售额达到14.3亿元。积极贯彻落实市委市政府关于农超对接的工作部署，从搭建平台、畅通信息、组织对接、加强培训等多方入手，提高对接成效、深化对接工作，努力解决“市民卖难”和“农民卖难”问题，确保农超对接为民办实事任务的完成。与市农委、市财政局等有关部门加强联动，制定全年“农超对接”工作方案，建立长效合作机制。组织超市与京郊农业合作组织对接，扩大京郊农产品的知名度；组织超市赴河北、内蒙古与当地农业合作社进行对接，扩大了外埠名优农产品的采购量，丰富了北京市民的“菜篮子”。支持9家超市进行农超对接项目建设，强化生鲜配送中心、果蔬分拣平台、快速农残检测设备、单店冷储设施等建设，提高农超对接基础建设水平。支持农超对接超市与合作社建立长期“订单生产”，支持超市企业连锁和电子商务建设，推进农超对接工作层次提升。

第二，大力推进社区商业便民服务体系建设。在市、区商务部门和各区（县）街道、社区的共同努力下，本市社区商业便民服务网络逐步完善，便利化服务水平不断提升，社区商业得到了较快发展。从满足社区居民消费需求、调整提升便民服务业态结构和水平的角度，确定了鼓励连锁经营企业加快向社区发展、不断丰富社区商业便利服务功能、利用电子商务创新社区商业便民服务模式等五个方面工作重点。公开向社会遴选并推荐105家品牌连锁经营企业进入社区，积极推荐连锁及品牌企业进社区，明确提出了鼓励连锁经营企业加快向社区发展的要求。开通“北京市社区商业便民服务体系信息系统”，为企业和社区搭建平台。2011年底，我市实现第一批600个规范化达标社区商业便民服务七项功能全覆盖。

——促消费，积极开展“扩内需、保增长”促销活动

第一，开展2011刷卡促消费活动。活动以“月刷卡、月中奖”为主题，对持有北京地区各商业银行发行的带有“银联”标识的银行卡持卡人，在本市商业领域内刷卡购物、就餐等消费，单笔金额在200元以上的实施抽奖。本次活动是史上规模最大的刷卡抽奖活动，并以现金形式回馈持卡消费者。当前，本市银行卡刷卡消费增长迅速，刷卡消费已成为主流支付方式。截至2011年底，全市累计发展银行卡特约商户21.5万户，累计布放POS机具33.7万台，全市刷卡消费额达到8 795亿元，同比增长28.1%，按可比口径，刷卡消费额占社会消费品零售额的比重超过70%。

第二，举办2011中国中华老字号博览会。博览会秉承上届“汇聚精华、传承经典”的主题，坚持“北京特色、首都水平”的办会标准，形式多样，成果丰硕，为提高老字号品牌影响力，丰富首都消费市场，促进各地老字号合作交流起到了积极的促进作用。

第三，开展“点击消费”促消费活动。联合四十余家品牌电子商务企业共同举行“点击消费 2011”活动。活动以家电/数码/IT、服装/鞋帽、图书/音像、母婴/家居、医疗/保健/美容、首饰/箱包/国外名品、生活服务七大板块为主题，每个主题由 2～3 个电商品牌企业领衔。据不完全统计，参与活动企业销售额同比增长 1.16 倍。

第四，举办“第十六届商业科技周”。开展以“新科技创造新生活”为主题的第十六届商业科技周活动，突出新科技在商业领域的应用。全市专卖店、百货商场、连锁超市和电子商务企业 29 家，结合自身经营特点，开展商业科普活动。

——优环境，促进老字号、电子商务等现代流通方式创新发展

第一，促进老字号创新提升。2011 年我委采取积极措施促进老字号创新发展。一是继续推进老字号企业改革改制，激发创新发展活力；二是加大宣传推介力度，支持老字号开拓国内外市场；三是发挥老字号特色文化优势，丰富首都消费市场；四是加强“非遗”保护，推动老字号优秀文化和技艺传承；五是落实资金支持政策，促进老字号改造升级。据统计，2011 年全市 20 家重点监测的老字号企业持续保持较快发展速度，销售额、利润额和缴税额比去年同期分别增长 33%、26%和 28%。20 家老字号企业全年新开店铺 416 家，其中 308 家位于外埠，连锁店铺累计达到 3395 家。

第二，促进电子商务产业健康发展。围绕创建国家电子商务示范城市、积极培育电子商务示范基地，营造电子商务发展环境，积极促进本市电子商务的发展。一是召开北京春节期间网购配送服务发布会。二是推动第三方电子商务交易平台发展。三是积极进行国家电子商务示范城市的创建工作。四是举办 2011 中国（北京）电子商务大会暨电子商务博览会。

（张　爽）

【开展“点击消费·2011”活动】 2011 年 6 月至 9 月，整合全市电子商务行业资源，组织全市 40 余家电子商务企业开展联合促消费活动。参与企业经营领域覆盖广泛，包括了数码、家电、服装、图书、珠宝、食品、汽车等 20 余个品类。通过指定第三方网上交易保障中心监督；要求参与企业签署“点击消费服务公约”；设立“电商企业开放日”，邀请消费者走进品牌 B2C 网站；推出“超值网购大礼包”、注册用户抽奖等活动，搭建放心、实惠的网络购物促销平台。据活动组委会统计，活动开展期间京东商城、当当网、凡客诚品等 13 家领衔企业销售额同比增长 124%。

（赵旗舟）

【组织 2011 年北京市刷卡促消费活动】 2011 年 9 月至 2012 年 1 月期间，以“月刷卡、月中奖”为主题，联合市财政局、中国人民银行营业管理部、北京银监局，中国银联北京分公司以及工商银行北京市分行、农业银行北京市分行、中国银行北京市分行、建设银行北京市分行、交通银行北京市分行、中信银行总行营业部、光大银行北京分行、华夏银行北京分行、民生银行总行营业部、招商银行北京分行、广发银行北京分行、兴业银行北京分行、深发展银行北京分行、浦发银行北京分行、邮政储蓄银行北京分行、北京银行、北京农商银行、渤海银行北京分行、天津银行北京分行、大连银行北京分行、杭州银行北京分行、南京银行北京分行、盛京银行北京分行、浙商银行北京分行等24家中资商业银行开展“2011年刷卡促消费活动”，凡持有北京地区各商业银行所发行的带有“银联”标识的银行卡持卡人，在北京市商业领域内以刷卡消费方式购物、就餐等，且单笔金额在200元以上（含），均有机会参与抽奖。本次活动是史上规模最大的刷卡抽奖活动，并以现金形式回馈持卡消费者。活动期间，参加活动的银行卡数量每月环比持续增长，2012年1月份符合抽奖条件的银行卡张数累计为682.05万张，比活动首月增加了144.48万张，增幅为26.87%。2011年刷卡促消费活动期间，银行卡成功交易笔数同比增长26%，交易金额同比增长36.3%，刷卡消费金额同比绝对数增加429.7亿元，扣除年均自然增长率(31.6%)，活动共拉动消费额56亿元。

（赵旗舟）

【举办第十六届北京商业科技周】为突出新科技在商业领域的应用，商务委以“新科技创造新生活”为主题，组织全市专卖店、百货商场、连锁超市和电子商务企业29家，结合自身经营特点，发挥商业企业直面消费者的窗口作用，开展商业科普活动。通过设立商业科普专题页面科普专柜、科普展板，以及开展商业科普活动进社区等活动，以消费者喜闻乐见的方式，宣传普及科学知识、科技成果，以及绿色、科学的消费理念、生活理念。

（赵旗舟）

【举办2011电子商务大会】10月18日—20日，举办“2011中国（北京）电子商务大会暨电子商务博览会”。会议由国家商务部、北京市政府支持，北京市商务委员会主办，北京市电子商务协会承办，以“电子商务：城市影响力经济新动力”为主题，以论坛会议和展览的形式展示中国电子商务在经过十年磨砺后而获得的丰硕成果，向与会者展示中国电子商务进程和市场影响力，并发布《中国电子商务城市影响力报告》，从多个角度分析了电子商务产业对城市社会经济发展的影响和推动作用。为期3天的大会及展览共吸引了来自湖南、四川、重庆、河北、江苏、黑龙江、青海、江西、山西、广西、吉林等20余个省、市政府相关部门、有关协会、行业精英、媒体等近5000人次参与。

（赵旗舟）

【推动第三方电子商务交易平台发展】以“诚信经营、规范服务”为主题，召开2011第三方电子商务交易平台高峰论坛。为倡导诚信规范的经营服务理念，完善电子商务发展环境，促进电子商务健康发展，商务部信息化司与北京市商务委员会于4月12日在北京共同主办“诚信经营、规范服务——2011第三方电子商务交易平台高峰论坛”，发布《第三方电子商务交易平台服务规范》，研讨交流我国电子商务发展现状与热点问题，并考察调研部分在京电子商务企业。商务部副部长姜增伟、北京市副市长程红出席论坛并发表讲话。国家发改委、工业和信息化部、科技部、人民银行、海关总署、工商总局、质检总局、新闻出版总署、国家知识产权局以及各地商务主管部门有关负责同志、知名电子商务企业代表、电子商务专家学者共500人参加了会议。

（赵旗舟）

【645个社区实现便民服务全覆盖】按照市委市政府的工作部署，积极推进“一刻钟社区服务圈”建设，丰富社区商业服务功能、提高社区消费的便利度，2011年，在全市第一批645个规范化达标社区，实现社区超市（便利店）、美容美发、菜店、洗染、再生资源、餐饮店和代收代缴等七项服务全覆盖，使社区居民在步行一刻钟范围内，享受到方便、快捷、舒适的社区商业服务。

（耿英贞）

【推动连锁企业进入社区发展】2011年，面向社会公开遴选连锁企业进入社区发展。入选企业包括零售、美容美发、洗染、餐饮、再生资源回收、菜市场（便民菜店）、家政、代收代缴等与居民生活息息相关的商业服务业，且具备较成熟的连锁经营管理模式。连锁企业进社区，使社区居民在一刻钟范围内，享受到方便、快捷、舒适的社区商业服务，完善了社区便民服务体系，提高了社区便民服务水平，满足了社区居民日常购物、餐饮、美容美发、洗衣、家庭服务和再生资源回收等基本生活需求。

（耿英贞）

【老字号不断创新发展】年内，我委采取积极措施促进老字号创新发展。一是继续推进老字号企业改革改制，激发创新发展活力；二是加大宣传推介力度，支持老字号开拓国内外市场；三是发挥老字号特色文化优势，丰富首都消费市场；四是加强“非遗”保护，推动老字号优秀文化和技艺传承；五是落实资金支持政策，促进老字号改造升级。据统计，2011年全市20家重点监测的老字号企业持续保持较快发展速度，销售额、利润额和缴税额比去年同期分别增长33%、26%和28%。20家老字号企业全年新开店铺416家，其中308家位于外埠，连锁店铺总数累计达到3 395家。

（康　凯）

【举办第二届中国中华老字号博览会】8月21日，北京市商务委在北京展览馆又连续举办了第二届“中国中华老字号博览会”。博览会秉承上届“汇聚精华、传承经典”的主题，坚持“北京特色、首都水平”的办会标准，形式多样，成果丰硕，为提高老字号品牌影响力，丰富首都消费市场，促进各地老字号合作交流起到了积极的促进作用。本届博览会共汇聚了全国15个省、区、市的185家企业参展。其中，被商务部认定的中华老字号和拥有国家级“非遗”企业占90%。共接待消费者近15万人次，现场销售额近2 000万元，100多家代理及供应商与参展企业洽谈了合作意向，显示出北京消费市场强大的购买能力，受到参展企业和首都市民的一致好评。

（康　凯）

【连续三年举办老字号非遗进校园活动】11月9日，由北京市商务委员会和市教委支持，北京市老字号协会和北京市财贸职业学院等单位主办的2011年“老字号进校园暨第六届京商论坛”活动在北京市财贸职业学院举行。本次活动以促进老字号文化传承为主题，主要包括北京老字号协会向首都50所高中等院校捐赠1 000册《北京的老字号》画册；王致和、张一元、便宜坊等18家老字号企业与北京财贸职业学院签订战略合作协议；老字号企业走进校园进行图片展示和现场展卖等内容。这是我委连续三年举办“老字号进校园”活动，对于增强青年学子对老字号的了解，弘扬和传承老字号传统文化，促进校企之间深层次合作起到了积极的促进作用。

（康　凯）

【举办北京老字号非遗国门展活动】 12月15日，市商务委和市政府口岸办共同主办了“北京老字号非物质文化遗产国门展”。39项北京老字号“非遗”技艺和传统文化（均入选北京市级和国家级“非遗”保护名录）集体亮相在首都机场T3航站楼，以图文并茂的形式向出入机场的中外旅客展示北京老字号风采。

（康　凯）

【北京传统小吃打包申请市级非遗】 北京小吃技艺精湛、风味独特，文化底蕴深厚，是非物质文化遗产的重要载体和宝贵的民族自主品牌。为了更好地保护和传承北京传统小吃独特的制作技艺，提升北京小吃整体品牌价值，促进北京小吃健康发展，2011年6月份，北京市商务委员会支持北京老字号协会启动了“北京传统小吃”申遗项目。通过社会调查、座谈、走访等形式，北京老字号协会重点对北京传统小吃的发展历史、制作技艺传承人和传承关系、重点品种及其制作技艺等内容进行了调查，全面掌握了北京小吃的基本情况和基础数据。目前，该项目已进入西城区第三批区级“非遗”名录，正在积极准备申报市级非物质文化遗产。

（康　凯）

【老字号非物质文化遗产保护成果显著】 进入非物质文化遗产保护名录的项目数量增加。目前，本市老字号企业进入国家级“非遗”保护名录28项，市级保护名录45项，区级保护名录72项；老字号“非遗”的生产性保护工作得到重视。珐琅厂、荣宝斋、内联升3家老字号企业入选首批41家国家级非遗生产性保护示范基地名单；“非遗”展示场所建设不断加强。目前，全市有26家老字号企业建立了博物馆或“非遗”展厅，9家老字号建立了“非遗”传承人工作室；“非遗”代表性传承人队伍不断壮大。目前，全市老字号企业中国家级“非遗”代表性传承人23人，市级“非遗”代表性传承人51人。在全市评选的60名北京市商业服务业中华传统技艺技能大师中，有34人出自老字号企业。

（康　凯）

【积极推进“农超对接”】 2011年，市商务委稳步推进农超对接工作，从搭建平台、畅通信息、加强服务等多方入手，确保为民办实事任务的完成。2011年我市开展农超对接的超市已扩展至8家，经营生鲜的卖场近400家，与全国120家农业合作组织建立合作关系，果蔬农产品销售量和销售面积同比增加15%左右，销售量达13.4万吨，销售额达到14.3亿元。目前，农超对接涉及的蔬菜品种在20种以上，有大白菜、洋白菜、紫甘蓝、白萝卜、芹菜、土豆、西红柿、黄瓜等；涉及的水果在15种以上，有西瓜、香蕉、哈密瓜、苹果、梨、荔枝、葡萄、桃、草莓等。农超对接的果蔬类产品占超市果蔬采购总量的52%。市商务委通过七条措施，确保农超对接工作取得成效：一是部门联动、确定农超对接工作目标和政策；二是资金支持、带动超市企业改善生鲜配送中心等基础设施条件；三是合同约定、引领合作社农民按订单规范生产；四是信息支持、推动果蔬农产品产销实现网上服务；五是政策跟进、求得政府各部门对农超对接工作的大力支持；六是搭建平台，全年开展了12场市区（县）各级对接专场洽谈活动；七是组织培训、强化农民按标准生产的意识。

（张 爽）

【为中小商贸企业提供融资服务】利用国家对中小商贸企业的融资担保支持政策，支持中小企业融资担保工作。全市主要开展中小商贸企业融资贷款担保业务的9家担保公司融资担保额达499亿元，其中800万元以下的融资担保企业达480余家18.6亿元，满足了中小商贸企业的融资需求，带动了中小商贸企业近70亿元的间接投资，产生了较好的社会效益。11月组织了商贸流通企业的上市辅导会，吸引了近70家商贸服务业企业近200名负责人参加，会议对商贸流通骨干企业加速企业内部体制调整、优化组织管理、完善外部形象等问题做了讨论，力争抓住企业高速成长和发展的黄金期，借助资本市场为企业实现快速发展奠定良好的基础。加大对商贸流通领域的融资服务支持，鼓励银行、担保公司等金融机构对我市传统商场、超市集中的商圈、特色商业街区、专业市场产业链集中区域加大融资支持力度，促进了部分商圈的繁荣。

（张 爽）

物流发展概述

2011年，物流工作围绕全市商务工作总体目标，加快推进物流业结构调整与服务创新，着力增强北京市物流业服务全国、辐射世界的产业支撑功能，以及保障特大型城市正常运行、提升居民生活品质和便利程度的社会服务功能，进一步提升本市物流业发展的现代化、国际化、高端化水平。

（一）积极发展共同配送，提高物流业发展集约化水平

推动开展城市物流末端共同配送示范工程。为提高城市物流末端配送效率、改善服务质量，以政府引导、协会协调、企业经营、市场化运作的形式，以进社区、进校园为试点，通过搭建共同配送网点和共同配送综合信息平台，整合末端物流配送服务，降低企业配送成本，提高居民生活便利度。

推动开展农产品共同配送试点。建立农产品物流配送综合服务信息平台，整合鲜活农产品配送企业组成联盟，实现配送企业与超市、餐饮企业、社区便民店直接对接，减少二级批发流通环节，降低流通费用，提高配送效率。2011年已整合100家配送企业，为北京市220余家包括超市、餐饮、社区便民店消费终端客户提供服务。

支持开展食品冷链物流共同配送业务。改变以往供应商直接往店铺送货的配送方式，由供应商先将货物送到配送中心，再由配送中心于适当的时间送往各个店铺，利用信息系统实现灵活订单接收、在库商品管理、运输全程温度监控和GPS定位。

（二）大力发展冷链物流，增强对城市运行的保障能力

研究拟定《北京市“十二五”时期农产品冷链物流发展规划》，提出冷链物流发展的目标、任务。组织实施食品冷链物流关键技术研发与示范项目，研发基于物联网技术的冷链物流可视化系统，并选择冷链物流各环节具有代表性的企业进行示范应用。支持肉类产品冷链物流配送项目建设，有效提高冷链物流储运能力，提高冷链流通的比例，保障肉类食品质量安全。支持利用无线射频识别等先进适用技术，实现冷链物流的信息化管理和动态监控。

（三）推动发展专业物流，加强物流发展的产业支撑作用

开展物流业与其他产业的联动对接。联合市经信委和相关行业协会，召开北京市物流业与制造业联动发展对接会，促进电子、医药、装备制造等行业生产制造企业与物流企业结成合作伙伴关系，实现联动发展。加快电子商务物流体系建设，支持第三方物流企业建设大型现代化仓储物流设施，提高其为大型电子商务企业进行物流仓储及配送服务的能力，吸引电子商务企业入驻并开展业务。

（四）加强物流基础设施建设，拓展国际物流发展空间

完善物流基地基础设施，提升公共物流区功能。加强对物流基地的规划指导，支持其基础设施建设，提升其运营发展能力。截至2011年底，我市顺义空港、通州马驹桥、平谷马坊、大兴京南等四大物流基地共吸引入驻企业700家；2011年实现营业收入600亿元，同比增长30.1%，实现税收40.2亿元，同比增长87.5%。

完善口岸体系，加快建设重要国际物流设施。推进北京天竺综合保税区、平谷国际陆港、亦庄保税物流中心（B型）等重要国际物流设施建设，不断完善口岸功能，提高口岸通关效率。2011年，天竺综保区注册企业从2009年最初的44家增至100多家，区内运营企业300多家，口岸操作区进出口总值已占到北京各口岸进出口总值的84.6%。平谷国际陆港积极推动京津两地跨关区快速通关，为本市外向型企业提供了新的海运通道。平谷国际陆港自2010年3月启动以来，至2011年底已入驻132家企业，业务量快速增长，2011年完成集装箱吞吐量18278标箱，同比增长58%，其中外贸11950标箱。亦庄保税物流中心（B型）加快建设，为保税物流的发展增添了新的政策功能优势，一期于2011年底顺利通过四部委联合验收，创造了当年获得批准、当年建设竣工、当年通过验收的佳绩。

（五）促进物流信息化建设和技术应用，提升物流现代化水平

完善北京物流公共信息平台功能。平台一期自2010年4月上线以来，社会效益和经济效益日益显现：已注册会员2 076家，汇集北京市库房资源近800处，组织在线招投标243次，总成交额达4亿元；完成平台二期“多模式异构数据交换平台”核心模块开发，并进行综合测试，将实现物流企业与客户间不同格式数据的交换。

支持企业物流信息化建设，加大对物联网技术、可视化技术、货物快速分拣技术、无线射频识别技术和移动物流信息服务等先进适用技术的推广力度。支持医药物流企业完善药品供应链物流信息系统，并实现向医院药库的延伸，提升药库信息化管理水平，保障医院药品质量监管和用药安全，促进药品流通行业从传统商业向现代服务业的转型。支持快递物流全程动态信息调控系统的建设，提升快件产品的流通率，降低快件流通安全成本。

（六）制定政策规划，强化工作协调机制

制定出台《北京市“十二五”时期物流业发展规划》，提出了今后五年本市物流业的发展思路、发展目标、重点任务和政策措施。积极贯彻国务院关于促进物流业健康发展政策措施的意见，研究拟定了《北京市落实促进物流业健康发展政策措施的实施意见》，从税收、土地、交通等方面，明确提出促进物流业健康持续发展的十条措施，对

物流业“十二五”发展规划的全面实施具有重要意义。强化全市物流工作联席会议机制，召开全市物流工作联席会议，进一步凝聚共识，加强物流工作有关部门协调联动。

（卓海静）

【开展城市物流末端共同配送示范工程】 市商务委联合北京快递协会，以本市优势快递物流企业为依托，推动组建共同配送运营主体，通过建设共同配送站点，搭建信息平台，整合各类企业末端配送业务。2011年建设完成15家共同配送站点，先后完成了与中通、申通等骨干快递企业，当当、京东等电子商务企业以及快行线食品物流等第三方物流配送企业的对接，承接其末端配送业务。

（卓海静）

【推动新能源汽车城市物流配送】 为推动绿色物流发展，与市科委联合推动新能源汽车在城市物流配送领域的应用，多次召开有关企业座谈会，了解企业新能源汽车应用需求，并研究制定工作方案。在城市物流配送领域应用新能源车，对促进首都物流业发展方式转变、建设“绿色北京”、“科技北京”均具有积极意义，对新能源汽车的市场化推广也具有很强的示范作用。

（卓海静）

【组织实施食品冷链物流关键技术项目】 组织实施《北京市食品冷链物流关键技术研发与示范》，研发基于物联网技术的食品冷链物流可视化系统，并选择冷链物流各环节具有代表性的企业进行示范应用。2011年项目经过协调推动，完成了技术研发方案、示范企业确定、设备采购方案等难点环节，并进行设备的安装调试。该项目将有利于我市冷链技术的推广和冷链运作水平的提升。

（卓海静）

【组织编制农产品冷链物流发展规划】 为推动本市农产品冷链物流发展，提升农产品流通质量和水平，同时为了落实《北京市物流业调整和振兴实施方案》有关任务要求，组织有关专家多次研究，研究拟定《北京市“十二五”时期农产品冷链物流发展规划》，拟以北京市商务委的名义正式发布。

（卓海静）

【组织开展全国物流行业先进评选工作】 按照国家人力社保部、中国物流与采购联合会《关于评选全国物流行业先进集体劳动模范和先进工作者的通知》（人社部函〔2011〕199号）精神，由市商务委牵头，联合市人力社保局、北京物流协会开展了北京地区物流行业先进评选推荐工作，确定了北京地区先进集体5个，劳动模范和先进工作者共21人。

（卓海静）

【推进京冀口岸物流合作】 为落实市对口支援和经济合作工作领导小组办公室《关于加强京冀口岸合作的工作方案》的要求，研究提出推进我市平谷国际陆港与河北省京唐港合作的政策措施。4月中旬，市商务委和市口岸办带队，组织有关部门赴河北省唐山市对京唐港进行了实地考察，与冀方就京冀口岸物流合作有关事宜达成共识。

（卓海静）

【推动中远集装箱公司在平谷建立还箱点】 中远集装箱运输有限公司在平谷国际陆港建立集装箱还箱点，并在其全球揽货系统中增加指运地“北京平谷”。建立集装箱还箱点，进口企业可在陆港还空箱，出口企业可在陆港直接提空箱，不必去天津港提箱，能有效降低企业运输成本，发挥陆港的辐射带动作用。添加“北京平谷”指运地后，企业可开展进口中转业务，在陆港就能办理全部进口手续，实现海港功能在陆港的延伸，提高通关效率。

（卓海静）

【召开北京市物流业与制造业联动对接会】 为推动本市物流业与制造业有机融合、联动发展，促进产业升级和经济发展方式转变，由12月6日，由市商务委与市经济信息化委联合主办，北京物流协会、北京货代协会、中关村高新技术企业协会、北京电子产品循环经济发展联盟共同协办，召开了北京市物流业与制造业联动对接会，本市电子、医药、装备制造等生产制造企业和物流企业共120余家参加了会议。会议对于促进本市物流企业与制造企业结成伙伴关系、实现合作共赢，是一次有益的尝试。

（卓海静）

【全市物流工作联席会议顺利召开】 2011年11月15日，程红副市长主持召开了全市物流工作联席会议。市政府有关委办局和有关市属机构主管领导，物流行业协会、物流基地和有关企业负责人参加了会议。会议总结了近年来全市物流业发展情况，对如何贯彻落实国务院办公厅38号文件精神进行了讨论。此次会议进一步凝聚了共识，对加强物流工作有关部门协调联动具有重要作用。

（卓海静）

【制定出台物流业发展规划】 在前期研究的基础上，本年度研究制定了“十二五”时期物流业发展规划，并与市发展改革委以两家名义正式印发。该《规划》提出了今后五年我市物流业的发展思路、发展目标、重点任务和政策措施，将为首都物流业发展创造更加良好的环境。

（卓海静）

【积极贯彻国务院促进物流业发展的意见】 根据市委市政府领导在《国务院办公厅关于促进物流业健康发展政策措施的意见》（国办发〔2011〕38号）上的批示，在加强调研、征求各部门意见的基础上，研究拟定了《北京市落实促进物流业健康发展政策措施的实施意见》。该意见提出了优化物流业发展环境、加快物流业重点领域发展、强化物流发展的科技人才支撑和保障措施等四方面十条政策措施。

（卓海静）

【新增国际货运代理企业备案73家】 2011年共完成国际货运代理经营资格备案75个，变更116个。其中，新备案的内资总公司64个，内资分公司4个，外商投资分公司7个；办理变更的内资总公司85个，外商投资总公司18个，内资分公司11个，外商投资分公司2个。另外，办理国际货代经营资格注销的公司2个。

（卓海静）

【本市在中国物流50强中占20席】 在中国物流与采购联合会评选的“2011年度中国物流50强”企业，中国远洋运输（集团）总公司、中国外运长航集团有限公司等共20家设在北京，前20名中则有10家设在北京。优势企业在京聚集，凸显了本市物流业发展的运营组织及管理控制等总部型经济特征。

（卓海静）

【新增11家税收试点物流企业】 2011年，

本市北京大荣物流有限公司、联邦快递（中国）有限公司、北京世盟国际物流有限公司、北京泛太物流有限公司、北京中冷物流有限公司、中经得美国际快运代理有限公司、北京海丰宝物流有限公司、中都物流有限公司、北京市邮政速递物流有限公司、全球国合国际货运（北京）有限公司、中远供应链管理有限公司等11家企业成功申报税收试点物流企业，享受营业税差额纳税政策。截至2011年，本市已有税收试点物流企业58家。

（卓海静）

三、市场运行与管理

消费品市场概述

2011年，面对本市消费领域重大政策调整，全市商务部门认真贯彻落实中央坚持扩大内需的战略方针和市委市政府的工作部署，在市相关部门和区（县）政府的共同努力下，围绕国际商贸中心建设，引导消费结构调整，加快消费方式转变，全力扩大消费需求。

一、全市消费品市场平稳增长

2011年，全市共实现社会消费品零售额6 900.3亿元，增长10.8%，实现了增长10%的目标，连续第四年成为全国最大的城市消费市场。其中，吃、穿、用和烧类商品全面增长，分别实现零售额1 561.4亿元、665.2亿元、4 080.1亿元和593.6亿元，同比分别增长17.3%、21.3%、5%和27.4%；按消费形态分，商品零售和餐饮收入分别为6 127.9亿元和772.4亿元，同比分别增长10.2%和15.9%。

2011年，消费结构多元均衡发展，全市限额以上批发零售企业销售的25类商品中，汽车类零售额占限上批零企业零售额的比重由2010年的34.2%降至24%，金银珠宝类商品、文化办公用品等6类商品的占比提高了7.6个百分点；餐饮消费的比重提高到11.2%，全年实现餐饮收入772.4亿元，同比增长15.9%；消费市场的吸引力逐步增强，购物和餐饮消费占旅游收入的比重达到53%；批发零售业实现增加值2 122.8亿元，继续稳居第三产业第一大行业，对全市经济增长贡献率达14.5%，对首都经济的拉动作用进一步凸显。

二、出台促消费政策，探索建立促消费长效机制

在每年对各区（县）社会消费品零售额完成情况进行考核的基础上，2011年首次以市政府名义向区（县）政府下达增长任务，并将其纳入对区（县）政府的考核内容。

在连续两年鼓励促消费、调结构工作突出单位的基础上，加大对零售企业的奖励力度，增加了批发业促消费奖励政策，将市重点商务工作纳入奖励考核范围。

出台节能家电补贴、刷卡抽奖、信用消费、二手车外销等促消费政策，把完善政策措施作为推动消费增长的重要抓手，探索建立促消费长效机制。

三、系列主题促消费活动促进消费增长

2011年，共举办各地商品大集、国际美食盛典、“2011北京购物季”等16项全市性和东城王府井品牌节、西城西单时尚年会、海淀品牌消费节等45项区域性促消费活动，取得了良好的经济和社会效益。

（1）举办各地商品大集。2011年，共成功举办了山东、浙江、内蒙古、青海、新疆（和田）、山西、云南、黑龙江、京郊、香港、西藏（拉萨）、吉林、江西共13期“各地商品大集”活动，共有856家企业、6 700余种特色商品参展，累计现场销售额达到8 941.7万元，洽谈企业超过3 000家次，累计意向签约金额近14亿元。2011年，通过“各地商品大集”进入首都市场的各地品牌达到480个，比2010年的289个增长了66%。

(2) 举办了“2011·北京国际美食盛典”。“2011·北京国际美食盛典”设置了春律、夏情、秋韵、冬曲四个主题版块活动，贯穿全年餐饮促消费始终。整合了全市特色餐饮街区和国家级酒家、特色餐厅以及在京落户的30余个国家的外国风味餐饮资源和居民社区、农村乡镇资源，开展“农餐对接”交流与合作，举办了西餐文化节、清真美食文化节等促消费活动。参与企业超过8 000家，共推出了14大项餐饮促消费活动。

(3) 举办“2011北京购物季”。北京购物季于10月20日至12月底举办，期间推出新婚消费推广、数字娱乐消费节、乐享北京购物行、科学消费周、家电购物节五项全市性的主题促消费活动活动，并组织区(县)商务委推出28项区域性促消费活动。仅11月份，参加“新婚消费推广”活动的翠微大厦、当代商城和便宜坊等单位，销售额同比增长均超过15%；参加“数字娱乐消费节”的中关村地区的鼎好电子市场和中关村科贸电子城的销售额同比分别增长55.5%和28.3%。

(万薇薇)

【加强市场运行监测和分析】2011年，重点流通监测系统样本企业数量达到1 048家，比2010年底增加了近300家。重点流通企业监测系统样本企业零售额占全市社会消费品零售额比重从2010年的25%提高到目前的35%，上升10个百分点，完成2011年初提出的工作目标。

重点流通监测系统样本结构继续优化。将市场占有率和社会影响力较大的企业、在行业内代表性较强的企业，特别是新开办的企业及时纳入重点流通企业监测范围；同时，适当淘汰一部分代表性不强或数据报送不积极的企业。进一步增强了监测样本的代表性和监测数据的科学性、权威性。

按照商务部要求，每月继续开展市场运行分析，每季度进行较全面的市场运行综合分析，在黄金周及传统节假日开展节日市场分析，为政府决策及企业经营提供依据。继续发布《北京消费品市场运行监测月报》，向样本企业、各级商务主管部门等发放，涵盖内贸、外贸、外资、兄弟省市等多类经济数据，已成为供上级领导参考和决策必不可少的“口袋书”。

(万薇薇)

【家电下乡工作稳步推进】2011年，我市家电下乡政策顺利执行。一是进一步加强家电下乡销售网点监管，组织区(县)商务委开展家电下乡销售网点检查，共清理家电下乡销售网点60个；二是分别在“五一”和“十一”期间组织家电下乡销售企业和销售网点集中推出大力度的优惠折扣、抽奖、赠礼等促销活动，开展家电下乡政策宣传活动。截至2011年12月31日，我市家电下乡产品销售量为72.93万台，销售额为16.97亿元，其中2011年销售量为27.6万台，销售额为7.03亿元，销售量和销售额分别为2010年的1.02倍和0.93倍。2011年补贴家电下乡产品25.37万台，补贴额为7 594万元，备案销售网点712家。

(殷　亮)

【完善早餐便民服务体系】组织评定了“早

餐经营示范店”93家，引导早餐经营规范化发展。支持发展早餐经营店和建设加工配送中心，组织各餐饮企业申报、区（县）把关和市财政局评审中心进行评审，2011年新增80家早餐经营店和3个加工配送中心，促进了早餐业发展。督促餐饮企业积极履行社会义务，利用资源优势，参与社区共建，开办老年餐桌。引导部分餐饮企业为“老年餐桌”推出年夜饭，并制作老年人专用菜单，逐步满足老年人的需求。

（柏际平）

【开展“农餐对接”试点】 根据《2011年北京市社会主义新农村建设折子工程》，积极推进农产品生产基地与10家大型餐饮企业开展“农餐对接”活动。一是将“农餐对接”列入今年对区（县）商务委考核的重点工作内容；二是与市农委联合印发了《关于做好“农餐对接”工作的通知》，提出了工作思路和要求；三是组织企业参加“农餐对接”展示和对接活动。

（柏际平）

粮食流通管理概述

2011年是“十二五”规划的开局之年。全市粮食行业认真贯彻党和国家粮食方针政策，按照市委、市政府的工作部署，扎实做好市场调控、储备粮管理、国企改革、产业发展、法制建设等重点工作，进一步完善首都粮食安全保障体系，实现了“稳市场、保安全、强产业、惠民生”的目标，保持了粮食市场平稳运行，为首都经济和社会发展做出了应有的贡献。

当前，粮食行业处于大有可为的重要战略机遇期。粮食流通体制改革显著成效，政府调控和应急保障体系不断完善，市储备粮油管理体系不断创新发展，粮食行业管理工作不断加强。2011年，在全市粮食流通行业全体工作者的共同努力下，全面完成了各项工作任务。

一、加强政府调控，粮食市场运行平稳

进一步强化政府之间、企业之间的合作，粮源掌控能力稳步提升。高度重视保护本市种粮农民的利益，制定办法，有效稳定了郊区粮食收购市场。不断巩固市储备粮轮换机制，有效稳定了原粮和成品粮油市场，带动了大宗粮油贸易开展。加强市场信息监测预警体系建设，加强信息分析与利用，进一步增强粮油市场信息引导作用。调控政策及时到位效果明显，本市粮食供给较为充足，价格水平合理，库存稳步提高，消费继续增长。2011年，本市全社会重点粮食企业粮食购进769万吨，粮食销售705万吨，年末粮食库存269万吨；国有粮食企业粮食购进270万吨，粮食销售240万吨，年末商品库存63万吨；全市粮食价格上涨10.8%，低于全国1.5个百分点。

二、加强行业指导，产业发展持续稳健

落实市政府关于国有粮食企业重组整合的决策，本市远郊区（县）粮油总公司与京粮集团实施了重组，做大做强国有粮食企业的方式在全国产生重大影响，国有粮食企业改革取得突破性进展。市政府有关部门联合发布了《北京市粮食流通“十二五”发展规划》，明确提出“保证粮源供给稳定充足，保持粮食市场繁荣稳定，不断增强政府调控能力，明显改善粮食流通基础设施”的发展目标。推进产业结构调整和发展方式转变。粮油加工业结构和布局调整进一步加快，呈现结构多元化趋势。多种投资企业迅速发展，为首都粮食经济注入了新的活力。

三、强化储备粮油管理，调控物质基础稳固

市储备粮管理水平进一步提高，绿色储粮技术度夏的比重达到44%，比上年提高8%，宜存率连续5年达到100%。根据本市人口总量增加的实际情况，市政府有关部门及时提出了增加市储备粮油规模的建议，本市实施增储计划，上调了存费标准，提升了粮食企业发展后劲。各远郊区（县）粮食储备基本落实到位，调控能力进一步增强。

四、加强依法行政，粮油流通规范有序

切实加强依法行政工作，深入贯彻制度，制定规章，完成了《北京市储备粮管理办法》立法后评估工作。深入开展行政执法和质量监管工作，圆满完成粮食和食用油库存检查工作，促进了粮油库存管理整体水平的提高。

五、健全应急管理机制，应急保障能力得到提高

加强应急管理"一案三制"建设，进一步提高市储备成品粮油和各远郊区（县）储备成品粮油规模，确保储备成品粮油处于随时可动用状态。定期审核和调整应急工作载体，健全粮食供给应急加工网络。

六、圆满完成其它各项工作任务

举办了粮食科技周"爱粮节粮，坚持可持续发展"主题日活动，以保障粮食安全、普及粮油知识、关注大众健康为重点，广泛宣传粮油科普知识，大力推广放心粮油品牌，倡导绿色消费。认真做好军粮供应工作，开展了军粮供应应急保障演练，受到部队官兵的一致好评。全面完成退耕还林补助粮食供应任务，供应粮食大米、面粉等折合原粮25423吨。举办了"首都粮食安全管理战略"高级研修班，组织开展两期职业技能培训和鉴定考评工作，共培训人员177人，提高了从业人员的职业技能水平。开展了2010年度粮食供需平衡调查工作，为政府调控提供数据支持。配合国家粮食局完成全国人大农业与农村委员会到本市开展《粮食法》立法调研工作。加强行业安全生产监管工作，市和区（县）粮食行政管理部门共组织检查20余次，涉及10个远郊区（县）的近30多家企业，全年没有发生安全生产重大责任事故。

（任昌坤）

【调控政策到位，粮食市场平稳】2011年度，本市粮食供给较为充足，价格水平合理，库存稳步提高，消费继续增长。一是粮食购销活跃。全社会重点粮食企业粮食购进769万吨，比上年增长5%；粮食销售705万吨，比上年增长10%；年末粮食库存269万吨，比上年增长13%。二是国有粮食企业发挥了主渠道作用。国有粮食企业粮食购进270万吨，比上年增长23%；粮食销售240万吨，比上年增长20%；年末商品库存63万吨，比上年增长34%。三是粮食价格保持合理水平。2011年1—12月，全国CPI同比上涨5.4%，粮食价格上涨12.3%。其中：北京CPI上涨5.6%，高于全国0.2个百分点；粮食价格上涨10.8%，低于全国1.5个百分点。

（王　玲）

【本市粮食流通"十二五"规划出台】市政府有关部门联合发布了《北京市粮食流通"十二五"发展规划》，明确提出"保证粮源供给稳定充足，保持粮食市场繁荣稳定，不断增强政府调控能力，明显改善粮食流通基础设施"的发展目标。确定了围绕建设与中国特色世界城市相适应的粮食安全保障体系

“一个主题”，提高粮油日常供应和应急保障“两个能力”，优化粮食仓储业、粮食加工业、粮源采购基地“三个布局”，健全产业发展、政府调控、粮食市场、行政执法保障“四个体系”的主要任务。

（任昌坤）

【国有粮食企业改革取得突破性进展】落实市政府关于国有粮食企业重组整合的决策，本市远郊区（县）粮油总公司与京粮集团实施了重组，做大做强国有粮食企业的方式在全国产生重大影响。京粮集团按照“一链两翼多园区”的战略，转变方式提效益，保障供应稳市场，拓展合作增活力，加强管理强基础，实现了跨跃式发展，全年实现经营收入163亿元，实现利润4.85亿元，资产总额138亿元，被认定为第五批农业产业化国家重点龙头企业。“古船”商标被认定为中国驰名商标，品牌价值跃升至41.69亿元。

（孔令文）

【粮源掌控能力稳步提升】市政府与黑龙江省签订了《深化粮食产销战略合作关系的协议》，按照“布局合理，渠道可靠”的原则，加快外埠粮源采购基地建设。本市财政部门安排4 000万元专项资金，支持本市国有粮食企业在主产区建立粮源采购基地，支持条件较好的基地向采购、加工、储存一体化方向发展。本市20多家国有粮食企业采取合作、租赁、收购、征地新建等方式，在黑龙江、吉林、山东、河北等地建立粮源采购基地108个。其中，以本市企业为主的基地19个，粮食收购量160万吨，占全市总消费量的30%左右。市政府有关部门联合制定了《本市国有粮食购销企业收购郊区自产粮食转入市储备粮管理办法》，把收购转储方式作为处置“卖粮难”的应急措施，保护种粮农民积极性，稳定了郊区粮食收购市场。

（王玲、孔令文）

【储备粮存费标准合理调整】根据本市人口总量增加的实际情况，从2011年7月开始，小麦、玉米的年存费由80元/吨提高到120元/吨，稻谷由100元/吨提高到140元/吨，为管好、用好储备粮油提供了有力支持，提升了仓储企业发展后劲。

（孔令文）

【产业结构和发展方式进一步转变】市和区（县）各级财政，以及企业积极投资建设和维修粮油仓房，粮油仓储业优势得到巩固。环流熏蒸、粮情测控、机械通风普遍推广应用，储粮设施设备条件明显改善。“北京市粮食安全实时监测信息系统一期工程”初步完成，进一步提高了粮食流通的信息化管理水平。粮油加工业结构和布局调整进一步加快，呈现结构多元化趋势。除国有企业外，外商及港澳台商投资企业、民营企业迅速发展，在发展粮食经济、满足人们粮食消费需求等方面发挥着重要作用。

（杜亚丽）

【储备粮管理水平进一步提高】认真执行《北京市储备粮管理办法》及配套文件，健全“千分制”考评体系，继续推进承储企业规范化管理。开展了糙米储存实验和多种形式的仓储技术交流，加快准低温储粮技术研究，“北京地区稻谷绿色储藏技术研究及推广应用”项目获得本市科学技术三等奖。推进绿色储粮技术应用，提高储粮科技水平。市储备粮采用绿色储粮技术度夏的比重达到44%，比上年提高8%，宜存率连续5年达到100%。

（石红兵）

【依法行政工作得到切实加强】制定了《本市粮食部门加强法治政府建设五年规划》、《粮食行业“六五”普法规划》以及《北京市粮食行政处罚裁量权适用规定》等7项规章制度，为推进粮食行政管理部门依法履行职责、加快政府职能转变提供了制度保障。完成了《北京市储备粮管理办法》立法后评估工作，新规章在丰富储粮品种、健全费用补贴机制、调整储存及轮换购销方式、强化监督检查等方面实现新突破。

（任昌坤、张继红）

【行政执法和质量监管工作取得成效】圆满完成粮食和食用油库存检查工作。组织了中央储备粮承储库执行国家粮食购销政策情况、成品粮油库存情况、夏粮收购和秋粮收购情况等专项监督检查，市和区（县）粮食行政管理部门共开展监督检查1 510次，出动执法人员4 181人次。加强粮食质量管理工作，完成库存粮食质量和卫生安全专项检查，开展全市收获粮食质量安全监测，完成了粮食收储库51个检验室的检查工作。

（张继红、杜亚丽）

【应急保障能力得到进一步提高】完成《北京市粮食供给应急预案》修订及相关配套文件制发工作，市储备成品粮油规模由10天正常消费量提高到15天，各远郊区（县）储备成品粮油规模由3天正常消费量增加到5天，应急加工企业由10家增加到17家，面粉日加工能力为1864吨，大米日加工能力2344吨，食用油日加工能力1972吨。落实粮油应急投放网点335个，重点抓好投放渠道的24个节点建设。开展了应急培训和演练工作，提高了实际操作能力。

（王　玲）

【市储备粮轮换机制不断巩固】2011年，我市采取定向销售的方式轮出市储备粮油49万吨，占加工企业原料年需求量的26%，共举办12次市储备粮油竞价交易会，其中10次交易会标的全部中标，全年竞价交易一次性中标率高达95.6%，收到了良好的调控效果。

（王　玲）

酒类流通管理概述

2011年酒类流通管理工作以科学发展观为指导，以《酒类流通管理办法》为依据，以营造安全放心酒类消费环境为目标，围绕“打造国际商贸中心”和“转变发展方式”的总体要求，坚持一手抓规范管理、一手促行业发展，重点推进了酒类备案登记、酒类流通溯源管理和酒类市场监测工作，不断推动我市酒类流通行业规范有序发展。

——酒类备案登记工作取得新进展

针对酒类经营者点多面广、大部分经营者已经备案等特点，为深入推进酒类备案工作。一是突出重点、分类推进。区分不同地区、不同行业、不同规模，抓住薄弱环节分类推进。从区域上，以城乡结合部、农村偏远地区等酒类管理薄弱地区为重点；从行业上，以餐饮业、娱乐业、旅游业为重点；从规模上，以小型餐饮企业、便利店、烟酒店、民俗旅游户、酒吧等为重点，加大了酒类备案登记工作力度。二是指标管理、定期督导。继续对全年酒类备案登记工作确定任务指标，分解到区（县），市商务委定期督查推进。三是借助外力、协同推进。通过协调城管、乡镇、街道等部门，采取集中办理、上门服务等方法，合力推进酒类备案登记。四是加强对区（县）的服务力度。组织召开区（县）工作经验交流会，各区（县）

互相借鉴好的经验和做法。积极协调工商、卫生等部门，为区（县）提供酒类经营及注、吊销营业执照的企业信息，为推进酒类备案工作提供有利条件。2011 年全市新增备案登记6 193户，累计完成备案登记74 177户。

——酒类流通溯源制度得到进一步落实

一是进一步规范随附单的使用和管理。市商务委定制了《酒类流通随附单管理台帐》（以下简称《台账》）2 万本，及时发放到规模以上零售、餐饮和酒类批发等重点酒类经营企业推广使用，督促指导酒类企业规范使用随附单并建立随附单管理《台账》；二是推广使用机打随附单。利用市场检查、为企业办理酒类备案等时机，积极开展机打随附单的宣传推广工作，全年新增机打随附单企业 45 户，圆满完成了市商务工作报告确定的任务指标，累计推广使用机打随附单企业 129 户。三是开展随附单信息化试点调研。根据商务部推进电子随附单试点工作安排，4 月份，协助商务部组织全国部分省（市）酒类流通管理人员及有关专家到北京红星股份有限公司、北京朝批商贸股份有限公司进行了调研，为商务部在主要酒类企业实施无线射频识别和二维码技术，完善酒类商品安全追溯体系，提供了重要参考。全年酒类批发企业购用随附单新增 131.4 万份，累计购用随附单 679 万份。

——酒类市场监测工作稳步推进

一是进一步完善酒类市场监测系统功能和监测样本。结合酒类市场实际，对监测报表内容及系统“统计分析”模块功能进行了完善。根据市场行情变化，调整增加了 29 个监测样本品种，监测样本品种增至 167 个。二是坚持定期收集、整理、分析、发布监测信息。催报核对 60 家市级、20 家部级监测样本企业报表2 420份，核查数据近 7 万条，形成酒类流通市场监测信息 19 期，并在委内网及酒类流通管理信息系统发布，为政府主管部门及酒类企业了解掌握本市酒类市场运行情况提供了参考依据。三是开展了酒类品牌品种专项调查。向本市 152 家重点酒类企业发放了《酒类品牌品种调查统计表》，初步摸清了本市流通的酒类品牌品种基数，在销酒类品牌达1 500余个，酒类品种近万种。在商务部酒类行业信息监测统计工作中，本市上报数据及时率、准确率均达到百分之百，受到了商务部的表扬。

——加强了酒类管理法规的宣传培训

市、区（县）商务部门利用“3·15”国际消费者权益日等时机，积极协同工商、卫生、质检等有关部门，开展了形式多样的酒类法规寒舍咨询活动。据统计，2011 年全市商务部门共发放酒类法规宣传材料 6 万余份，接待各类咨询 1.3 万余人次，发放不向未成年人售酒标识牌 3 万余块。

加强了对酒管干部和重点酒类流通企业负责人的培训。市、区商务部门以《酒类流通管理办法》和酒类知识为主要内容，组织了酒类企业集中培训。2011 年共举办各类培训班 23 期，培训3 000余人次，酒管干部业务素质和酒类企业管理水平得到了进一步提高。

——开展了酒类流通市场检查工作

为保障北京酒类流通市场安全稳定，元旦春节、全国“两会”、“五一”期间，市、区商务部门组织对全市酒类流通市场进行了专项检查。全市共检查规模以上餐饮、零售及“两会”住地周边酒类经营企业2 078户，备案登记率达 98%，随附单使用率达 94%，不向未成年人售酒标识明示率达96%。为贯彻落实《商务部办公厅关于开展酒类流通领域专项整治的通知》（商运字〔2011〕68号）等文件精神，自6月份以来，开展了酒类流通领域的专项整治行动，8月份，配合市治安总队等部门开展了联合整治非法收销烟酒行动。据统计，2011年共出动执法检查人员7 501人次，检查酒类企业10 078户，责令113户违反规定的酒类经营者限期整改，对1户违规使用随附单企业处以罚款。通过整治，进一步规范了我市酒类流通市场。

——积极促进酒类流通行业发展

围绕市商务委“促消费、保增长”中心任务，努力把规范管理与促进行业发展相结合，开展酒类促销费活动。春节期间，市商务委支持行业协会主办了“品京华美酒过京味大年”北京品牌酒新春促消费活动，扩大了北京酒类品牌的知名度，提升了北京酒类品牌的影响力。鼓励企业走出去开拓市场。市商务委与北京酒类流通行业协会、首酒集团等企业考察了全国春季糖酒交易会，红星、糖业烟酒公司、朝批等有条件的酒类品牌企业参加了第六届中国餐饮食品博览会、2011广东国际酒类商品展销会。8月份，市商务委组织燕京、红星、仁和、禄华泰、朝批5家企业参加了贵州国际酒类博览会，取得了丰硕的成果。

（胡敬轩）

【举办“品京华美酒过京味大年”活动】为丰富繁荣市场，满足百姓需求，烘托节日气氛，促进社会消费，2011年1月26日至2月17日，市商务委支持，北京市商业联合会、北京酒类流通行业协会联合举办了“品京华美酒过京味大年”北京品牌酒新春促消费活动。

北京市物美商业集团股份有限公司、北京京客隆商业集团股份有限公司、北京超市发连锁股份有限公司、北京家乐福商业有限公司、北京沃尔玛百货有限公司、北京华冠商贸有限公司、北京永辉超市有限公司7家连锁超市的63个门店参加本次活动，突出展示展销北京20多个品牌、350多个品种的地产品牌酒，其中包括具有传统酿造技艺的老字号及部分区（县）畅销酒品牌。

受本次促销活动拉动，1、2月份，本市主要品牌酒销量增长迅速：红星、牛栏山、燕京、龙徽、丰收等5个品牌酒类商品销售量19.13万千升，销售额15.18亿元，同比分别增长26.16%、44.90%。北京品牌酒占市场份额同比提高了9.89个百分点。通过20多家媒体对这次活动的集中宣传报道，扩大了北京酒类品牌的知名度，提升了北京酒类品牌的影响力。

（胡敬轩）

【商务部领导带队调研北京酒类企业】为贯彻落实国务院领导同志关于研究推进酒类立法的指示精神，推进酒类流通溯源体系建设，积极做好国务院食品安全管理办公室开展酒类专项整治的准备工作，3月11日，商务部组织上海、河北等8省市商务委（厅）、酒类协会、部分酒类企业及酒类行业专家到北京酒类企业调研。商务部市场运行司王炳南司长、财政部及国务院法制办有关部门参加调研。北京市商务委员会魏忆京委员陪同调研。

调研组一行先后到北京红星股份有限公司、北京朝批商贸有限公司，观摩了酒类生产线上酒类流通电子监管码的使用，详细了解了现代物流企业智能管理平台与酒类流通随附单的使用情况，并就建设酒类流通溯源信息化体系、推进酒类立法、开展酒类专项整治等工作听取了企业的意见和建议。

（彭　峰）

【开展“3·15”宣传咨询活动】为优化酒类消费环境，维护消费者权益，酒类管理处提前安排，积极联系市工商局等部门，共同开展相关宣传咨询活动。3月15日，市商务委在与市委宣传部、市食品安全办公室、市工商局、市消协等部门共同举办的纪念“3·15”国际消费者权益日活动中，向与会人员发放了《北京市酒类流通管理告知单》等宣传材料。此外，各区（县）商务委积极协同工商、卫生、质检等有关部门，开展了形式多样的酒类法规宣传咨询活动。据初步统计，“3·15”期间，全市商务部门共发放酒类法规宣传材料9 800余份，接待消费者咨询7 500余人次。

（彭　峰）

【开展酒类流通管理法规进乡村活动】为进一步推进酒类流通管理工作，2011年6月14日，市商务委酒类管理处协同房山区商务委相关科室来到房山区西庄村，向周边的酒类经营户及游客宣传酒类流通管理法规，讲解《酒类流通随附单》的使用方法以及“不向未成年人售酒”的有关规定，发放酒类法规等相关资料200余份，并现场为26户酒类经营户办理了酒类流通备案登记，受到了当地民俗旅游户及游客的欢迎和好评。此次活动对促进农村民俗旅游市场的酒类消费安全起到了积极作用。

（彭　峰）

【参加2011中国（贵州）国际酒博会】应商务部和贵州省人民政府邀请，苟仲文副市长率市支援合作办、市商务委等部门组成的代表团，参加了国家商务部与贵州省人民政府于8月18日至20日在贵阳举办的2011中国（贵州）国际酒类博览会暨中国·贵阳投资贸易洽谈会。市商务委魏忆京委员参加了此次活动。

为推动北京品牌酒走向全国市场，专门制作了北京品牌酒宣传册，在展会期间进行了发放。北京燕京啤酒集团公司，北京红星股份有限公司，北京仁和酒业有限责任公司，北京禄华泰酒业有限公司，北京朝批商贸有限公司5家企业参加了本次酒博会。展会期间到北京企业展位参观人数达3.5万余人次，发放宣传材料7 500余份，现场销售6万余元。北京燕京啤酒集团公司与贵阳市白云区政府签署了投资10亿元人民币在白云经济开发区新建生产能力为40万吨的啤酒生产基地的协议。北京朝批商贸有限公司与贵州醇酒厂签订了增加2 000万元的酒类购销合同。北京禄华泰酒业有限公司在贵阳市发展了1个省级代理商。

（胡敬轩）

【开展酒类流通领域专项整治】为贯彻落实《商务部办公厅关于开展酒类流通领域专项整治的通知》（商运字〔2011〕68号）精神，2011年6月到12月，北京市商务委在全市范围内开展了酒类流通市场集中整治工作。全市共出动执法检查人员7 501人次，检查酒类企业10 078家。检查发现，未办理备案登记企业1 354家，未购用随附单批发企业131家，未索取随附单企业832家。通过整顿，1 033家企业补办了酒类流通备案登记，131家未购用随附单的企业均已按规定购用了随附单，对1家违规使用随附单企业处以3 000元罚款。整治期间，新增备案登记酒类企业3 006家，新增购用随附单的批发企业398家，新增购用随附单61.4万份，发放酒类流通随附单管理台帐1万本，发放“不向未成年人售酒”标识3万余份，发放酒类宣传材料2万余份。

整治期间，市商务委还协同市公安局、市工商局等部门开展了查处、打击非法收销烟酒行为，清理整顿部分商品滥用“特供”、“专供”标识等专项行动，多措并举，进一步促进了酒类流通市场秩序的规范发展。

（彭　峰）

【新增机打酒类流通随附单企业45户】为进一步落实好酒类流通溯源制度，按照2011年市商务工作会对推广使用机打随附单工作要求，市商务委加强与区（县）商务委及酒类批发企业沟通，面向全市酒类批发企业无偿提供“机打酒类流通随附单软件”和远程技术支持，利用酒类市场检查、为企业办理酒类备案等时机，积极向有条件的酒类批发企业宣传推介机打随附单。同时，加强对已实现随附单机打的样本企业的管理，发挥样本企业的示范作用。全年新增使用机打随附单企业45户，超额完成了年初确定的任务指标，进一步提高了酒类随附单使用率，促进了全市酒类流通溯源制度的落实。

（彭　峰）

【2011年酒类商品消费保持平稳增长】2011年继续在全市大中型酒类生产、批发、零售和餐饮企业中开展酒类流通行业信息监测工作，监测样本企业60家，监测酒类单品167个，涉及白酒、啤酒、葡萄酒、进口酒、黄酒和果露酒等六大类。监测数据显示：2011年60家企业酒类商品销售量为221.64万千升，同比上升0.21%，销售额为218.5亿元，同比上升18.59%，酒类商品消费保持平稳增长；酒类商品年利润总额为16.46亿元，同比上升35.58%；实现税收收入22.75亿元，同比上升1.82%；酒类商品经营直接从业人员2.3万人。

（张静婵）

流通秩序概述

——加大规范和整顿力度，努力构建良好市场环境

2011年，按照全市商务工作部署，进一步规范流通领域市场经济秩序，努力创造公平竞争的市场经济运行环境和安全健康的消费环境，促进首都经济的发展。

加强零售促销监管。一是设专人收集各类载体的促销信息，对不规范的促销活动，及时与企业沟通，有效地预防违规促销活动的开展；二是继续贯彻落实规范促销管理办法，强化企业规范促销意识；三是加强对零售企业促销行为的监督检查，建立了重大活动、重要会议、国家法定节假日期间的市场促销检查机制，及时纠正不规范促销行为，对规范市场秩序起到了良好的提示和警示作用，消费者对促销活动的投诉明显减少，社会各界反映较好。

持续开展打击侵犯知识产权和制售假冒伪劣商品专项行动。一是建立多方协调联动机制，实施行政执法与刑事司法有效衔接，开展跨部门合作交流，实现区域监管无缝衔接；二是对政治敏感地区、重要窗口形象地区及重点问题点位进行反复检查，实行销账式监管；三是将专项行动督查工作与行政效能监察工作有机结合，有效地提高行政执法效能；四是大力宣传和普及知识产权知识，及时曝光违法典型，宣传报道专项行动的进展和成果，营造良好社会氛围。专项行动取得了实质性成效，进一步净化了市场环境，

企业增强诚信守法意识，形成了重视知识产权保护的社会氛围。

开展单用途商业预付卡专项治理。根据商务部部署，市商务委印发了《北京市单用途预付卡专项检查方案的通知》，并对本市单用途预付卡发卡规模大、用卡占比高的商业零售、餐饮、美容美发、洗染等企业进行了专项摸底调查。通过深入企业调研、企业座谈、现场检查等方式强化了对商业预付卡和预付资金的规范和监管，逐步规范商业预付卡市场监管不严、违反财务纪律、缺乏风险防范机制等突出问题。企业的发卡数量与上年同期相比一般减少了25%～80%。

规范发展大宗商品交易市场。经过规范和整顿，各交易市场稳步发展。交易品种多样化，建立了指数体系，构建了信息发布体系，形成覆盖全国的物流体系，提高生产组织和配置能力。据统计，17家大宗商品交易市场在全国设置了160余家交收仓库，建立了近20家分公司。

加强药品流通行业政策引导。积极参与本市医药卫生体制改革相关工作，加强对药品流通行业的调研，组织70余家药品流通企业开展药品流通行业统计工作，并参加商务部的药品统计直报。根据商务部的部署，制定了《北京市药品流通行业发展规划纲要(2011—2015)年（征求意见稿)》，研究提出“十二五”时期药品流通行业发展的目标和措施，进一步推进药品流通行业结构调整，建立惠农便民药品供应网络和保障体系，促进药品现代物流和连锁经营等现代流通方式发展。

——积极培育发展新型消费，促进消费增长

引导绿色消费，在扩大内需中培育新的增长动力，培育新兴消费支撑点，保持消费对经济发展的持续拉动作用。

开展高效节能家电产品促销试点工作。为提升市民节能环保意识，扩大节能家电消费，在全国率先开展北京市高效节能家电产品促销试点工作，通过对购买国家家电“以旧换新”产品范围中能效标识为一级、二级节能家电产品的单位和个人给予经费补贴的方式，引导绿色消费。试点工作取得初步成效，一是扩大了高效节能家电消费；二是促进了节能减排；三是引导消费结构升级。截至年底，受惠家庭超过11.1万户。

开展信用消费试点工作。为鼓励商家与商业银行、担保公司扩大信用销售的合作范围和商品种类，增加居民有效消费需求，市商务委、市财政局组织开展信用消费试点工作。信用消费试点推动了消费增长，缓解了消费者资金紧张的问题，增强了消费者的信用消费的意识。据统计，五家试点企业的信用消费额已占到消费总额的7.7%以上，高于国内3.3%的平均水平。

支持商贸企业扩大信用销售。充分发挥信用保险的风险分担和信用提升功能，利用中央财政对内贸信用险进行补助，有效降低了企业投保成本，扩大了信用销售数量，对企业开拓市场起到了积极作用。2011年92家投保企业与2 180家企业开展国内贸易信用保险业务，向保险公司缴纳保费4 623万元，获得内贸信用险财政补助2 035万元，实现信用销售415亿元，共计2 184家中小商贸企业受益；16家企业通过保单获得银行融资14.16亿元，为缓解企业融资难题发挥积极作用。

——强化节能管理，推动节能降耗工作

以节能降耗工作为重点，引导企业加快

节能技术改造，扩大节能产品市场占有率，充分挖掘企业节能潜力，增强企业的可持续发展能力。

积极推进合同能源管理。一是宣传合同能源管理相关政策、知识，组织参观示范项目，搭建与合同能源管理服务企业相互交流洽谈的平台；二是召开“公共建筑节能技术推广会”，聘请有关专家讲解节能改造方面知识；三是转发《北京市合同能源管理项目财政奖励资金管理暂行办法》，推动合同能源管理工作。

推广节能产品进超市工作。创新节能产品推广机制，有效提升节能产品市场占有率，开展“节能产品推广示范店”创建活动，54 家家电销售门店参与活动。在此基础上，积极推进“节能产品进超市”工作，确定四家企业建立节能超市，解决了节能产品推广难题。

开展商场节能改造工作。2011 年度，本市 7 家商场完成节能改造工作，更新改造照明面积45 172平方米，改造空调涉及制冷量9 819冷吨，更新改造电梯 68 部。根据节能量验收测算，改造项目年节电总量 505 万度，折合减少标准煤消耗2 040吨，平均节电率达到 33.46%。

——提高服务意识，提升服务水平

从强化诚信意识、提升服务语言能力、营造良好环境入手，提高行业的服务水平，充分展示首都商业的良好形象。

开展“餐饮行业店堂展示大赛活动”。全市 300 多家企业参加活动，参赛企业以“以人为本”为宗旨，对店堂布局进行调整改造，不断优化与国际大都市相适应的消费环境。同时，不断完善服务功能，提升服务品质，充分展示首都商业风采，提升首都商业的知名度和美誉度。大赛共收集到作品8 000多幅，最后经专家组评审，选出 500余幅作品入选画册。

推进商业服务业国际语言环境建设工作。根据市外办工作部署，对本市商业服务业企业“十二五”期间提升外语服务水平工作进行整体规划安排。在商业服务业中继续加强外语服务水平提升和中英文标识规范工作，营造国际语言建设环境。组织开展了“2011 年北京市民讲外语活动优秀团体及典型人物网络评选活动”和商业服务业外语游园会分会场活动。

开展“诚信兴商”宣传月活动。按照商务部等十六个部门有关文件精神，市商务委在商业服务业企业广泛开展了诚信经营宣传活动，引导企业加强行业自律，营造良好商业氛围，巩固信用体系建设，促进经济与社会和谐发展。一是会同有关部门在首都非公有制经济领域率先开展“文明企业，共铸诚信”主题活动；二是各区（县）商务委行业协会开展了主题宣传活动，发出诚信兴商倡议、承诺签字等活动，扩大了舆论宣传范围；三是商业企业把自我监督与发展的内生动力结合起来，加强企业自律。

（褚庆丰）

【高效节能家电促销试点工作启动】 2011 年 9 月 3 日，市商务委、市发改委等部门联合举行“换购节能家电享受双重补贴”北京市高效节能家电产品促销试点工作启动仪式，部署促销试点工作，明确相关要求。各销售企业设立了咨询服务台，完成了对销售人员的培训，试点工作有序展开。

（褚庆丰）

【高效节能家电促销活动拉动消费增长】 从 2011 年 9 月 1 日至 2012 年 2 月 29 日，全市

29家零售企业共销售高效节能家电104.58万台，补贴资金约28 841万元，拉动消费约41.53亿元。五类高效节能家电占同类家电品种销售额的62%，拉动家电销售比去年同期增长36%。

（褚庆丰）

【高效节能家电促销活动促进节能减排】据初步测算，促销试点工作共销售104.58万台节能家电，与非节能家电相比，每年可节电约2.6亿度，折合标煤约8.6万吨，减排二氧化碳2.51万吨，减排二氧化硫0.75万吨，减排氮氧化物0.37万吨，减排碳粉尘6.95万吨。

（褚庆丰）

【开展信用消费试点】2011年9月3日，市商务委与市财政局联合召开信用消费试点工作启动仪式。强调，政府部门是开展信用消费的倡导者，要积极鼓励、支持、推动银行和商贸企业加强合作，引导消费者转变消费观念，培养健康的信用消费习惯，加大宣传和推广力度，营造信用消费的良好环境和社会氛围；希望商贸企业主动探索开展信用消费，为消费者提供多种消费方式，希望金融机构提供配套金融服务，努力提高服务水平。

（褚庆丰）

【开展“绿色消费日”主题活动】2011年6月12日，市商务委、市发改委联合举办“北京市节能宣传周‘绿色消费日’主题活动暨北京市‘节能产品推广示范店’创建活动”，部署节能产品推广示范店创建活动。苏宁电器发出“争做推动绿色消费排头兵”的倡议，四家节能超市开展“选购节能产品，走进节能超市”优惠促销活动，加深消费者的绿色环保观念，推动全市节能减排工作开展。

（褚庆丰）

【20家单位荣获市三八红旗集体】2011年“三八”节期间，市妇联、市人力资源和社会保障局、市总工会联合表彰了一批北京市“三八”红旗集体和“三八”红旗奖章获得者。其中，市商务系统有20个集体和15名人员荣获北京市“三八”红旗集体和北京市“三八”红旗奖章称号。

（褚庆丰）

【“老外眼里的活动雷锋”】2011年，市外办和市民讲外语活动组委会在全市窗口行业开展的“首都国际语言环境建设工作典型人物——老外眼中的活雷锋”推荐评选活动中，有8位个人获得“老外眼中的活雷锋”称号，其中，商务行业的燕莎友谊商城营业员李萌、全聚德餐厅服务员凭借自己的外语优势，因为居住在北京的外国人提供贴心服务而荣获这一称号。

（褚庆丰）

储备调控概述

2011年以保障市场供应为出发点，以突破市场供应风险管理的难点为切入点，提升保障水平；紧抓重要会议和重大活动服务保障，提升服务水平；确保了本市生活必需品市场平稳运行，有关行业规范有序，服务保障安全顺畅。

一、准备充分，应对有序，保障市场供应稳定

（一）强化市场监测，掌握供应情况

按照“准确监测，全面分析，科学预测，快速反应”的原则开展生活必需品市场监测工作。在做好范围涵盖屠宰加工、批发、零售、社区销售4种业态99家企业，粮油、肉蛋、蔬菜、食盐等12大类生活必需品71种商品的日常监测工作基础上，进一步强化敏感时期和节日期间市场监测，采取实地实时监测以及重点联系批发市场运销大户等方式，对本市重点市场的粮油、蔬菜等重要生活必需品进行监测。根据工作实际需要，临时增加了应对食盐抢购，周末车载蔬菜市场，猪肉和牛羊肉市场调控期间的市场监测，为政府采取市场调控，保障供应稳定提供了决策依据。

（二）加强产销区域合作，保障货源有效供给。

充分发挥大型生产、批零等企业的市场主导作用，积极组织货源，满足市场需求。通过加强产销区域合作、保障生活必需品货源有效供给。2011年1月至3月，开展了“七省区市保障春节期间首都市场蔬菜供应联合行动”，日均蔬菜上市量增加2247吨，增幅10.3%。8月份，组织新发地、物美集团等5家蔬菜供应骨干企业参加了商务部、财政部“南菜北运”产销衔接会，并签订了77万吨蔬菜购销意向协议。12月份启动“九省区市保障冬季首都市场蔬菜供应暨服务产区菜农服务首都市民联合行动”。截至2012年3月15日活动结束，累计增加蔬菜供应总量约28万吨，日均增加2887吨，增幅12.5%。

（三）多措并举，多方联动，及时平息食盐抢购风波

3月17日，本市部分区（县）出现食盐抢购，部分超市、零售门店食盐断货。市委市政府高度重视，市领导多次作出重要批示，有关领导亲临第一线组织指挥和调度。市商务委利用以京客隆、物美、超市发等内资连锁超市，家乐福、沃尔玛、华堂、迪亚天天等合资连锁超市为主的“3+4”模式的应急投放网络，经过市相关部门、区（县）政府和企业的共同努力，本市食盐市场供应、销售迅速恢复正常。3月17日至22日，6天时间累计向市场投放食盐政府储备6 298吨，相当于全市39天的正常销售量。

（四）做好生活必需品政府储备增储、检查和管理工作

增加蔬菜政府储备规模，强化储备轮换机制。2011－2012年度，本市蔬菜政府储备规模增加一倍。严格政府储备商品检查，确保足额到位，质量合格。检查历时数月，跨越七省区市，行程数千公里。落实政府储备制度，完善政府储备应急保障机制。规范了协议文本，统一了承储期限，续签了活猪、牛羊肉、鸡蛋、食糖等政府储备协议。

（五）建立骨干企业联动机制，维护市场供应稳定

为加强应急保障组织领导，夯实应急保障基础，提升应急响应能力，建立了生活必需品骨干企业联动机制。确定了16区（县）和35家包括承储、屠宰、批发、仓储以及零售骨干企业的应急保障工作人员，进一步明确了各单位责任。要求骨干企业按照能够满足平日7—10天、重要节假日和重要时期10－15天的销售规模增加企业经营库存，以切实发挥在保障市场供应、维护市场稳定的主力军作用。

二、规范管理，提升水平，保障市场供应安全

（一）全面完成“放心肉”服务体系建设试点工作

开展“放心肉”服务体系试点建设实施工作，12月20日通过有关部门和专家组的验收，形成了以屠宰企业为核心，向上关联

养殖场信息、向下追溯至零售终端全程信息追溯链，实现了“来源可追溯、去向可查证、责任可追究”，形成了安全的供应保障渠道。

（二）强化监管，严把市场准入关

从生猪定点屠宰企业设施、设备、人员、管理、屠宰和检验方面全面审核，完成了生猪定点屠宰企业审核换证“回头看”工作。认真审核了因搬迁新建的北京宇航肉联加工有限公司设立生猪屠宰厂规划，密云县政府颁发了生猪定点屠宰证牌。组织生猪屠宰企业肉品品质检验人员培训，进一步提高屠宰行业人员的业务水平，为生产安全、放心的肉品提供了基础条件。

（三）加强重点环节监管，切实履行职责

加强对屠宰企业的监督管理，深入开展打击私屠滥宰强化肉品卫生安全专项治理行动，对定点屠宰企业重点环节进行驻厂监督检查，督促企业规范经营。继续落实生猪屠宰环节无害化处理补贴制度。

（四）巩固工作成果，继续开展低钠盐推广工作

按照市领导在2010年低钠盐推广工作情况报告上关于“此事做得很好，要继续完善并坚持下去”的批示精神，2011年，继续在全市范围开展推广使用低钠盐的工作。借鉴2010年政府推广475克低钠盐的成功经验，加大宣传力度，方便市民购买低钠盐，在27家连锁超市所属的879家终端门店中设置专柜，销售低钠盐。全年销售低钠盐10 000吨，同比增长26.6%。

（五）加强成品油行业管理，确保市场供应

加强市场监测，对中石油、中石化所属680座加油站建立了周报制度，及时掌握市场动态，确保市场供应。制定《北京市商务委员会关于加油站规划确认有关问题的通知》，进一步规范了审批程序。认真做好年检工作，共有1 059家原油、成品油经营企业通过了年检。加强部门协作，参与市政府与中石油、中石化战略协作框架协议及燕房合作、北京石油交易所等有关项目的落实推进工作。结合实际情况，推进非油品业务发展。

（六）加强应急和风险管理基础性工作，提高应急工作水平

充实应急商品数据库。本市应急商品数据库企业达到40家，超过了商务部规定的样本企业不少于34家的标准。重新梳理应急供应体系。对原东城、西城、崇文和宣武四城区合并后的应急供应体系进行了梳理，涉及6个城区商务部门、12个应急投放集散地、236个应急投放网点。圆满完成防汛工作。按照市防汛抗旱应急指挥部的要求，成立了市商务委防汛抗旱应急领导小组和防汛办。修订完善应急预案。并督促生活必需品承储企业制定相应的应急供应（装运）预案。

（赵卫东）

【九省区市保障冬季首都蔬菜供应】为进一步落实党中央、国务院“保供稳价”要求，我委与河北省、海南省、云南省、山东省、甘肃省、内蒙古自治区、宁夏回族自治区、广西壮族自治区等八省区供京蔬菜主产地政府共同采取了联合行动，服务产区菜农，服务首都市民，保障冬季首都市场蔬菜供应稳定。“联合行动”于2011年12月10日启动至2012年3月15日圆满结束，累计增加蔬菜供应总量约28万吨，日均增加2 887吨，

增幅12.5%。

（杨世巍）

【召开应急保供骨干企业会议】2011年12月21日，我委组织召开应急保供骨干企业会议，部署“元旦”、“春节”，北京和全国“两会”期间的市场供应工作。会议要求骨干企业：①提升责任意识，认真贯彻落实政府市场调控政策和措施；②充实企业库存，按照能够满足平日7—10天、重要节假日和重要时期10—15天的销售规模增加企业经营库存；③开展储备检查，确保政府储备商品足额到位，质量合格；④维护市场秩序，不炒作、不涨价；⑤加强宣传引导，维护市场供应稳定；⑥强化市场监测，及时报告市场供应异常波动情况。

（杨世巍）

【开展政府储备检查】针对食盐抢购现象，按照市领导指示要求，2011年3月下旬至6月上旬，我委全面开展生活必需品和商务委承担的应急物资、重要农业生产资料和防汛物资政府储备大检查。按照我委与承储单位签订的储备协议要求，实地检查承储企业、储备商品、储备基地情况，确保政府储备“储得住，管得好，调得出，用得上”。2011—2012年度，我市蔬菜政府储备规模增加一倍。

（杨世巍）

【参加商务部越冬蔬菜产销衔接会】2011年8月23日，我委组织新发地、大洋路、顺鑫石门、物美集团、方圆平安等5家蔬菜供应骨干企业参加了商务部、财政部“南菜北运”产销衔接会。衔接会上，5家骨干企业与海南省、云南省和广西壮族自治区蔬菜农合组织签订了77万吨蔬菜购销意向协议，为保障首都冬季蔬菜市场供应奠定了基础。

（杨世巍）

【轮换蔬菜政府储备】2011—2012年度蔬菜政府储备期间，5家承储企业的蔬菜储备共轮换100余次，向市场轮出蔬菜90 920吨，轮出蔬菜主要投放批发市场和连锁超市，其中春节和全国“两会”期间各轮换8次，分别轮出蔬菜2 910吨和9 340吨。在政府没有启动蔬菜政府储备应急供应情况下，承储企业正常轮换政府储备蔬菜，不仅降低了蔬菜损耗，确保储备蔬菜质量，还有力地补充了市场货源，保障了冬季市场供应稳定。

（杨世巍）

【蔬菜储备得到国家四部委领导肯定】2011年3月1日，国家发展改革委、财政部、农业部和商务部等国家四部委在京联合召开关于建立北方大城市冬春蔬菜储备制度工作会议。我委刘行苍副巡视员代表北京市在会上作了典型发言，介绍开展冬春蔬菜储备工作的经验和主要做法。我市在全国率先建立蔬菜政府储备制度和开展的相关工作得到国家四部委领导的充分肯定。

（杨世巍）

【“放心肉”服务体系建设试点正式运行】

北京市“放心肉”服务体系建设试点工作经过六个月的建设，于2011年12月通过专家论证和有关部门验收正式投入运行。试点范围涉及我市北京顺鑫农业股份有限公司鹏程食品分公司、北京第五肉联厂、北京二商大红门肉类食品有限公司三家生猪定点屠宰企业、北京八里桥农产品中心批发市场、北京锦绣大地鑫源肉类批发市场、北京大洋路农副产品批发市场三家批发市场及北京家乐福商业有限公司、北京超市发连锁股份有限公司两家大型连锁超市，形成了以屠宰企业为核心，向上关联养殖场信息、向下追溯至零售终端全程信息追溯链，实现了来源可追溯、去向可查证、责任可追究，形成了安全的供应保障渠道。

（赵虹珍、侯学群）

【加强生猪定点屠宰企业监管】 为贯彻落实《国务院办公厅关于严厉打击食品非法添加行为切实加强食品添加剂监管的通知》精神，结合生猪定点屠宰企业审核换证回头看和专项整治工作，加大对生猪定点屠宰企业的监督检查力度，对生猪采购、入厂检验、屠宰、发货及销售等重要环节严格进行全面检查，督促企业严格落实“三项纪录，六项制度”，严防定点屠宰厂制售病害肉，确保出厂肉品质量安全。

（赵虹珍、侯学群）

【加强病（害）猪无害化处理监管】 按照商务部《生猪定点屠宰厂（场）病害猪无害化处理管理办法》和《北京市屠宰环节病害猪无害化处理财政补贴资金管理办法》的要求，市商务委利用远程监控等手段，对我市14家生猪定点屠宰企业无害化情况实施实时监控。对于生猪定点屠宰企业申报的无害化数量，严格核实，积极配合市财政局落实病害猪损失补贴和无害化费用补贴资金。2011年共审核企业申报病害猪无害化处理4万多头，落实补贴资金1 692万元。

（赵虹珍、侯学群）

【开展生猪屠宰从业人员培训工作】 为提高我市生猪屠宰行业从业人员素质，保障肉品生产质量安全，根据商务部《全国生猪屠宰行业培训方案》的要求，按照分级管理、分类培训、分阶段实施的原则，我委组织二期全市生猪定点屠宰企业肉品品质检验人员培训，共169人参加，参加者通过考试取得上岗资格。各区（县）商务委分别对辖区内生猪定点企业屠宰技术工人进行了培训。通过培训进一步夯实从业人员实践操作基础，为生产安全、放心的肉品提供了基础条件。

（赵虹珍、侯学群）

【加强食品安全督查】 根据市政府对食品安全的统一安排部署，市商务委牵头组织有关部门共同对我市昌平区、延庆县及北京西站地区进行了食品安全督查。通过食品安全督查，总结了经验，发现问题及时整改，有力地保障地区食品安全。

（赵虹珍、侯学群）

【圆满完成重要会议的供应服务保障工作】 2011年圆满完成全国“两会”、中央全会、中央专项工作会、全国政协常委会、全国政协新春茶话会、北京市“两会”以及北京国际电影季、北京铁人三项世锦赛和“两岸四地中国戏曲艺术传承与发展·北京论坛”等20余次重要会议和重大活动的供应服务保障工作，受到主办方的普遍好评和表扬。

（邵　兵）

【迅速平息本市食盐抢购风波】 受部分省市出现抢购食盐与食品现象的影响，从2011年3月16日晚开始，本市部分区（县）发生食盐供应波动、市民集中大量购买等情况，部分超市、零售门店食盐断货，供应紧张。在市委、市政府统一指挥和调度下，市相关部门和各区（县）政府密切配合，迅速启动生活必需品应急供应保障机制。经过区（县）商务部门、市盐业公司和我市主要连锁超市的共同努力，6天时间累计向市场投放食盐6298吨，相当于全市39天的正常销售量，迅速平息了食盐抢购风波。本市食盐市场供应、销售于3月21日基本恢复正常。

（邵　兵）

【完善生活必需品市场监测制度】 按照“准

确监测，全面分析，科学预测，快速反应”的原则开展生活必需品市场监测工作。已形成了较为完善的生活必需品市场监测制度，监测范围涵盖屠宰加工、批发、零售、社区销售4种业态99家企业，粮、油、肉、蛋、菜、盐、糖等12大类生活必需品71种商品。监测体系能够根据需要，适时扩大监测商品范围和缩短监测时间，做到早发现、早防范。

（叶卫东）

【全力做好生活必需品监测信息报告工作】 坚持了生活必需品市场监测日报、周报制度。进一步提升分析能力，定期上报市场供应信息，撰写生活必需品市场季度运行报告，分析运行特点和市场走势，为政府的市场调控提供客观依据和有力的信息支持。全年共报送日报、周报、相关信息、运行分析报告等300余期（篇）。

（叶卫东）

【增加商务部应急商品数据库样本企业】 根据商务部的要求，结合我市的实际情况，及时调整和充实了应急商品数据库。应急商品数据库样本企业已达到了40家，超过了商务部规定34家的要求。相关企业共涉及粮油、矿泉水、方便面、饼干、棉被和消毒液等23类商品，在应对突发公共事件中发挥了积极的作用。

（叶卫东）

【完成了生活必需品应急预案修订】 为建立健全应对生活必需品市场供应突发事件的预警和应急机制，有效预防和及时消除因突发事件引发的生活必需品市场异常波动，满足居民日常基本生活需要，维护市场稳定。根据市应急委的要求，按时完成了预案的修订完善、报批、发布及报备工作。

（叶卫东）

【健全了防汛抗旱组织】 按照市防汛抗旱应急指挥部的要求，及时成立了市商务委防汛抗旱应急领导小组和防汛办。为应对可能发生的极端天气，做好防汛物资储备及应急调拨的准备工作，防汛办全员动员，进入应急状态。重新梳理应急调拨流程，落实措施、责任到人。同时要求防汛物资承储企业进一步完善应急预案，成立应急指挥组，积极做好防汛物资应急调拨的准备工作，确保防汛物资“响应及时、供应顺畅”。

（叶卫东）

【建立了生活必需品骨干企业联动机制】 为充分发挥生活必需品骨干企业的优势和积极作用，更好地稳定和管理好市场供应预期，做好本市生活必需品市场供应和应急保障工作，建立了市区商务部门和35家生活必需品骨干企业的联动工作机制。进一步明确骨干企业在加强市场监测、充实企业库存、加强储备管理、建立应急预案、维护市场秩序等方面的责任，重点通过提高企业商业库存，切实发挥骨干企业在保障市场供应，维护市场稳定中的主力军作用。

（叶卫东）

【对加油站规划确认问题进行了明确】 根据《成品油市场管理办法》及《北京市加油站审批管理程序的规定》配套下发了《北京市商务委员会关于加油站规划确认有关问题的通知》，明确了范围、程序及要求，进一步规范了审批程序。

（李洪臣）

【完成成品油原油审批（核）工作】 全年审批成品油零售经营企业行政许可147件，初审成品油批发、仓储及原油经营资格行政许可事项15件。

（李洪臣）

【完成原油成品油企业年检工作】 2011年，全市共有1 015家原油、成品油经营企业通过了年度资格检查，其中成品油零售企业947家，成品油批发企业57家，成品油仓储企业2家，原油经营企业9家。

（李洪臣）

【全市成品油销售量同比增加】 2011年，全市成品油表观销售量为731.94万吨，同比增加6%，其中：汽油321.05万吨，同比增加4%；柴油410.89万吨，同比增加8%。

（李洪臣）

安全监管概述

2011年商务行业安全监管工作，在委党组的高度重视和正确领导下，紧紧围绕建设“中国特色世界城市”、“打造国际商贸中心”工作要求，按照“便民利民、促进发展、服务全国、辐射世界”的商务工作方针，以“夯基础、固成果、保安全”为目标，认真谋划、全面部署，狠抓各项工作落实。行业未发生较大以上生产安全事故，保证了行业安全生产形势的持续稳定。全年市、区商务部门共出动安全生产执法检查人员23 557人次，检查经营单位9 951家次，发现并消除安全问题隐患6 949起，行政处罚31起，罚款221 300元，移送相关部门安全生产违法行为101起。

2011年，市商务委荣获“北京市安全生产工作优秀单位”、“北京市消防工作先进集体”、“首都社会管理综合治理先进单位”及“北京市安全生产月活动优秀组织奖”和“最佳实践活动奖”等奖项。

——加大执法力度，安全生产责任进一步落实

一是深刻吸取“411”朝阳区燃气爆燃事故、“425”大兴区重大火灾事故和西城区“75”地铁事故教训，印发了《关于进一步加强商务行业安全生产工作的通知》、《关于做好当前商务行业安全生产工作的紧急通知》和《关于组织开展商务行业安全生产大检查工作的紧急通知》，组织在全市商务行业开展了“抓安全、查问题、改隐患”安全生产大检查工作。

二是组织开展了全市商务行业安全生产联合执法检查。协调市安监、消防、住建和民防五部门组成联合检查组，分别对朝阳区和海淀区的50家重点商业零售和餐饮经营单位开展联合执法检查。

三是根据《北京市安全生产“护航”联合行动方案》的部署，由市商务委牵头，会同市安监局、市消防局和市工商局，在全市范围内开展了商场、超市安全生产专项联合检查活动。

四是根据《北京市开展严厉打击非法违法生产经营建设行为专项行动工作方案》要求，制定了商务行业“打非”工作方案，在全行业组织开展了“打非”专项检查工作。

五是根据市防火委《火灾隐患排查整治专项行动方案》、《清剿火患战役暨消防平安二号行动工作方案》、《北京市2011至2012年度冬春季火灾防控专项行动方案》部署，组织区（县）商务部门在规模以上商业零售、餐饮经营单位开展了火灾隐患排查整改工作和区、市级火灾挂帐隐患的督促整改工作。

六是根据市政府召开的“地下空间综合整治工作”专题会要求，集中组织对利用地下空间经营的商业零售和餐饮经营单位进行了专项检查。

七是根据市政府转发《市市政市容委关于开展燃气安全隐患排查治理专项行动工作方案》，配合相关部门组织开展了餐饮经营单位燃气安全使用专项检查。

八是根据国家商务部下发《关于开展商贸领域安全生产大检查的通知》，组织区（县）商务部门集中开展了商场超市安全生产专项大检查。

九是根据市应急委《关于加强第一届北京国际电影季期间全市风险控制和值守应急工作的通知》要求，组织对电影季展映影院周边规模以上商业零售、餐饮经营单位集中进行了安全生产大检查。

——加强宣传教育，安全生产意识进一步增强

一是制定了两个"安全生产规定"施行四周年宣传教育活动工作方案，组织商业零售、餐饮经营单位开展以"贯彻落实法规，增强安全意识"为主题的宣传活动，进一步增强了企业落实安全生产主体责任的积极性和主动性。活动期间，全市商务部门共发放宣传材料11 500余份，培训人员1 300人次。

二是制定了《商务行业 2011 年"安全生产月"活动方案》，在全市商务行业开展了以"落实安全责任，保障商务发展"为主题的商务行业"安全生产月"系列活动。市商务委举办了全市商务行业安全生产大课堂活动。

三是制定了《商务行业宣传贯彻北京市安全生产条例工作方案》、《商务行业宣传贯彻北京市消防条例工作方案》，并召开全市商务行业宣传贯彻工作会议，进行部署和安排。

四是组织开展了安全生产法规培训班。市安监局、市消防局有关专家对区（县）商务部门、市商务执法监察大队及部分大中型商业零售、餐饮企业集团负责人进行了《北京市安全生产条例》、《北京市消防条例》培训。

五是开展对大中型商业零售、餐饮企业集团安全生产分类培训指导工作，市商务委分别集中对永辉超市、湘鄂情、乐购超市、乐天玛特、俏江南、国美、苏宁、大中和海底捞等 9 家连锁企业集团进行了安全检查和分类指导培训，共培训了 312 家门店的店长和安保部长 497 人。

全年全行业共开展安全生产宣传活动 144 次，发放宣传材料 19.4 万份，组织培训 103 次，受训人员 2 万人次，指导企业开展应急演练 1383 次。

——加强重大节日和重要活动期间的保障，确保了节日和重要活动期间行业安全

元旦、春节、期间，制定了《商务行业 2011 年元旦、春节安全生产工作方案》、《商务行业 2011 年元旦春节烟花爆竹安全管理工作方案》，及时召开区（县）商务部门会议进行安排部署，并启动了重大节日领导带队检查安全生产工作机制。"两节"期间，市商务委出动检查人员 154 人次，检查经营单位 86 家次；发现并消除安全隐患问题 57 个，发放烟花爆竹安全管理宣传光盘 150 余份，确保了节日期间商务行业安全生产形势稳定。

全国"两会"期间，市、区商务部门制定了安全生产执法检查工作方案，采取联合、分片、分区、拉网等多种检查形式，对全国"两会"代表驻地 200 米范围内规模以上商业零售、餐饮经营单位进行专项执法检查，及时消除安全隐患，全力保障了全国

“两会”期间商务行业安全稳定。“两会”期间，全市商务部门共出动执法人员2 381人次，检查经营单位1 303家次，发现并消除安全隐患问题648个。

“五一”、“七一”期间，市、区商务部门组织对重点区域、重点商业经营单位开展了安全生产检查，及时督促企业消除了隐患问题。

中秋、国庆期间，制发了《关于做好2011年中秋、国庆期间商务行业安全生产工作的通知》，并组织对繁华商业街区、景区周边商业经营单位进行了安全生产集中检查。国庆节期间，市商务委出动执法检查人员150余人次，检查规模以上经营单位56家，发现并消除安全隐患问题59个。

同时，还积极参与了各地商品大集、第三届中国北京服务贸易大会、“时尚香港·北京大集”和2011拍卖季等重大商务活动的安全保障工作。

——加强综治工作，全力维护商务稳定

一是推动委直属单位综治工作的落实。制定了《2011年市商务委综治工作要点》，召开会议对综治工作进行安排部署，委主管领导与直属单位负责人签订了《综合治理责任书》、《消防安全责任书》。

二是根据市流动人口管理办公室的工作要求，及时对委机关和直属单位流动人口、出租房情况进行了调查摸底，建立了市商务委流动人口和出租房管理档案。

三是开展综治联系点工作。我委首次承担了房山区阎村镇开古庄村综治联系点任务，为完成好帮扶工作，我们及时与联系点对接，联合房山区综治办、商务委两次到开古庄村进行了调研，积极研究帮扶措施，推动综治联系点工作开展。

（周友林）

【部署委系统综治工作并签订责任书】 2月16日，市商务委召开2011年社会治安综合治理工作部署会。委综治工作领导小组成员单位和13个直属单位负责人参加了会议。会议传达贯彻了2011年首都综治委第一次全会精神，总结了委2010年综治工作开展情况，部署了2011年综治工作和内部消防安全工作；委主管领导与各直属单位签订了《市商务委2011年度综治工作责任书》和《市商务委构筑社会消防安全“防火墙”工程责任状》。

（周友林）

【开展“两个规定”施行四周年活动】 为进一步宣传贯彻《北京市商业零售经营单位安全生产规定》和《北京市餐饮经营单位安全生产规定》，在“两个规定”施行四周年之际，即4月1至25日，市商务委组织全市商务部门开展了以“贯彻落实法规，增强安全意识”为主题，以“三个一活动”（即开展一次宣传日活动、开展一次培训活动、开展一次专项检查活动）为内容的全市商务行业“两个规定”施行四周年宣传教育活动。

（周友林）

【完成国际电影季期间行业安保工作】 按照市应急委《关于加强第一届北京国际电影季期间全市风险控制和值守应急工作的通知》要求，市商务委迅速启动重要活动时期领导带队检查安全生产工作机制。从4月25日至30日，组织对北京饭店、北京国际饭店、和平宾馆、国家大剧院、奥体中心和展映影院周边规模以上商场、超市和餐饮企业集中进行了安全生产大检查，及时消除安全隐患，全力保障了北京国际电影季期间商务行业安全生产形势稳定。

（周友林）

【组织商务行业百日安全生产大检查】针对“411”朝阳区燃气爆燃事故、“425”大兴区重大火灾事故。4月27日起，全市商务行业开展了“抓安全、查问题、改隐患”百日安全生产大检查活动。

（周友林）

【打击非法违法经营和建设行为】根据市安委会工作部署，4月28日至7月10日，市商务委组织开展了商务行业“打击非法违法经营和建设行为”专项行动。市、区商务委分别成立“打非”专项行动领导小组；制定了商务行业“打非”专项行动工作方案；确定“打非”专项行动的重点和内容。市商务委重点对朝阳区、海淀区、丰台区规模以上百家商业零售经营单位和百家餐饮经营单位开展了集中安全生产检查。专项行动期间，全市商务部门共出动执法人员3 445人次，检查经营单位1 046家，对发现的隐患问题及时进行了督促整改。

（周友林）

【举办商务行业安全生产大课堂活动】6月17日，市商务委举办了商务行业安全生产大课堂活动。区（县）商务委安全生产工作主管领导、科室负责人，以及部分大中型商业零售和餐饮企业集团负责人等共计130余人参加了大课堂活动。北京市安全生产大型公开课讲师团作了“落实安全生产责任，坚持安全发展”的讲座，讲座结合《国务院关于进一步加强企业安全生产工作的通知》、《市政府关于进一步加强企业安全生产工作的通知》和《北京市安全生产条例》的主要内容、要求及安全生产事故典型案例，对如何更好地落实行业安全生产监管责任和企业主体责任，及安全生产管理者应当具备的理念、能力，安全管理的主要风险和问题等，进行了深入地讲解分析。并对参加培训的人员进行了安全知识考试。

（周友林）

【组织开展商务行业安全生产大检查】为深刻吸取“75”地铁4号线安全事故教训，进一步做好商务行业安全生产工作，防止人员踩踏及各类生产安全事故发生，7月6日，我委及时印发了《关于组织开展商务行业安全生产大检查工作的紧急通知》，组织各区（县）商务部门、各经营单位开展了安全生产大检查。

（周友林）

【召开行业安全生产工作暨法规培训会】8月11日至12日，市商务委组织召开了2011年上半年全市商务行业安全生产工作暨法规培训会。各区（县）商务部门主管领导和科室负责人、市商务执法监察大队及部分大中型商业零售、餐饮企业集团负责人近100人参加。会议传达了全市安全生产和防火工作会议精神；对2011年上半年商务行业安全生产工作进行了总结并对下半年工作进行部署；区（县）商务部门进行了工作经验交流；结合新修订的《北京市安全生产条例》、《北京市消防条例》进行了专题培训。

（周友林）

【推广西城区安全生产联组工作】11月11日，市商务委组织召开了推广西城区商务行业安全生产联组建设管理工作座谈会，城六区商务部门主管领导及科室负责人参加。西城区商务委介绍了开展联组建设工作的主要作法和成效，市商务委要求在城区商务行业推广。安全生产联组是西城区商务部门为加强安全生产监管工作，提高企业安全生产工作的主动性和能动性，按行业、业态、区域，将规模以上商业零售和餐饮经营单位分别编组，建立的一种依靠企业自查自纠、自主约束、自我管理，互查互助、互相借鉴、互相促进，主动承担企业主体责任的安全生产自助组织。

（周友林）

【组织护航行动商场超市专项检查】 自12月14日起，按照市安委会安全生产“护航行动”的统一部署，市商务委牵头会同市安监局、消防局、工商局等部门组织开展了为期两个月的商场超市联合执法检查行动。共检查商场、超市52家，发现并督促整改隐患问题54个。

（周友林）

四、生活服务业和特殊流通行业

概 述

2011年是“十二五”规划的开局之年，也是北京建设有中国特色的世界城市和打造国际商贸中心的重要一年。生活服务业和特殊流通行业坚持实践科学发展观，紧紧围绕市委、市政府的中心工作和市商务委的重点工作，按照突出重点、兼顾全面的工作原则，狠抓落实，积极推进各项工作任务的完成。

一、家电以旧换新工作扎实推进

（一）开展了第四批家电以旧换新招标工作。2011年3月份，我委会同市财政局开展了第四次公开招标，新增了北京沃尔玛百货有限公司等6家企业北京市家电以旧换新销售及回收双重资质企业。家电以旧换新中标企业累计达36家。

（二）积极组织开展了家电促销活动。结合季节和市场销售特点，在今年春节、五一、十一期间，分别组织了2011迎新春时尚家电消费月、2011迎五一新品家电展销月和2011迎国庆节能绿色家电消费月活动。

（三）加强市场的监督管理。按照财政部、商务部《关于加强家电下乡、家电以旧换新监管防止骗补等有关问题的紧急通知》的要求，会同市财政局下发了《关于进一步加强家电下乡和家电以旧换新工作的通知》，明确建立了巡查制度，加大市场巡查。

（四）收旧、售新情况。2011年，回收旧家电240.8万台，销售新家电237.6万台，销售金额91.4亿元。家电以旧换新政策实施期间，本市家电以旧换新共回收旧家电473.2万台，销售新家电462.3万台，销售金额180.1亿元。

二、全面推进再生资源回收体系产业发展

（一）按照《北京市2011年推进生活垃圾处理工作折子工程》要求，当年新建309个回收站点，培育北京天龙天天洁再生资源回收利用有限公司、北京海川得益废品回收有限公司2家再生资源回收示范企业。

（二）“再生资源回收日”活动进展顺利。根据市委、市政府《关于全面推进生活垃圾处理工作的意见》，全年开展10次“再生资源回收日”活动、10次宣传活动，500余个回收站点参与，接待咨询10万人次，发放宣传材料近9.7万份，提高了全市居民向规范的回收站点交售再生资源的积极性。

（三）研究制定了《北京市关于加快推进再生资源回收体系建设促进产业化发展的意见》，已以市政府名义下发，指导全市开展再生资源回收体系建设。

（四）组织了北京市再生资源回收从业人员和管理人员培训。按照《财政部商务部关于下达2010年再生资源回收利用体系建设资金的通知》的安排，完成了两期共1 518学员的培训。

三、家政行业得到规范化发展

（一）制定指导意见，加强政策引导。作为北京市发展家庭服务业促进就业联席会议成员单位，我委参与制定了《北京市关于鼓励发展家政服务业的意见》（“家七条”）。

（二）开展“家政服务工程”工作。完成了2010年“家政服务工程”第二批验收工作，共培训合格11 427人，向25家“家政服务工程”培训机构发放补贴1 714万元。启动了2011年“家政服务工程”培训工作，全年培训8 000名家政服务员，特别是开展了月嫂、早教师和养老护理员等三类服务人员的培训。

（三）进一步完善“北京家政服务网”。新增在线客服功能、升级地图信息系统、网络标识征集评选、发展会员企业、提升网站排名等14项工作，新签约服务企业207家。

（四）做好家政服务体系建设工作。按照商务部《家政服务企业建设规范》的要求，由市区商务委、市家政服务协会组成验收小组对华夏中青等4家家政服务体系建设试点单位的基本条件、连锁店建设要求、经营和管理要求等项目进行严格检查验收。4家家政试点单位在京累计建立门店111家。

（五）支持家政服务协会开展工作。积极支持家政协会继续贯彻推广《家政服务组织等级划分与评定》标准，开展家政服务组织的等级评定工作，培育一批品牌家政服务组织，推荐引导星级企业加快与社区对接的步伐，引导家政服务行业规模化、规范化、品牌化发展。

四、规范促进生活服务业发展

制定了美发、洗染等服务业的《社区商业服务业提升引导规范（试行）》，推进社区商业便民服务工作，提升传统产业组织化程度和现代化水平，引导美容美发、洗染等居民服务行业连锁经营、规范发展。支持美发美容协会开展青工大赛，支持美发美容化妆品商会开展品牌建设活动。引导沐浴行业开展节能节水工作。与市公安局、市工商局、市卫生局联合印发了《关于开展发廊足疗场所专项整治的通知》，配合公安等部门开展严打整治规范行业场所经营行为的“411”行动和发廊、足疗场所专项整治行动。

五、继续开展中华传统技艺技能大师评定工作

2011年在商业、餐饮业、美发美容业、洗染业、摄影业、刻字业和服装业等7个行业评定了北京市商业服务业中华传统技艺技能大师20名。

六、注重加强内资融资租赁行业发展

根据商务部、国家税务总局《关于从事融资租赁业务有关问题的通知》精神，通过申报，旺世设备租赁有限公司、银丰租赁有限公司、京能源深设备租赁有限公司、金鼎租赁有限公司4家企业获商务部、国家税务总局第八批内资融资租赁试点企业。

七、研究建立老旧机动车更新淘汰长效机制，做好老旧汽车报废、以旧换新工作

（一）配合市环保局、协同各有关部门研究制定出台北京市老旧车淘汰更新方案，建立北京市老旧车淘汰更新长效机制。

（二）发放老旧汽车报废更新补贴资金。根据财政部、商务部公告规定，发放1 272辆老旧汽车报废更新补贴资金1 227.9万元。

（三）做好汽车以旧换新、汽车下乡数据收尾工作。下发通知并指导各区（县）商务委继续做好补贴发放手续办理和资金清算工作。

（四）加强报废汽车回收拆解行业管理。开展报废汽车回收拆解企业联合检查，根据实际情况和相关法规要求，进一步明确区（县）加强报废汽车回收拆解企业监管职责。

（五）完成报废汽车回收拆解企业升级改造工作。积极推进商务部报废汽车回收拆解升级改造试点项目，定期督促试点企业按计划安排逐步完成升级改造工作，保证项目顺利实施。

（六）结合我市报废汽车回收拆解行业现状，研究制定北京市十二五期间报废汽车回收拆解行业发展规划，明确未来五年我市报废汽车回收拆解行业发展方向。

八、引导二手车网上交易和拍卖交易，制定鼓励二手车外销奖励政策

通过公开征集和评选确定2个二手车网上交易平台项目。网上交易平台将采取拍卖方式，有助于提高二手车外埠交易量。

2011年，会同市财政局研究制定了支持政策，一是支持二手车网上交易平台建设，鼓励网上交易、拍卖等新型交易方式；二是开展针对外埠消费者的二手车外销抽奖活动；三是支持本市二手车经营企业扩大二手车外销。

九、加快拍卖行业发展，建立拍卖公共服务平台，培育龙头拍卖企业和艺术品拍卖市场

（一）举办第五届北京拍卖季活动。2011年拍卖季于2011年10月20日开幕，2011年12月底闭幕，共有103家参与。本届拍卖季是参与企业最多、拍品涉及范围最广、拍卖场次最密的一次。

（二）研究文物艺术品拍卖中心指标体系。确定将建立全球中国文物艺术品拍卖中心指标体系研究作为委领导重点课题，委托北京拍卖行业协会开展调研工作。

（三）开展拍卖年度核查。通过核查的企业共208家。本次核查加强了与工商部门的配合，进行与工商部门企业年检的衔接，有效地提高了企业的重视程度和核查的有效性。

（四）办理拍卖行政许可和备案事项。批准拍卖企业设立58家、批复事项变更73家、现场核查95家、换发拍卖经营许可证书134个、核查拍卖企业208家；批准典当企业设立47家、典当分支机构设立24家、批复事项变更59家、换发典当经营许可证108个、核查典当企业和外省分支机构170家；批准二手车鉴定评估机构设立2家、变更1家；备案品牌经销商12家、备案二手车交易市场1家、备案二手车经营主体1家。

十、进一步规范典当行业管理

（一）加强典当企业设立审核管理。2011年，批准典当企业设立47家、典当分支机构设立24家、批复事项变更59家、换发典当经营许可证108个。

（二）加强典当企业年度核查工作。对北京市2010年12月31日前取得《典当经营许可证》的164家典当企业及6家外省分支机构进行了年度核查。

（三）开展典当监管系统培训和试运行。于2011年2月组织开展了“全国典当行业监管信息系统”培训，并于2011年3月1日开始系统试运行阶段。北京市是全国首个开展培训并投入试运行的省市。

（四）开展房地产典当、绝当寄卖销售的专项调研工作。根据《商务部办公厅关于调研房地产典当业务情况的通知》要求，市商务委开展房地产典当业务情况调研。北京市从事房地产典当业务的典当企业126家，2008—2010年，房地产典当业务总额141.4亿元；本市典当企业设立绝当物品销售部的企业共有10家，占典当企业总数的6%；

设立绝当物品销售部24个。

（五）根据《商务部关于全国统一当票使用和管理的通知》（商建发〔2011〕49号）要求，及时研究制定“北京市当票的使用和购领、核销办法”，并下发了使用新的全国统一当票的通知，将此项工作向区（县）商务部门进行布置。

十一、圆满完成市人大、政协提案工作

2011年，先后完成了市人大、政协关于再生资源、租赁、家政等方面的17个建议和提案。

（张志刚）

【制发再生资源回收产业化发展意见】为贯彻落实《国务院办公厅关于建立完整的先进的废旧商品回收体系的意见》有关精神，加快建设与中国特色世界城市相适应的再生资源回收体系，促进产业化发展，市商务委牵头起草了《北京市加快推进再生资源回收体系建设促进产业化发展意见》，已以市政府名义下发，指导全市开展再生资源回收体系建设。

（张炳词、魏拓）

【广泛开展“再生资源回收日”活动】根据市委、市政府《关于全面推进生活垃圾处理工作的意见》，市商务委会同首都文明办、市市政市容委联合开展了以“做文明有礼的北京人，资源回收垃圾减量从我做起”为主题的“再生资源回收日”活动。分别举办了2011年“再生资源回收日”宣传活动启动仪式、“再生资源回收日”进社区、进农村、进学校宣传活动。全年开展10次宣传活动，500余个回收站点参与了活动，接待咨询10万人次，发放宣传材料近9.7万份，社会影响力日益扩大。

（张炳词、魏拓）

【新建309个再生资源回收站点】按照《北京市2011年推进生活垃圾处理工作折子工程》要求，市商务委积极推进再生资源回收体系建设。当年新建309个回收站点，培育北京天龙大天洁再生资源回收利用有限公司、北京海川得益废品回收有限公司2家再生资源回收示范企业。

（魏　拓）

【开展北京市再生资源回收体系建设考核】为加强对本市再生资源回收体系的规范化管理，提高再生资源集约度和回收再利用水平，按照《北京市再生资源回收体系建设考核办法（试行）》和《北京市商务委员会关于下达2011年再生资源体系建设任务的通知》的有关规定，市商务委组成了考核验收小组对16个区（县）商务委2011年再生资源回收体系建设情况进行考核。考核结果通报到各区（县）政府，作为市对区（县）再生资源回收体系建设支持的重要依据。

（张炳词、魏拓）

【组织再生资源回收人员培训】为进一步提高从事再生资源回收和管理人员素质、促进行业管理，市商务委举办了两期“北京市再生资源回收从业人员和管理人员培训班”，共培训1 518学员。通过培训，回收人员加深了对再生资源回收行业重要地位的认识，准确把握国家的行业支持政策，明确了未来的努力发展方向。

（魏　拓）

【配合开展了回收站点的安全整治工作】按照《北京市废品回收站点安全专项整治工作方案》的统一部署和任务分工，市区商务部门配合安监等部门开展了回收站点安全隐患的整治工作。通过专项整治，不但清除了再生资源回收站点的安全隐患，还推进了再生资源回收行业有序发展，减少了无序竞争，规范了回收站点的经营和管理。专项整治行动成效突显，市、区两级商务部门单独或联合有关部门开展执法检查，累计出动执法人员3 000人次，检查站点1 550多个，发现消除安全隐患 880 多个，取缔、清退、劝退、责令整改回收站点、场所、企业近1 000处，罚没暂扣清理废旧物品约 140 吨。

（张炳词、魏拓）

【开展第四批家电以旧换新招标工作】2011年 3 月份开展了第四次公开招标，新增了北京沃尔玛百货有限公司等 6 家企业北京市家电以旧换新销售及回收双重资质企业。推广实施期间，共确定家电以旧换新中标企业36 家，其中：回收和销售双重资质企业 24家（包括 3 家电子商务企业）、单纯回收企业 7 家、单纯销售企业 5 家；全市共设有旧家电回收网点 478 个，新家电销售网点2205 个，回收和销售网点遍布全市 16 个区（县）。

（张炳词、魏拓）

【家电以旧换新 200 万家庭享受实惠】本市于 2009 年 8 月 10 日在全国 9 个试点省市中率先启动家电以旧换新工作。2010 年 6 月份，在试点工作结束后本市继续推广实施家电以旧换新政策。家电以旧换新政策实施期间，本市家电以旧换新共回收旧家电 473.2万台、销售新家电 462.3 万台，销售金额180.1 亿元；兑付财政补贴 13.87 亿元，超过 200 万家庭从中受益。

（张炳词、魏拓、白晓枫）

【积极组织开展家电促销活动】结合季节和市场销售特点，在 2011 年春节、“五一”、“十一”期间，市商务委会同市财政局、市发展改革委、市环保局、市经济和信息委、市工商局、市质监局等部门分别组织了2011 迎新春时尚家电消费月、2011 迎五一新品家电展销月和 2011 迎国庆节能绿色家电消费月活动。全市参与家电下乡、家电以旧换新企业的2 000多家销售网点参加了活动，活动成效显著，达到了宣传惠民政策、促进家电销售、营造节日气氛的目的。

（魏拓、白晓枫）

【本市新增 4 家内资融资租赁试点企业】根据商务部、国家税务总局《关于从事融资租赁业务有关问题的通知》精神，通过申报，旺世设备租赁有限公司、银丰租赁有限公司、京能源深设备租赁有限公司、金鼎租赁有限公司 4 家企业获商务部、国家税务总局第八批内资融资租赁试点企业。

（魏 拓）

【又推出 20 名中华传统技艺技能大师】2011年是北京市商业服务业中华传统技艺技能大师评审认定的第三年。在前两年评定 40 名大师的基础上，2011 年在商业、餐饮业、美发美容业、洗染业、摄影业、刻字业和服装业等 7 个行业评定了北京市商业服务业中华传统技艺技能大师 20 名。

（张炳词、傅乐衡）

【认定 60 名中华传统技艺技能大师】北京市在 2009—2011 年，用三年时间在全市商业服务业认定了 60 名中华传统技艺技能大师。60 名大师来自北京市商业服务业的 9 个行业，45 个单位，其中 34 人出自老字号企业，女大师 12 名，他们都是行业发展的领军人物，具有丰富的从业经验、高超的技艺水平和高尚的职业道德，在业内具有较高的威望和影响力。

（张炳词）

【20 家门店被评为家政服务星级单位】按照

北京市地方标准《家政服务组织等级划分与评定》的要求，2010年北京市开始进行家政服务等级评定工作，评出首批家政服务星级单位18家；2011年又有20家门店被评为家政服务星级单位，其中五星级1家，四星级2家，三星级12家，二星级5家。全市星级家政服务单位累计达到38家。星级家政服务单位的评定对规范家政服务行业发展，提升企业经营管理水平起到了积极的推动作用。

（张炳词、傅乐衡）

【家政服务网站点击量达40余万次】“北京家政服务网”于2010年12月正式开通，为家政服务企业与消费者搭建了信息平台，提供了供需对接服务。一年多来，已有1 000余家企业加盟，其中家政服务企业745家；网站点击量达到40余万次，服务热线共受理咨询服务电话88 573次，收到家政服务、综合修理等服务订单1 198张。

（张炳词）

【“家政服务工程”年培训八千名员工】2011年，我市“家政服务工程”培训家政服务员8 000人，并启动了月嫂、早教师、老年（病人）护理员的培训。2009－2011年，按照商务部、财政部、全国总工会关于实施“家政服务工程”的要求，全市组织从事家政服务工作的城镇下岗人员、农民工进行免费技能培训，实现上岗就业，25家培训机构三年共培训2.8万人。

（张炳词、傅乐衡）

【北京市出台“家七条”】2011年5月，北京市人民政府办公厅印发了《关于鼓励发展家政服务业的意见》（简称“家七条”），北京市将加强政策引导，加大对家政服务业的扶持力度，支持大型家政企业运用连锁经营等方式向规模化、规范化和品牌化方向发展。成立了由市商务委、市人力社保局牵头，市财政局、市妇联和市总工会等部门参加的家政服务业指导工作小组，负责研究落实家政服务行业发展中的相关问题。

（张炳词）

【家政连锁经营试点单位运作良好】2010年，财政部、商务部决定在北京市等城市开展家政服务体系建设试点。我市确定北京华夏中青家政服务有限公司、北京市爱依家政服务有限责任公司、北京东方倍优天地教育科技有限公司、北京市三八服务中心等4家家政企业为连锁经营试点单位。2011年，4家试点企业运作良好、业绩显著。一是门店数量增加。4家企业在京连锁门店全年增加43个，累计达到111个；二是营业额增长。营业额平均增长20%左右；三是企业品牌化稳步推进。在全市评定的38家星级家政服务门店中，4家连锁经营试点企业的9家门店入围，比例达到23.7%。

（张炳词、傅乐衡）

【组织家政服务企业到外省招聘员工】2011年8月，市商务委、市总工会联合组织本市25家家政服务企业到内蒙古赤峰地区招聘家政服务员，在我市对口援助地区建立家政服务员输入基地，提高劳动力流动的组织化程度，逐步解决家政服务员盲目、无序流动等问题。

（魏　拓）

【美发美容行业举办拜师仪式】12月6日，北京市美发美容行业协会举办“中华传统技艺技能大师”拜师仪式，吴永亮、刘文华、李瑞明、张大奎、沙立强、孙春光等6名北京市美发美容行业的中华传统技艺技能大师共收下15名高徒。此次拜师仪式近年来在全国美发美容行业中尚属首次，对传承发展中华传统技能技艺、促进我市美发美容行业高技能人才队伍建设将起到积极的作用。

（张炳词、傅乐衡）

【批准设立拍卖企业67家】 2011年，批准设立拍卖企业67家，办理拍卖企业变更93家，换发证书162家；批准设立二手车鉴定评估机构2家，办理二手车鉴定评估机构变更1家。

（赵洁、曾青、王喜艳）

【拍卖总成交额突破550亿元】 2011年北京拍卖企业共举办拍卖会2181场次、成交总额559.7亿元，同比分别增长12.4%、9%。

（赵洁、曾青）

【拍卖企业年度核查】 根据《中华人民共和国拍卖法》、商务部《拍卖管理办法》的有关规定，北京市商务委开展北京拍卖企业年度核查，对拍卖企业2010年度经营资质、经营情况、拍卖师情况及企业变更事项等进行了核查，共有226家拍卖企业通过了核查。

（赵洁、曾青）

【举办第五届北京拍卖季】 第五届北京拍卖季于2011年10月20日至12月30日举办。本届拍卖季共有103家企业参与，共举办文物艺术品和资产两大板块的拍卖会405场次，总成交额177亿元。拍卖季期间，围绕“大资本的参与力量与变局”和“北京价格与文化品牌的影响力”两个主题举行了拍卖论坛。

（赵　洁）

【新增典当企业及分支机构71家】 2011年，北京市新增典当企业47家、典当分支机构24家，批复典当企业变更60家、换发典当经营许可证109个。

（赵洁、曾青）

【北京典当规模和经营能力进一步提高】 北京典当行业的总体运营呈现稳步发展态势，经营能力进一步提高。截止到2011年12月31日，北京典当行业注册资本总额为人民币43.6亿元。同比增长38.6%；典当总额149.9亿元，同比增长49.9%；实现营业收入9.6亿元，同比增长48.7%；从业人数2 361，同比增长31.1%。

（赵洁、安玉新）

【开展典当企业年度核查】 根据《典当管理办法》和《商务部办公厅关于进一步做好典当行年审有关工作的通知》（商办建函（2008）第20号）的有关要求，2011年1月5日至3月31日对北京市典当企业及外省分支机构进行2010年度核查。158家典当企业和5家外省分支机构被评为A类企业，6家典当企业和1家外省分支机构被评为B类企业。

（赵洁、曾青）

【开展典当监管系统培训和试运行】 为进一步提高典当行业监管工作水平，加强典当企业的非现场监管，受商务部委托，北京市2011年2月组织开展了“全国典当行业监管信息系统”培训，并于2011年3月1日开始系统试运行。北京市是全国首个开展培训并投入试运行的省市。

（赵　洁）

【启用新的全国统一当票】 根据《商务部关于全国统一当票使用和管理的通知》（商建发〔2011〕49号）要求，研究制定北京市当票使用、购领及核销办法。自2011年7月1日起正式使用新的全国统一当票。

（赵　洁）

【办理汽车经销企业备案14家】 2011年，办理汽车品牌经销商备案12家；办理旧机动车交易市场备案1家、二手车经营主体备案1家。

（赵洁、王喜艳）

【汽车品牌经销商备案下放区（县）商务委】根据市政府提出的“加快、简化、下放、取消、协调”行政许可要求，2011年将汽车品牌经销商备案下放区（县）商务委。

（赵洁、王喜艳）

【建设二手车交易网络平台】为加快二手车外埠流通，促进二手车交易市场发展，2011年，支持北京市旧机动车交易市场、北京北辰亚运村汽车交易市场建设二手车网上交易平台。交易平台基本实现了政策资讯发布、二手车信息对接、二手车检测评估、二手车网上交易功能。

（赵洁、王喜艳）

【2011年二手车交易总量34.9万辆】2011年，北京北辰亚运村汽车交易市场中心、北京顺潮东机动车市场有限公司、北京中联旧机动车经营市场、北京新发地汽车交易市场有限公司、北京旧机动车交易市场有限公司、北京北方汽车交易市场经营管理有限公司等6家本市备案的旧机动车交易市场二手车交易总量34.9万辆、交易总额250.6亿元。

（赵洁、王喜艳）

【二手车外销政策取得良好成效】为鼓励扩大本市二手车外埠交易，拉动新车市场销售，促进行业持续健康发展，2011年11—12月，实施了扩大二手车外销政策，包括开展“到北京买二手车，中北京产新车”抽奖活动、奖励二手车交易市场拓展外埠市场、奖励二手车网上交易、拍卖等新的交易方式。2011年11－12月（政策实施期）二手车外销量同比增长555.7%，比前10个月的同比增长率344.3%有明显增长。

（赵洁、王喜艳）

【完成汽车回收企业升级改造工作】积极推进商务部报废汽车回收拆解升级改造试点项目，督促北京市联合汽车解体厂、北京市汽车解体厂有限公司、北京首特钢报废机动车综合利用公司3家报废汽车回收拆解企业完成升级改造。企业通过升级改造，达到了“三提高一改善”，即环保水平有提高、拆解技术有提高、资源利用有提高，环境条件有改善，提升了行业整体形象。

（赵洁、王喜艳）

【2011年全市拆解报废汽车3.4万辆】2011年，本市8家报废汽车回收拆解企业回收报废汽车总量31 026辆，纳税总额762.5万元。

（赵洁、王喜艳）

五、对外贸易

货物贸易概述

一、2011年进出口额刷新历史纪录

2011年，面对复杂多变的外贸形势，政府相关职能部门创新工作思路，加大政策支持力度，改善外贸服务环境，努力开创我市外贸新局面，全年进出口额刷新历史纪录，取得“十二五”开门红。据北京海关统计，2011年北京市实现进出口值3 894.9亿美元，同比增长29.1%，高于全国平均增幅6.6个百分点；其中出口590.3亿美元，进口3 304.7亿美元，同比分别增长6.5%和34.2%。

二、优化外贸结构、增强辐射功能

（一）“双自主”企业出口增长迅速，出口商品结构调整取得明显成效

近年来，北京市大力支持具有自主品牌和自主知识产权的“双自主”企业扩大出口，出口商品结构调整取得明显成效。截止到2011年底，北京市“双自主”企业数量已达到921家。2011年，全市“双自主”企业共出口59.1亿美元，同比增长24.6%，高于全市整体水平18.1个百分点，占全市出口总额的10%。

（二）总部型进出口企业是拉动北京出口增长的主要力量

2011年，北京市出口前50名企业中有34家国有大企业，这34家国有大企业大部分属于总部型进出口企业，累计出口199.9亿美元，增长20.7%，高于全市整体水平14.2个百分点，增加出口34.3亿美元，对本市出口增长的贡献率达95.6%。

（三）北京外贸服务全国的枢纽型贸易功能进一步增强

北京是全国重要的能源、矿产、原材料、机械设备和高档汽车的进口经营地，也是外省市产品通向国际市场的重要出口经营地。2011年，北京企业进口分拨到外省市的商品规模为2385.9亿美元，占全市进口总额的72.2%，比2010年同期提高3个百分点；通过北京企业出口的外省市产品为291.3亿美元，占全市出口总额的49.3%，比2010年同期提高2个百分点。

（四）主要传统市场的出口保持良好增长态势，开拓新兴市场成效显著

北京市外贸企业在保持对传统市场出口稳步增长的同时，努力开拓新兴市场，并取得良好成效。2011年，北京市对日本、美国和香港等传统市场出口分别增长51.3%、15.2%和14.4%，对拉丁美洲、俄罗斯等新兴市场出口分别增长24.6%和53.9%。

三、集成政策优势、助推外贸发展

（一）加快外贸转型升级示范基地培育及外贸公共服务平台建设，增强外贸增长内生动力

根据《商务部外贸转型升级示范基地培育工作总体方案》，北京市商务委结合全市对外贸易发展的实际情况，大力推进外贸出口示范基地培育及外贸公共服务平台建设工作，加快推进北京市外贸发展方式转变和结

构调整，提升外贸发展质量和水平。

2011年8月，商务部认定的第一批59个国家级外贸转型升级专业型示范基地中，2个北京基地榜上有名。其中“北京市经济开发区生物医药基地”成为首批全国唯一获得认定的生物医药基地。该基地有388家生物医药企业，已形成完整的生物医药产业链，汇集了拜耳医药、赛诺菲安万特、第一三共等国际药企；GE医疗部、岛津医疗、瓦里安等医疗器械企业；同仁堂、悦康药业、以岭药业等国内大中型药企。“北京市朝阳区服装产业基地”为全国5个服装基地之一，该基地是以服装龙头企业为主体，以“雅宝路”和“751时尚设计园区”为两翼共同组成的“一体两翼”产业格局，占据服装产业链中的设计、研发、品牌、营销等中高端环节，具有“产业基础好、自主品牌多、附加值高、辐射能力强”等特点。部分龙头企业正在进入国际高端定制阶段，具有良好的发展潜力。

外贸公共服务平台是促进基地产品创新、质量提升、品牌培育、市场开拓、宣传推广、市场准入、企业孵化、信息交流和物流服务等的重要载体，是基地实现内涵式发展的重要推动力。2010年、2011年北京市大力支持外贸公共服务平台的建设工作，重点支持了公共检验检测平台、公共技术研发平台、公共展示平台、公共物流平台、国际孵化器平台、公共交易平台、国际营销平台、公共信息平台等32个外贸公共服务平台，为出口基地外贸企业出口产品研发和推进外贸业务加快发展提供了有力支持。

（二）加快推进政策功能区建设，改善对外贸易环境

1. 综保区功能进一步拓展。在北京市商务委、北京海关等政府职能部门的积极协调下，北京天竺综合保税区与首都机场空港实现了区港一体，无缝对接，为入驻天竺综合保税区企业进出口报关和开展保税业务提供了巨大便利。2011年天竺综合保税区获批航空维修业务试点，此次获得试点是“综保区”目前只能开展国产产品售后服务维修业务的一个突破，航空维修产业的技术溢出效应将有利于提高我国航空产业水平和自主创新能力。2011年，“综保区”保税功能区实现进出口总值19.9亿美元，比上年同期增加8.6亿美元，同比增长76.1%。

2. 北京亦庄保税物流中心（B）型顺利验收。在商务、海关、税务、外汇、财政等相关部门的大力支持下，2011年12月9日，北京亦庄保税物流中心（B型）一期顺利通过海关总署、国家财政部、国家税务总局及国家外汇管理局国家4部委联合验收组的正式验收，创造了当年获得批准、当年建设竣工、当年通过验收、当年开关运行的佳绩，建设速度之快在国内已批准的25家保税物流中心中首屈一指。“亦庄保税物流中心”建成和运营，将充分满足城南地区外向型企业深加工结转需求，有效降低企业生产运营成本，显著改善城南地区投资环境，加快南城发展的步伐，对进一步促进北京经济技术开发区和城南地区产业结构调整和转变经济发展方式具有重要意义。

3. 北京平谷国际陆港正式运行。北京平谷国际陆港的启动运行，使北京地区又增加了一条全新的无障碍“出海”通道。2011年，平谷国际陆港转关实现进口货物以区域通关模式快速通关，海陆联运进口模式试行成功，外贸集装箱吞吐量突破10 000标箱。

（三）发挥出口信保功能，为外贸发展

"保驾护航"

为充分发挥政策性出口信用保险的作用，进一步加大区（县）商务委与中国出口信用保险公司的协作力度，2011年4月，北京市区（县）出口信用保险工作联络员制度正式建立。北京市商务委分两次召开区（县）出口信用保险工作联络员会议，要求区（县）商务委加大对出口信用保险的宣传和推广力度，引导和鼓励更多企业利用出口信用保险开拓国际市场。

2011年，北京市出口信用保险的承保规模达到103.6亿美元，同比增长23.3%。投保企业总计351家，同比增长26.3%。北京市商务委会同中国出口信用保险公司与相关金融机构，帮助企业打造融资平台，共有23家企业通过保单在11家银行融资4.1亿美元，比去年同期增长142.4%，为缓解企业融资难发挥了积极作用。

（四）加快推进跨境贸易人民币结算试点工作，增强外贸抗风险能力

为帮助企业规避汇率风险，发挥人民币结算对我市贸易便利化的促进作用，北京市商务委会同中国人民银行营业管理部，邀请中国银行和中国工商银行在进出口政策服务咨询会上组织以"跨境贸易人民币结算"为专题的银企对接活动，对接活动包括现场咨询、政策宣讲和银行业务讲座，引导帮助企业开展跨境人民币结算业务。试点启动以来，跨境人民币结算业务发展迅猛。截至12月底，北京地区跨境人民币结算额达到5 222亿元，继续居全国首位。

（五）建立北京市促进外贸发展联席会议机制，优化外贸服务环境

北京市商务委与北京海关、北京出入境检验检疫局、市国税局、中国人民银行营业管理部、国家外汇管理局北京外汇管理部等部门共同研究建立促进本市外贸发展联席会议制度，以营造良好的外贸发展服务环境，加强部门之间协调，及时发现、研究、协调解决影响本市外贸发展的主要问题和企业反映的突出问题，促进我市外贸平稳快速增长。

（六）部门协作、强化服务，优化发展环境

为进一步优化外贸发展环境，强化政府的服务和引导作用，2011年5月24日和12月21日，北京市商务委联合北京海关、北京市国税局、北京出入境检验检疫局、中国人民银行营业管理部、国家外汇管理局北京外汇管理部、北京市公安局、北京市人民政府外事办公室等8个部门，分别举办了第3届和第4届"进出口政策服务咨询会"，采用政策宣讲和现场咨询相结合的方式，为企业搭建与政府部门面对面沟通的平台，受到企业欢迎。

（七）组织开展"外贸商品质量提升年"系列活动，增强外贸市场竞争力

北京市商务委、北京出入境检验检疫等部门积极贯彻落实商务部等八部门有关文件精神，引导企业创新发展，全面提升北京外贸商品质量。同时，结合北京"双自主"品牌产品出口的宣传推广，推动北京外贸出口结构的调整，树立北京外贸商品的优良形象。通过向全市外贸企业发倡议书、政策培训、宣传等系列活动，协调有关部门共同开展相关活动，形成宣传推动合力，鼓励企业加强出口商品质量管理，增强外贸商品的核心竞争力。

（唐永宏）

【出口以工业制成品为主】 2011年，北京市工业制成品出口497.1亿美元，占全市出口

84.2%，增长9%；初级产品进口2 036亿美元，占全市进口61.6%，增长36.7%。

（李　倩）

【进出口均以一般贸易为主】2011年，北京市一般贸易出口298.8亿美元，占全市出口总额的50.6%，加工贸易出口占比为35%；一般贸易进口2 974.7亿美元，占全市进口总额的90%，加工贸易进口占比为4.5%。

（李　倩）

【机电高新出口占比均高于全国】2011年，北京市机电产品出口351亿美元，增长3.4%，占全市出口总额的59.5%，高于全国水平2.3个百分点；高新技术产品出口176.2亿美元，下降9%，占全市出口总额的29.8%，高于全国水平0.9个百分点。

（李　倩）

【出口超10亿美元的商品有8种】2011年，北京市出口超10亿美元的商品有8种，分别是手机、成品油、钢材、船舶、服装及衣着附件、集成电路、农产品和肥料。

（李　倩）

【手机是北京市首位出口商品】2011年，北京市首位出口商品手机出口85.1亿美元，占全市出口14.4%，同比下降21.4%。

（李　倩）

【对前五大贸易伙伴占比超过30%】2011年，北京市前五大贸易伙伴分别是沙特阿拉伯、美国、德国、日本和安哥拉，五国的进出口占全市进出口总额的32.4%。

（李　倩）

【对亚洲和欧洲出口占比达到73.4%】2011年，北京市对亚洲出口319亿美元，占全市出口总额的54%，其中对东盟出口69.1亿美元，对中东出口46.7亿美元；对欧洲出口114.3亿美元，占全市出口总额的19.4%，其中对欧盟出口93.9亿美元。

（李　倩）

【对前五大出口市场共出口208亿美元】2011年，北京市前五大出口市场分别为日本、美国、香港、韩国和印度，出口额共208亿美元，占全市出口总额的35.3%，其中对日本出口54.5亿美元，同比增长51.3%。

（李　倩）

【国有企业出口超过半壁江山】2011年，北京市国有企业出口316.3亿美元，同比增长11.2%，占全市出口总额的53.6%；外资企业出口216.7亿美元，占全市出口总额的36.7%。

（李　倩）

【出口超亿美元的企业达到99家】2011年，北京市出口超10亿美元的企业有6家，出口超亿美元的企业有99家，比2010年增加14家。

（李　倩）

【出口大户拉动全市出口增长】2011年，北京市出口前50家企业共出口346亿美元，占全市出口总额的58.6%，同比增长6.3%，对全市出口增长的贡献率为56.9%。

（李　倩）

【原油是北京市首位进口商品】2011年，北京市原油、汽车和铁矿砂及其精矿分列全年进口前三位。其中，原油进口1 486.4亿美元，同比增长35.1%，占全市进口总额的45%。

（李　倩）

【进口额超100亿美元来源国11个】2011年，北京市从沙特阿拉伯、美国、德国、安哥拉、日本、瑞士、韩国、伊朗、澳大利亚、巴西和阿曼等11国的进口额均超过100亿美元，比2010年增加4个国家。其中从沙特阿拉伯进口325亿美元，同比增长42.2%。

（李 倩）

【进口额超10亿美元企业达42家】2011年，北京市进口额超10亿美元的企业有42家，比2010年增加9家；进口额超20亿美元的企业有21家，超100亿美元的企业有3家。

（李 倩）

【全年审批加工贸易合同5 776份】2011年，北京市商务委办理进出口企业加工贸易业务5 776份。全年加工贸易出口206.6亿美元，较去年下降11.4%，进口149.2亿美元，较去年增长1.8%。

（李 倩）

【天竺综保区功能进一步拓展】2011年，北京天竺综合保税区获批航空维修业务试点，该区功能的拓展将有利于提高我国航空产业水平和自主创新能力。

（李 倩）

【亦庄保税物流中心（B）型顺利验收】在商务、海关、税务、外汇、财政等相关部门的大力支持下，2011年12月9日，北京亦庄保税物流中心（B型）一期顺利通过海关总署、国家财政部、国家税务总局及国家外汇管理局国家4部委联合验收组的正式验收。

（李 倩）

【北京平谷国际陆港正式运行】2011年，北京平谷国际陆港转关实现进口货物以区域通关模式快速通关，海陆联运进口模式试行成功，外贸集装箱吞吐量突破10 000标箱。

（李 倩）

【出口贸易人民币结算发展迅猛】截止2011年12月，北京地区跨境人民币结算额达到5 222亿元，继续居全国首位。

（李 倩）

【短期出口险支持规模突破100亿美元】2011年本市短期出口信用险累计支持出口首次突破100亿美元，达到103.6亿美元，同比增长23.3%。其中支持出口到委内瑞拉、俄罗斯和印度等新兴市场的业务为26.8亿美元，同比增长94.2%；对一般贸易的覆盖率为34.7%，比上年增加0.9个百分点；企业覆盖面进一步扩大，服务企业数增加到351家，同比增长26.3%。

（刘均环）

【信用险保单贸易融资增长142.4%】2011年北方国际合作股份有限公司等23家公司分别与中信银行股份有限公司等11家银行合作实现保单项下融资额25.9亿元，比去年同期增长142.4%，有效缓解了企业的融资困难。

（刘均环）

【进口关税配额企业】2011年北京市羊毛、毛条进口进口关税配额企业13家，化肥进口关税配额企业4家，食糖农产品进口关税配额企业3家。

（谢 江）

【原油、燃料油非国营贸易进口企业】2011年北京原油非国营贸易进口企业4家，燃料油非国营贸易进口企业12家。

（谢 江）

【牛肉、羊肉实行自动进口许可管理】根据商务部、海关总署公告2010年第106号，自2011年1月1日起对牛肉、羊肉实施自动进口许可管理。

（刘 颖）

【猪牛羊肉产品实行进口报告管理】根据商务部公告2011年第6号关于调整《实行进口报告管理的大宗农产品目录》的公告，猪肉及副产品、牛肉及副产品、羊肉及副产品被纳入《实行进口报告管理的大宗农产品目录》，自2011年4月1日起对上述品种实行进口报告管理，进口上述产品企业应按照《大宗农产品进口报告和信息发布管理办法》（商务部令2008年第10号）履行有关进口信息报告义务。

（刘　颖）

【乳制品《食品流通许可证》增加新项目】根据国家工商总局《关于进一步完善和规范流通环节乳制品市场主体准入有关工作的通知》，在食品流通许可项目中对乳制品进行分类单项审核和管理，新增经营项目：乳制品（含婴幼儿配方乳粉）和乳制品（不含婴幼儿配方乳粉），两项只能选一。从2011年4月1日起，凡申请乳制品经营的企业应到工商管理部门办理《食品流通许可证》及营业执照的核准和变更。从2011年8月1日开始，凡从事乳制品经营的企业所持《食品流通许可证》及营业执照经营范围中，没有乳制品标注项目的，一律依法查处和取缔。

（刘　颖）

【北京市建立促进外贸发展的部门联席会议机制】2011年12月，北京市商务委员会与北京海关、北京出入境检验检疫局、市国税局、中国人民银行营业管理部、国家外汇管理局北京外汇管理部、北京市公安局出入境管理总队等部门共同研究建立促进本市外贸发展联席会议机制，营造良好的外贸发展服务环境，加强部门之间协调，促进北京市外贸平稳快速增长。

（杨　洋）

【部门联动搭建综合高效服务平台】2011年5月和12月，北京市商务委员会联合北京海关、北京市国税局、北京出入境检验检疫局、北京外汇管理部、北京市公安局及北京市人民政府外事办公室等单位，共同主办了第三届、第四届“进出口政策服务咨询会”，共计600多家进出口企业1 000余人参加了咨询活动，咨询会18场专题讲座深受企业欢迎。

（杨　洋）

【停止签发输欧盟纺织品产地证】根据商务部配额许可证事务局《关于停止签发输欧盟纺织品产地证的紧急通知》(商配综函〔2011〕96号)，自2011年10月24日起，各发证机构停止签发《输欧盟纺织品产地证》、《输欧盟手工制品证》、《输欧盟丝麻制品产地证》。根据欧盟颁布的2011年第955号法规，自2011年10月24日起取消对我国输欧盟所有纺织品类别专用原产地证的核查，即我国企业出口纺织品到欧盟成员国无需出具纺织品原产地证明。

（杨　洋）

【出口基地获转型升级示范基地授牌】12月13日，商务部在京举行首批59家国家外贸转型升级示范基地授牌仪式，北京经济技术开发区生物医药基地和朝阳区服装产业基地成为我市首批2家荣获国家部委授牌的出口示范基地。商务部钟山副部长及国家相关部委代表为示范基地颁牌，北京市商务委员会张东芳委员及2家基地代表参加了授牌仪式。

（杨　洋）

【出口配额、许可证管理商品出口企业】2011年，铁合金出口企业14家，柠檬酸出口企业2家，焦炭出口企业3家，稀土出口企业1家，甘草出口配额招标中标企业3家，锯材出口2家，矾土出口配额招标中标企业1家，磷矿石出口企业1家，水镁石出口配额招标中标企业1家。

（杨 洋）

【办理各类货物进出口许可证30 204件】 2011年，北京市商务委员会为北京市进出口企业办理各类货物进出口许可证30 204件。

（杨 洋）

机电产品进出口概述

2011年，全市机电产品进出口总额累计1116.4亿美元，位列全国各省市第4名，比2010年（以下简称"同比"）增长11%。其中：出口351亿美元，同比增长3.4%，占全市出口总额的比重达到59.5%；进口765.4亿美元，同比增长14.9%，占全市进口总额的23.2%。

——国有和民营企业进出口好于三资企业

国有企业出口137亿美元，同比增长11%，进口206亿美元，同比增长13%；民营企业出口24亿美元，同比增长23%，进口60亿美元，同比增长19%；三资企业出口186亿美元，同比下降4.4%，进口480亿美元，同比增长13%。

——汽车产品进口位居第一，出口跻身前三甲

进口整车58.1万辆，同比增长18.7%，进口金额230.4亿美元，同比增长22.2%，占全国进口总量的56.1%，占全市机电进口总额的30%，汽车已经成为北京市机电产品进口第一大类产品。汽车产品出口14.6亿美元，同比增长9.7%。其中，整车出口3.8万辆，同比增长19.2%，金额7.8亿美元，同比增长9.8%；零部件出口6.8亿美元，同比增长8.9%。汽车产品位列北京市机电产品出口第三名。

——对亚洲、北美市场出口稳定，欧洲市场呈下滑趋势

对亚洲出口同比增长10.2%，对北美洲出口同比增长6.4%，均高于机电产品出口增幅。但是，对欧洲出口下降10%，特别是对欧盟下降14.7%。

——亚洲和欧洲是进口主力市场，自非洲和北美进口增长较快

自亚洲和欧洲进口金额分别达到319.2亿美元和287.9亿美元。德国、日本、美国是北京市机电产品进口的前三强市场。自非洲和北美进口增速分别达到68.6%和25.5%。

——一般贸易进出口双增长，加工贸易进出口一升一降

一般贸易出口137.6亿美元，同比增长17.2%；出口比重为39.7%。加工贸易出口158亿美元，同比下降8.2%，出口比重为45.5%。

一般贸易进口617亿美元，同比增长16.9%，占进口总额比重82.7%。加工贸易进口53.7亿美元，同比增长1.1%。

（杜 磊）

【国际招标规模不断扩大】 2011年，共受理审核国际招标项目809包，同比减少26.5%；中标金额25.05亿美元，同比增加31.85%。

（安 琪）

【服务中央项目继续增加】 2011年，受理审核中央单位国际招标项目272包，占总量的33.6%；累计中标金额2.67亿美元，占中标总金额的占10.65%。

（安　琪）

【**探讨国际招标进入有形市场**】2011年根据市领导指示和市政府轨道交通建设廉政监督审计委员会会议纪要精神，经调研，确定市轨道交通通重点项目机电产品国际招标进入有形市场，对其开标和评标工作实施封闭运行集中监管。

（安　琪）

【**轨道交通完成国际招标**】完成北京市重点工程轨道交通地铁7号、14号线不落轮，14号线信号系统、牵引系统及1号、2号、5号线改造、新增等机电产品国际招标2.46亿美元。

（安　琪）

【**国际招标服务市重点建设项目**】2011年，为我市轨道交通、现代产业、民生保障、生态环境等四大类20项重点建设项目设备国际招标采购提供监管服务，保障了全市重点建设项目进程。上述项目的机电产品中标金额占全部中标金额的65%，机电产品国际招标服务北京市重点建设项目的能力进一步提升。

（安　琪）

【**落实鼓励扩大进口政策**】2011年，鼓励扩大先进技术设备、关键零部件进口列为北京市商务委员会重点工作。全市共有45家企业，引进先进技术设备、关键零部件1.28亿美元。

（安　琪）

【**行政审批流程更加优化高效**】2011年，机电类产品进出口申批流程进一步优化，企业满意度进一步提升。全年共办理机电产品自动进口许可29 132份，比去年同期增长19%，金额414亿美元，同比增长12%；办理两用物项（敏感物项）进出口许可业务3 012份，同比增长21%。

（张永祥）

贸易促进概述

围绕打造北京国际商贸中心城市发展战略的构想，以提升北京国际化都市的商务发展为目标，以科学发展为主题，调整结构为主线，充分利用内外贸两种资源，拓展国内外两个市场，创新贸易促进活动的内容和形式，为实现外贸发展“稳增长，调结构，促平衡”的任务发挥贸易促进活动的作用。

外贸发展处2011年主要完成工作如下：全年完成组织境外展览5场，境内展览9场，境内外参展企业达630家次；在京开展大型活动1场，企业“对接”洽谈活动2场，外贸业务与会计务实培训及政策法规讲座等各类培训31场次，受众企业2 098家次，企业受益2 595人次；办理外国人来华邀请通知表41 332份，审批来华展135个，办理非经组织代表处相关业务99件，新办理进出口企业备案登记1 060家。

一、务实支持双自主品牌企业，调研并协调相关部门整理起草了“北京双自主企业鼓励支持政策”

贯彻落实程红副市长关于加大力度支持北京双自主品牌企业的批示精神，对于品牌企业实行“政策上优待、经济上优惠”的思路，起草形成了“北京双自主品牌企业鼓励支持政策”，经征求海关、商检等部门的意见，主要内容将纳入我委正在加紧研究制订的《北京市关于加快结构调整，转变外贸发展方式的意见》之中，对促进“双自主”企业的出口发展，鼓励企业培育出口品牌等起到积极的推进和促进作用。

二、利用境内外展会平台，帮助“双自主”品牌企业开拓国际市场

共组织企业参加了5场境外国际展会和9场国内举办的国际性投资贸易博览会。重点帮助“双自主”企业参与国际竞争，宣传和打造北京品牌。

一是继续组织境外参展。今年第二次组织北京品牌企业走进印度市场和继续开拓南美市场、支持广播电视设备行业的企业开拓欧洲市场。5个境外展会超过40家次的外贸企业参加了展会活动，企业在展会收到名片1244张，意向成交110余万美元。

二是参加国内的国际性展会。为了充分利用国内外贸两个市场和两种资源，我们还支持和帮助企业参加国内举办的国际性展会，拓展企业的市场渠道。如第109、110届春秋二届广交会、上海华交会、昆交会、哈洽会、首届亚欧博览会等。广交会上，我们把“双自主”企业作为支持重点，我们注重优化参展企业和展品结构，以吸收更多的“双自主”企业和产品，并做到每届广交会吸收新企业参加的比例都超过商务部要求的5%以上，“双自主”企业的参展比例保持在70%以上。

三是重点帮扶“双自主”品牌企业开拓海外市场。北汽福田汽车股份有限公司决定参加亚欧博览会时，展会招商招展工作已经结束。委领导高度重视企业需求，迅速组织力量，反复与大会组展方进行沟通协调，获得了企业预期的420平米室外净地展示面积，同时，给予企业高达11万元的展位扶持资金。这样集中较大资金支持一个企业的情况，近年来还是首次。

北汽福田汽车股份有限公司在亚欧博览会上成果显著，与巴基斯坦信德省签订了价值8.5亿人民币的1 620台汽车订单，巴基斯坦总统扎尔达理与北京市程红副市长出席了签字仪式。北汽福田汽车股份有限公司将进一步与巴方延伸此种合作模式，预计订单将达10 000台汽车。

四是再次利用侨商资源，促进北京品牌走出去。与市侨办等单位共同成功举办了“2011侨商北京洽谈会”。活动邀请到来自美国、巴西、俄罗斯等五大洲41个国家和地区的450余位侨商与北京90家品牌企业洽谈对接。北京参展企业重点突出的是“双自主”高新技术产品，主要包括电子信息、新能源、节能环保、生物医药及日用消费品等品牌产品。

本届洽谈会上，北京企业共收到名片1 126张，接到洽谈人数1 044人次。共有36家北京企业与侨商达成139个合作意向。其中北京爱国者数码科技有限公司现场实现销售额2.8万余元，同时还与西班牙永昌国际贸易有限公司达成协议出口“爱国者裸眼3D电影本”1 000台。此次活动是继去年首届北京侨商洽谈会后又一次更大规模的侨商与北京企业的对接活动。无论是参与活动的主办方，还是被邀参加活动的侨商和北京参展企今年，特别是洽谈的产品范围都比去年有较大的增加和提升。侨商比去年增加了3.3倍，北京参展企业增加了2.3倍。

国内展会已成为我市外贸企业开拓国内外市场的重要途经。全年组织参加国内的国际性展会的北京外贸进出口企业超过近630家次。组织企业参加国内展为企业通过展会开拓国内外市场发挥了重要作用。

三、促对外贸易平衡，搭建多方式的进口贸易平台

一是组织了第二届“加拿大进口商品购

物节暨魁北克省特色产品展”，26 家加拿大企业的近 500 种各具特色的商品亮相购物节。“加拿大进口商品购物节暨魁北克省特色产品展”作为北京市商务委促进进口活动的重要举措之一，成为在去年成功举办首届活动的基础上又一次进口采购和消费购物的嘉年华，也成为了北京市场的一个新亮点。

二是创建了“进口商品网上展示汇”，搭建进口商品引进平台。在“中小企业贸易促进网”上开专栏，为外国品牌的展示开辟新渠道。这个展示平台以国外特色产品、传统产品为展示内容，联合外国驻华使馆等外国机构及北京企业开展系列推介活动。截止目前已经为伊朗的 24 家企业发布 20 余类产品，栏目点击率超过 1 万次。还将有伊朗、马来西亚、以色列、芬兰国的产品相继在展示汇中推出。

四、推进北京会展业的协调与发展

制定了会展业发展鼓励政策、会展机制的建立方案及相关工作均已报市政府待市政府审定。我委正在积极摸清北京会展的相关底数，一方面了解北京现已举办的知名展情况，另一方面了解国际大牌展览公司的情况和成功的国际博览会，为在北京能够举办更多具有影响的国际知名展会创造条件和机会。

（王　孜）

【引进 2013 年世界免税品大会亚洲展】为了吸引更多的国际知名展会进驻北京，打造北京会展之都；同时，借助展会创造更多的贸易合作交流平台，提升和促进北京会展业的发展，我处与北京海关共同考察了 2011 年法国世界免税品大会，并与世界免税品协会高层就将 2013 年世界免税品大会亚洲展引入北京进行了商榷，对引进展会工作作了积极推进。

（王　孜）

【推进“外贸商品质量提升年”活动】为贯彻落实商务部等八个部委开展 2011 年“外贸商品质量提升年”活动，我处贯彻“外贸商品质量提升年”主题，策划向全市外贸企业发倡议书，号召全体外贸企业从自身做起，把商品质量作为企业生产经营和竞争发展的重中之重，共同为北京外贸商品质量的全面提升尽一份力，并以此倡议启动北京外贸商品质量提升年活动。其次，号召区（县）开展“外贸商品质量提升年六个一活动”，发挥区（县）商务部门的作用，把质量提升年活动做实。同时，组织向《国际商报》“外贸商品质量提升年”宣传专栏投稿，协调海关、质检、市工商、食品药监等职能部门，共同开展相关活动，形成宣传推动合力。

（王　孜）

【指导外贸企业的人才培训】针对外贸企业的实际需要，我处与进出口协会组织开展了多种培训，有针对新备案登记进出口企业的政策介绍会，有关于质量提升年、出口退税、检验检疫法规等新政策及相关内容的专题讲座，共计 31 场次，受众企业 2 098 家次，企业受益 2 595 人次。政府提供的培训平台，为外贸企业适应新的经济形式，提高外贸队伍人员的业务能力提供了支持和帮助，受到企业的欢迎。

（王　孜）

【参加第 109 届广交会】第 109 届广交会北京交易团共有 298 家企业参展，新企业 14 家，共有展位 1 266 个，累计成交 1.72 亿美元，比上届增加 2 794.11 万美元，增幅 19.34%。本届广交会北京交易团成交主要商品为机电商品、建筑及装饰材料、陶瓷制品和家具及配件。其中首次参展企业的高科技新型产品和低碳环保产品成为展会亮点。双自主企业产品在竞争中也显出明显的优势。北京参展的双自主企业 235 家，占 78.86%，比上届提高了 4.29%。

（吕 娜）

【参加印度（孟买）国际展】 2011 年 6 月，北京市商务委员会组织北京 6 家企业，参加了印度 2011 年国际机械与机电暨家电与消费电子展览会。北京参展产品由高科技产品、医疗器械产品和体育休闲产品组成。其中北京瑞麟百嘉科技公司自主创新研发的电子白板和北京高新华康的便携式制氧仪引起印度客商的较大兴趣。展会期间北京展团现场成交近 80 万美金，收到名片 484 张，为进入印度市场打下了良好基础。

（吕 娜）

【参加第 43 届南美礼品展览会】 2011 年 8 月，北京市商务委员会组织北京 9 家企业参加了巴西第 43 届南美国际礼品及家庭用品展览会。展会期间，北京展团共收到有效名片 180 张，签订 30 万美元的出口合同，参展企业带去的珍珠制品、地毯、家纺、茶叶、工艺品和便携式制氧机等展品基本售完，共计零售所得约为98 000元人民币。

（吕 娜）

【参加荷兰国际广播电视展】 2011 年 9 月，北京市商务委员会组织 11 家企业参加了荷兰 2011 年国际广播电视展。荷兰国际广播电视展是欧洲广电行业规模最大、影响力最强的专业展会，本届共有1 600多家企业参加，吸引了来自世界各地 120 多个国家和地区的逾 4 万人参会。11 家北京企业分别在 7 个展馆中设有展位，在 5 天展期内收获颇丰，共收到近 500 张有价值名片，同时发放 2 000多份企业宣传资料。

（吕 娜）

【参加“东京电玩展”】 2011 年 9 月，北京市商务委员会与北京市新闻出版局共同组织北京市 4 家动漫企业参加 2011 年东京电玩展，租用 4 个展位。展会期间，经过整体装修的北京展台打造出“北京创造，世界共享”的理念。这次参展的企业都是在国内发展较好，具有自主知识产权的产品和网络游戏市场占有率高的企业。首次参展的搜狐畅游公司与日本、韩国等公司商讨网上游戏内容的出版协议，并达成合作意向。金山软件与 3 家日本、韩国企业达成合作协议。

（吕 娜）

【参加“肯尼亚内罗毕国际贸易博览会”】 2011 年 9 月，北京市商务委员会组织 13 家企业参加了肯尼亚内罗毕国际贸易博览会，租用 13 个摊位。展会期间，北京展台以中国风格、喜庆格调吸引参展商，共与 10 余家企业达成了合作意向，签订意向订单 1 万美元，出售各种商品、特色旅游纪念品千余件，发放有关宣传品15 000件。

（吕 娜）

【参加首届亚欧博览会】 2011 年 9 月，北京市商务委组织 17 家北京市企业参加新疆乌鲁木齐首届中国一亚欧博览会。北京展位统一进行了特装，成为展会上一道亮丽的风景线。经过为期 5 天的洽谈，北京企业达成 125 万元的成交意向，现场成交 316 万元。北汽福田汽车股份有限公司与巴基斯坦信德省政府在大会上签订了价值约 8.5 亿人民币的汽车订单，巴基斯坦总统扎尔达理与北京市程红副市长出席了签字仪式。

（吕 娜）

【参加宁夏国际投资贸易洽谈会】 2011 年 9

月，北京市商务委组织6家企业参加了中国（宁夏）国际投资贸易洽谈会暨第二届中国·阿拉伯国家经贸论坛”。现场成交13 180元，企业接受问询15 000人次，发放企业宣传材料1 500册，企业反映参展效果超出预期，有五家外省市企业有意向与北京牛街超市进行合作，开拓北京市场。

（吕 娜）

【参加第七届吉林·东北亚投资贸易会】 2011年9月，北京市副市长程红率北京政府团参加了第七届中国吉林·东北亚投资贸易博览会。北京市政府代表团由市商务委、市工商局、市口岸办、市粮食局等相关部门组成。东北亚博览会现已成为东北地区乃至东北亚区域规格最高、规模最大、效果最好的招商引资平台和对外交流合作平台。北京市政府相关部门将继续积极引导北京企业利用该平台促进区域合作和开拓国际市场。

（吕 娜）

【参加“第八届中国—东盟博览会”】 2011年10月，北京市程红副市长率团参加了第八届中国—东盟博览会，出席了大会开幕式和中国—东盟商务与投资峰会开幕式并视察了北京城建集团有限责任公司等单位的展位。北京市代表团已连续8届参会。中国—东盟博览会是中国与东盟友好交流、经贸促进和多领域合作的的重要平台。北京市商务委员会将充分利用这一机会为企业创造商机，促进企业发展。

（吕 娜）

【参加第110届广交会】 第110届广交会北京交易团参展企业288家，展位1267个，其中新参展企业9家，品牌展位116个。展会期间北京交易团累计成交1.94亿美元，比上届增长17.8%。成交产品以轻工产品、纺织服装为主，生活必需品成交有所增长。高附加值产品、创新产品和环保产品继续成为展场的亮点。

（吕 娜）

服务贸易

【服务贸易进出口额增长势头良好】 2011年北京服务贸易进出口总额为895.4亿美元，同比增长12.2%。其中，服务贸易出口415.0亿美元，同比增长6.9%；服务贸易进口480.4亿美元，同比增长17.1%。

（苏本生）

【服务外包继续保持高速增长的势头】 2011年，北京市共签订离岸服务外包出口合同5 884份，离岸服务外包执行总额24.5亿美元，同比增长59.3%。其中，软件和信息技术服务外包执行额17.98亿美元，占离岸服务外包执行总额的73.4%；业务流程外包执行额2.98亿美元，占离岸服务外包执行总额的12.2%；生物医药外包执行额3.54亿美元，占执行总额的14.5%。执行额居前五位的发包国和地区是美国、日本、荷兰、芬兰和新加坡。

（苏本生）

【技术进出口增长迅速】 2011年北京地区技术进口合同登记1501项，总额42.3亿美元，同比增长41.2%。其中，技术费34.9亿美元，占合同总额的82.5%，同比增长49.3%。北京市技术市场管理办公室认定登记的技术出口合同1 111项，合同总额124.3亿美元，同比增长34.0%。其中技术费66.3亿美元，占合同总额53.3%，同比增长73.1%。

（苏本生）

【成功举办第三届中国服务贸易大会】 第三

届中国服务贸易大会于2011年6月圆满落幕，大会成功引入洽谈交易内容，特色鲜明，成果丰硕，朝着从论坛向交易会转型的方向迈出了关键的一步。据不完全统计，大会期间，近150家企业设立展位，1 500多家企业、8 773人次参加了交易洽谈；4 500多人次参加了论坛、发布会等20余场活动。其中，来自美国、日本、英国、德国等28个国家和地区的境外来宾500多人次参加了各类活动。

（于新成）

【参加美国GARTNER外包峰会】组织我市文思创新、中软国际、博彦科技等骨干服务外包企业参加2011美国GARTNER外包峰会，并开展促进交流活动。展会上，北京服务外包企业协会对北京服务外包进行了整体宣传。

（张华雨）

【组织参加第九届软交会】在第九届中国国际软件和信息服务交易会上设立了北京展区以集中展示北京软件之都的蓬勃发展形象。参展企业21家，其中13家企业第一次参加软交会，6家参展企业获大会组委会颁发的创新产品奖等，参展商人数50余人。前来北京展区参观交流及洽谈的客户或专业观众达1 300余人次，发放资料上千份。

（张华雨）

【组织参加第三届外包博览会】组织本市6家服务外包企业参加了第三届中国服务外包交易博览会。大会开幕式高峰论坛邀请5位上台嘉宾，中方3位嘉宾来自文思创新、北京瑞友和软通动力，均为北京企业，凸显了北京在全国服务外包行业的领军地位。瑞友科技、软通动力、华道数据、中软国际、文思创新、北京服务外包企业协会等代表分别在技术创新、对日外包等专题研讨会上做重要发言。

（张华雨）

【组织参加印度NASSCOM年会】组织我市北京服务外包企业协会、海辉高科、中科创达等参加了2011年度印度NASSCOM年会。来自世界各地主要服务外包市场国的买方企业的代表、行业客户CIO、国际咨询机构以及30多个国家或地区的企业或政府招商机构代表团参加了会议。通过参会宣传了北京服务外包良好的发展势头，拓宽了服务外包产业合作渠道。

（刘树民）

【服务外包企业规模继续扩大】我市人员规模达到千人以上的服务外包企业共17家，其中，超2 000人以上服务外包企业7家。文思创新和软通动力、中软集团3家为万人以上服务外包企业。

据中国国际投资促进会发布的2011年中国服务外包领军企业及成长型企业名单，我市4家企业入选2011年中国服务外包十大领军企业，18家企业入选百家2011年中国服务外包成长型企业，其中6家企业为新入选企业。

（刘树民）

【组织企业申报国家奖励资金】2011年北京市有15家企业获得中央文化出口奖励资金，143家企业获商务部技术出口贴息，78家服务外包企业及培训机构12 520人获得财政部、商务部2011年度支持承接国际服务外包业务发展专项资金。

（张艳芳、刘树民）

六、世贸事务

概　述

2011年，本市面临的贸易摩擦形势依然严峻,美欧等国家和地区频繁使用反倾销反补贴合并调查,贸易救济手段不断翻新,企业应对难度继续加大。在商务部的指导下，市商务委按照市委市政府工作要求，积极应对国际贸易摩擦，全力维护企业合法权益。

一、本市应对贸易摩擦形势呈现出新特点

本市2011年共遭遇10个国家和地区发起的贸易摩擦案件27起，贸易摩擦形势更加复杂。一是滥用反倾销反补贴合并调查和337知识产权调查，其中“双反”调查7起，涉案金额8 660万美元；美国337知识产权调查3起。二是贸易摩擦发起国从美欧等发达国家扩展到全球范围内，特别是发展中国家对我贸易摩擦呈上升趋势。三是涉案产品涵盖机电、轻工、生物医药、第三方交易网站平台等领域，且呈现出从劳动密集型向附加值和技术含量较高的高科技产品蔓延的趋势。

二、指导企业在维护产业安全上取得新进展

积极协调和支持本市企业对进口倾销产品主动提起反倾销立案调查申请。2011年上半年，商务部对由本市企业参与提起的2起贸易救济案件做出最终裁定，对原产于欧盟的进口X射线安全检查设备反倾销调查和原产于美国的部分进口汽车产品“双反”调查分别征收不同程度的反倾销税和反补贴税。从1999年12月我市提起第一起进口反倾销立案至今，本市企业参与提起贸易救济案件申请并获得商务部立案数已达19起，立案数量在全国位居前列。上述企业大多通过合理运用贸易救济措施，扭转了长期亏损的局，维护了自身合法权益。

三、积极配合国家应对美欧反补贴立案调查

市商务委配合商务部协调有关部门积极应对美欧对我反补贴立案调查，按时完成了镀锌钢丝、高压钢瓶等反补贴调查政府问卷信息的填报工作。同时积极探索新形势下建立健全本市反补贴政府部门工作协调机制的新途径，形成应对反补贴的合力，推动应对的制度化，努力提高应对效率。上述反补贴案件的妥善应对，使得我市的各项方针政策未受到国际贸易争端的影响。

四、加强WTO事务研究力度

为全面回顾和总结加入世贸组织十年来的经验，市商务委组织开展了《中国加入世界贸易组织北京十年回顾》课题研究，对进一步推动北京改革开放战略的纵深发展具有重要意义。同时加强典型案件和重点问题的研究，总结高科技企业应诉和申诉的经验，探索维护我国高科技产业利益的新途径。

（雷堃、于文）

【贸易摩擦案件涉案金额再创新高】2011年北京市企业共遭遇10个国家和地区发起的贸易摩擦案件27起，涉案金额为1.52亿美元，同比增长65%。

（梅 焱）

【北京企业频繁遭遇“双反”调查】2011年，美国、加拿大、澳大利亚等发达国家继续对我使用反倾销、反补贴合并调查，其中钢制轮毂、镀锌钢丝、高压钢瓶等“双反”调查对本市相关企业出口影响较大，涉案金额6 840万美元。

（梅 焱）

【美国337调查影响高新技术企业出口】2011年，美国对我337知识产权调查涉及动感声效器、手机及笔记本电脑等电子设备的保护壳、辅酶Q10等本市高新技术产业。由于美国337知识产权调查的门槛较低，不要求以实际损害为前提，且相关费用高，客观上对进口产品构成贸易壁垒。

（梅 焱）

【圆满化解案值最大贸易救济调查案】市商务委积极协调本市有关部门，高质量完成欧盟对我数据卡反补贴调查政府问卷的填写工作。2011年初，欧盟委员会先后发布公告，决定终止对我输欧无线数据卡产品的反倾销、保障措施和反补贴调查。

（于文、梅焱）

【贸易救济与维护产业安全工作会召开】会上，商务部产业损害调查局巡视员宋和平做了题为“中国贸易救济法律制度与维护产业安全实践”的专题报告，平谷区商务委和涉案企业代表从不同角度做了经验交流发言。

（梅 焱）

【贸易救济措施实施效果明显】本市近年参与对进口产品发起贸易救济措施的7家企业，通过主动运用WTO规则，有效抑制低价倾销进口产品，生产规模进一步扩大，企业效益同步转好，对稳定就业、提升竞争力、维护产业安全起到积极作用。

（梅 焱）

【北京企业“双反”调查终裁胜诉】2011年5月5日，商务部裁定原产于美国的排气量在2.5升以上的进口小轿车和越野车存在倾销和补贴，倾销幅度为2.0%～21.5%，从价补贴率为6.2%～12.9%。

（梅 焱）

【举办贸易救济与产业安全培训】由商务部产业损害调查局主办、市商务委承办的“北京贸易救济与维护产业安全业务培训班”于2011年6月29日至30日在京成功举办。市、区商务主管部门、市有关部门、部分行业协会及企业共计160余人参加培训。商务部产业损害调查局顾春芳局长做了题为“当前国内外经济发展和国际贸易摩擦新特点及我国产业安全面临的新形势”的专题报告；商务部研究院霍建国院长做了题为“积极参与全球经济治理、构建中国新的竞争优势”的精彩讲座。

（梅 焱）

【化解首例电子商务网站337调查】10月24日，美国国际贸易委员会正式发布公告，根据起诉方与本市被诉企业达成的和解协议，决定终止对敦煌网手机保护套实施337调查。本案作为我国电子商务网站遭受337调查第一案，为我电子商务网站应对类似知识产权纠纷提供了宝贵经验。

（梅 焱）

【产业安全数据库扩容取得新突破】采取在巩固现有数据源的基础上清理停产、破产企业，逐步增加样本企业数量，提高报送数据的质量等一系列举措，北京市报送企业数量稳定在100家左右，企业直报率平均达到89.69%。

（梅 焱）

【应对美国反补贴案件在京核查】 12月15日，美国商务部调查官员首次到本市对高压气瓶反补贴涉案政策进行实地核查。按照市政府的要求，市商务委配合商务部积极协调有关部门，认真准备核查资料及口径，圆满完成实地核查的应答工作，有力地支持了国家整体应诉工作。

（于文、梅焱）

【本市产业损害预警工作获商务部表彰】 12月27日，商务部产业损害调查局在京召开会议，对全国2011年积极开展本地区产业损害预警工作，有效维护产业损害预警体系，充分发挥产业损害预警机制作用的地方商务主管部门和重点行业协会进行了表彰。市商务委荣获“全国产业损害预警工作2011年度先进集体”称号。

（于文、梅焱）

【举办京交会推介会】 10月20日下午，作为第十五届北京·香港经济合作研讨洽谈会的重要专场活动之一，由北京市商务委员会、香港贸易发展局主办，北京品牌协会、北京WTO事务中心、北京市连锁经营协会承办的中国（北京）国际服务贸易交易会（简称“京交会”）推介暨京港品牌对接交流会在京举行。来自京港两地的设计专家、企业家代表与市、区商务主管部门及行业协会领导近200余人齐聚一堂，共话两地在服务贸易领域的合作和品牌发展之路。

（梅 焱）

七、利用外资

概　述

2011年，北京市新批外商投资企业1 636家，利用外资实现双突破。吸收合同外资突破100亿美元，达113.0亿美元，同比增长33.1%；实际利用外资突破70亿美元，达70.5亿美元，同比增长10.9%。主要特点如下：

一是第三产业仍是外商投资重点。2011年，全市第三产业实际利用外资62.4亿美元，增长10.9%，占全市实际外资的88.5%。其中，以商务服务、信息服务、科技服务、金融服务、流通服务为主的生产性服务业实际利用外资45.4亿美元，增长32.0%，占全市的64.4%。分行业看，批发零售业增势突出，实际利用外资11.5亿美元，增长74.8%，占全市的16.3%，成为全市仅次于租赁和商务服务业的第二大引资行业；房地产业吸收外资下降明显，实际利用外资11.3亿美元，下降20.6%。

二是存量企业增资踊跃。2011年，全市共有955家外资企业新增合同外资74.5亿美元，增长43.8%，占全市的65.9%。其中，服务业领域增资66.5亿美元，增长59.6%，项目主要集中在租赁和商务服务业，信息传输、计算机服务和软件业，批发和零售业。

三是外资大项目支撑作用突出。2011年，全市126个千万美元以上实际外资大项目实际利用外资51.2亿美元，增长12.2%，占全市实际外资的72.6%，带动全市利用外资质量进一步提高。同期，全市吸收合同外资千万美元以上大项目182个，合同外资90.2亿美元，同比增长41.2%，占全市合同外资的79.8%。

四是高端总部聚集效应明显。2011年，全市新认定地区总部30家，累计达112家，累计吸收合同外资125亿美元，占全市累计合同外资的12.3%。新设投资性公司15家，较上年增加6家，累计达198家，全年共有32家投资性公司实际入资13.6亿美元，增长17.1%。新设跨国公司500强投资企业23家，累计有277家世界500强企业在京投资了621个项目。新设以研发功能为主的外商投资企业31家，累计设立404家，继续列全国首位。

五是战略性新兴产业成引资新亮点。2011年，以新能源、垃圾、污水处理为代表的绿色产业实际入资4.4亿美元，增长1.9倍。其中，以京能清洁能源为代表的新能源生产供应业实际入资1.5亿美元，增长2.9倍；以多元环球水消毒设备制造为代表的环保产业实际入资增长2.9倍；以赛诺菲安万特制药为代表的生物医药及医疗设备制造业实际入资增长67%。

六是城市发展新区引资突出。2011年，城市发展新区吸收合同外资22.4亿美元，增长43.9%，占全市合同外资的19.8%；实际利用外资14亿美元，同比增长30.3%，占全市实际外资的19.9%，首次超过首都功能核心区成为仅次于城市功能拓展区的第二大外资承载区域。其中大兴区（含北京经济技术开发区）合同外资增长48.2%，实际外资增长81.7%，表现突出。朝阳区合同外资和实际外资分别占全市的42.2%和37.5%，增速达到118.7%和10.2%，增势强劲。

七是投资来源依然集中。2011年，90.7%的合同外资和91.4%的实际外资集中于香港、英属维尔京群岛、日本、开曼群岛、美国、韩国、德国、新加坡、法国和英国十个国家和地区。其中，香港仍然是在京投资最多的地区，合同外资56.7亿美元，增长21.1%，占全市的50.2%，实际外资32.3亿美元，增长3.3%，占全市的45.8%。

（韦 肖）

【历年累计利用外资情况】截至2011年底，北京市累计批准外商投资企业34 569家，累计实际利用外商直接投资632.2亿美元。

（焦 刚）

【153个国家和地区来京投资】截至2011年底，共有153个国家和地区来北京市投资，较2010年增加了6个。目前在北京实际投资前十位的国家和地区分别是香港、英属维尔京群岛、日本、开曼群岛、美国、德国、韩国、新加坡、荷兰和法国。

（高 茜）

【商务服务业继续成为外商投资首选】2011年，租赁和商务服务业吸收合同外资26.3亿美元，增长29.8%，占全部的23.3%；实际利用外资19.0亿美元，增长8.4%，占全部的27.0%，继续成为全市利用外资比重最高的行业。其中投资性公司合同外资占租赁和商务服务业的64.7%；实际外资占71.3%。

（王立峰）

【信息服务业利用外资强劲】2011年，信息传输、计算机服务和软件业吸收合同外资19.2亿美元，同比增长93.5%，增幅提高75.1个百分点，占全市的17.0%，占比提高5.3个百分点；实际利用外资10.9亿美元，同比增长14.5%，增幅提高13.5个百分点，占全市15.5%，占比提高0.5个百分点。

（王立峰）

【文化创意产业利用外资发展迅速】2011年新设文化创意外商投资企业392家，吸收合同外资26.7亿美元，占同期全市合同外资总额的23.6%；实际利用外商直接投资15亿美元，占同期全市实际利用外资总额的21.3%。其中软件、网络及计算机服务类占文化创意产业合同外资的72%、实际外资的72.9%。

（高 茜）

【商贸领域仍是外商投资热点】2011年批发和零售业新设外商投资企业395家，占全市新批企业24.2%；吸收合同外资19.6亿美元，同比增长84.2%，占全部合同外资17.4%；实际利用外资11.5亿美元，同比增长74.8%，占全部实际外资16.4%。

（高 茜）

【城市功能拓展区外资比重近60%】四大功能区中，城市功能拓展区实际外资42.1亿美元，占59.7%。城市发展新区实际外资14.0亿美元，占19.9%；首都功能核心区实际外资10.9亿美元，占15.5%；生态涵养发展区外资比重较小，实际外资占4.9%。

（高 茜）

【投资性公司经营贡献突出】2011年北京市外商投资企业联合年检数据显示，2010年度143家投资性公司实现营业收入3547亿元，利润总额656.2亿元，同比分别增长33.8%和31.8%；实现纳税总额395亿元，占全市外商投资企业纳税总额的19.2%。

（田　鹏）

【外商投资企业联合年检工作顺利完成】根据商务部、财政部、税务总局、工商总局、统计局、外汇局联合发布的《关于开展2011年外商投资企业联合年检工作的通知》精神，2011年3月1日至7月15日，北京市开展了外商投资企业网上联合年检工作。根据实际情况，2011年北京市对网上联合年检工作方案进行调整与充实，设立了区（县）年检平台，方便各区（县）商务部门直接登录联合年检系统进行数据的查询及汇总。2011年参检企业达13 292家，参检率为91.7%。

（许雪梅）

【第十五届京港洽谈会成功举办】第十五届北京·香港经济合作研讨洽谈会于2011年10月20日至21日在北京成功举办。本届京港洽谈会以“共享新商机、共谋新发展、共创新繁荣”为主题，围绕生产性服务业、高新技术产业、战略性新兴产业、文化创意产业及城市管理，通过环境推介、商机发布、投资洽谈、项目签约、研讨交流、展览展示、投资考察等系列务实活动，进一步推动京港两地的深入交流与合作，促进两地经济繁荣和社会发展。本届京港洽谈会取得丰硕成果，共有18个重点项目进行了正式签约，签约金额达69亿美元。

（刘小骥）

【依法进行外资行政审批（许可）】2011年全年为外商投资企业办理各类设立及变更事项1492件，发放外商投资企业批准证书852个；为外商投资企业办理进口设备审核、鼓励类项目确认、技术更新项目确认总计340件。

（董士娟、张立新、田静、董莹）

【规范行政许可行为】制定规范化的审批程序和格式。收文、受理、审批发文、文书送达各环节，制定规范了工作流程、工作时限、注意事项和标准表单格式化。规范审批事项。对照审批职权，分四大类、二十四小项审批事项，制定规范了法律依据、审批规范、审批要点、批复范本和审批时限等内容。

（李亚平、段新华、陈廓、张振成、仝国卿、王亚娟）

【启动外商投资企业格式化审批】北京市积极争取成为商务部开展外商投资企业合同、章程格式化审批试点省市之一，外商投资企业合同、章程的格式化范本已向社会公布，供企业选择使用。2011年11月起，在市商务委的外商投资企业审批工作中试行。

（段新华、张振成）

【完成外资企业档案数字化工作】2010年底，我委正式启动外资企业档案数字化项目，对我委存档的自1980年以来近120万页的外资企业档案进行了拆卷整理、电子扫描和数据质检工作，并实现了企业档案的网上检索查询。

（孙　睿）

【首次举办“北京台湾名品博览会”】2011年北京台湾名品博览会于11月6～9日在全国农业展览馆新馆举行。规模为13 000平方米，邀请台湾参展企业162家，展品近万种。参展产品涉及台湾高新科技、节能环保、文化创意等类别。采用展销结合、展洽结合的方式，为京台搭建经济、文化交流的平台。据统计，博览会现场销售额达1 000多万元，达成明确采购意向9.6亿元人民币。

（韦肖、孙睿）

【外商投资性公司经济贡献突出】根据2011年外商投资企业联合年检数据，143家外商投资性公司占全部参检企业的1.1%，营业收入和纳税总额分别占全部参检企业的17.3%和19.2%，经济贡献十分突出。其中，2011年全市新设15家投资性公司。累计在京批准设立的投资性公司达到198家。

（王亚娟）

【落实跨国公司地区总部政策】审定63家跨国公司地区总部申请各种补助（奖励）共计115项，总金额40 552.15万元，2011年应拨付总金额18 318.74万元；审定外商投资企业高级人才受奖企业为82家、受奖人员为214人、奖励金额为人民币1 731.948万元；为地区总部外籍人员发放有效期3－5年《外国人就业证》325件，为外籍人员及家属确认和办理有效期3－5年的外国人居留许可776人次。

（韦肖、郭德新、田静、张立新）

【逾74家500强企业在京设立总部】2011年我市新认定地区总部30家，是历年来认定数量最多的一年。新认定的跨国公司地区总部涉及机械制造、航空、物流、商贸、医药、汽车、信息技术等多个领域。截至2011年底，我市累计认定的跨国公司地区总部达到112家，其中世界500强总部企业74家。

（王亚娟、全国卿）

八、对外经济合作

概　述

2011年，北京市“走出去”各项工作取得了新的进展和突破。

全市共核准境外企业（机构）237家（其中：境外企业212家，境外机构25家），中方协议投资额21亿美元，同比增长18%；中方实际投资额7.5亿美元，同比增长6.9%，并呈现出以下特点：

一是大项目多。包括福田汽车印度制造有限公司在内的7家境外企业的中方协议投资额达5.24亿美元，占同期总额的28.9%。

二是存量企业增资踊跃。精工石油有限公司等40余家存量企业增资4.87亿美元，占同期总额的26.85%。

三是第三产业增长较快。第三产业中方协议投资额12.99亿美元，占同期总额的71.6%，同比增长24.31%。

四是租赁和商务服务业的中方实际投资额增幅显著。租赁和商务服务业的中方实际投资额2.34亿美元，占同期总额的38.16%，同比增长18.01%。

境外投资呈现出投资方式、投资地区、投资目标、投资主体多元化的明显趋势和领域广泛、方式多样、水平提高、增长迅速的特点。电子通信、软件开发、生物医药等优势产业境外投资发展迅速。

2011年，全市对外承包工程营业额在克服利比亚动乱影响后完成24.91亿美元，同比增长12%；新签合同额26.2亿美元，同比增长4.34%，2011年，我市派出各类劳务人员11 804人；年末在外人员17 842人。呈现以下特点：

一是龙头企业带动作用明显。排名前10名企业累计完成营业额20.38亿美元，占完成营业额总量的92%。

二是非洲市场所占份额最大。在非洲完成营业额16.42亿美元，同比增长5%，占完成营业额总额的73.8%，是我市对外承包工程的主阵地。

三是产业结构不断优化。对外承包工程在业务开展上技术含量不断提高，在电子通讯、电力工业和环保产业建设方面有了突破性发展，对外承包工程业务范围正在从房屋建筑工程向多领域、多行业方向发展，在房屋建设项目完成营业额10亿美元，同比下降50%的情况下，全年营业额保持了增长12%以上的良好态势。

四是中国标准走出去、企业联合走出去方面取得新突破。

援外工作取得了新进展。全年组织援外培训班17期，培训来自非洲等50多个国家的482名学员；8家企业获得援外成套和施工监理资质；2家企业获得实施援外物资项目资质。按照安全、质量、功能、工期、成本“五统一”的标准，精心组织和部署我市承担援外项目的企业开展援外质量年大排查的各项工作，并取得预期效果。

对口支援和区域商务合作为市政府对口支援和区域经济合作目标任务服务；为服务对象用好首都市场平台服务；为区（县）商务部门与兄弟省市工作交流服务；为首都借助国内国外两种资源和两个市场建设国际商贸中心服务成效显著。

2011年，对外经济合作工作围绕“搭平台、促协作、重引导、强服务”的主旨，以提高中国特色世界城市和国际商贸中心在世界影响力的工作要求，推进我市各项“走出去”工作的开展。

一、坚持政府引导、企业为主体、市场化运作的指导思想，积极搭建平台，助推对外经济合作

一是积极组织“走出去”政策宣讲；二是为企业搭建境外投资平台，组织了我市境外投资企业参加罗马尼亚布、印度、加拿大等国家和地区在北京召开的招商暨投资洽谈会；三是注重发挥对外经济技术合作专项资金的支持和导向作用，引导和促进我市对外投资合作发展。今年以来，我市重点支持对外投资带动承包工程和设计咨询业“走出去”、中国工程技术标准和联合“走出去”、文化和品牌“走出去”。全年组织13家企业的32个项目申报国家对外经济技术合作专项资金，共3家企业的4个项目获商务部对外经济合作专项资金1 007.76万元的支持；利用北京市专项资金支持，在地方专项资金预算内为7家企业资助2 487万元。

二、成功应对传统和非传统安全威胁，克艰避险处置境外突发事件

2月22日，利比亚政局发生急剧动荡，按照商务部和市政府的工作部署，立即成立我市在利比亚人员撤离和安全保障工作领导小组，迅速启动处理境外劳务纠纷或突发事件应急预案，历经11昼夜的连续奋战，确保我市在利比亚开展承包工程业务的4家企业5 414人，全部安全有序撤出利比亚并顺利回国。

3月11日，日本发生9.0级大地震后，委领导高度重视我市企业在日人员人身安全问题，亲自指挥，迅速启动我市处理境外劳务纠纷或突发事件快速反应机制，与相关企业保持24小时联系，妥善安排好在日研修生的工作、生活和回国事宜并妥善解决我国赴日研修生的合理诉求。

三、依法履行职责，加强对企业的政策支持和监督指导

一是组织法规培训。为做好本市在境外相关企业的应急避险培训工作，市商务委举办了全市《对外承包工程管理条例》法规贯彻落实会议，对我市80余家对外承包工程企业相关人员进行了专题培训。二是加强监督检查。为落实商务系统内外贸专项资金监督检查工作会议精神，集中对我市7家累计使用金额共1 666万元的中央对外经济技术合作专项资金企业进行了现场检查，未发现有资金截流、挪用、挤占、贪污私分、虚报冒领等违纪违法问题。

四、转变作风，强化服务功能，密切与企业的联系

一是加强对重点企业的联系走访和调研，变坐堂为行医，问难于企、问政与企、问计于企，切实为企业解决困难。今年以来，从转变作风入手，深入“走出去”的龙头企业了解企业所需。特别是利比亚事件发生后，为最大程度减少企业经济损失，多次组织召开本市在利比亚总承包工程企业资产保全工作协调会，千方百计解决企业的资金困难问题。二是为进一步推动我市文化产业“走出去”工作，委领导带队对北京同仁堂集团、俏佳人传媒有限公司等我市文化产业“走出去”企业进行了工作调研。三是坚持承包工程企业联席会制度。它是信息沟通、经验交流的平台，为加强政府部门与企业间的沟通机制，为我市对外承包工程企业实现优势互补，提高拓展能力和综合竞争力提供了平台。

五、建立了对口支援和区域商务合作工作的三网三库

为加强与对口支援办及相关部门和我委业务处室的协调沟通，建立并完善了“三网三库”——对口支援和区域商务合作项目、后备项目、北京在外省市投资企业数据库，政府职能部门联系网、在外企业联络网、系统内部工作联动网，使对口支援和区域商务合作工作进一步适应“首都经济圈”建设的要求。

（王 虹）

【成功建立了重大项目跟踪服务平台】2011年，为进一步掌握对外承包工程企业、境外投资企业（机构）的业务开展情况，加强对企业的指导，加强对境外投资大项目和对外承包工程龙头企业的跟踪服务和企业信息统计工作，市商务委对境外投资流量在5 000万美元以上的大项目进行了统计，对1 000多家具备对外承包工程资格和境外投资资格企业的机构名称、注册资金、联系人等情况进行了摸查，建立了对外承包工程和境外投资企业手机信息平台。通过利用我委建立的境外投资企业手机信息平台，发送年度本市企业参加境外投资联合年检工作的通知后，我市本年度参检境外企业数量明显增加，达到342家，相比2009年度参检企业100余家增加近二倍。

（郝晓星）

【中国标准“走出去”取得新突破】2011年，我市企业在“中国标准走出去”方面取得了新突破。四达时代集团公司通过近年来积极开拓海外市场，已在十个非洲国家成功建设和运营数字地面电视，实现了中国移动多媒体广播标准（CMMB）“走出去”。目前，该集团在卢旺达、尼日利亚、莫桑比克等11个非洲国家设立了公司，运营电视信号覆盖城市人口7700万，累计发展用户55万。2011年，北京建工集团以“设计、采购、施工”总承包（EPC）的方式，承建坦桑尼亚桑给巴尔（岛）总价为7千多万美元的机场项目。这一项目是北京企业首次以中国标准承建海外机场，工程自当年7月开始，9月完成主体吊装，中国驻坦桑尼亚大使刘昕生在主体吊装柱上留下“感谢北京建工杰出工作”的字样。

（郝晓星）

【企业联合“走出去”工作取得新进展】近年来，市商务委积极引导我市“走出去”企业整合资源、实现差异化联合，形成首都整体优势拓展海外市场。2011年，我市企业中昊海外建设工程公司积极联合中央企业中国航空国际建设有限公司，共同开发南苏丹市场，并与南苏丹签署了向该国出售中国自主设计研发轻型飞机的意向协议。同时，中昊不断加强与我市企业之间的合作，与中地海外建设集团、北京建工集团在矿产资源开发、大型工程设备进出口、进出口贸易等方面开展了业务合作，取得了很好的效果。

（郝晓星）

【对外承包工程呈现多元化发展态势】2011

年以来，我市对外承包工程企业积极应对复杂多变的国际形势，加快转变“走出去”的方式，在对外承包工程业务方面突破房建、道路等传统项目，积极向电子通讯、电力工业和环保产业等多行业、多领域拓展，在3类项目上完成营业额2.13亿美元，占全市年完成营业额近10%，成为我市对外承包工程业务新的增长点。

（郝晓星）

【对口支援和区域商务合作成效显著】2011年，我委共接待河北、天津、内蒙、重庆、新疆等各省市来访、考察调研40余次；办理、协调各类展会、推介活动13次。其中我委作为支持单位组织了内蒙乌兰察布市马铃薯在京推介会、四川什邡农特产品进京2周年展销活动，为落实商务部指示组织20余家餐饮、超市、农批市场等大型企业赴乌兰察布采购帮助解决内蒙马铃薯的销售困境；与内蒙古、四川、河北等省市签订了31个商务合作协议，对口支援和区域商务合作工作不断加强。

（郝晓星）

【搭建金融资本与产业资本投融资平台】2011年11月召开了市商务委、市国资委，开行北京分行和北京市对外承包工程企业，境外投资企业参加的政、银、企联席会暨“走出去”战略合作协议签约仪式。这一平台的搭建和机制的建立，对今后加强政、企、银之间联系，进一步落实北京市人民政府和国家开发银行签订的合作协议，促进我市“走出去”工作的发展具有积极意义。

（郝晓星）

【成功应对突发事件】2月22日，按照商务部和市政府的工作部署，立即成立我市在利比亚人员撤离和安全保障工作领导小组，迅速启动处理境外劳务纠纷或突发事件应急预案。历经11昼夜的连续奋战，确保我市在利比亚开展承包工程业务的4家企业（其中两家企业为央企分包项目）共计5 414人全部安全有序撤出利比亚并顺利回国。

（郝晓星）

【两企业获得出口信保预赔款】利比亚事件发生后，我委会同市国资委、市外办、中国出口信用保险公司、中国进出口银行、交通银行北京分行等部门，就涉利保函的情况、企业投保和近期定损、理赔的工作情况等进行积极沟通并制定有效措施。我市两家企业获中国出口信用保险公司预赔款1.32亿元人民币。中信保向北京建工集团、北京宏福建工集团，分别预赔付4 631万元人民币和8 568万元人民币。

（郝晓星）

【外派劳务项目审查工作开展顺利】2011年，按照国家行政许可的各项要求，审核和新批3家对外劳务合作企业；在规定的时间内，对74家有外派劳务经营资格的企业进行了年审；审核对外劳务合作项目100件；开具劳务人员出境证明91件；按照商务部的规定，返还和退还32家企业对外劳务备用金426万元；全年共审核备案登记输澳劳务项目719个。

（崔春玲）

【北汽福田印度建厂】为进一步提高国产商用车在国际市场的占有率，北汽福田按照企业的战略规划，加大对国际市场的开发力度，在充分考察与调研的基础上，于2011年年底在印度马哈拉施特拉邦浦那专区Chakan工业园设立了汽车制造厂。该项目预计总投资规模为3.87亿美元，专门生产微卡、轻卡、中重卡等商用车，设计年生产能力为 12 万辆载货汽车。目前一期9 800万美元的资金已经足额到位，预计 2012 年上半年完成所需土地的购置划拨工作，并适时展开工程建设的筹备工作。

（闫玉民）

【四达时代在非洲业务上规模】北京四达时代通讯网络技术有限公司是我国广播电视行业具有实力的系统集成商、技术提供商和网络运行商。该公司从 2002 年起开始开发非洲市场，取得初步成效后又于 2009 年在香港设立四达时代国际控股有限公司，并将其作为发展非洲业务的平台。为满足在非业务的不断扩大的需求，北京四达时代通讯网络技术有限公司申请更名为四达时代国际控股有限公司并增资14 543万美元，用于在非洲开展规模经营。目前在非洲已建立了星地结合网络体系，包括地面数字电视发射台 35 个，移动多媒体发射台 7 座，卫星地面站 6 个，遥控中心两座。数字电视业务已在 9 个国家 27 个城市运营，并建立了较完整的营销体系和售后服务队伍。

（闫玉民）

【京城重工收购长野工业株式会社】在经历了 2008 年的全球性金融危机后，日本实力较弱的本土企业遭到致命打击，为数众多的企业经营陷入困境，部分企业濒临破产。在此背景下，北京京城重工机械有限责任公司抓住契机，以内保外贷的方式投资2 615万美元收购了长野株式会社。此举意义在于：一、全资进入国际挖掘机行业，吸收成熟技术，开发国内国际两个市场，迅速提升技术水平和产品可靠性；二、增加高空作业车的产品型号，提高产品的市场占有率；三、可充分利用电控技术提高高空作业车的电控水平。

（闫玉民）

【援外工作有了快速发展】根据商务部充分发挥地方援外工作积极性和加强属地化管理的的精神，2011 年北京市的援外工作有了快速的发展。全年审核上报援外成套和施工监理企业 8 家；审核上报援外物资项目实施企业 2 家和换领资格证书企业 6 家；为企业参加援外投标出具意见函 14 件；市属 3 家援外培训企业全年组织援外培训班 17 期，培训来自非洲等 50 多个国家的 482 名学员；推荐北京市 19 家对外援助企业和进出口企业进入对外援助物资项目可行性研究单位及配单单位信息库；向商务部推荐我市符合条件的援外工程咨询专家 10 名。

（崔春玲）

【认真开展援外质量年活动】

按照商务部的统一部署和安全、质量、功能、工期、成本“五统一”的标准，年初，我市开展了援外质量年大排查工作。市商务委精心组织和部署我市承担援外项目的企业开展援外质量年大排查的各项工作。一是摸清了近年来我市援外工作的基本情况：经排查，自 2006 年以来，我市共有 13 家企业承担了 233 个援外施工、监理、援外物资采购和供货及援外培训项目，其中，援外施工项目 11 个，援外监理项目 16 个，援外设计和咨询项目 42 个，援外物资采购和供货项目 136 个，援外培训项目 28 个，累计为 100 多个国家的1 218名政府官员和技术人员进行了有关生物技术在食品工业中的应用、疟疾防治技术及蔬菜安全等方面的培训。二是对北京近年来援外项目的执行情况有了清楚的了解：北京市承接的援外项目符合国家援外工作的各项规定和要求，援外施工项目质量一流，援外物资项目高质高效，援外培训项目效果显著，通过开展援外质量年活动，为堵塞和防范援外项目质量方面的问题和漏洞起到了重要作用，为加强北京市援外项目质量管理和监督长效机制的顺畅运行奠定了基础，取得了预期效果。

（崔春玲）

九、商务服务

概　　述

商务服务业是服务于商务活动的产业群，是生产性服务业的重要组成部分，兼具知识密集型、资金密集型和劳动密集型特征，多数行业属于低耗、高效的绿色产业。近年来，在全市各产业领域，商务服务业增速名列前茅，成为最重要的经济增长点；商务服务业增加值占地区生产总值比重迅速加大，已经超过 7%，成为新兴的支柱产业；北京商务服务业的就业、税收贡献突出，规模和水平在国内都明显处于领先地位。2011年，全市商务服务业快速发展，支柱产业作用更加凸显。全年租赁和商务服务业实现增加值1 135.2亿元，增长 18.2%，高于地区生产总值增幅 10.1 个百分点，对全市经济增长贡献率为 14.6%，占地区生产总值 7.1%，占第三产业增加值的 9.4%。

北京市委、市政府高度重视本市商务服务业发展。在最新一轮政府机构改革中，北京市商务委员会增加了“协调促进商务服务业发展”的职责。为大力促进商务服务业发展，市政府印发了《北京市商务服务业振兴发展规划》。在《北京市国民经济和社会发展第十二个五年规划纲要》、《加快国际商贸中心建设的意见》和《北京市“十二五”时期国际商贸中心建设发展规划》中，把促进商务服务业发展作为有中国特色世界城市建设和国际商贸中心建设的重要内容和有力支撑。

（王德奇）

【成立商务服务业发展协调工作机构】北京市商务委员会商务服务业协调处室获得市编办批准，明确了协调促进商务服务业发展的职责，为今后全面推进商务服务业发展工作奠定了组织条件。

（王德奇）

【培育发展商务服务业主题楼宇】为落实《北京市商务服务业振兴发展规划》，启动了重点商务服务业主题楼宇培育发展工作。东城区、朝阳区、石景山区等 16 座商务服务业主题楼宇进行了提升、改造。市商务委对其中 9 座主题楼宇在改善楼宇公共服务环境，提升楼宇综合服务能力上给予支持，市级财政共支持资金1 500万元。获得支持的楼宇出租率基本都在 95%以上，建筑面积超过 100 万平方米；涉及1 463家企业，其中 821 家是商务服务企业。下一步，将对商务楼宇进行功能验收，对其中优质的商务服务业主题楼宇进行“示范楼宇”的认定。

（王德奇）

【积极宣传推介本市商务服务业】依托全市展会资源，特别是第三届服务贸易大会专场活动和论坛，加大对商务服务企业的推介力度，提高首都商务服务在国内外的影响力。

（王德奇）

【筹建行业运行监测和资源共享平台】市有关部门积极筹建商务服务业行业运行监测和资源共享平台。平台主要结合利用市商务委数据整合与资源共享平台，通过在商务楼宇建设信息终端，与各行业协会资源进行共享，建立全市商务服务业市场运行和行业发展监测体系。通过平台集中发布行业政策信息、运行情况，采集、汇总行业数据、楼宇信息，整合客户资源，共享行业间客户需求信息；向需求方推荐优质的法律、会计、人才中介等商务服务企业，做到“资源共享，协同发展”。

（王德奇）

十、商务领域行业协会

截至2011年底，由市商务委作为业务主管单位的社团组织54家。其中：内贸领域36家，外贸领域18家。按照在市民政部门社团组织登记的分类统计，行业性社团41个，学术性社团6个，专业性社团3个，联合性等社团4个。市商务委2011年按期完成了社团组织的年度检查工作，指导北京市餐饮行业协会、文化用品协会等5家协会完成了换届选举工作。北京市饮食行业协会更名为北京市餐饮行业协会。

（褚庆丰）

北京市商务领域社团名录

序号	单位名称	会长	秘书长	联系人	联系电话	传真	单位地址	邮编
1	北京国际商会	熊九玲	张　钢	张芳芳	88070427/0379	68061030	西城区南礼士路头条 3 号	100045
2	北京国际会议展览业协会	储祥银	储祥银	王　芳	88070431/0324/0343	68061030	西城区南礼士路头条 3 号	100045
3	北京国际经济贸易学会	姚　望	李　霞	杨玉清	88070329	68014008	西城区南礼士路头条 3 号	100045
4	北京市进出口企业协会	陈　伟	叶长友	金　禧	84289881/9006/9001	84289902	朝阳区和平里小黄庄北街 2 号 C 座	100013
5	北京市国际技术贸易协会	陈　伟	王跃平	刘　松	85163103	65252214	东城区朝内大街 190 号	100010
6	北京市国际货运代理行业协会	于　杰	李　荣	李小蕾	64621398/99	64615507	朝阳区亮马桥路 44 号海昌大厦 209 室	100016
7	北京市对外经济贸易会计学会	徐小溪	李文泉	李俊生	65280245/85163037	65280245	东城区朝内大街 190 号	100010
8	北京市商务企业法律顾问协会	钟　青	董淑荣	李树平	58260971	58260971	朝阳公园西里南区 6 号楼副楼 403/502 室	100125
9	北京品牌协会	王介甫	夏　明	甄　堂	58260933	58260971	朝阳公园西里南区 6 号楼副楼 503 室	100125
10	北京中外企人力资源协会	王晓平	滕　霄	封树贞	67771008	67771004	朝阳区西大望路 15 号外企大厦 B 座 703 室	100022
11	北京国际志愿人员协会	王　粤	刘　军	闫　颖	84000561/0562	64097913	东城安定门东大街 28 号庸和大厦 C 座 11 层	100007
12	北京外商投资企业协会	孙长泰	周卫民	狄　伟	65543163/64	65544915	朝阳门北大街 8 号富华大厦 F 座 408 室	100027
13	北京国际投资促进会	孙长泰	李保卫	张　桐	65546203	65543161/6203	朝阳门北大街 8 号富华大厦 F 座 406 室	100027
14	北京外企海外联谊会	霍晨光	肖林光	束　燕	67772614	67772655	朝阳区西大望路 15 号外企大厦 B 座 11 层	100022
15	北京服务贸易协会	熊九玲	倪跃刚	顾伟民	88070305	68065905	西城南礼士路头条 3 号南楼 325 室	100045
16	北京服务外包企业协会	曲玲年	胡万进	李海珍	82825690－1018	82825690-1073	海淀区东北旺西路 8 号中关村软件园 1 号楼信息中心 C 座一层	100094
17	北京国际经济技术合作协会	纪为民	廖志宁	白　洁	84549851	51316244	东城区东直门外大街 48 号东方银座 A 座 17C	100027
18	北京外商投资企业商工联合会	姜仲群	刘贻长	刘贻长	65056010	65056110	建外大街 1 号国贸西楼 516 室	100004
19	北京市商业联合会	李顺利	丁淑芬	田旭升	63435421/22/29	63435416	西城区莲花池东路丙 1 号	100045
20	北京物流协会	王国丰	林友来	林友来	63435426	63435428	西城区莲花池东路丙 1 号	100045

（续）

序号	单位名称	会长	秘书长	联系人	联系电话	传真	单位地址	邮编
21	北京市商业企业管理协会	沈致远	左玉荣	吴晓霖	64010352	64010352	东城区魏家胡同20号	100007
22	北京百货商业协会	孟卫东	左玉荣	吴晓霖	64070692	64010352	同上	100007
23	北京市印章行业协会	张宝平	王　立	肖　悦	63030462	63035640	宣武区珠市口西大街258号	100051
24	北京市茶业协会	白文祥	付光丽	刘秀荣	68337903	68337903	西城区北礼士路甲98号阜成大厦A座4层421号	100037
25	北京冷饮食品协会	濮万瑾	李桂花	李桂花	63435423/520	63435520	西城区莲花池东路丙1号	100045
26	北京市供销合作经济组织协会	符敬群	王燕龙	赵月蓉	63521364	63520898	宣武区儒福里40号	100054
27	北京蜂产品协会	杨寒冰	赵增莲	钟一鸣	67869258	67869021	北京经济技术开发区同济中路7号兴盛工业园3栋	100176
28	北京商业经济学会	臧洪阁	赖　阳	魏　刚	65594609/65231127	65128343	东城区礼士胡同41号	100010
29	北京市商业服装行业协会	陈普照	朱名华	朱名华	65136644/63032991	65123749	宣武区前门大街掌扇胡同甲2号	100051
30	北京肉类食品协会	袁卫东	刘金英	吴　萍	63266413	63324878	宣武区广安门外广华轩6号楼	100055
31	北京市化工商业协会	邓五一	刘志刚	王海红	87612660/67603818	87612660	丰台区永外宋家庄顺八条1号	100078
32	北京市眼镜行业协会	孟卫东	刘多宁	刘多宁	67059782	67059782	东城区天坛路57号院内东楼4层401	100062
33	北京市调味品协会	吴　鸣	陈尤太	李慧丽	63522160	63520901	宣武区枣林前街19号	100053
34	北京焙烤食品糖制品协会	高　波	张　漪	刘俊欣	63265499	63265499	宣武区广安门外广华轩6号楼	100052
35	北京市豆制品协会	张振山	卢桂芳	卢桂芳	63521149	63521149	宣武区枣林前街19号	100053
36	北京农业生产资料协会	吴　山	陈永峰	高　放	83828781	83828781	丰台区西四环南路30号院8－1供销农资大厦12层	100161
37	北京文化用品行业协会	张　军	周文安	田秀丽	67226062	87297093	崇文区永外东革新里42号	100077

（续）

序号	单位名称	会长	秘书长	联系人	联系电话	传真	单位地址	邮编
38	北京市石油流通行业协会	赵振生	王顺增	赵秋萍	51727981/23	51727981/7924	海淀区北三环西路48院科技会展中心1号楼B座10E	100054
39	北京拍卖行业协会	温桂华	张　瑾	张　曼	68334469	68337868	西城区北礼士路甲98号阜成大厦B座305室	100083
40	北京家政服务协会	李大经	丁小平	吴翔云	63432818/5414	63432818	西城区莲花池东路丙1号	100006
41	北京市摄影行业协会	孙秀珍	高鸣实 孙广义	高凤玲	66039982	66039982	西城区大酱坊胡同甲26号	100032
42	北京市洗染行业协会	汪学仁	高云丽	高云丽	63972756	63972756	丰台区莲花池西里20号宝辰洗衣厂四楼	100073
43	北京市餐饮行业协会	汤庆顺	胡　颖	王瑞华	66035722	66039210	西城区大酱坊胡同甲26号	100032
44	北京美发美容行业协会	卢连德	李瑞明	贺关莽	63188435	63188437	宣武区珠市口西大街120号太丰惠中大厦1222室	100050
45	北京市租赁行业协会	李鸿增	史国立	高　明	87289242/67150700	67150700	崇文区法华南里26号404室	100061
46	北京西餐业协会	魏　青	许　萌	许　萌	64810867	64810615	朝阳北苑路180号加利大厦2号楼501室	100101
47	北京典当行业协会	郭金山	郝凤琴	黄　佳	84544366	84544368	朝阳左家庄北里2号北青苑写字楼200室	100028
48	北京电子商务协会	高颖维	林　亚	彭立军	63435415	51814650	西城区莲花池东路丙1号312室	100045
49	北京市连锁经营协会	卫停战	李秀珍	李卫红	62218069	62262236	海淀区北三环西路明光北里2号	100088
50	北京老字号协会	姜俊贤	张　健	李　菲	62002277/62370448	62002277	西城区西绒线胡同51号北门四川饭店内	100029
51	北京中国饮食文化研究会	李士靖	赵振华	孙淑萍	65193131	65193259	北京市正义路2号市政府2号楼	100744
52	北京中华茶艺协会	郝　莹	李延海	郝　莹	66056287	66056287	西城区八宝胡同5号	100033
53	北京市商业文化研究会	张连登	王成荣	胡庆平	65231127	65128343	东城区东四南大街礼士胡同41号	100010
54	北京市旅店行业协会	丁同欣	张　宏	张惠云	63156367	63156367	宣武区棕树斜街42号（欣燕都旅馆）	100051

第四部分

口岸、海关、检验检疫

北京市人民政府口岸办公室

基本职能

北京市人民政府口岸办公室，是负责北京口岸工作的市政府办事机构，也是北京市口岸工作领导小组的办事机构。负责起草本市有关口岸工作方面的地方性法规草案、政府规章草案；研究提出口岸发展规划及政策措施，并组织实施；负责口岸综合协调管理和“大通关”工作；组织协调首都国际机场航空口岸反走私反偷渡工作；组织协调首都国际机场地区食品安全、精神文明建设和社会管理综合治理等工作；承办市政府交办的其他事项。

内设机构

秘书处 综合业务处 航空港处 陆港管理处

工作概述

北京口岸工作在市委、市政府的坚强领导下，按照市商务委党组的总体要求和市口岸办党组年初制定的工作部署，深入贯彻落实科学发展观和十七届五中、六中全会精神，紧紧围绕建设中国特色世界城市、打造国际商贸中心的工作大局，转变观念、创新机制，乘势而上，与口岸相关部门通力合作进一步提升口岸服务质量，提升口岸通关效率，为打造与建设世界城市相适应的国际一流的“安全、高效、文明、绿色、繁荣”口岸打下了坚实基础，取得了显著成绩。

【“十二五”时期口岸发展规划发布】经市政府批准，与市发展改革委联合发布《北京市“十二五”时期口岸发展规划》，并在《北京日报》、首都之窗等报刊网站上开展了一系列规划发布的宣传工作。规划围绕中国特色世界城市和国际商贸中心建设大局，优化开放环境，降低流通成本，服务于国家对外交往和首都开放型经济发展，明确了未来五年北京口岸发展的总体思路、发展目标和主要任务。

（综合业务处）

【口岸运行增速明显】2011 年首都国际机场年旅客吞吐量为 7 867.5 万人次，增长 6.4%，稳居全球第二；其中，进出境人员 1 861万人次，增长 9.4%。北京西站铁路口岸 2011 年出入境旅客 13.3 万人次，增长 15.9%，列车运行接近满员。北京口岸海关监管货物 150.4 万吨，增长 9.2%。

（综合业务处）

【天竺综保区区港联动机制进一步完善】大力支持天竺综保区发展，深入摸底口岸功能区与保税区对接运营情况，了解通关服务、监管模式、通关流程、耗时、综合费用等信息。针对口岸功能区部分货物转单速度慢、分拨不顺畅、进港货物堆积、企业提货滞后等问题，协调相关单位，推动完善综保区与首都国际机场航空口岸建立区港联动机制，提高航空口岸物流效率。

（航空港处）

【配合促消费成效明显】配合全市促消费工

作，借助主流媒体，积极开展了北京老字号非物质文化遗产和国门商业的宣传展示，促进了中外旅客对北京历史文化、传统商业的了解和首都国际机场免税品销售。全年首都国际机场免税品销售 22.8 亿元，增长 34.7%。

（航空港处）

【过境免签工作取得进展】为推动枢纽型机场建设，组织召开北京口岸延长过境免签时限和扩大口岸签证范围专家论证会、企业座谈会，联合市旅游委召开工作座谈会，争取到外交部、公安部原则同意，形成意见建议，并报市政府，积极争取了“在北京口岸对部分外国人实行 72 小时过境免签政策”及早出台。

（航空港处）

【加强各方联动，确保地区食品安全】按照“条块结合、部门联动、信息共享、传统方式与科技手段相结合”要求，在首都国际机场地区建立食品安全管理及信息发布的多个平台。充分发挥地方政府属地管理职能，组织有关部门定期对辖区内的四大类 13 个品种的食品进行检测，机场地区食品制售环节全年没有出现重大问题。

（航空港处）

【“双反”工作成效显著】深入贯彻“专群结合、打防结合、群防群治”要求，召开首都国际机场航空口岸反偷渡表彰大会，表彰反偷渡工作先进单位、突出贡献单位及先进个人。程红副市长出席表彰会并讲话，鼓舞了驻场单位协防工作的积极性。首都国际机场航空口岸“双反”工作取得了显著成效。2011 年北京口岸共查获非法出入境人员 393 人次，减少 38.3%；接收处理境外遣返人员7 244人次，减少 20.9%。首都国际机场关区共查私立案1 255起，减少 12%；结案1 236起，减少 21%。

（航空港处）

【推进社会综治工作制度化建设】层层落实综治工作责任制，组织机场地区综治委领导与有关责任单位签署综治工作责任书。实时跟踪、及时上报、妥善应对机场地区多起人员聚集事件等情况。经与首都综治办、市财政局多次沟通，主动解决了机场地区精神异常人员救助经费问题。在机场地区社会管理工作中，与机场公安分局在工作机制上有了新突破。

（航空港处）

【首都国际机场文明服务水平明显提高】大力支持首都国际机场开展“倡行中国服务，打造国际枢纽”活动，积极推进创建文明单位活动。北京首都国际机场股份有限公司（以下简称“首都国际机场股份公司”）被中央文明委命名为第三批全国文明单位，并通过了国际机场协会的机场服务质量认证。首都国际机场股份公司和中国航油华北公司两名同志分别被首都精神文明建设委员会授予“2006—2010 年度首都精神文明建设奖”荣誉称号。首都国际机场整体服务水平又上一个新台阶，首次进入国际机场协会旅客满意度评比全球前三名。

（航空港处）

【平谷国际陆港运行呈显良好趋势】主动帮扶平谷国际陆港，开通京平高速“物流园区”出入口；积极争取对海关监管集装箱车辆的高速通行费给予优惠；举办推介会，组织货代企业考察，促进更多货代企业进驻平谷国际陆港。2011 年平谷国际陆港实现海关监管货物7 649标箱，共计 6.8 万吨。

（陆港管理处）

（综合业务处、陆港管理处）

【北京西站铁路口岸开放工作加快推进】针对口岸正式开放的难点问题，多次召开座谈会、协调会，与查验单位和铁路部门反复沟通协商，形成工作方案，进一步达成共识，待国家口岸管理办公室协调后组织实施。

（陆港管理处）

【朝阳口岸外移至通州马驹桥取得新进展】在保持朝阳口岸正常运营的同时，加快推进朝阳口岸外移至马驹桥工作。新的口岸经营主体——合资企业北京北建通成国际物流有限公司成立。通州物流基地管委会已启动征地程序等口岸外移前期工程过渡工作。

（陆港管理处）

【京冀口岸合作开始起步】按照程红副市长的要求及京、冀两省市领导会谈的精神，牵头完成调研报告，并论证京冀港口口岸合作的必要性、可行性。联系沟通河北省口岸办，共同探讨合作模式，积极筹备开展全面合作的相关事项，已完成《京冀口岸合作框架协议（草案）》、《北京平谷国际陆港与唐山港业务合作的协议（草案）》等文本的起草。

【京津口岸合作进一步深入】就进一步深化京津两地口岸合作、提高内陆口岸运营质量、对北京重点项目和重点企业提供通关便利等事项，与天津市口岸办进行了深入交流探讨。在天津港，为我市的78家重点外贸企业和19项重点建设项目，在通关、通检、运输方面争取到绿色通道等优惠政策和个性化服务。

（陆港管理处）

【完成各项大型活动机场抵离服务工作】为北京驻利比亚人员撤离工作、深圳大运会、北京第一届电影季、中国国际服务贸易大会、亚太旅游协会成立六十周年庆典、首届环京职业公路自行车赛等近20项重大赛事和重要活动提供了首都国际机场抵离服务。服务工作协调到位，保障到位，达到了领导满意、主办方满意、首都国际机场满意的效果。其中，北京驻利比亚人员撤离工作和深圳大运会等抵离服务工作得到了市领导的充分肯定。2011年共服务大型活动进出境宾客和相关人员11 000余人次。

（航空港处）

北京口岸运营情况

项　　目	2011年	2010年	同比增长（%）
首都机场空港口岸			
旅客吞吐量（万人次）	7 867.51	7 394.81	6.39
其中：进港（万人次）	3 914.12	3 692.36	6.01
出港（万人次）	3 953.39	3 702.45	6.78
进出境旅客吞吐量（万人次）	1 861.01	1 700.49	9.44
其中：外籍旅客进出境人员（万人次）	881.43	840.41	4.88
货邮运量（万吨）	163.26	155.15	5.23
飞机起降（架次）	533 257	517 584	3.03
其中：进港（架次）	266 665	258 799	3.04

（续）

项　　目	2011年	2010年	同比增长（%）
出港（架次）	266 592	258 785	3.02
进出境飞机起降（架次）	114 242	106 869	6.90
海关监管空运货物（万吨）	50.73	47.45	6.91
其中：监管进口货物（万吨）	25.93	24.72	4.89
监管出口货物（万吨）	24.80	22.73	9.11
海关征收关税及代征税（亿元）	315.63	299.21	5.49
北京丰台货运口岸			
外运进出口货运（吨）	23 641.00	30 119.68	−21.51
海关监管货物（吨）	5 921.74	27 669.80	−78.60
其中：监管进口货物（吨）	3 487.61	5 399.80	−35.41
监管出口货物（吨）	2 434.13	22 270.00	−89.07
海关征收关税及代征税（万元）	3 110.46	6 723.58	−53.74
北京朝阳口岸			
陆港公司进出口货运量（标箱）	45 876	42 131	8.89
海关监管货物（标箱）	55 741	63 536	−12.27
其中：监管进口货物（标箱）	55 096	62 749	−12.20
监管出口货物（标箱）	645	787	−18.04
海关监管货物（万吨）	99.08	87.56	13.16
其中：监管进口货物（万吨）	97.91	86.52	13.16
监管出口货物（万吨）	1.17	1.04	12.50
海关征收关税及代征税（亿元）	125.10	102.51	22.04
北京西站铁路口岸			
出入境旅客吞吐量（人次）	132 738	114 492	15.94
其中：外籍人员进出境（人次）	7 546	12 003	−37.13
北京口岸合计			
出入境旅客吞吐量合计（万人次）	1 874.28	1 711.94	9.48
其中：外籍旅客进出境人员合计（万人次）	882.18	841.61	4.82
海关监管货物合计（万吨）	150.40	137.78	9.16
其中：监管进口货物（万吨）	124.19	111.78	11.10
监管出口货物（万吨）	26.21	26.00	0.83
海关征收关税及代征税合计（亿元）	441.04	402.39	9.60

北京海关

基本职能

北京海关是海关总署直属的正局级海关。依据中华人民共和国海关法和其他有关法律、法规，负责监管北京关区进出境运输工具、货物、行李物品、邮递物品和其他物品，征收关税和其他税费，查缉走私，编制海关统计和办理其他海关业务。

内设机构

办公室、法规处、关税处、监管通关处、审单处、行邮监管处、加工贸易监管处、综合统计处、稽查处、风险管理处、企业管理处、海关总署北京加工贸易单耗管理办公室、进出口商品归类办公室、缉私局、技术处、财务处、关务保障处、人事处、教育处、思想政治工作办公室（机关党委办公室）、政治部办公室、督察内审处、监察室

隶属海关

首都机场海关、中关村海关、北京经济技术开发区海关、天竺海关

派驻机构

驻邮局办事处、驻朝阳办事处、驻平谷办事处、驻车站办事处、驻顺义办事处、现场业务一处、现场业务二处

临时机构

基建办公室

群众组织

机关工会

事业单位

中国电子口岸数据中心北京分中心、机关服务中心

人员编制

北京海关现有人员1 712名（其中从事海关业务人员1 493名，从事缉私业务人员219名）。

业务工作

【税收征管取得新突破】坚持以质促量、量质并举，全力以赴推进综合治税各项措施的落实，确保应收尽收。2011年累计实现税收入库534.48亿元，同比增长10.23%，首次突破500亿元大关，再创历史新高。

（杨　帆）

【监管效能进一步增强】认真落实国家和总署出台的各项政策措施，深化分类通关作业改革，优化监管机制，提升监管效能。2011年共监管进出口商品总值815.9亿美元，同比增长13.5%；审核报关单154.4万份，同比增长3.8%；验放进出境旅客1734.90万人次，同比增长7.4%；监管进出口快件1363.10万件，同比增长5.04%。切实履行政治把关职责，把促进社会稳定和政治安全摆上突出位置，全年共监管印刷品、音像制

品8 354万件，同比增长3.1%，查获违禁印刷品、音像制品71.7万件，约占全国海关查获总量的48.5%。关区“扫黄打非”工作得到了中宣部、新闻出版总署、全国“扫黄打非”工作小组和北京市领导的充分肯定。

（杨　帆）

【缉私工作成果突出】继续保持打击走私高压态势，集中力量突破涉税案件，开展了打击汽车配件、机械设备、鲜活商品等重点税源商品走私专项行动，取得突出成效。2011年共立案侦查刑事案件50起，抓获犯罪嫌疑人70人，移送起诉犯罪嫌疑人58人，同比增长22%、1.4%和45%。开展了“2011年首都‘陆空邮’毒品查缉”、“百日查缉破案会战行动”等专项行动，成功侦破“2·20”、“2·25”、“10·13”等公安部挂牌督办走私毒品案件。侦破毒品走私案件55起，查获各类毒品166.96千克，毒品查获量列北京市禁毒委成员单位第1名。加大知识产权海关保护力度，严厉查处进出口环节侵权违法行为，全年共截获侵权商品350批次11.58万件，案值约470余万元人民币。

（杨　帆）

【切实发挥海关统计辅助决策作用】坚持为各级政府和社会各界提供高质量的统计信息服务，并通过电视媒体、报刊、互联网等各渠道，进一步加强进出口统计数据宣传及对外提供工作。2011年共撰写上报统计分析文章160篇，被《总署要情》及以上载体采用58篇次，其中5篇文章分别获得温家宝总理和王岐山副总理等中央领导的批示。向北京市报送针对地方经贸发展状况的《统计专报》28篇，其中《震后出口快速增长进口增速回落——上半年北京地区与日本双边贸易简况》等文章得到北京市领导的重视和批示。

（杨　帆）

【积极推进海关特殊监管区域建设】协助天竺综保区管委会做好二期规划调整方案，围绕药品、电子、航材等园区重点产业，为企业量身定制个性化监管方案。2011年新增入区企业16家；高端生物医药物流产业基地的地位已初步确立。稳步推动平谷马坊国际物流中心业务增长，进一步加强与天津海关的联系配合，确保转关货物监管严密、高效。物流中心全年累计吞吐量8 614标箱，进出口货值5.62亿美元，已吸引国内外103家进出口企业入区作业。积极配合开发区管委会做好物流中心建设工作，2011年12月9日，亦庄保税物流中心（B型）顺利通过四部委验收，开始封关运行，实现了当年报审、当年建设、当年验收、当年运行。

（杨　帆）

【加大首都优势产业扶持力度】积极促进首都文化事业、产业发展和对外文化交往，出台了《北京海关关于促进首都文化发展繁荣的六项措施》，支持北京建设具有世界影响力的文化中心，推动国内首家进口出版物专用保税库在京设立，收到良好的社会效果。大力扶持首都战略产业发展，认真落实《中关村国家自主创新示范区发展规划纲要》，扶持科技创新产业发展，成立专项工作领导小组，在人才引进、税收优惠政策、企业分类管理等方面提供海关支持。促进首都会展经济做大做强，2011年共办理展览会备案517个，同比增长54.8%，监管进出境展览品3 156件，同比增长3%，展览品总价值

40.69 亿美元，同比增长 75.5%。认真贯彻落实国家服务外包优惠政策，加强与市商务委及相关部门的联系配合，成功备案首本服务外包手册，备案进口金额近 300 万日元，使北京成为全国 21 个国家级服务外包示范城市中取得实质性进展的五个城市之一。

（杨　帆）

【不断优化通关环境】 进一步深化关企合作，推出了《北京海关服务企业十项措施》，帮助企业用好用足国家优惠政策，2011 年共审批减免税总货值 82.46 亿美元，同比增长 9.8%，减免税合计 78.82 亿元人民币。大力推进企业分类管理，使更多的守法企业享受到海关便捷服务，全年共新增 AA 类企业 24 家，A 类企业 116 家。开通“易速”口岸数据服务平台，为企业提供高附加值的通关辅助信息以及联网申报、查询等全方位服务，大大提高了通关效率。加大海关政务公开力度，依托关区门户网站、关长信箱、12360 统一服务热线等对外平台，及时回答社会各界有关通关业务的问题，全年共提供各类咨询答复 1.2 万条。积极推进外部协作，与市商务委、北京出入境检验检疫局签署合作备忘录，整合行政资源，优化通关环境，共同促进首都外向型经济发展。

（杨　帆）

2011 年北京海关主要业务情况一览表

序号	项目	数额	比 2010 年同期增减(%)
1	进出口货物总值（亿美元）	815.9	13.5%
2	进出口货运量（万吨）	723.8	−17.2%
3	出入境旅客（万人次）	1 734.9	7.4%
4	监管印刷品、音像制品（万件）	8354	3.1%
	监管进出境快递物品（万件）	1 363.1	5.0%
5	结处走私犯罪刑事案件（件）	40	17.6%
	案值（万元）	43 781	1.65 倍
6	结处违规案件（件）	1 246	−20%
	案值（万元）	43 041.3	−44.4%
7	实际罚没收入（亿元）	0.5	−17.9%
8	税款入库总金额（亿元）	534.5	10.2%
	其中：关税税款（亿元）	90.4	17.0%
	代征税款（亿元）	444.1	8.9%
9	审批减免税总货值（亿美元）	82.4	9.8%
	审批减免税总金额（亿元）	78.8	−12.8%
10	备案加工贸易电子手册总金额（亿美元）	88.6	26.4%

2011年北京地区进出口总值一览表

项目	价值（亿美元）	比2010年增减（%）
进出口总值	3 895	29.1%
出口总值	590	6.5%
进口总值	3 305	34.2%
出口差额（+出大于进；-进大于出）	-2 715	42.3%

（杨 帆）

名 录

单位名称：北京海关
法人代表：甘荣坤
通讯地址：北京市朝阳区光华路甲10号
邮　　编：100026
电　　话：65396789
传　　真：65396080
网　　址：www.bjcustoms.gov.cn

（杨 帆）

北京出入境检验检疫局

基本职能

北京出入境检验检疫局（简称北京检验检疫局）是国家质检总局设在北京，授权依法管理北京地区出入境检验检疫工作的行政执法机关和涉外经济监督部门。北京检验检疫局依据中华人民共和国《商检法》、《动植物检疫法》、《国境卫生检疫法》、《食品安全法》，负责北京市行政区域出入境卫生检疫、动植物检疫、进出口商品检验鉴定与监督管理。

机构设置

2011年，北京检验检疫局按照国家质检总局要求，对内设机构进行了重新调整，进一步明确了人员编制和主要职责，圆满完成“三定”工作。截至2011年底，北京检验检疫局下设办公室、法制处、通关处、卫生处、动植处、食品处、检验处、认监处、风险处、科技处、信息处、稽查处、人事处、计财处、老干部处、政工处、监审室17个处室；另设有首都机场检验检疫局、丰台检验检疫局、北京经济技术开发区检验检疫局、顺义检验检疫局、通州检验检疫局、海淀检验检疫局、北京西站检验检疫局、北京朝阳口岸办事处、国际展览办事处、北京平谷办事处、北京天竺综保区办事处11个分支机构以及检验检疫技术中心、国际旅行保健中心、机关服务中心、隔离场4个直属单位。

工作概况

2011年，北京检验检疫局严格履行出入境检验检疫监管把关职责，全年共检验检疫进出口货物22.56万批次，同比减少7.49%，货值186.79亿美元，同比增加12.10%，占全国检验检疫进出口批次和货值的1.28%和1.22%。

经检验检疫，共查验进口货物10.76万批次，同比增加21.77%；货值83.45亿美元，同比增加74.46%；不合格货物2 156批次，货值5 234万美元。查验出口货物11.81万批次，同比减少24.1%；货值103.35亿美元，同比减少13.01%，不合格货物65批次，货值389万美元。按批次统计，进出口货物抽检不合格率分别为5.72%和0.70%；按货值统计，进出口货物抽检不合格率分别为1.74%和0.64%。实验室检测法检样品3.21万批次，同比增加34.39%；检出不合格样品1 096批次，同比减少9.20%。

全年签发各类原产地证书5.75万份，同比减少7.42%；签证金额40.90亿美元，同比增加31.69%，累计为北京地区出口企业减免进口国关税9 341万美元。

2011年北京口岸截获各类有害生物132种564次，同比分别减少21.4%和增加8.0%。其中，截获检疫性有害生物13种75次；从进境动物中检出二类进境动物传染病4种5次。全年共查验出入境人员

1 869.66万人次，同比增加9.57%。北京口岸查验发现患有传染病症状161人次，疑似病例19例，确诊各种传染病16例。出入境人员监测体检7.1万人次，预防接种15.38万例。查验出入境飞机10.23万架次、列车4 416节、集装箱9.17万标箱。各口岸媒介生物调查，共捕获鼠30只，捕获蚊、蝇、蜚蠊共4 384只。

【创新监管模式，力促首都经济发展】2011年11月8日，国家质检总局支树平局长、孙大伟副局长与北京市程红副市长一起视察了北汽福田汽车股份有限公司的分类管理情况，听取了北京检验检疫局出口分类管理工作汇报。程红副市长对北京检验检疫局分类管理工作给予高度评价，认为北京检验检疫局分类管理工作开展有序、有效，实现了“两降”、“两提升”，即监管成本下降和企业经营成本下降，效能提升和企业质量意识提升。支树平局长对分类管理工作做出重要指示，提出推进北京地区出口汽车质量安全示范区建设。除此之外，北京检验检疫局还组织开展了“心系质量安全，共促质量提升”企业走访、“实验室开放日”、食品安全业务培训、进出口政策咨询会以及集中销毁进出口不合格产品等丰富多彩的“质量月”活动，拉近了“质量月”与企业和百姓的距离，增进了公众对检验检疫工作的了解，提高了服务水平。

在扶持北京双自主企业、大型优质企业方面，北京检验检疫局针对重点工程项目、重点新兴产业和优质产品企业，采取有效措施，给予快速通关、技术指导、信息咨询等方面的支持。建立便捷有效的监管模式，促进天竺综保区生物医药产业快速发展。积极参与中关村国家自主创新示范区建设，2011年8月海淀检验检疫局驻中关村办公室正式揭牌，为驻区企业提供“一站式”服务。积极组织成立金融服务专业委员会，致力于为北京地区进出口企业提供“国际合作、贸易机会、市场发展、投资融资、海外市场上市”等一体化服务，促进企业扩大国内外市场，实现可持续发展。

在服务北京会展经济发展方面，北京检验检疫局重点加强“2011年北京国际机床展”等大型展会的检验检疫服务保障工作。组织骨干人员成立帮扶小组，帮助企业完善产品质量保障体系，提高企业质量意识和管理水平，提升产品市场竞争力。

在深入推进直通放行工作方面，北京检验检疫局召开直通放行现场观摩会，加大直通放行工作推广力度。截至2011年底，北京地区共有22家企业获得直通放行资质，全年实施直通放行检验共计2 916批，节约费用约224万元人民币。在与天津检验检疫局全面开展合作的同时，积极同河北检验检疫局开展协作，全面推进北京平谷国际陆港、河北京唐港、曹妃甸港港区联动工作。

在进口消费品检验监管方面，北京检验检疫局开展了法定检验目录外商品抽查工作，共抽查进口商品134批，从源头上消除了危害市场经济秩序、危害消费者人身安全和合法权益的隐患。

在开展窗口建设达标工作方面，北京检验检疫局大力推进窗口标准化建设，着力于业务能力提升和服务规范达标。加大资金投入，增设了电子触摸屏、公告显示屏、派号系统等服务设施，统一设置了政务公开栏和标志标识，在示范窗口设置了窗口服务评价系统。

（董敬民）

【完成重大突发事件检验检疫保障任务】

2011年3月，日本发生里氏9级地震并引发核泄漏事故。为保障人民身体健康，北京检验检疫局在第一时间加强了口岸核辐射监测的工作力度，自3月14日起对所有来自日本或经停日本的国际航班开展核辐射有害因子监测。同时，对日本输华食品进行严格的放射性污染风险评估和检测，并实施日报制度，发现核辐射有害因子超标事件9起。

在打击食品非法添加和滥用食品添加剂专项整治工作中，北京检验检疫局对北京地区147家出口食品卫生注册/备案企业、163家出口食品原料基地、7家出口食品添加剂企业、35家出口化工企业开展专项整治。要求各口岸分支机构建立企业档案，加强审核进口食品添加剂的用途声明、成分说明和标签标识等材料，督促食品添加剂进口商建立食品添加剂质量信息档案、进口和销售记录制度、追溯管理制度和召回制度。

在台湾“起云剂”事件后，北京检验检疫局立即排查台湾问题食品81批次、490种产品，化妆品19批次、36种产品；检测可疑食品样品68个，查获2批次不合格食品；连续发布紧急通知3次，向国家质检总局专题汇报2次。

在国外肠出血性大肠杆菌疫情发生后，北京检验检疫局第一时间响应，对所有来自疫区的航班加强医学巡查，登机查验并卫生检疫处理飞机135架次，检疫巡查入境人员33 411人次。

在埃及、利比亚人员撤侨任务中，9天时间内北京检验检疫局检疫监管撤离人员22 253名、机组人员1 412名，检疫包机76架次，监管航空食品配餐31 822份，圆满完成检验检疫保障任务。

（董敬民）

【开展侵犯知识产权和制售假冒伪劣“双打”行动】

2011年，按照国家质检总局的统一部署和要求，北京检验检疫局结合北京地区进出口贸易特点和检验检疫监管工作实际，认真组织、积极行动，确保“双打”专项行动取得实效。在“双打”专项行动中，共检验出口服装、家电、玩具等重点商品14 520批次，货值4.77亿美元，检出不合格服装1批；全面检查了33种检验检疫证书、凭单，抽查了6类原产地证书；重点检查了汽车配件、手机电子产品、装运前检验产品和市场采购产品的质量状况；对社会关注的敏感商品如蜂产品、酒类、电线电缆等产品进行了专项检查。

除此之外，北京检验检疫局还采取电子监管、事前预防、过程监督、执法督查、联合执法、示范带头六项措施，与北京市公安局、工商局、商务委、北京海关共同签署了《北京市五部门行政资源整合机制框架协议》，与北京海关签署合作备忘录，在信息共享、联合执法等方面开展深度合作，建立检验检疫行政执法与刑事司法衔接、联合执法等长效机制，确保“双打”专项行动有序开展。

（董敬民）

【法制工作取得新进展】2011年，北京检验检疫局做好“六五”普法规划制定工作，全面开展普法宣传，编写36万余字的行政处罚工作岗位和行政争议处理岗位练兵教材，组织开展9次岗位练兵和现场演练。完成法制骨干培训、网上知识竞赛、“12·4”全国法制宣传日专题宣传等10项普法活动。全年办结行政处罚案件202起，移送北京市公安局涉嫌犯罪案件1起，罚没金额167万余元。修订《北京检验检疫局行政处罚自由裁量权行使规则》，编制完成《北京检验检疫局法制工作汇编（2010 年）》，出版《出入境检验检疫行政处罚程序实务指南》，编制法制参考、发放宣传资料、撰写法制宣传信息、妥善处理 2 起行政复议案件，并且完成了“检验检疫行政执法程序科学性研究”课题。

在完善内部执法监督方面，全年共开展 3 次质量管理体系内审、8 次专项业务工作质量检查，并按照国家质检总局要求开展了流程时限和原始记录业务督查，推动执法工作质量不断提升。完成外埠流向货物稽查，全年共分拨外埠流向电子数据 5 776 批次，全局报检落实率达到 97.5%，收缴检验检疫费 969.8 万元。

（董敬民）

【以科技创新助力科学监管】 2011 年，北京检验检疫局编制完成“十二五”科技发展规划，完成 18 项国家质检总局科技计划项目和 2 项公益性项目的立项工作，依托纳米技术检测平台积极参与国家重点基础研究发展计划研究工作。完成 26 项科研课题的鉴定验收和 41 项行业标准制修订工作。组织编制建设生物安全三级实验室可行性报告，确定了实验活动范围，完成环境影响评价报告和申请材料。积极向国家质检总局申请组建国家大型检测仪器设备创新技术联盟，北京检验检疫局获得联盟秘书处的资格，组织起草了联盟的组建方案、章程和协议。

积极构建盲样检测、能力验证、绩效考核相结合的实验室检测工作质量监督管理模式，全年组织开展 8 次实验室盲样检测，技术中心和保健中心在全国范围内组织实施 12 项能力验证计划，组织实验室参加国内外能力验证计划 33 项，均获得满意结果。技术中心获得全国首批食品复检机构资质，食品检测实验室被评定为“出入境食品安全检测北京市重点实验室”。技术中心新扩项 116 项 166 个方法，得到 CNAS 认可的项目数已达 1 009 项 907 个方法，技术保障能力得到明显提升。

（董敬民）

【动植物疫情疫病防控监测取得新成效】 2011 年，北京检验检疫局严格进出境植物检验检疫，不断提高疫病疫情发现率和有毒有害物质检出率，首次在全国口岸从进境货物木质包装中检出检疫性有害生物苏丹双棘长蠹，首次在机场口岸从入境旅客携带物中检出检疫性有害生物番石榴果实蝇。在北京所有区（县）设置各类检疫性实蝇监测点 270 个，布置苹果蠹蛾监测点 20 个、诱捕器 100 个，全年共监测到桔小实蝇 130 余头。进一步规范北京地区进境大中动物检疫监管工作，明确细化了进口大中动物检疫工作流程操作要求。完善进境伴侣动物检疫监管流程，将原有隔离检疫 30 天的模式调整为“7＋23”监管模式，并对检疫、交接、退运等环节进行了细化，应用芯片扫描技术，解决动物个体标识难以确定的难题。针对入境旅客携带动物皮张明显增多的情况，增加检疫犬训练科目，先后 11 次从 16 名来自俄罗斯的旅客携带物中查获啮齿类动物皮张 17 批次，共计 734.5 千克，大大降低了鼠疫、炭疽等重大人畜共患传染病传入的风险。成功承办了首次全国质检系统检疫犬大赛，并被国家质检总局授予特别组织奖。研究分析进口食用水生动物、进境植物和植物产品、运输工具、包装物、旅客携带物和邮寄物检疫监管工作特点，提出更加科学合理的监管措施。加强与地方政府沟通协作，加大对出口农产品企业帮扶力度，积极促进地方优质农产品出口。采取有效措施，做好延庆世界葡萄大会的服务保障工作。

（董敬民）

【有效推进口岸卫生检疫监管工作】2011年，北京检验检疫局采取有效措施加大国境口岸卫生检疫监管力度，切实提高口岸传染病检出率。及时总结现有卫生检疫业务会商会经验成效，形成卫生检疫业务会商管理长效机制，打造分析解决卫生检疫工作问题的交流平台。继续推进《国境口岸重大呼吸道传染病检验检疫防控体系的建立与应用》课题的研究工作，确保课题的验收工作按计划完成。加强与地方卫生部门的紧密合作，建立健全口岸卫生检疫常态化协作机制，切实做好口岸区域卫生监督工作，完善口岸卫生检疫联防联控工作体系，切实保障口岸卫生安全。与全市各区（县）开展了同步医学媒介生物监测工作，有效提高了口岸医学媒介生物控制水平。为配合实现我国2020年全国消除疟疾的目标，制定了北京口岸疟疾检疫防控实施方案，并在“世界疟疾日”和“全国疟疾日”开展了系列宣传活动。加强核生化有害因子和微小气候监测，确保北京西站口岸联检厅公共卫生安全，完善供列车食品安全监管工作及列车检疫监管工作。

（董敬民）

【全面加强进出口食品及化妆品监管】在进出口食品及化妆品检验监管方面，2011年，北京检验检疫局大力推进北京地区进出口食品、化妆品安全风险信息管理工作，初步形成信息监测、收集、筛查报送、研判、预警处置和报告制度，2011年共报送进出口食品/化妆品不合格风险预警131批，其中重要预警48批。创新进出口食品安全监管模式，在专家组进行风险评估的基础上，优化检测方案，缩短流程时限。实施进口食品、化妆品收货人备案制度，全年共完成657家收货人备案，规范收货人进口和销售记录，建立健全进口食品、化妆品追溯体系，对北京地区352家相关企业开展严厉打击食品非法添加和滥用食品添加剂专项整治工作，重点加强对进口食品添加剂企业的检验监管。进一步规范进口食品、化妆品标签检验监管工作，通过加大对企业的政策宣贯力度，落实企业主体责任，通过加大对一线执法人员的培训力度，提高标签审核能力。

（董敬民）

【进一步完善进出口工业品监管】2011年，北京检验检疫局进一步强化对重点敏感商品的检验监管，特别是加强对危险化学品、进口成套设备的检验监管工作。贯彻落实《危险化学品安全管理条例》，继续做好北京地区进出口危险化学品情况摸底调查工作，以及内部培训、科研制标和对外宣传工作。认真开展出口伊朗工业品检验监管工作，保证出口伊朗工业产品质量，防止欺诈行为发生和假冒伪劣产品出口，维护我国出口产品质量信誉。

（董敬民）

【进出口商品认证监管获新成效】2011年，北京检验检疫局继续贯彻落实新修订的《出口食品生产企业备案管理办法》及配套规定，加大全局相关工作人员的培训力度和对企业的政策宣贯力度，切实做好备案出口食品企业的监督管理和对外迎检工作。进一步加强强制性认证产品口岸验证查验和“免办”进口的后续监管，积极探索“免办”申请企业分类管理措施。规范工作流程，完善对出口商品质量许可企业的监管。加强对外资认证机构和出口食品生产企业认证有效性的监督管理，提高认证监管的有效性。

（董敬民）

2011年北京地区出入境法检商品质量情况一览表

项目		检验批次	批次合格率（%）	合格率比上年增减（%）
总计	出境	118 024	99.94	−0.02
	入境	107 580	97.99	−1.00
出境	动物及产品	2 258	99.87	−0.03
	植物及产品	3 257	99.63	0.22
	食品及化妆品	7 198	99.85	0.01
	纺织品	15 167	99.99	0.01
	轻工品	6 576	99.98	0.01
	矿产品	637	100.00	0.00
	金属及制品	376	94.68	1.91
	化工品	2 075	99.81	−0.19
	机电产品	80 439	99.98	−0.01
	特殊物品	1 201	100.00	0.00
	其他货物	49	100.00	0.00
入境	动物及产品	11 681	97.01	−0.49
	植物及产品	7 834	96.21	0.42
	食品及化妆品	15 283	98.74	−0.19
	纺织品	3 911	83.84	−11.94
	轻工品	3 883	98.82	−0.65
	矿产品	87	100.00	0.00
	金属及制品	2 966	99.93	0.08
	化工品	5 334	99.36	−0.35
	机电产品	57 514	99.73	0.08
	特殊物品	4 139	89.88	−9.07
	其他货物	625	91.68	−6.24

名　录

单位名称：北京出入境检验检疫局
局　　长：齐京安
地　　址：北京市朝阳区甜水园街6号
邮　　编：100026
电　　话：58619900
传　　真：58619014
网　　址：www.bjciq.gov.cn
电子信箱：webmaster@bjciq.gov.cn

（董敬民）

第五部分

开发区、区（县）商务

北京经济技术开发区

概　况

2011 年是“十二五”规划开局之年，是大兴区和北京经济技术开发区深度融合的关键之年。在市委、市政府的正确领导下，全区以“重民生、保稳定、促发展”为原则，以两区行政资源深度融合为主线，顺利完成全年工作总体目标，有力地推动了各项工作的落实和经济指标的快速提升。

北京经济技术开发区在高端产业、服务环境、社会民生、资源利用等方面取得显著成效和标志性成果。2011 年，全国第一条液晶显示 8.5 代生产线如期投产；奔驰汽车全球首个海外发动机厂开工建设；承载国家级新药创新孵化基地和国家生物产业基地重任的亦庄生物医药产业园正式开园；当年获批、当年竣工、当年验收封关的全国领先的亦庄保税物流中心正式运营；首批国家生态工业示范园区申建成功；国家级海外高层次人才创新创业基地获准建设。

据初步统计，2011 年北京经济技术开发区实现地区生产总值 797 亿元，同比增长 14.1%，完成财政收入 269 亿元，同比增长 10.2%，完成税收收入 353.7 亿元，同比增长 20.4%。截至 2011 年底，累计吸引投资 314.4 亿美元，其中外商投资 173.4 亿美元，占 55.1%。

商业流通

【综合商务服务工作】按照“提升承载能力、扩展辐射范围、强化纽带作用”的总体思路，打造大兴区和北京经济技术开发区两区商务部门合力，共同系统优化提升开发区商务承载环境。

（平　原）

【拉动消费新举措】在全球经济动荡和北京市汽车限购政策等影响下，为推动亦庄汽车 4S 店、诺基亚等区内企业稳定发展，开展汽车 4S 店专题调研，应企业需求，聚合亦庄 22 家 4S 店品牌，举办“亦庄全品牌 4S 店 2011 冬季买赠活动”。

（平　原）

【便民工程新亮点】深入开展社区商业分布、需求等情况调研，积极引入大兴区便民商业模式。全面推进新区农产品流通网络建设，开展农超对接活动，与大兴区商务委承办了 2011 年新区“春华秋实·喜迎中秋”农商交流对接会，促进了商超企业、餐饮企业、加工企业等与农产品生产基地的合作关系。

（平　原）

【区域商圈新特色】成功促成创意生活广场与汽车全品牌 4S 店商圈。与大兴区商务委共同编制《新区消费手册》，将开发区全品牌 4S 店与亦庄创意生活广场打造为新区汽车娱乐综合商圈新门户，拉动区域性消费效果明显。打造电子商务聚集商圈，充分发挥 B2C 作用，利用新区现有电子商务资源，整合电子商务企业、物流企业等，带动新区经济结构调整和产业升级。

（平　原）

对外贸易

【进出口情况】2011年北京经济技术开发区进出口总额256.4亿美元。其中，进口总额为144.4亿美元，出口总额112亿美元。建区以来，北京经济技术开发区进出口总额累计已达1 681.9亿美元。其中，进口总额累计已达859.8亿美元，出口总额累计已达822亿美元。

（平　原）

【利用外资】2011年北京经济技术开发区全年新批外资企业45家，投资总额25亿美元（新设企业投资11.9亿美元，现有企业增资13.1亿美元），同比增长59%。合同外资金额17.1亿美元，同比增长132%。外商实际投资6.45亿美元，同比增长103%。新设立1 000万美元以上外资企业10家，增资1 000万美元以上外资企业18家。

（平　原）

【累计利用外资】截至2011年12月底，北京经济技术开发区累计批准外商及港澳台企业614家，累计涉及投资总额173.4亿美元，合同外资金额75.7亿美元，外商实际投资49.3亿美元。

（平　原）

【外资来源】2011年北京经济技术开发区吸引投资的地区主要是香港，投资总额为24.5亿美元，新批企业投资总额11.9亿美元。

（平　原）

名　录

北京经济技术开发区管理委员会

主　　任：张伯旭

地　　址：北京经济技术开发区荣华中路15号

邮　　编：100176

电　　话：67881207

传　　真：67881435

网　　址：www.bda.gov.cn

（平　原）

北京天竺综合保税区

概况

北京天竺综合保税区于2008年7月23日获得国务院批复（国函【2008】64号），2009年7月28日，正式通过海关总署等国家十部委联合验收，成为全国首家空港型综合保税区，总规划面积5.944平方公里。天竺综保区集口岸通关、出口加工、保税物流等功能于一体，享有“免证、免税、保税”政策，集聚并优化整合了国内不同海关特殊监管区域的政策优势，是目前中国内陆优惠政策最多的，也是北京市唯一的海关特殊监管区域。依据首都经济发展的实际，北京市政府将天竺综保区战略定位为：是完善首都中国特色世界城市功能、提升“四个服务”水平的重要战略性基础设施；是北京扩大对外开放、提升外向型经济发展水平的崭新窗口；是发展壮大临空经济高端产业功能区的重要支撑；是打造首都国际航空中心核心功能区建设的重要平台。

2011年，天竺综保区实现进出口总值693.5亿美元，同比增长9.4%；完成关税及代征税350亿元，同比增长12.0%；属地财税收入7亿元，同比增长1.5倍；企业资产总计210亿元，同比增长38.5%；企业营业收入180亿元，同比增长54.0%。特别是保税功能区增长迅速，进出口增速在全国各综合保税区中名列前茅，全年实现进出口总值19.9亿美元，同比增长75.9%；完成关税及代征税30亿元，同比增长40.0%。口岸操作区进出口总值已占到北京各口岸进出口总值的84%。

（生静宇、侯翊超）

运营情况

【基础设施基本完工】2011年底，天竺综保区一期的基础建设已经基本完成，包括监管设施、信息化建设、市政工程等。基础建设累计投资16.3亿元，其中市区两级财政投资约10个亿。2011年累计立项8个，总开工面积20万平方米。综合服务平台、基础设施二期工程基本完成。8宗土地顺利成交，成功吸引东航北京基地、保税展览展示交易中心等重点项目落地。

（生静宇、侯翊超）

【信息平台有效运行】2011年底，天竺综保区已初步建立起一套由基础网络、信息卡口、安防监控、保税功能区辅助监管系统和口岸操作区物流分拨系统等有机结合智能联动的信息化监管体系。信息平台体系有效运行，率先实现海关总署提出的“三个统一”管理模式，海关总署加工贸易司发专函予以通报表扬；实现7×24小时监管，卡口刷卡一次性通过率达到98%，大幅提高了通关效率。

（生静宇、侯翊超）

【区港一体优势凸显】货运口岸完成平移，快件中心加速推进，实现了区港一体化，提高了运营速度和效率，进一步扩大了在华北、东北的辐射带动作用。快件中心是2011年完成的一项重点工程，通过以项目分解的方式，对基础工程建设、信息系统开发、物流流线、运营等进行逐一立项推进，在年底已经具备了运营条件。

（生静宇、侯翊超）

【顺义区政府与天竺综保区共同主办第三届中国服务贸易大会金融服务板块】 2011年6月1—3日，由顺义区人民政府和北京天竺综合保税区共同主办的第三届中国服务贸易大会金融服务板块展览在北京国贸展厅隆重展出。本次金融服务板块分为展览展示、招商洽谈和金融家酒会三部分内容，以"离岸金融"为主题，介绍国际离岸金融状况、国内离岸金融试点地区和试点银行成果，并着重介绍了作为顺义区离岸金融平台的北京天竺综合保税区开展离岸金融的优势及成果，收到了与会人员的热烈反响。

（生静宇、侯翊超）

【北京国际航展永久落户天竺综保区】 2011年9月21—24日，第十四届北京国际航空展在北京国家会议中心举办。天竺综保区与航展组委会签署战略合作协议，下届（2013年）起北京国际航展这一品牌盛会将永久落户天竺综保区。

（生静宇、侯翊超）

利用外资

【40家企业入驻天竺综保区】 2011年，新引进企业40家，其中世界500强企业3家，包括美国康德乐旗下的永裕医疗、中国邮政旗下的EMS和华润集团旗下的北药股份等。此外，还有重点在谈项目30家，重点储备项目54家。包括世界500强飞士尔医疗和UPS等。截至2011年底，天竺综保区入区企业达126家，区内运营企业达300多家。

（生静宇、侯翊超）

【已落地项目加速建设】 思捷爱普生产厂房、SMC8号综合楼、丰树物流保税仓库等入区企业均已入场施工建设。

（生静宇、侯翊超）

【高端要素快速集聚】 天竺综保区已逐步形成医药、航空、文化等高端产业。生物医药及医疗器械产业初步形成规模。2011年底，区内医药类企业已经达十多家，包括全球医药和化工巨头默克雪兰诺公司、美国的永裕医疗公司、排名全国医药进口量第一的国药集团、上药集团、北药集团等公司，在上海的医药公司回流北京的态势明显。航空产业得到较快发展，国货航、南航、新华航、东航北京总部、巴航等大型航空公司已先后入驻。文化创意产业已经呈现雏形，主要以歌华文化为代表，开展文化艺术产品的仓储、拍卖、交易和文化创意产品的加工制造、国际贸易等方面业务。高新技术企业及电子加工维修产业已经具备规模，包括SMC、思捷爱普、清华同方等高科技产业及冠通环宇、维盛信联等电子维修企业的效益突显。5万平米的泰达科技园已经基本建成，目前已有10余家保税研发和云计算类企业入驻。在口岸操作区，现代物流和国际贸易类企业的聚集态势明显。其中，药品、航空器材进出口规模分别占全国总量的一成和近两成，形成了良好的辐射带动作用，拉动了整个北京地区相关产业的升级。

（生静宇、侯翊超）

名 录

北京天竺综合保税区管理委员会

主 任：王刚

通讯地址：北京市顺义区南法信镇金航中路一号院

邮政编码：101300

电 话：69478686

传 真：69478566

网 址：www. bjftz. gov. cn

（生静宇、侯翊超）

东城区

概　况

北京市东城区商务委员会（以下简称东城区商务委）是东城区政府主管本区国内外经济贸易和对外经济合作的工作部门。2010年，东城区商务委按照市区有关要求，完成了行政区划调整及机构合并工作，在新东城新起点上，按照“建设首都文化中心区、世界城市窗口区”的要求，以打造“国际商贸中心示范区”为目标，继续搭建平台促消费，优化环境引外资，完善服务进社区，加强监管保稳定，全面提升东城区内外贸发展水平，圆满完成了预期的工作目标。

2011年，东城区实现社会消费品零售额691.3亿元，同口径同比增长18.5%，增速位居全市16个区（县）首位，商业服务业、商务服务业占GDP的比重达29.49%；全年新设外商投资企业138家，其中合资16家，独资122家；实现合同外资9.4亿美元，同比上升18.7%；实现实际利用外资5.5亿美元，同比上升3.1%，位居全市第三；实现进出口额155.2亿美元，同比增长14.2%；外资企业区级税收达到25亿元，占区财政收入的20.6%；新增住友化学、山田电机2家跨国公司地区总部，跨国公司地区总部累计达到14家，位居全市第二。

商业流通

【荣获市级先进称号】区商务委在2012年北京市商务工作会议上，荣获市商务委颁发的“2011促消费贡献突出单位”和“2011北京市利用外资先进单位”两个奖项。会上，程红副市长对东城区天镇蔬菜直营店模式和2011岁末购物周活动给予表扬。

（张忠旭）

【兴节造势繁荣经济】贯彻刘淇书记“以时间换空间”的指示，进一步扩内需、促消费。作为新东城商业的第一次整体亮相，成功举办东城区2011岁末购物周活动，参加活动的6家商场、购物中心总销售额达到3.27亿元，同比增长38%；圆满举办第二届“崇外商圈”购物季活动，8户商家实现销售额近2亿元，比第一届增长45%，客流量增长35%；组织第一届“美食东城”美食文化节、第二届南新仓皇家粮仓国际美食节，活动期间40余家企业共实现销售近9 000余万元；组织前门大街、南锣鼓巷、南新仓等特色商业街开展主题促销活动，以台湾夜市为代表的特色商业街消夏节活动的举办，拉动客流和营业收入比平日增长50%以上。

（张忠旭）

【活跃餐饮消费】在北京市烹协开展的北京餐饮企业（集团）50强、餐饮门店100强和北京餐饮十大品牌评选中，东城区15家企业入选50强，20个门店入选100强，3个品牌入选十大品牌。此外，我区2011年完成1家特级餐厅复评和23家一级企业年检工作；完成《美食东城专刊》的制作和出版，整合和推介全区美食资源。

（张忠旭）

【创新蔬菜流通模式】 有效推进东城区菜篮子工程属地责任，开创性地提出了天镇蔬菜直营店模式。2011年，我区建设完成10家天镇蔬菜直营店，分别位于东直门、东华门、东四、朝阳门、建国门、崇外、龙潭、天坛、体育馆路和永外等10个街道办事处，按照每个门店辐射周围1.5公里的半径来计算，东城区有近50万常住居民受益。天镇蔬菜直营店具有三个重要特点：一是生产基地和零售终端直接对接，切实减少中间流通环节，降低蔬菜流通成本；二是市区两级财政提供的综合性补助，不将首度功能核心区的高房价转移到老百姓的菜价上，实现了公共财政公共支出的目标；三是找到了企业的盈利模式，确保可持续经营。根据我委每周的价格监测，直营菜店的白菜、土豆、白萝卜等八种“当家菜”加权平均价格比周围的规范化社区菜市场便宜30%以上，比周边的大中型超市便宜40%左右。该模式切实减少了流通环节、降低了流通成本，在全市范围内得到示范性推广，受到国务院和北京市委市政府主要领导的高度关注和充分认可。另外，2011年新建和改造了4家规范化社区菜市场，新建“崇远万家+新发地”直营菜店13家，使全区此类模式菜店达到了22家。

（张忠旭）

【推进社区商业体系建设】 大力推社区商业标准化、体系化、普及化，使社区商业发展有本、有源、有“规”。在全国范围内率先制定并发布《东城区社区商业建设标准体系》，使我区社区商业发展提前进入标准化时代；顺利推进家政服务培训工作，提前完成为民办实事折子工程，确定东城区家政服务培训主体企业，指导建立了富平家政服务培训基地，培训并验收家政人员1 041名；继续完善再生资源回收体系建设。完成21个再生资源回收网点建设。在北京市商务委对2011年全市区（县）再生资源回收体系建设综合评分中，东城区荣获第一名的好成绩。我区再生资源回收主体企业——北京天龙天天洁再生资源回收利用有限公司获全市首批示范企业称号。

（张忠旭）

【完成“3+1”规划】 贯彻落实“规划也是生产力”、“没有规划不决策、规划不超前不实施”的科学理念，编制完成东城区“十二五”时期商业服务业发展规划、特色商业街区发展规划、崇外商圈建设发展规划，以及“美食东城行动计划”，进一步指导我区商业服务业实现转方式调结构。此外，出台《东城区商业设施开业运营过程中相关问题的意见》，指导新开业商业设施的招商与建设规范。

（张忠旭）

【提升商业业态】 积极引导有形市场向高端商业综合体、品牌店聚集区等高端业态转型。引导百荣世贸商城、永外城文化用品市场和盛购文化礼品市场积极构建电子商务平台，充分利用电子商务的新流通模式，提升产业层级和流通现代化程度。

（张忠旭）

【宣传推介老字号】 我区17个老字号品牌被商务部认定为第二批中华老字号企业，目前全区中华老字号品牌已达41个；组织老字号企业赴台参加特色周活动，便宜坊集团与台湾餐饮机构签署了《关于共同组建都一处（台湾）股份公司的合作意向书》；组织老字号企业积极参加中华老字号博览会，有10个品牌分别获不同奖项；与前门大街管委会共同策划并举办中华老字号前门论坛，扩大东城老字号知名度。

（张忠旭）

【培育提升特色街】2011年加大了对特色商业街区的支持力度，全面培育、提升、改造特色街区。成功举办2011年王府井国际品牌节主题论坛，全面提升王府井影响力；鲜鱼口老字号美食街、台湾会馆商务区和五道营休闲胡同成功申报为市级特色商业街区；鲜鱼口老字号美食街、台湾会馆商务区、前门地下停车场共获得800万元市级资金支持；组织特色商业街参加2011北京商业街橱窗展示大赛，5家企业荣获优秀奖；鲜鱼口老字号美食街被授予全国第一条“中华老字号商业街”称号。启动并实施簋街环境整治和业态提升工作，起草并发布《簋街环境整治和业态品质整体提升工作实施方案》，完成簋街消费者行为调查的专题调研报告，推进簋街商业信息化系统建设，42家门店安装快速订餐实施反馈系统。

（张忠旭）

【完成商务楼宇调研】完成东城区环天坛、环故宫优质商务楼宇资源普查工作，完成综合性商务服务业主题楼宇和专业性商务服务业主题楼宇的普查调研工作，为东城区跨国公司总部和优质品牌进入选址提供资源平台。

（张忠旭）

【积极引企促税】崇文商务大厦作为区级企业集中办公区平台，注册企业累计达到688家，注册资金81亿元，2011年实现区级税收2.59亿元。企业集中办公区的楼宇经济基础进一步加强，入驻企业规模稳定，服务管理体系进一步完善，政企良性互动，涵养税源工作向系统化、规范化迈进。

（张忠旭）

【加大行业监管】以隐患排查治理为主线，与防火、地下空间整治等工作相结合，明确重点地区、重点单位、重点部位重点监控，对监管企业进行不间断地督促检查，认真做好节日期间的客流掌控及疏导，建立企业安全生产档案，开展商务行业安全生产检查。全年累计检查、复查企业633家次，出动检查人员1 296人次。实施行政处罚3起，处罚金额15 000元人民币，有力地保障了区域内安全生产形势总体稳定。

（张忠旭）

【开展对口帮扶】与内蒙古集宁区、新疆和田地区、山西临猗县、北京平谷区南独乐河镇开展对口帮扶，目前已引进了内蒙古集宁区10余家优质农产品品牌的近百种商品，完成新疆和田地区特产商店的选址工作。

（张忠旭）

【加强社团管理】5月16日和6月8日，中国国际贸易促进委员会东城区支会、中国国际商会东城区商会、北京市东城外商投资企业协会和东城区商联会分别召开成立大会暨第一届会员大会，选举产生了新一届领导机构，审议通过了章程，聘请了顾问。整合换届促进了社团工作的发展，发挥了政企之间的桥梁纽带作用。

（张忠旭）

【争取专项资金】全年向上争取财政支持资金3868万元，用于特色街、老字号、民生工程、家政服务、家电以旧换新、服务外包等商业、商务发展项目。

（张忠旭）

对外经贸

【强化外资投促工作】组织区领导与跨国公司地区总部负责人座谈会，宣讲总部鼓励政策措施。住友化学、山田电机2家企业被认定为跨国公司地区总部；加强引导和大项目跟踪。定期召开东城区外资工作六部门联系会；加强企业投资引导和大项目投促力度。主动介入住友化学、香港运动家等企业的投资促进工作，推进王府井品牌中心、哈罗兹百货等项目落地，牵头协调苹果电子、佳能、山田电机等外资大项目发展中出现的问题。

（张忠旭）

【扶持外贸企业"走出去"】支持中小企业开拓国际市场，完成东城区18家公司34个项目的初审工作，审核项目资金56.4万元；扶持服务外包企业，完成2011年度中央支持承接国际服务外包业务专项发展资金5家企业428万元初审工作；联合区财政局完成2011年度市级服务外包发展配套资金1家企业304万元的初审工作。

（张忠旭）

名　录

北京市东城区商务委员会
党组书记：杨春发
主　　任：孟志军
地　　址：北京市东城区永内东街中里13号
邮　　编：100050
电　　话：67116188
传　　真：67142224
网　　址：shwj.bjdch.gov.cn

（张忠旭）

西城区

概　　况

北京市西城区商务委员会（简称西城区商务委）是西城区政府主管全区内外贸易和对外经济合作的工作部门。年内，西城区商务委深入实践科学发展观，开拓思路、创新工作、凝聚合力，积极做好拉动多元消费、巩固外经成果、发展社区商业、优化消费环境、提升产业品质等工作，圆满完成了年度各项目标任务，全区商贸业保持平稳较快发展，实现了“十二五”良好开局。西城区累计实现社会消费品零售额688.9亿元，同比增长16.1%，占全市的一成，增速高于全市平均水平5.3个百分点，增幅在城六区中排名第三位。新增外商投资企业60家，吸收合同外资6.12亿美元，实际利用外商直接投资5.62亿美元；实现进出口总额982.68亿美元，同比增长54.64%，在北京市继续保持第二位，进出口增速在北京市排名第一。新增15家社区便民菜店，11家早餐规范店。

（柴晓虹、谢莉）

商业流通

【编制区“十二五”商贸业发展规划】编制西城区“十二五”时期综合规划《北京市西城区“十二五”时期商贸和旅游业发展规划》，统筹布局西城区商贸未来五年发展。制定并出台《北京市西城区加快国际商贸中心示范区建设的意见》（西政发〔2011〕11号），使规划实施更具备操作性和针对性。

（柴晓虹、谢莉）

【保增长促消费繁荣市场】组织指导辖区重点行业、企业开展主题促销活动。年初，成立“西城区商务委保增长促消费工作领导小组”，制定《2011年区商务委促销工作方案》，以“百业齐绽放，四季品西城”为主题，确定了“做大时尚消费、做强特色消费、做实便民消费、发展新兴消费”的工作主线，积极搭建促消费活动平台，繁荣活跃消费市场，先后筹备举办西单国际时尚年会、中华老字号博览会、大栅栏老字号旅游购物节、马连道国际茶文化节、护国寺街开街、首届北京西城电子商务节等13项大型系列主题促消费活动，促进区域经济增长成效显著。首届西单国际时尚年会28个单位共签订了17个项目协议，签约金额4.64亿；推进了法国老佛爷百货亚洲第一店入驻西单商圈。北京马连道国际茶文化节，首次成立“国际品牌茶联盟”，签下2.6亿元项目协议。首届北京西城电子商务节推出8个平台重点项目、180多家企业达成合作意向，签约金额超过20亿元，30余家企业销售达15亿元，同比上升了25.6%，其中电子商务交易额近5 000万元。同时各项活动也受到参与企业一致好评，辖区12家商业企业荣获“2011北京购物季促消费活动突出贡献企业”称号，占全市获奖企业的16%，在北京购物季期间，共实现销售额16.7亿元，平均增幅达27.6%。

（柴晓虹、谢莉）

【特色街授牌】4月29日，市级特色商业街授牌暨2011年迎“五一”特色街消费周启动仪式在大栅栏举行。北京市副市长程红、北京市商务委员会及16区（县）的领导和特色街的主管单位领导近百人参加授牌仪式。辖区内的大栅栏街、大栅栏西街、琉璃厂、烟袋斜街、护国寺街、马连道茶叶街、什刹海茶艺酒吧街7条特色街被授予市级特色街，占北京市市级特色街的29%。

（王丽萍、康力）

【率先出台保护促进老字号发展意见】年内，完成了对全区近百家老字号的调研工作，编制《西城区老字号发展调研报告》，在全市各区（县）率先出台《西城区保护和促进老字号发展若干意见》（西政发〔2011〕32号），制定了诸多可行的保护和促进老字号发展的扶持政策，引导老字号企业创新发展，对全市保护和促进老字号发展起到了引领和倡导的作用。

（柴晓虹、谢莉）

【推进“菜篮子”系统工程建设】年内，西城区成立了“菜篮子”系统工程建设保障领导小组，制定并出台《西城区统筹推进“菜篮子”系统工程建设保障市场供应的指导意见》（西政发〔2011〕14号），将“菜篮子”工程建设纳入西城区“十二五”时期商务工作重点内容。围绕服务民生，推进便民菜店建设和规范化菜市场提升，坚持以公司化为基础，加大品牌化和直营直供模式的建设力度，走连锁化、组织化、规模化的发展道路，完成15家社区便民菜店建设。按照辖区规范化菜市场改造提升计划，提升改造6家社区菜市场。

（鲁旭辉）

【推出北京黄金珠宝链】加快了北起新街口南至菜市口区域的黄金珠宝交易聚集，聚集了菜百公司、国华商场、兴百轩等著名品牌专营店，有西单商场、君太百货、长安商场、庄胜崇光、百盛等近20家综合百货，100余个国内外知名黄金珠宝品牌。形成了独具特色的“北京黄金珠宝链”。年内，辖区黄金珠宝实现零售额151.1亿元，同比增幅达46.6%，占辖区社会消费品零售额的22%。

（王丽萍）

【项目资金申报】年内，完成专项资金的征集、审核和申报工作。其中，北京市商业流通发展专项资金项目53个，包括老字号项目28个；辖区中小企业专项资金项目13个；文化创意产业发展专项资金项目16个。

（邵自军）

【典当行业管理】年内，辖区内典当企业累计达40家，其中本部27家，分支机构13家。27家典当企业本部年内典当总额共21亿元，其中动产业务4.98亿元、不房地产业务14.9亿元、财产权利业务1.2亿元；年末典当余额5.9亿元、上缴税金1.9亿元、税后利润3.5亿元，同比分别增长68.8%、77.6%和67%。

（马　岩）

【早餐规范管理】年内，辖区内共有北京市级早餐示范店130家，区级早餐规范店84家，规范早餐车59辆。形成了以聚德华天、翔达公司、和合谷和嘉禾一品等大型连锁企业为主，社会早点规范企业及早餐车为补充的格局。累计实现早餐收入达4.9亿元，为社会提供早餐服务1.6亿人次。

（邵自军）

【再生资源回收行业管理】年内，根据市委、市政府《关于全面推进生活垃圾处理工作的意见》，选择30个回收网点作为“再生资源回收日”固定活动地点。先后在30多个社区开展了12次“再生资源回收日”活动，回收旧家电292台、废旧物资13.5吨，累计咨询人数6 000多人，预约登记800余件。6月中旬至7月中旬，在辖区内开展再生资源回收网点安全隐患专项整治工作。制订了《西城区再生资源回收网点安全专项整治工作方案》，召开动员部署会，发放回收网点自查表270余份，出动检查人员120余人次，对40余家再生资源回收网点进行检查，发现有经营执照但未到区商务委进行备案的再生资源回收违规网点5处，已全部按要求到区商务委进行了备案。

（晁振安）

【以旧换新】年内，继续做好“家电以旧换新”材料审核工作，总计审核材料7 000余份。对辖区内以单位名义购买家电参加以旧换新作了详细的审核备案，总计审核通过60余家单位参加家电以旧换新。黄标车淘汰和汽车以旧换新补助资金兑付工作于3月10日结束，共为辖区内356辆车办理相关手续。

（赵杰平）

【十大商业品牌】“2011年度（第七届）北京十大商业品牌”揭晓，辖区菜百、全聚德、张一元晋升为“北京十大商业品牌金奖”企业；同仁堂当选“2011年度北京十大商业品牌”；天虹百货当选“2011年度影响北京外埠商业品牌”；百盛获评“2011年度影响北京跨国商业品牌”；和合谷获得“2011年度北京十大商业品牌管理创新奖”。

（马　岩）

【商业街橱窗展示大赛】在辖区范围内开展了“展示华彩商业、感受时尚北京”——北京市商业街橱窗及餐饮行业店堂展示大赛活动。菜市口百货、西单大街-大悦城、西单-杰克琼斯、西单一中友百货、阜成门大街-ARRTCO、西单-君太百货、什刹海-观复博物馆商店、烟袋斜街丰年陶坊等九家企业获得“特色商业街橱窗展示大赛”优秀作品奖，占全市30家获奖企业的30%。

（马　岩）

【安全生产】年内，开展商务行业综合执法检查798次，出动执法检查人员3 010人次，检查企业991家次，发现消除安全生产隐患509处；出具行政处罚9起。确保区域商务行业规模以上企业生产安全稳定。按商业零售型、餐饮型、专卖店型、综合楼宇型4大类模式，建立47个安全生产联组，53个联组长，538家规模以上企业全部编入联组进行管理。该模式实施近一年来，辖区商务行业隐患出现率同比下降74.8%。此外，还加强安全宣传教育培训，编辑《西城区商业零售经营单位安全生产记录本》和《西城区餐饮经营单位安全生产记录本》5 000册，制作10集《商业培训ABC》商务行业安全生产培训系列教学片1 200套，组织开展西城区商务行业第四届安全生产知识竞赛，举办西城区商务行业安全生产联组培训班，通过短信平台向企业发送短信191 998条。

（廖海林）

对外经贸

【利用外资】年内，辖区新设外商投资企业60家，吸收合同外资6.12亿美元，实际利用外资5.62亿美元。吸收合同外资按国别和地区位列第一的是香港，按行业位列第一的是批发和零售业；实际利用外资按国别和地区位列第一的是香港，按行业位列第一的是房地产业。新设外商投资企业中有 59 家从事服务业，占比 98.3%；实际利用外资占比 99.87%，服务业主导地位继续巩固。产业聚集趋势深入，投资前三位的行业集中于房地产业、金融服务业和商业领域。新设外资企业落户金融街、德胜科技园（含西外商务区）共 34 家，占累计总数的 57%；吸收合同外资占比达 95%，实际利用外资占比达 90%，突显出两大街区的聚集效应、引资效应及外资的利用效应。

（王凡、徐聪）

【经贸往来】年内，西城区进出口总额为 928.68 亿美元，同比增长 54.68%，占北京市进出口总额 25.24%，在北京市 16 个区（县）中位居第二，进出口增速在北京市排名第一。办理企业境外投资初审 13 家，总注册资本为 1 035.03 万美元，投资总额为 5 617.57 万美元，同比增长 78.7%。办理对外贸易经营者备案 205 家，同比增长 215%，其中新申请备案登记的企业 117 家。办理辖区外商来华邀请事项 57 批次，共 76 人。为 4 家企业审批加工贸易合同 43 次，进口料件总值为 304.834 万美元，同比增长 334.3%；出口料件总值为 1 427.094 万美元，同比增长 910.0%。办理支持承接国际服务外包业务发展资金申报 2 家 3 件，共计 47.35 万元。

（李小丽、史倩）

【建立项目收集和筛选机制】年内，完成涉及辖区多领域的招商引资项目收集、筛选、储备工作。征集租售、文化创意、电子商务和建设等项目 100 余项。向市商务委申报“北京·香港经济合作研讨洽谈会”吸引外资项目 13 个。年内，大型招商活动共实现签约项目 14 个，签约额达 4.14 亿元人民币。

（李小丽、李佳狄）

【交流活动】1 月 11 日，“北京西城国际企业新春联谊会”在北京湖广会馆举办。市、区相关领导及外国驻华使领馆、驻京代表机构、行业协会、驻区外经贸企业代表 220 余人出席，密切了政府与企业之间的关系。9 月 16 日，参加北京市“2011 北京国际友好商会大会”的 21 个国际和地区 30 位代表，来到什刹海，与区政府相关部门、协会和企业代表共叙友谊，共话发展。各种交流活动受到驻区外商投资企业和外国投资者欢迎。

（李小丽、章建平）

名　录

北京市西城区商务委员会
党组书记：刘　冀
主　　任：郭　新
地　　址：北京市西城区北滨河路 9 号
邮　　编：100055
电　　话：68012353
传　　真：68012342
网　　址：swj.bjxw.gov.cn

（谢　莉）

朝阳区

概况

朝阳区商务委是负责本区内外贸易、对外经济合作和现代服务业发展的区政府工作部门。2009 年 9 月，根据中共北京市委、北京市人民政府批准的《北京市朝阳区人民政府机构改革方案》和《北京市朝阳区人民政府关于区政府机构设置的通知》（朝政发〔2009〕13 号），设立北京市朝阳区商务委员会（简称区商务委），挂北京市朝阳区人民政府口岸办公室（简称区口岸办）牌子。2011 年是全面实施“十二五”规划的开局之年，朝阳区商务委紧紧围绕建设国际商务中心这一发展战略，以提升国际商务功能为主线，以汇聚高端商务资源、提升商务环境承载为重点，不断加大统筹和改善民生力度，着力推动文明城区创建，较好地完成了全年各项重点指标和任务。全年实现社会消费品零售额1 651.9亿元，同比增长 8%，占全市的 23.9%。新批外资企业数 836 个，同比增长 6.09%；合同利用外资 47.66 亿美元，同比增长 118.7%，实际利用外资 26.47 亿美元，同比增长 10.2%；新设特雷克斯融资租赁（中国）有限公司等1 000万美元以上大项目 50 个，投资总额 62.36 亿美元；美铝（中国）投资有限公司等增资1 000万美元以上大项目 68 个，增资总额达到 42.58 亿美元。进出口总额1 637.8亿美元，同比增长 31.16%，占全市的 42.07%，境外投资项目 54 个，直接投资 5.14 亿美元，同比增长 51%。新增丰田通商等跨国公司地区总部 19 家；新增中粮世通等投资性公司 10 家；宝马（中国）服务有限公司等 15 个世界 500 强企业投资大项目 15 个，投资总额 49.2 亿美元。目前，累计跨国公司地区总部 79 家，占全市 70%，实现区级收入近 24 亿元，占全区的 7.6%；130 家世界 500 强企业投资项目 227 个，占全市投资项目总数的 37.4%。

【市商务委调研北京大宗商品交易所】 3 月 11 日，市商务委副主任许康到北京大宗商品交易所调研，区长助理卢巍陪同。《北京市加快国际商贸中心建设的意见》中指出北京市应在稀土交易领域取得突破，希望北商所借助五矿集团对稀土资源的控制力，加紧推出稀土交易品种。北京市将对现有大宗商品交易市场进行有选择性的重点培育，北商所具备良好的基础和发展条件，应加快与五矿集团的合作，争取在政府支持、国资背景、发展空间和业务模式上早日具备成为重点培育单位的条件。

（范永军）

【朝阳成功稳定碘盐市场供应秩序】 3 月份，受日本地震影响，因网络和民间迷惑性议论传播，我区出现一定程度的抢购碘盐风潮。为稳定市场，区商务委启动应急预案，成立工作组，积极对接市盐业公司，增大供应数量。同时，派出 4 个检查组对京客隆、家乐福、易初莲花、华堂等近 20 家门店进行了巡查，及时应对现场情况。家乐福于 3 月

17日晚向各门店调配的2吨碘盐已上架销售；易初莲花将库存中的19 000袋碘盐分配到各门店开始销售；京客隆从3月17日晚开始至今早从北京市盐业公司总库提出140吨碘盐，也将陆续配送至各门店上架销售；华堂3月17日晚提到的500箱碘盐已配往各店销售。据了解，大部分超市都采取了限量不限次的应对措施，根据门店现场反应，各店在3月18日早开业时均有排队购买碘盐的现象，商家利用广播宣传并组织人力现场维持秩序。3月19日，民众经正确引导，市场趋供应关系走向正常。

（范永军）

商务发展

【深入开展“双打”专项行动】2011年4月26日是第十一个世界知识产权日。区委宣传部、工商朝阳分局、区知识产权局、区商务委、区文化委等“打击侵犯知识产权和制售假冒伪劣商品”专项行动领导小组主要成员单位围绕知识产权日“知识产权助推经济转型”的主题开展一系列活动，把专项行动进一步落到实处。

（范永军）

【确保新建社区配套建设蔬菜经营场所】5月25日，区商务委、区住建委召集区域内23家房地产开发企业，在瀚海大厦召开我区主要房地产企业“菜篮子”工程建设工作会。向与会企业通报了朝阳落实“菜篮子”工程建设的思路、目标和措施，要求与会企业从承担社会责任的角度，配合政府部门，按照住宅商业设施配套相关规定，做好新建小区商业配套设施的建设工作，确保新建小区的蔬菜供应零售终端等公共服务配套设施按标准与住宅同步建设、同步交付使用，为蔬菜零售终端建设提供有效的空间保障。

（范永军）

【首现上亿美元民企境外投资项目】5月，精工振能石油投资有限公司向其BVI子公司精工石油有限公司增资1亿美元，用于开发蒙古国XI石油区块，预计产能规模将达每年3—6万吨原油。该项目累计投资已达1.26亿美元，未来三年预计投资总额将达3亿美元，资金来源于国家开发银行提供的中长期贷款。

（范永军）

【第三届中国服务贸易大会成功举办】6月1日—3日，第三届中国服务贸易大会在朝阳区国贸中心成功举办。为更好地促进国内外服务贸易领域合作，经国务院批准，自2012年起中国服务贸易大会将更名为中国（北京）国际服务贸易交易会（简称“京交会”），形成“商品贸易广交会，服务贸易京交会”的格局，这将为朝阳服务贸易和会展产业发展带来巨大的发展机遇！

（范永军）

【跨国公司地区总部中世界500强企业达36家】7月7日，2011年度《财富》世界500强排行榜正式发布，朝阳区64家跨国公司地区总部中500强企业占36家，其中日韩企业比重最大，占17家。

（范永军）

【成功获评首批国家外贸转型升级示范基地】8月8日，商务部正式对外公示朝阳区服装产业示范基地获评首批国家级外贸转型升级示范基地。8月16日，区商务委组织区内服装行业龙头企业、科研院所、检验机构、行业协会及雅宝路、751管委会召开示范基地推进工作会。会议通报了示范基地总体情况，部署了近期工作安排及2011年外贸公共服务平台申报工作。

（范永军）

【商务部副部长调研国际商务中心建设工作】 8月，商务部党组副书记、副部长姜增伟同志率条法司、流通司、外资司、产业司等7个相关部门领导到朝阳区调研国际商务中心建设工作，朝阳区区委常委、常务副区长吴桂英及相关委办局领导陪同调研。姜部长对朝阳“十二五”期间建设具有资源配置功能的国际商务中心发展目标给予了充分的肯定，并原则同意授予我区国家级国际商务发展示范（试验）区称号。同时，姜部长表示商务部今后将继续加大对朝阳区国际商务中心建设工作的关注力度，在联合开展课题研究，商务政策先行先试，重大项目及资金倾斜，申请国家级开发区称号以及探索建立离境免税购物中心等方面给予朝阳区充分支持。

（范永军）

【举办“时尚香港@北京大集”】 朝阳区与香港贸发局、北京市商务委共同主办的“时尚香港@北京大集”活动于2011年10月3—7日在三里屯VILLAGE成功举办，此次活动是“第十五届京港洽谈会”活动的重要组成部分之一，汇聚了42家香港优质企业、超过60个时尚品牌的产品系列，五天的展售活动现场累计客流量26万人次，销售总额达820万元，商贸配对178家次。活动成功地活跃了我区时尚消费市场，有效拉动消费增长。

（范永军）

【商务部为“国家级外贸转型升级服装产业示范基地”正式授牌】 12月13日，商务部为我区获评的国家级外贸转型升级服装产业示范基地（以下简称“示范基地”）正式授牌。示范基地将全面整合雅宝路服装服饰国际商业街区、751时尚服装设计园区等平台资源，挖掘铜牛、雪莲、爱慕、光华等纺织服装龙头企业集聚形成的产业优势，努力建设以时尚品牌为引领，时尚发布、创意设计为核心，市场营销、面料推广、技术创新为重点的服装外贸转型升级示范基地。商务部领导对我区示范基地创建工作给予了高度肯定。授牌仪式后，专程安排格林伍德国际贸易展览中心、中国巴西贸易中心等9家境外营销中心到雅宝路企业、日坛国际品牌街及示范基地公共服务平台办公室进行实地考察对接，整合资源，拓宽境外营销渠道，加速推进示范基地建设。

（范永军）

【推动服务外包产业快速发展】 朝阳区通过资金扶持、加强服务、促进投资等措施，着力推动企业服务外包业务的快速发展。积极协助30家服务外包企业和1家培训机构申请国家及北京市的各项优惠政策和专项扶持资金总额达1781.2万元人民币。引进了格瑞维尔、科文斯医药等企业加入服务外包业务及软件出口登记系统。

（范永军）

【积极搭建外经贸促进平台】 组织企业参加各项国际贸易交流洽谈会、商务论坛、政策咨询会，如中国—伊朗合作洽谈会、中欧经贸合作论坛、2011年春季进出口政策服务咨询会、东欧经贸考察团组等，通过为企业提供信息来源和沟通平台，切实帮助企业开拓和扩大外贸市场，为促进商务领域国际合作发挥了积极有效的作用。

（范永军）

【认真落实国家、北京市促消费相关措施】 严格按照北京市商务委员会、北京市财政局等单位联合下发的《北京市家电以旧换新实施细则》、《北京市高效节能家电产品促销试点工作方案》的要求，开展对家电以旧换新、高效节能家电销售企业所提交凭证的审核和汇总工作。自2009年1月至2012年3月，朝阳区家电以旧换新补贴数量为36 973份，补贴金额为11 172 776.78元。节能补贴数量为11 990份，补贴金额为3 287 500元。以旧换新补贴已全部拨付，节能补贴审核报告已报到区财政局。

（范永军）

【积极推动“菜篮子”工程建设任务】编制了《北京市朝阳区人民政府关于统筹推进新一轮“菜篮子”工程建设的实施意见》、《朝阳区“菜篮子”工程建设资金暂行管理办法》、《朝阳区蔬菜零售终端验收标准（暂行）》等一系列文件，为推进“菜篮子”工程建设提供政策保障和资金保障。注重市场调查，重点开展了蔬菜零售终端现状调查、补缺建设项目征集和蔬菜流通新模式推广等一系列工作。作为商务部周末车载蔬菜市场试点，在望京街道国风上观社区开办了周末蔬菜早市，引导延庆农产品生产基地直接进入社区销售，解决了当地居民周末买菜难的问题。推进产销对接，与河北廊坊、内蒙古丰镇等蔬菜生产地区建立战略合作关系，引导其向我区蔬菜零售终端直供蔬菜，引导新发地、朝来万通、弘朝伟业等企业推广公司化、连锁化经营，并发展社区菜市场和社区菜店品牌。改革产权制度，通过收购新建社区菜市场配套设施，回购菜市场产权，回租菜市场，并委托主体企业经营和投资入股菜市场等方式，提高政府对蔬菜零售终端的主导性。

（范永军）

【坚持时尚引领品牌发展，推动社会消费零售额稳步增长】坚持时尚引领，以“品味时尚，品位朝阳”为主题，连续四年举办“朝阳时尚消费节”，“GO朝阳·购时尚”消费口碑逐步确立；坚持龙头带动，持续培育新光天地、华贸中心、三里屯VILLAGE、燕莎奥莱等时尚消费聚集区，新光天地全年销售预计将突破60亿元；坚持品牌推动，全球第二大奢侈品集团历峰新设卡地亚国贸中心店和卡地亚银泰旗舰店。12月，LVMH集团旗下的世界顶级时装品牌迪奥全球旗舰店落户新光天地。前三季度，新入驻外资零售店铺155个，占全市42%；坚持差异发展，拥有秀水街市场、潘家园旧货市场、蓝色港湾、世贸天阶、北京古玩城等10条市级特色商业街，占全市逾三成。蓝色港湾是中国首家多业态集合的休闲生活式购物公园，世贸天阶广场是我市唯一的美式购物步行街。同时，不断推出新兴项目。新推出7个项目，总量75.2万平米，占全市43%。斯普瑞斯奥特莱斯嘉年华在金盏乡落地，世茂工三购物中心将于年底前在三里屯区域开业。全年实现社会消费品零售额1 651.9亿元，同比增长8%，占全市的23.9%。

（范永军）

【现代服务业产业结构不断优化】全面完成朝阳区“十二五”时期现代服务业发展规划的编制工作，推进产业专项扶持资金修订工作，适时调整资金使用比例，有效发挥产业资金的引导和扶持作用。商务服务业支柱地位愈加凸显。朝阳区各类商务服务企业总数稳定在19 000家以上，年均增长27%，已成为全市高端商务服务企业最为聚集、产业最为发达的区域之一。会展业国际化发展迅速。积极引进国际知名品牌会展落户朝阳，筛选确定一批具有较高影响力的自主会展品牌，扶持长期办展计划。成功引进2011中国国际智能电网建设及分布式能源展览会暨高峰会议、2011北京国际物联网技术设备与应用展览会等6个知名会展。

（范永军）

名 录

北京市朝阳区商务委员会

主　任：朱　晟
地　址：北京市朝阳区日坛北街33号
邮　编：100020
电　话：65099185
传　真：65099185
网　址：swj.bjchy.gov.cn

（范永军）

海淀区

商业服务业

2011年，海淀区商务委紧紧围绕建设自主创新示范区核心区和打造国际商贸中心的总体要求，积极进取，攻坚克难，扎实工作，集中全力促消费、保增长，社会消费品零售额全年实现1 383.1亿元，同比增长10%，完成了年初制定的工作目标。

【重点项目建设】大力推进公主坟商圈改造建设工作，建立和完善项目的综合协调、跟踪推进、督促落实等各项工作机制，各项工作基本完成，指导企业引进COACH等国内外一线品牌；启动了五道口社区商业中心改造建设，组织召开阜成路精品餐饮街推介会、北部商业规划研讨会，对海淀图书城、香山买卖街、花园路餐饮街等特色街区建设进行了调研；帮助首农集团、红孩子电子商务公司、华熙乐贸等重点企业解决了发展过程中出现的问题，商业基础设施建设逐步加强。

（李　强）

【菜篮子工程】新一轮“菜篮子”工程得到国家、市、区领导充分肯定。一年来，全区共新建28家便民菜店，完成4家社区菜市场升级改造，2个原商业网点恢复售菜用途，6家超市扩大蔬菜销售面积，开办5个规范的蔬菜销售早晚市、1个周末车载蔬菜销售市场，开通流动售菜车17辆；便民菜店实现产销对接14家，实现批零对接10家，农餐对接企业2家（30家门店）。超市发公司采用“农超对接”与密云、大兴、顺义等区县的8家蔬菜专业合作社签订长期稳定的直接采购协议，年均采购各种蔬菜5 070吨，日均采购各种蔬菜14吨，从河北、山东等省市的70余家果菜生产基地直接采购面积达到2万余亩。8家规范化社区菜市场开设了“保本菜摊”，超市发连锁公司对其所辖的10家门店实施8种蔬菜的降价措施并设立专门摊位进行销售，平均降价10%左右。万寿路幸福菜站、北航周末蔬菜直通车成为全市新一轮“菜篮子”工程的典范。

（李　强）

【再生资源回收】开展了再生资源回收站点专项整治行动。重点是取缔占道经营的再生资源回收游商和摊商、查处存在安全隐患的站点以及清理拆除回收站点经营场地中的违章建筑。整个整治行动全区累计开展执法检查377批次，出动人员3 893人次、车辆1 599台次，取缔占道经营的游商摊商386个，取缔无照经营的坐商113个、有照经营的坐商3个，取消关停有照经营的坐商33个，规范整治坐商172个。健全完善应急保障机制，妥善应对了抢购碘盐事件。

（李　强）

【提升商务环境】配合相关部门指导西区电子市场进行业态提升，基本完成了海龙大厦写字间调整、鼎好大厦销售经营类企业调整和亿世界大厦创新科技类企业入驻。加大商务综合执法力度，重点开展了11类综合执法检查，牵头开展了区域打击侵犯知识产权和治理假冒伪劣产品专项行动，参与组织了火灾防控专项检查、“坚决制止违法建设和非法生产经营消除安全隐患”、“打四黑除四害”等专项行动，有效防止了安全事故发生。继续推进“一科”审批工作，行政审批进一步得到规范完善。

重点开展了安全生产、促销、酒类流通、粮食流通、食盐、洗浴、美容美发、再生资源回收、生猪屠宰等11个方面的综合执法。年初以来，累计出动执法人员2 900余人次，检查各类企业1 400余家次，发现和整改隐患问题330余个。查处安全生产违法行为一般程序案件4起，罚没款金额3.5万元，查处美容美发、酒类流通违法行为一般程序案件各1起，罚没款金额4 000元，查处再生资源回收违法行为一般程序案件2起，罚没款金额2 000元，查办简易程序8起，没收盐产品593.5公斤，罚没款金额4 400元。

【繁荣消费市场】组织开展了“2011·北京国际美食盛典暨第九届中关村国际美食节”，以“健康美食·品质生活”为主题，开展有主题文化宴席展、美食嘉年华、环保节能新技术推广、健康菜品评选等各种丰富多彩的文化主题活动；完成了内蒙大集、青海大集、西藏拉萨大集、江西大集等活动的服务保障工作；完成2011“北京银行”第七届海淀品牌消费节及2011海淀汽车置换节。活动以“品质海淀 精致生活”为主题，期间将推出“七彩购物主题周”、“吃喝购物游团购在海淀”、“海淀刷卡 绿色消费”等活动；举办了“魅力海淀·2011消夏美食啤酒季”、“内蒙古赤峰特色产品展卖周”、岁末购物节、“百变火锅 鼎沸开涮”2011第二届海淀火锅节、海淀区绿色餐饮主题宣传活动等系列主题活动。

全年围绕节日、汽车、餐饮三个重点领域，组织了消费节、美食节、岁末购物节等共计36项大型促销活动，利用各种资源，全力营造消费氛围，有力拉动了全区消费增长。

（李　强）

【外经贸工作】全区全年进出口总额487.99亿美元，同比增长16.87％，占北京市12.53％。其中进口额379.02亿美元，同比增长17.31％，占北京市11.48％，出口额108.97亿美元，同比增长15.37％，占北京市18.45％；新批外商投资企业289家，吸引合同外资达到16亿美元，实际利用外资14.3亿美元，同比增长5％。服务外包产业发展领先地位得到巩固，全区共有136家企业进行离岸服务外包业务登记，协议金额11.55亿美元，执行金额10.87亿美元，同比增长35.3％，占北京市的44.4％。3家企业入选“十大领军企业”，11家企业被评为“100强成长型企业”，5人入选“年度杰出贡献人物”。指导软通动力信息技术（集团）有限公司和五矿建设投资管理（北京）有限公司认定为跨国公司地区总部；促成区政府与中国石化北京石油分公司签署了《合作发展协议》。

（李　强）

【“一站式”企业服务】全年共接待咨询、业务办理33 200人次，其中电话咨询17 668人次；为1 246家外商投资企业办理各类变更事项1 639项；审核加工贸易合同147个，合同变更116个；初审新设境外企业84家，变更46家；为702家企业办理了对外贸易经营者备案登记手续；为931家酒类经营者办理了酒类备案登记；为74人次办理了外商来华邀请函；为4家直销服务网点出具核查函；淘汰黄标车26辆；为80家成品油零售企业办理年审。全年实现窗口服务“零”投诉。

（李　强）

【基层队伍建设】不断创新推进建设学习型党组织、优质服务年、党风廉政建设等工作，调整健全了3个基层党支部，参加区机关工委歌咏比赛获得优秀组织奖，商务委党总支被区委表彰为先进基层党组织。年内，被评为北京市国家安全工作先进单位，市、区消防、安全生产工作先进单位，多名个人受市、区表彰，区年度绩效考核被评为先进单位。

（李　强）

商业联合会

【品牌消费节】“2011‘北京银行’第七届海淀品牌消费节”、“2011海淀汽车置换节”于9月9日隆重开幕，10月12日圆满落幕，历时34天。两节由海淀区人民政府主办，海淀区商务委员会、海淀区商业联合会承办，通过主题促销、高端论坛、汽车置换、便民服务等活动，提升海淀消费环境，打造消费热点，拉动区域零售额提升。9月9日—10月11日海淀品牌消费节期间，海淀区受监测商业企业共实现销售额20.38亿元，环比增长16%。9月9日—10月12日海淀汽车置换节期间，33家4S店销售汽车4 346辆，销售金额达10.241 9亿元，环比增长16.36%；汽车用品市场销售4.038 9亿元，环比增长6.74%。

（李　强）

【风采大赛】“第五届海淀区商业服务业职业技能风采大赛”由海淀区政府主办，区商务委、区商联会承办，以“共建核心区 奉献在海淀 喜迎建党90周年”为口号。商场、超市、购物中心、家居、电器、电子、餐饮、家政服务社等500余家商业企业8万余名奉献在商业第一线的员工踊跃报名参与，近500名优秀选手脱颖而出进入决赛。7月20日，历时4个月的大赛落下帷幕。

（李　强）

【中、高层培训班】11月10—11日，在超市发培训中心组织了为期两天封闭式的第二期店长培训，邀请在外资、合资企业中有着丰富实战经验的培训师进行授课。同时借鉴第一期高层培训的经验和企业的反馈意见，利用首都高校、专家云集的优势，邀请了来自于人大、北大、科研院所等相关领域内的知名学者、专家开办第二期高层培训班。

（李　强）

名　录

北京市海淀区商务委员会

主　　任：甄　蕾

地　　址：北京市海淀区四季青路6号招商大厦四层东

邮　　编：100195

电　　话：88496768，88496779

传　　真：88496790

网　　址：www.hdboc.gov.cn

（李　强）

丰台区

概　况

2011年丰台区商务委员会根据丰台区委、区政府统一部署，围绕“招商上层次、消费再升级、产业求高端”的核心任务，招商选资、扩大消费、外经外贸、结构调整、研究谋划等方面工作顺利开展，为实现全区崛起作出了新的贡献。2011年，坚持把繁荣区域商业作为扩大消费规模、提升消费贡献和惠及广大群众作为重要抓手，组织促销活动，完善商业设施，努力克服汽车限购政策对区域消费的影响，全年实现社会消费品零售额738.5亿元，同比增长0.1%，规模居全市第三。其中汽车销售实现零售额279.6亿元，同比下降26.1%。所承担的批发零售、租赁商务和居民服务业等行业共实现留区税收18.4亿元，同比增长47.6%，对财政收入增长贡献率39%。2011年招商选资成绩突出，新引进千万元以上企业550家，同比增长57%，其中亿元以上企业40家，同比增长81%。2011年全区共新批外资企业30家，比上年增加1家；投资总额3.3亿美元，注册资本2.8亿美元，合同外资2.8亿美元，分别比上年增长35.2%、72.6%和173.4%；实际利用外资达7355万美元，同比下降42.3%。

商业流通

【加快品牌商业引进】2011年，全球三大零售企业之一的乐购超市、翠微百货大成路店、银泰百货大红门店、城乡集团小屯店、万丰亿客隆店等高端零售企业陆续开业，新增营业面积30万平方米，填补了万年花城、三环新城、分钟寺、小屯等地区缺乏大型商业设施的空白，提升了丰台区的商业品质和中高端商业的供给能力。

（赵成相）

【大力开展促销活动】2011年，与市商务委联合举办了山东商品大集、2011北京购物季及丰台区第二届购物节，并举办了第二届美食文化节、金秋购物节等大型促销活动，努力克服汽车和住房限购政策对消费增长的影响。元旦、春节、五一和中秋、国庆等重要节假日期间，全区重点监测商业企业销售额平均增长26%以上。

（赵成相）

【加强监测保稳定】加强对蔬菜批发和零售市场价格、销售情况的监测分析和研判，并及时上报区委区政府及市商务委，为领导科学决策、平抑物价发挥了重要作用。发展样本监测企业数量达到81家，新增样本企业数量居全市第一，超额完成全年任务。特别是在3月份发生了市民抢购食盐事件后，积极协调盐业货源，维护市场良好秩序，保障了碘盐市场稳定。

（赵成相）

【多措并举惠民生】2011年，继续落实家电下乡和以旧换新等惠民政策，既促进消费，又惠及群众。其中，销售家电下乡产品2165台（部），实现销售额587万元；家电以旧换新 22.7 万台（部），实现销售额 8.6 亿元。新建社区菜市场 6 家，完成全年任务；新建规范回收站点 90 个，完成年初计划的 180%；新建早餐经营网点 18 处；完成无障碍设施改造 4 家，停车引导系统改造 3 家。

（赵成相）

【平抑蔬菜零售价格】2011 年，采取了四项措施完善蔬菜零售网络、平抑菜价，得到了市政府的充分肯定。一是新建社区菜市场 6 家、便民菜店 25 家，完成了全年目标任务；二是探索蔬菜“产销直挂”、“直营直销”模式，北京枣麦营商业管理有限公司、廊坊市广阳区康绿蔬菜专业合作社、永清富民蔬菜合作社分别与 4 家规范化社区菜市场进行合作，将应季蔬菜从生产基地直接配送到社区菜市场，减少了中间环节，降低了流通成本，起到了“降低菜价、盘活市场、实惠居民”的作用；三是自 2011 年 11 月 20 日起至 2012 年 2 月 20 日止，开展为期 3 个月的免租金试点工作，对 8 家社区菜市场的 376 个蔬菜摊位按照实际蔬菜摊位数量及租金额度政府予以补贴，使补贴后白菜、土豆等 8 个品种的蔬菜价格比其他市场降低 30%；四是丰台区与大兴礼贤益农蔬菜生产合作社对接，在方庄紫芳园社区开办周末车载蔬菜市场，所售蔬菜价格比周边早市低 1/3 左右，深受居民的欢迎。

（赵成相）

【统筹推进大红门地区发展】2011 年，积极发挥大红门服装商务区领导小组办公室职能，继续加大统筹发展力度。功能区内项目建设取得突破，北京市京煤二厂商业项目已开工建设；金泰彤翔、鑫福海大厦完成一级开发；城乡一体化大红门村旧村改造项目进入一级开发阶段。编制完成“十二五”时期大红门时尚创意产业集聚区发展规划；开展了大红门地区服装市场、电子商务、税收情况以及时尚创意产业发展的专题调研，加快推进产业功能区建设发展。

（赵成相）

【进一步强化行业监管水平】2011 年，在强化行业监管、提高行业规范化工作中重点做了以下十项基础工作。一是加强酒类流通管理。办理备案登记 744 户，变更 31 户，受理咨询 900 余人次；核对工商执照，对已吊销经营资质的 99 户企业，注销其酒类备案资质。二是完成典当企业年度核查工作，对 13 个企业申报的材料进行初审汇总上报。三是开展回收站点经营情况核查工作；每月组织 50 个回收亭开展宣传日活动，并做好信息、数据统计上报。四是做好成品油监督管理工作，对辖区 82 家成品油经营企业进行年审，其中 75 家通过年审。五是在全区范围内联合开展医疗机构周边非法收售药品、药品包装等制假售假行为专项整治工作，检查回收企业 10 家。六是维护盐业市场良好秩序，确保食盐专营企业向市场供应碘盐合格率达到 100%。在市场出现抢购食盐的事件中，积极协调货源，保障了丰台碘盐市场供应。七是完成 2008—2010 年度“中小企业发展资金”项目绩效考评工作，配合市考评组对 8 家享受市资金支持的单位进行核查。八是完成丰台区食用植物油库存检查，组织开展 2010 年度社会粮食供需平衡调查；开展全区食用油库存检查。九是开展食品安全专项整治，共开展食品安全专项整治 8 次。十是做好监测工作，保障市场平稳运行。加强对蔬菜批发和零售市场价格、销售情况的监测分析，及时掌握菜价变化情况，为领导决策提供参考；不断加强重点节假日监测分析工作，及时形成消费分析，上报区委区政府及市商务委。

（赵成相）

【加强商务行业安全生产执法检查】2011年，采取日常检查和重点检查相结合、单独检查和联合检查相结合等多种形式，共出动安全生产执法检查人员700余人，检查两类经营单位280家。其中商业零售92家，餐饮188家，完成检查总量覆盖率98%。出具责令改正通知书60份，发现并消除各类问题隐患600余起。

（赵成相）

【组织商务行业安全宣传教育活动】2011年，丰台区商务委以展板展示、现场咨询、发放宣传材料为主要内容，精心组织了以下五项安全生产宣传教育以及应急演练活动。一是在4月底，在贵友大厦方庄店组织开展了丰台区商务行业“两个规定”施行四周年暨“五一”安全生产宣传活动，发放宣传资料2 000余份，200家规模以上商业零售和餐饮企业参加；二是在5月13日、6月12日，分别在南苑乡家世界广场、科技园区广场组织参加了以“打击非法违法 落实安全责任 保障城市运行”为主题的安全生产月宣传活动，发放宣传册、宣传品1 500余份，100余家零售、餐饮经营单位参加；三是在6月30日，组织大型商业零售经营单位在资和信百货商场进行了应急消防疏散演练活动，增强了我区大型商业零售经营单位抵御和应对紧急突发事件的能力；四是在11月份，积极配合消防等部门，开展119消防宣传周活动；五是在12月20日，在梦都酒家组织了两类经营单位安全生产负责人和安全生产主管人员共计600余人进行“丰台区商务行业贯彻落实‘两个条例’安全生产培训”。

（赵成相）

【探索安全生产工作联席会议机制】为了加强与部门综合专项监管、街乡镇属地监管的密切协作，丰台区商务委于12月13、14日组织相关部门和21个街乡镇召开“丰台区商务行业安全生产工作联席会议”，探讨行业、专项、综合、属地监管科学高效交叉结合、相互配合的体系模式，不断提高全方位多层面安全监管质量和效果，促进行业安全生产环境全面改善和提升。

（赵成相）

【维修行业健康发展】2011年，维修行业协会在区商务委网站上公布了23个参加社区维修服务会员单位的经营地址、电话、服务项目、服务品牌等信息，以便更好地为创建和谐社区、方便人民生活服务。截止到12月底，社区上门服务共41 746次；修理物品41 719件，同比增加了5%；投诉率仅为万分之一。为了规范会员单位经营行为，提升行业服务水平，维修行业协会对维修行业十五大类457项行业收费指导价格进行了修改完善，重点是家用电器维修收费项目和开修锁收费服务项目，并上报价格主管部门备案，将价格表发放到各维修部，实行明码标价，先议后修；同时在本会网站上向社会公示，以加强社会监督，促进行业服务收费自律，全年未发生维修价格争议的投诉。

（赵成相）

对外经贸

【利用外资情况】2011年，全区共新批外资企业30家，企业增资16家，共吸引投资总额3.32亿美元，同比增加35.17%；注册资本2.75亿美元，同比增加72.64%；合同外资 2.77 亿美元，同比增长 173.41%；实际利用外资达7 355万美元，同比下降 42.35%。

（赵成相）

【**大项目成为外资增长的支柱**】2011 年，我区新引进的 30 家企业中，投资总额超过千万美元以上的有 3 家，投资总额达 1.05 亿美元，占新批投资总额（1.24 亿美元）的 85%；合同外资达 0.9 亿美元，占新批合同外资（1.03 亿美元）的 87%。其中，北方上药投资有限公司是我区新增加的投资性公司，投资额达8 000万美元，成为我区新的外资主力。

（赵成相）

【**对外贸易持续增长**】2011 年，全区对外贸易海关进出口总额达 116.85 亿美元，同比增长 23.82%，在全市十六区（县）排第六位。其中，进口总额为 97.44 亿美元，同比增长 22.67%，出口总额为 19.41 亿美元，同比增长 29.98%。

（赵成相）

【**新增对外贸易经营者多为中小企业**】2011 年，全区共有 160 家企业申请对外贸易经营权，有 120 家对外贸易经营者备案登记表变更。其中注册资金超过千万元人民币的仅 12 家，占新备案总量的 11.2%，大部分为中小企业。

（赵成相）

【**境外投资势头强劲**】2011 年，全区共有 8 家企业 15 个项目在境外投资，投资总额为 8 700万美元，注册资本为2 800万美元，较去年同期分别增长 52.1%，57.3%，经营范围涉及工程承包、地质勘查、航运、家具、通信网络服务等内容，中小企业积极开拓国际市场、开展境外投资明显上升。

（赵成相）

【**凡库诚品增资 1.7 亿美元**】2011 年，我区外资企业北京凡库诚品科技发展有限公司继 2 月份增资2 000万美元后，于 9 月份再次增资 1.5 亿美元，注册资本达 2.27 亿美元，投资总额达 2.9 亿美元，其增资速度之快、规模之大在我区外资企业中首屈一指，为促进区域经济发展发挥了重要作用。

（赵成相）

【**我区高盟新材料成功进军资本市场**】2011 年，我区大型外资企业北京高盟新材料股份有限公司，在深圳创业板交易所上市，成功进军资本市场，年营业额3 300万人民币，利润总额达4 300万元，年缴税收 820 万元，成为我区外资企业的典型代表，为推动区域经济发展作出了表率。

（赵成相）

【**组织企业参加“进出口企业政策服务咨询会”**】分别于 2011 年 5 月 24 日与 12 月 21 日组织全区近百家对外贸易进出口企业参加了市商务委举办的“进出口企业政策服务咨询会”。会上，市海关、税务、出入境检验检疫及外管局等部门就相关政策对企业进行了咨询服务。

（赵成相）

【**完成中小企业国际市场开拓资金拨付初审工作**】2011 年 7 月，我区为更好的支持中小企业发展，根据市商务委的相关要求，首次负责对辖区内项目单位的提交的资金拨付申请资料进行初审，共完成了我区 29 家企业提交的 67 个资金项目的审核工作，共涉及拨付资金 143 万余元，极大促进了我区中小企业的发展。

（赵成相）

【**参与“外贸质量提升年”活动**】2011 年，

为贯彻落实商务部等八部委关于开展“外贸商品质量提升年”工作的要求，积极响应市商委的号召，参与“五个一”活动。深入基层企业走访调研，并将具体情况写成调研报告上报市商务委，坚持每月一篇。

（赵成相）

【协助完成外贸经营者信息备案核查工作】 2011年4月，根据市商务委统一要求，结合海关及工商相关数据，对我区400余家外贸企业注册地址、注册资本、法人等信息进行了核查，对信息有误的企业已及时通知其进行改正，审核结果及时上报了市商务委。

（赵成相）

【市投资促进局外企党建考察团参观考察】 2011年7月14日，北京市投资促进局外企党建考察团一行二十余人来我区参观考察。考察团与我区商务委、科技园区、丽泽开发办、金融办等单位领导举行了座谈会，就丰台区社会经济发展、招商引资、四大功能区建设规划及我区外资企业党建情况等进行了交流，并对如何在新形势下加强外资企业党建工作，促进企业发展转型，在人才引进、产业升级、社会管理等方面与丰台区实现对接，提出了具体的意见及建议。

（赵成相）

【协助企业申请国际服务外包专项资金】 2011年，协助丰台区服务外包企业昊威天承申请了2010年下半年及2011年上半年国际服务外包专项支持资金近31.59多万元，及时完成了与丰台区财政局联审及网上审核工作，并准时上报市商务委。

（赵成相）

招商引资

【组织参加招商活动】 2011年，制作完成了全区招商宣传片和宣传册，在财经杂志、香港文汇报、北京日报、21世纪经济报道等媒体上加大对区域优势资源的宣传力度，突出区域形象营销的高端性和立体性。组织参加了第3届投资北京洽谈会、第15届厦门投洽会、第15届京港洽谈会和第28期北京浙商沙龙等招商活动，特别是与市投促局首次联合举办“市领导与北京外商投资企业协会座谈会暨丰台区专题推介会”取得圆满成功，得到市、区领导肯定。

（赵成相）

【大企业大项目入驻】 2011年，引进注册资金千万元以上企业550家，同比增长57%，完成区政府折子工程任务指标的1.4倍；引进注册资本亿元以上企业40家，同比增长81%，完成区政府折子工程任务指标的1.3倍。引进企业的数量和质量创历年之最。北汽财务、长虹科技、中铁物贸等一批优势规模企业相继落户。

（赵成相）

其他

【重大项目建设稳步推进】 2011年，注重大项目的带动作用，以大项目带动区域建设，2014年世界种子大会、青龙湖国际文化会都等重大项目建设稳步推进。将文化会都项目列入市重点工程，纳入绿色审批通道，并取得土地一级开发主体授权，完成立项、规划等前期手续。确定了会都核心区分期方案，推进了城市规划方案设计，完成了会务标识征集工作。

（赵成相）

名　录

北京市丰台区商务委员会

主　　任：刘怀生　　传　　真：63838670
地　　址：北京市丰台区东安街三条6号　　网　　址：www.ftboc.gov.cn
邮　　编：100071
电　　话：63838670

（赵成相）

石景山区

商业贸易

【概述】北京市石景山区商务委员会（简称区商务委）是负责本区内外贸易和对外经济合作的区政府工作部门。内设办公室、外资外贸科、规划发展科、流通管理科、服务交易管理科（石景山区粮食办公室）、安全监督管理科等6个职能科室。行政编制21名（含监察科长编制1名），其中主任1名、副主任3名，科级领导职数6正1副。年内，完成了《石景山区“十二五”时期商务服务业发展规划》、《石景山区“十二五”时期商业服务业发展规划》的调整完善工作，并于6月正式对外公布。全年完成社会消费品零售额162.1亿元，圆满完成北京市下达16.9%的增长目标，增速位列16区（县）第五位。围绕建设国际商贸中心大力发展便民、利民服务，扩大内需、促进经济发展，继续推进台湾街运营工作，加快功能区建设，推动商务服务业发展，着力做好行业安全生产工作，强化服务，优化环境，创建外向型企业发展提供新的服务平台。石景山区商业服务业取得长足进步，从规划布局上形成了以万达、万商为核心的东部区级商业中心和以沃尔玛、当代商城为核心的中部区域级商业中心，对周边中小商业业态发挥了整合和引领的重要作用。商务服务业发展迅速，楼宇经济已成一定规模，万商大厦、长城大厦和瑞达大厦三个楼宇被认定为北京市商务服务业主题楼宇。初步建立了电子商务发展的政策环境。

（董华、张焰）

【专项规划对外发布】根据《石景山区国民经济和社会发展第十二个五年规划纲要》的总体内容，完成了《石景山区“十二五”时期商务服务业发展规划》、《石景山区“十二五”时期商业服务业发展规划》的调整完善工作，并于6月正式对外公布。

（于金锁、徐沫）

【商务服务业发展初见规模】随着我区产业结构不断调整，商务服务业总体规模和实力稳步增长，已成为我区产业转型升级的五大主导产业之一。以银河综合商务区为核心，逐步形成多个商务服务业主题楼宇，为商务服务业企业集聚发展提供了优质的载体资源。年内，万商大厦、长城大厦和瑞达大厦三个楼宇被认定为北京市商务服务业主题楼宇，获得专项支持资金319万元。截止年底，全区规模以上商务服务业企业73家，累计资产总额达到217.2亿元，解决就业9 299人。

（于金锁、徐沫）

【电子商务发展环境不断优化】年内，区政府将电子商务行业确定为区域经济结构转型的先导产业，明确纳入建设“国家服务业综合改革试点区”重要产业内容，并出台《关于加快石景山区电子商务发展的若干意见》和《石景山区促进电子商务发展暂行办法》，初步形成我区电子商务发展的政策环境。截止年底，全区已吸引库巴科技、酷运动、易宝支付、电玩巴士、亿邦动力等近百余家电子商务企业落户我区。

（于金锁、徐沫）

【促消费保增长】2012 年，区商务委面对“汽车限购政策”和“统计口径变化”两大制约零售额增长的因素，联合区统计局，对任务缺口进行了测算和分解，采取了政策奖励、促销活动、发展电子商务等一系列积极的应对措施，使我区社会消费品零售额实现逐月提升。特别是成功举办了“京西消费节”、“北京台湾文化艺术节”和“北京台湾美食文化节”活动，进一步推动了消费增长的势头。全年实现社会消费品零售额 162.1 亿元，圆满完成北京市下达 16.9%的增长目标，增速位列 16 区（县）第五位，获北京市“促消费突出贡献奖”。

（刘珊、刘颖）

【商业布局】商业服务业取得长足进步，从规划布局上形成了以万达、万商为核心的东部区级商业中心和以沃尔玛、当代商城为核心的中部区域级商业中心，对周边中小商业业态发挥了整合和引领的重要作用。喜隆多奥特莱斯品牌折扣店、爱玛裕家居购物广场等商业形态的出现，进一步丰富了我区的商业品类和商业形态。同时，2011 年 9 月，西黄村新开的 1.4 万平方米的物美大卖场，是物美在石景山区开设的首家大卖场，填补了当地大型超市的空白。

（刘珊、刘颖）

【打造特色商业街】2011 年 4 月，北京台湾街被市商务委授予“北京市特色商业街”称号并挂牌。以此为契机，我委进一步强化了北京台湾街的品牌效应。一是促成北京台湾街邓丽君音乐主题餐厅、佰乐迪 KTV、王月要珠宝旗舰店以及台湾旅游咨询站等台湾文化休闲主题业态相继开业。二是相继举办了“2011 北京台湾文化艺术节”和“2011 北京台湾美食文化节”活动，商街知名度和影响力进一步提高。三是进一步加强对北京台湾街的工作指导和政策扶持，申报北京市特色街改造项目，获得 750 万元资金支持，努力做好扶商、安商、养商工作。

（刘珊、刘颖）

【菜篮子工程建设】继续推进石景山区“菜篮子”工程工作。完善以社区菜市场为主、生鲜超市和社区便民菜站为重要补充的蔬菜三级供应体系，并在此基础上积极探索蔬菜流通新模式，保证蔬菜供应、稳定蔬菜价格。2011 年，石景山区“菜篮子”工程着重完成以下工作：一是推进周末车载蔬菜市场试点工作，日均配送蔬菜品种达 15 种以上，销售蔬菜2 000余斤，销售价格一般低于周边其他市场 15%左右，受到居民的广泛欢迎；二是落实北京市“增收入、降价格”工作，对 8 家减免蔬菜、鸡蛋、粮食、猪肉摊位费的市场和 1 家直营直供市场给予资金奖励共计 63 万元，取得显著成效；三是推进永辉和物美“农超对接”工作，并为两家企业积极争取市商务委资金支持共计 198 万元。

（刘珊、刘颖）

【京西消费节】以“惊喜在京西”为主题的 2011 京西消费节，是由石景山区人民政府主导，京西商业企业联手打造的消费主题活动，已经连续举办两届，不仅为企业带来了丰厚的收益，也给消费者带来了实惠，已逐步成为面向北京、覆盖京西的品牌活动，深受消费者喜爱。“2011 京西消费节”以时尚品牌购物、家居购物、汽车消费、京西美食、共享佳节五大主题活动和网上京西消费节，吸引了大量消费者前来购物，体验由京西消费节带来的吃、喝、玩、乐、购一体式休闲消费饕餮盛宴。据不完全统计，历时一个月的消费节活动，直接拉动参与企业销售额增长15%以上。万达广场、当代商城、万千百货、华联商厦等百货企业销售额增速更加明显，增长幅度最高超过60%，活动取得圆满成功。

（刘珊、刘颖）

【北京台湾文化艺术节】2011年北京台湾文化艺术节活动由北京市石景山区人民政府、北京市人民政府台湾事务办公室于2011年4月29日—5月15日在北京台湾街联合举办。通过周年庆典、海峡两岸书画艺术展、黄木村教授师生创作展、邓丽君音乐主题活动、台湾民谣与校园歌曲演出、台湾庙口文化展示、宝岛风情推介图片展、“台湾街一周岁”主题大众摄影大赛、台湾特色商品和图书展卖、街头艺术展演等活动，塑造北京台湾街文化名片形象，搭建两岸文化交流平台。活动期间，前来台湾街的人流量达到了7万余人，台湾街所有的商户营业额与平日相比增长了40%左右，赢得了消费者及商户的一致好评。

（刘珊、刘颖）

【北京台湾美食文化节】2011年9月7日—10月9日，石景山区政府与北京市商务委、北京市台办联合举办“北京台湾美食文化节”，活动以“味觉印象·咫尺台湾”为主题，通过台湾那魂、台湾那味、台湾那调三个板块活动，将台湾文化展、台湾美食促销、台湾民谣主题表演等活动贯穿起来，中间穿插节日祈福、两岸爱心姐妹联谊会和宝岛夜市爱心慈善活动，使得北京台湾街形象、品质得到整体提升，扩大了影响力，促进了京西消费市场繁荣，得到了广大消费者的一致好评，北京台湾街客流、销售双增长，促消费效果显著。

（刘珊、刘颖）

【粮食平衡调查及库存检查】4月，完成2010年度石景山区粮食供需平衡调查，共调查城镇居民64户、粮食经营企业30个（含国有粮食经营企业1家）、粮食转化企业3家、单位食堂30家，形成了《2010年度石景山区粮油供需平衡调查报告》，基本掌握了全区2010年粮油产品供给量、需求量、库存量等基础性数据，为进一步提升我区物资保障水平及应急响应能力提供了依据。同时组织落实2010年度本区粮食清仓查库工作，检查结果良好。

（杨光、邓磊）

【粮食统计执法检查】10月，组织开展全区粮食统计执法大检查，纳入检查范围的主要单位包括：1个粮食行政管理部门，1个国有粮食经营企业，6个重点非国有粮食经营企业及1个重点非国有粮食转化企业。经检查，统计调查对象均不存在统计违法行为，提供的统计资料及时、准确、完整、合法。粮食统计人员队伍建设情况良好，人员配备合理；国家粮食流通统计制度执行情况良好；2009年以来统计调查经费落实、拨付和使用符合规定。

（杨光、邓磊）

【粮食行业安全】12月21日，召开全区粮食行业2012年元旦、春节安全管理工作会。会上成立了区粮食行业烟花爆竹安全管理工作领导小组，对两节期间粮食行业安全管理工作进行了部署，并对重点粮食经营企业提出了具体要求。会后与各粮食经营企业签订了安全管理责任书。

（杨光、邓磊）

【商业科技周】5月中旬，组织全区商业系统参加第16届“北京市商业科技周”科普宣传活动。科技周以“新科技创造新生活”为主题，大中电器、永辉超市及沃尔玛山姆会员店等企业通过形式多样，生动活泼的科普宣传活动，让消费者体会到科技带来的好处，进而提升我区的消费水平。

（杨光、邓磊）

【“双打”行动】1—6月，牵头25个相关部门开展全区打击侵犯知识产权和制售假冒伪劣商品专项行动，专项行动以保护著作权、商标权以及专利权等为重点内容，以产品制造集中地、批发市场等商品集散地、侵犯知识产权和制售假冒伪劣商品案件高发地为重点整治地区，以新闻出版产业、文化娱乐业、高新技术产业为重点整治领域，以图书、音像、软件、大宗出口商品、汽车配件等特别是食品、药品、通讯类产品为重点查处产品，加强对展会、进出口环节和网络购物、电视购物的监管，遏制规模性侵犯知识产权行为，大力净化市场环境。

（杨光、邓磊）

【典当行业年检】4月，完成2010年度北京市典当企业核查工作，全区9家典当企业全部审核通过，被评为A类企业（最高级）。

（杨光、邓磊）

【成品油行业年检】8月，完成2010年度成品油站点经营资质检查，共有13家加油站提交的年检材料通过审查并换发新证，其他3家加油站因为申请变更事项将推迟年检。

（杨光、邓磊）

【社区便民服务】11月中旬，会同区社会办等15个单位成立“石景山区推进社区商业便民服务全覆盖工作领导小组”，由司马红副区长任组长，指导全区社区商业服务体系建设工作。同年年底完成了首批38个规范化达标社区的全覆盖任务。

（杨光、邓磊）

【开展宣传培训，强化安全工作意识】搞好从业人员培训，提高综合素质，增强安全意识是一项长期性的基础工作。区商务委在开展企业安全培训工作中，注重企业的实际需求，并有针对性根据企业实际状况开展相应培训。一是以4.25火灾等事实案例开展培训，做到“警钟长鸣”。5月26日，结合大兴4.25火灾的事故教训，商务委聘请了国家级安全生产专家郭魁建教授对商业、餐饮业企业150名法定代表人进行了专业培训。培训内容涵盖政策宣传、案例分析、法律法规解读等，通过剖析生动案例，强化了安全工作的责任意识。二是结合新修订的“安全生产法”等法规开展培训，做到“循规蹈矩”。商务委先后邀请了区安监局、消防支队等部门的专业工作人员就新修订的《安全生产条例》、《消防安全条例》等法律、法规进行精确解读，培训企业安全责任人400余人，提高了安全工作的法律意识。三是结合“安全生产月”等专项活动开展宣传，做到“人人知晓”。商务委先后组织、参与了“安全生产月”、“消防主题日”、“防火宣传周”、“安全生产条例”咨询日等大型专题宣传活动，共向市民发放安全生产宣传材料5000余份，制作宣传展板22块，确保了安全宣传工作落实到位。

（迟小丽、张弋）

【消除安全隐患，强化安全工作执法】商务委在对行业安全生产检查工作中，强化安全生产隐患排查，做好复查督导企业落实整改到位。2011年，结合“打非”、“火灾隐患”

“烟花爆竹”、“燃气隐患”等专项排查行动，区商务委深入开展了商务行业“抓安全、查问题、改隐患”安全大检查活动，做到周周有检查，月月有执法，实现日常监督执法常态化。全年共出动检查人员792人次，检查企业372家次，发现问题隐患109处，隐患整改率100%。

（迟小丽、张弋）

对外经济

【概述】2011年，我区获得“2011年度北京市外资工作先进单位”荣誉称号。全年完成实际利用外资6 767万美元（不含投资公司），同比增长6.5%；新批外商投资企业53家，投资总额11 055.6万美元；注册资本8 280.5万美元；合同外资总额7 120.0万美元；平均投资规模208.6万美元。开业外商投资企业新增投资总额1.4亿美元，其中外方增资1.1亿美元。投资总额1 000万美元以上的大项目2个，合计投资总额3 845.6万美元，注册资本2 545.6万美元，合同外资总额1 859.4万美元，分别占全部新批项目的34.8%、30.7%和26.1%。对外投资新设立企业7家，对外增资980万美元。对外贸易经营者备案91件。2011年完成进出口总额7.6亿美元，同比增长18.6%；其中出口额5.3亿美元，同比增长29.3%。2011年度（第八届）中国游戏行业年会上，我区被评为“中国动漫游戏行业2011年度全国促进产业发展先进单位”。外资企业北京游戏谷信息技术有限公司、蓝港在线（北京）科技有限公司游戏龙头企业分获中国动漫游戏行业优秀企业、产品研发先进单位等荣誉称号。北京畅游公司开发的《天龙八部2》获得优秀网络游戏奖。

（刘玉杰、崔晶雪）

【外贸进出口】根据北京市商务委员会提供的数据，2011年，石景山区完成进出口总额7.6亿美元，同比增长18.6%。其中出口额5.3亿美元，同比增长29.3%，占全部进出口总量的69.7%。出口商品以工业制成品为主，主要销往美国、香港、南非、日本、新加坡、荷兰、英国、德国等8个国家和地区。进口总额2.4亿美元，同比增长0.3%。

（刘玉杰、崔晶雪）

【外资结构】截至2011年底，开业外商投资企业261家。按企业生产方式划分，生产型企业70家，非生产型企业191家；按合作方式划分，合资企业83家，独资企业175家，合作企业3家。累计投资总额18.1亿美元，注册资本11.1亿美元，合同外资7.3亿美元，企业平均投资规模695.0万美元。

（刘玉杰、崔晶雪）

【外资来源】年内，伊朗首次在我区投资设立外资公司，使我区累计外资主要来源增加至32个国家和地区。其中企业数量最多的为中国香港，共设立“三资”企业124家，外资额为3.2亿美元；其次为美国，共设立“三资”企业21家，外资额为1351.1万美元；位居第三的为日本，共设立“三资”企业17家，外资额为1.1亿美元。三个国家和地区的投资企业数分别占全区外资企业总数的47.5%、8.0%和6.5%。

（刘玉杰、崔晶雪）

【新批外资规模】年内，新批外商投资企业53家；投资总额11 055.6万美元；注册资本8 280.5万美元；合同外资7 120.0万美元；平均投资规模208.6万美元。开业外商投资企业新增投资总额 1.4 亿美元，其中外方增资 1.1 亿美元。

（刘玉杰、崔晶雪）

【新批外资结构】石景山区新批“三资”企业中，从企业类型上分，合资企业 12 家，投资总额2 975.6万美元，注册资本2 533.2万美元，合同外资总额1 372.7万美元；独资企业 41 家，投资总额8 080万美元，注册资本5 747.3万美元，合同外资总额5 747.3万美元。从产业结构上分，新批“三资”企业全部符合我区产业发展定位。其中，商务服务类企业占新批企业的 58.5%。投资涉及的主要行业有科技研发、商业批发、商务咨询、节能环保等。

（刘玉杰、崔晶雪）

【外资大项目】年内，引进外资项目在规模和质量上不断扩大和提升，为推动我区外商投资企业高质量发展注入了新的活力。新批项目中，投资总额1 000万美元以上的大项目 2 个，合计投资总额3 845.6万美元，注册资本2 545.6万美元，合同外资1 859.4万美元，分别占全部新批项目的 34.8%、30.7%和 26.1%。

（刘玉杰、崔晶雪）

【外经发展突飞猛进】年内，全年审批对外投资企业 8 家，创我区企业对外投资历史最好水平，使我区累计对外投资企业达到 14 家；境外直接投资额9 481万美元。涉及主要行业有批发零售、软件研发、投资咨询、矿产开发、工业生产等。投向国别主要有美国、日本、新加坡、印度、维尔京群岛、香港、澳门等国家和地区。随着我区企业的不断发展，我区企业“走出去”的速度不断加快。

（刘玉杰、崔晶雪）

【提高服务效能】2011 年我委在全区范围内试行开展外资企业审批绿色通道服务制度，全年缩短承诺审批率 33%。11 月，外资外贸科全科入驻区行政服务大厅，使“绿色通道”真正顺畅快捷，减少办理环节，提供高效、便捷、优质服务，从而进一步营造有利于我区外经贸企业投资和发展的良好服务环境。这是我委落实有关外经贸政策，为外经贸企业审批、审核、提供政策咨询做出的又一项服务举措。

（刘玉杰、崔晶雪）

【搭建实用型服务平台】搭建企业与企业之间、企业与金融机构之间、企业与政府之间沟通互动服务平台，提高外经贸企业服务效率，推动我区外经贸企业的良性发展。

8 月份举办京西外经贸企业政策培训会，首次采取多方合作的方式，整合优势资源，邀请北京建设银行、中国出口信用保险公司和中国国际电子商务中心，进行专业讲解，共有 100 余人参加了培训。9 月份举办京西电子商务应用培训会，为我区外经贸企业更好的利用电子商务开拓国际市场提供专业帮助。12 月份召开了“2011 年度石景山区重点外经贸企业座谈会”。市商务委、中关村海关、中国出口信用保险公司相关处室的领导和区科委（园区）、区发改委、区经信委等 10 个职能单位及 30 家重点外经贸企业代表参加了会议。另外，全年共 2 次组织区内外贸企业参加由市商务委与市外办、海关、出入境检验检疫、国税、外汇管理等部门联合举办的“进出口政策服务咨询会”，现场设立咨询台解答企业问题，并通过五场专题讲解宣讲最新政策。

（刘玉杰、崔晶雪）

【外贸扶持资金初审权限下放】我区经过努力争取，获得北京市中小企业国际市场开拓资金初审权限。该项资金主要用于支持中小企业走出国门，开拓国际市场，是北京市实施“走出去”战略的重要支持政策。我区共有8家企业报送资料，申报待审批项目27个，涉及实际拨付金额42万元。其中：境外展览会项目7个，境外市场考察项目6个，产品认证项目7个，国际市场宣传推介项目5个，电子商务项目1个，广告商标注册项目1个。其中，拥有自主知识产权和自主创新产品1家。

（刘玉杰、崔晶雪）

【外资企业调研】深入企业调研，及时了解企业动态，推进企业全面、健康发展。完成《我区实际利用外资现状与发展调研》调研报告，获得2011年度石景山区优秀调研报告二等奖。

12月1日，由区商务委牵头，会同区发改委、科委（园区）、经信委、投促局、环保局、工商局、国税局、地税局等职能部门，联合调研了中外合资企业北京首钢朗泽新能源科技有限公司，司马红副区长参加了调研。该公司11月份在我区刚刚成立，是全市首家利用高炉煤气废气发酵研制非粮燃料乙醇的节能减排环保企业，计划2013年投资5亿元建成商业化工厂，2016年上市。预计到2016年12月，公司累计投资将达到45亿元，实现销售收入112亿元，税前利润48亿元。

12月14日，对我区中外合资重点企业COMLAB（北京）通信系统设备有限公司进行调研，分管区长参加了调研。该企业是2008年8月由区商务委自行引进，专业研发铁路用光纤直放站的高新技术企业。合资公司成立三年来稳步发展，由最初的不足10人发展到现在的近60人，业务覆盖面不断扩大，企业效益逐年提高。研发的GSM－R光纤直放站产品成功实现100％国产化，降低成本40％以上，技术水平跻身世界前列。目前国内已完成的铁路GSM-R光纤直放站项目，时速在300公里及以上的线路中95％以上都是该合资公司的产品。

（刘玉杰、崔晶雪）

名 录

北京市石景山区商务委员会
主　　任：宋世媛
地　　址：北京市石景山路18号
邮　　编：100043
电　　话：68607229
传　　真：88683281
网　　址：sjsswj. bjsjs. gov. cn

（张　焰）

门头沟区

概　况

2011年，门头沟区商务系统在区委、区政府和市商务委领导下，在全区各部门及行业企业的大力支持下，认真贯彻落实党的十七届五中、六中全会精神，以科学发展观为指导，全力履行部门职责，以产业结构调整为主线、以保障和改善民生为根本，努力促进市场繁荣、提高招商引资实效、保持外贸平稳增长、加强市场应急体系建设、加大商务执法力度、构建服务型机关，商务各项工作有序推进。商业设施内外环境全面改善，服务水平、便利程度不断提高，逐步缩小与全市差距。消费品市场持续繁荣，实现社会消费品零售额37.9亿元，同比增长16.7%，超额完成市政府下达增幅16.6%的指标任务。充分挖掘消费潜力，繁荣市场保民生，先后推出“迎新春购物季”、“精品年货大集”、“食在门头沟”、“特色商业消夏节”等系列主题促销活动，印制并发放万份《门头沟美食地图》，打造餐饮名片。除“家电下乡”和以旧换新等惠民政策积极推进，贸易投资环境也不断优化。全年实际利用外资4 205万美元，同比增长20倍，增速位居全市第一。外贸进出口总额达3.17亿美元，其中出口额1.34亿美元，同比增长7.85%。门头沟区广泛开展项目对接、国际洽谈交流活动，与家乐福、欧尚、永旺等知名品牌入区进行深入洽谈，推动雨润发、苏宁电器、国美电器等知名企业的顺利入驻。做好市、区扶持项目申报和验收工作，2011年共上报市级扶持项目8个、批准中小企业国际市场开拓资金项目40个，获得市级扶持资金264万元。制定了《门头沟区商业流通发展专项资金管理办法》，重点支持传统老企业的硬件设施升级改造，农村流通网络建设，便民商业基础设施建设等项目。经过严格审核，共有32个项目获批。

商业流通

【开展环境百日整治】2011年，根据门头沟区重点任务安排，开展了“春风行动”、“夏季攻势”、“秋风行动”三个环境百日整治行动。与城管大队等各相关部门深入探索创新联合执法模式，协同配合，有效打击，实施关口前移，下好先手棋，打好主动仗。

（黄　岳）

【开展好隐患排查和专项安全治理行动】2011年，根据区安全委员会、区防火委员会和市商务委的统一部署，根据商务行业特点，全年开展有针对性的安全专项整治行动隐患排查8次。组织安全生产检查108次，检查规模以上商业零售和餐馆经营单位315家次，检查覆盖率达到100%，发现挤占通道安全隐患23起，全部责令当场进行整改达到安全标准。

（黄　岳）

【行业安全培训工作】2011年，认真开展“安全培训日”和“安全标准化”等主题活动，组织消防防火墙和行业安全标准化培训和安全知识竞赛。全年共组织召开培训3次，培训规模以上商业零售、餐饮企业负责人及安全主管人员200余人次；召开安全专题会议4次，制定并发放重点节假日及各项专项安全整治文件9件次，组织商务系统70余名安保干部举办安全知识竞赛活动1次。

（黄　岳）

【加强全区盐务管理】2011年，门头沟区实现食盐销售1783吨，全区碘盐覆盖率为96.2%，合格碘盐食用率为94.8%，顺利完成各项盐务管理指标。

（黄　岳）

【加强突发事件应急保障供应】2011年，完成食盐抢购突发事件应对工作。采取紧急调运、定量供应、实时上报等措施，共调运碘盐75吨，平息了抢盐风潮，保障食盐市场供应。此外还完成了九龙山、葡萄嘴山火的应急保障工作。

（黄　岳）

【回收站点整治取得新进展】2011年，积极推广村级规范化站点建设，倡导垃圾分类、低碳生活健康理念。新建和改造网点40个，开展宣传活动8次，不断提高社会参与度和认知度，有效整合回收资源。

（黄　岳）

【主题促销活动】2011年，先后推出“精品年货大集”、“迎新春购物季”、“京郊踏青美食行”、“食在门头沟”、“特色商业消夏节”等系列主题促销活动。抓住徒步大会、迷笛音乐节、北京国际美食盛典等重大活动机遇，发放万份“门头沟美食地图”，推介特色餐饮和玫瑰精油、紫石砚、蝶翅画等区域特色产品，同时搭载宣传文化、旅游、普法等内容，丰富了消费市场。通过搭建节日促销、会展促销、旅游促销三级促销网络，优化商品结构，转变营销模式，深度挖掘旅游文化休闲产业消费潜力，实现了商旅、商文互动的良好局面。组织灵之秀、大山鑫港、绿纯等5家企业参加由北京市商务委主办的“京郊商品大集”，仅3天就实现销售收入50余万元。

（黄　岳）

【家电下乡和家电以旧换新工作】2011年，按照国家、全市统一要求，继续做好家电下乡，家电以旧换新政策落实工作，不断完善销售环节，先后组织海尔、大中等家电销售企业到清水、斋堂、雁翅等深山区开展送货下乡活动。累计销售家电下乡产品2.7万件，实现销售额7800万元，家电以旧换新产品销售3.8万件，实现销售额1.3亿元。

（黄　岳）

【推进酒类流通备案登记工作】2011年，加大酒类执法检查力度，开展大型社区和重点街区酒类专项整治检查活动，组织开展酒类领域专项整治3次，全年酒类经营备案登记商户超过2100户，登记率达到全市要求，确保区内经营户依法备案登记。

（黄　岳）

【做好商业流通项目扶持工作】2011年，经区政府审议通过，制定了《门头沟区商业流通发展专项资金管理办法》，重点支持传统老企业的硬件设施升级改造，农村流通网络建设，便民商业基础设施建设等项目。经过严格审核，共有32个项目获批。通过该办法的实施，有效缓解了鑫维康、大云制冷等一批中小企业发展中的难题，激发了区内商业流通企业做强做大的积极性。

（黄　岳）

【增强粮食应急保障能力】2011年，在政府支持下投入268万元于7月底完成了斋堂粮食应急加工项目，解决雁翅、斋堂、清水等深山区遇地质灾害道路受阻等突发情况下的粮食应急供应问题。

（黄　岳）

【窗口及服务行业培训】2011年，特邀亚洲厨艺大师屈浩来到我区，为区内规模以上餐饮企业负责人、参加“2011食在门头沟”美食评选活动的选手从专业的角度做了培训和指导。聘请专业教师和北京农职院美籍外教在窗口单位和服务行业开展礼仪培训。

（黄　岳）

【推进便民利民工程】2011年，针对因城市拆迁和改造带来居民购物不便的问题，先后推出了便民“流动超市”和“流动菜车”。以不高于同期市场价格的价格，定期把优质商品送往圈门、城子、永定等老旧社区和新建社区，有效缓解了社区居民购物难问题。联合区社工委在规范化达标社区中建立再生资源站点13个，便民角10个，提升全区社区便利化程度。

（黄　岳）

【完成便民连锁电子商务平台上线工作】2011年，以商务部“万村千乡”试点企业鑫维康便民连锁采购平台为依托，完成了电子商务网站上线工作。鑫维康成为“万村千乡”试点企业中首家实现电子商务的企业，累计实现销售收入15万余元。

（黄　岳）

对外经贸

【举办专场推介会】2011年，成功承办了第十四届中国北京科博会首场推介活动“门头沟现代化生态新区推介会暨签约仪式”。此次推介会主推生态涵养发展区和西部综合服务中心两大功能定位，并立足于打造旅游文化休闲主导产业，重点推介了中芬生态谷、石龙电子商务产业园等3个重点产业项目，涉及金额达305亿元。会上与4家企业签署了战略合作协议，协议金额达150多亿元。

（黄　岳）

【搭建外经贸企业服务平台】2011年，跨区联合石景山商务委共同举办了京西外经贸企业融资政策推介会，共召集100余人参会，发放政策、业务宣传材料200余份，实现了外经贸服务跨区、资源共享的局面。

（黄　岳）

【加强对外宣传】2011年，广泛开展项目对接、国际洽谈交流活动，宣传门头沟区良好投资环境，先后参加厦门投洽会、京港洽谈会，与家乐福、欧尚、永旺等知名品牌入区进行深入洽谈，推动了雨润发、苏宁电器、国美电器、吉野家等知名企业的顺利入驻。促成了中石化北京分公司与我区战略发展协议的签订。完成了思源置地4 200万美元的增资工作，创造了我区外资招商工作的历史。

（黄　岳）

【帮扶企业发展】2011年，积极做好市、区扶持项目申报和验收工作。2011年共上报市级扶持项目8个、批准中小企业国际市场开拓资金项目40个，获得市级扶持资金264万元。

（黄　岳）

名　录

北京市门头沟区商务委员会

主　任：王立宇

地　址：北京市门头沟区新桥大街36号

邮　编：102300

电　话：69842571

网　址：shwj. bjmtg. gov. cn

（黄　岳）

房山区

概　述

2011年，全区商务工作在产业规模和档次提升、市场秩序的维护、居民生活便利化提高等各方面都有了较快的发展。社会消费品零售额顺利跨过150亿大关，达到了156.7亿元，实现16.5%增长，比全市平均增速高了6.5%，荣获全市促销费突出贡献奖。实际利用外资大幅增长，完成6 195万美元，完成全年任务的1.6倍；外贸出口总额保持稳步增长态势，完成3.6亿美元，同比增长9%。产业税收和带动就业势头强劲。1－12月，全区批发零售业、服务业（不含金融、保险、交通运输、仓储、邮政、电信等行业）、限额以上三资企业税收合计完成24亿元，同比增长10.3%，占区域税收总额的12.8%。重点工作取得突破。CSD长阳核心区列为市级商贸服务产业实验区，奥特莱斯华北旗舰中心一期10.8万平方米主体工程竣工，室内外装修及配套工程建设进入扫尾阶段；招商工作中实现签约国际一线品牌100余家。北京石油交易所被纳入北京市千亿元规模大宗商品交易市场重点培育企业；原油、成品油、化工产品、燃料油、润滑油五大类交易业务全年实现交易额650亿元。万科商业一期、广阳CD、首发物流、华冠物流、“一刻钟生活服务圈”等一批商业和现代服务业重点项目均处在快速、有序的建设推进之中。

商业流通

【主要经济指标实现稳健增长】1－12月，全区消费市场持续活跃，社会消费品零售额完成156.7亿元，同比增长16.5%。实际利用外资大幅增长，总计6 195万美元，完成全年任务的1.6倍；外贸出口总额保持稳步增长态势，完成3.6亿美元，同比增长9%。全区批发零售业、服务业（不含金融、保险、交通运输、仓储、邮政、电信等行业）、限额以上三资企业税收合计完成24亿元，同比增长10.3%，占区域税收总额的12.8%。

（张国庆）

【嘉禾一品被评为“早餐经营示范店”】2011年10月，嘉禾一品良乡西潞店通过市商务委、市餐饮协会的验收，被评为“早餐经营示范店”。截至目前，房山区已有15家早餐经营企业被评为“早餐经营示范店”。

【《房山区商贸服务业发展规划（2011－2020）》编制完成】《房山区商贸服务业发展规划（2011－2020）》在经过前期专家反复修改及后期部门论证会和政府55次常务会论证，于2011年11月正式对外发布。

（张国庆）

【房山中央休闲购物区被设立为市级商贸服务产业试验区】2011年11月7日，市商务委复函区政府同意将北京房山中央休闲购物区（CSD长阳核心区）设立为市级商贸服务产业试验区。

（张国庆）

【5家集贸市场通过市联合小组验收】2011年11月26日，市商务委、市财政、市应急储备中心对周口店大韩继农贸市场、石楼镇吉羊农贸市场、河北镇河南村农贸市场、霞云岭下石堡农贸市场和史家营农贸市场进行联合验收，五家集贸市场全部通过。

【中央休闲购物区（CSD）建设全面展开】一是大力推进奥特莱斯华北旗舰中心建设，商城一期10.8万平方米主体工程竣工，室内外装修及配套工程建设进入扫尾阶段；招商工作实现签约国际一线品牌100余家。二是启动长阳万科商业项目建设，一期商业占地9万平方米，已与星美国际影城、永辉超市正式签约；并与肯德基、麦当劳、必胜客、俏江南、苏宁电器、乐高教育等商业品牌达成入驻意向。三是有序推进广阳CD项目，商业金融用地已开工16万平方米，商超部分已与沃尔玛、英国乐购集团等进行深入对接。四是CSD商务广场、首开商业项目、华冠长阳店、国泰2店等一批大中型商业设施均处在紧张建设之中，建成后将极大提升中央休闲购物区的现代商业发展环境。

（张国庆）

【北京石油交易所快速成长壮大】北京石油交易所快速成长壮大，成为全市首家市级国有资本与央企共同参与的商品类交易平台，并被纳入北京市千亿元规模大宗商品交易市场重点培育企业。截至目前，北京石油交易所已招收驻场会员256家、网络会员2 600余家。

（张国庆）

【华冠物流配送中心开工建设】一期总投资1亿元，建设生鲜库1万平方米和常温库2.4万平方米，目前，仓库设施框架主体工程已建设完成。

（张国庆）

【首发物流公共信息服务平台运营良好】汇集企业2 000余家，日信息更新量300条，累计组织在线招标196次，初步实现了区域间、区域内物流节点及物流企业之间的信息资源共享和无缝衔接，健全了本市物流统计监测体系及行业发展评价体系，为政府部门决策、引导物流企业发展提供了有力的信息支持。

（张国庆）

【华龙农产品批发市场迁建工程完成】总投资1亿元，总建筑面积7万平方米，建设完成4个营业大厅、450间商业用房及其他附属工程，年内可交易额实现2亿元。

（张国庆）

【北京西南钢材交易中心一期建成运营】累计投资2 000万元，建设完成物流仓储区5万平方米，年内可实现钢材吞吐量20万吨，交易额达到10亿元。

（张国庆）

【家电下乡销售突破亿元大关】2011年1—12月，全区共销售冰箱、洗衣机、空调、彩电、手机、计算机、热水器、微波炉、电磁炉等家电下乡产品5.5万件，销售金额1.4亿元，其中，农户实际购买家电下乡产品4.7万件，销售金额1.14亿元，补贴金额1 396.3万元。

（张国庆）

【便民服务体系建设顺利】新建周口店镇大韩继、河北镇河南、石楼镇吉羊、史家营乡杨林水、霞云岭乡下石堡5家农村集贸市场和燕山羊耳峪、西潞街道华龙2家规范化社区菜市场，总占地面积5.3万平方米，新增摊位870余个，周边受益群众达到3万人。

（张国庆）

【**探索蔬菜流通新模式**】以西潞街道为试点，引入2家便民蔬菜直通车和3家连锁社区便民菜店，蔬果经营品种达到60种；引导、支持“华冠”连锁超市实施“农超对接”工程，与区内外33家农产品生产基地、产销专业合作社建立了合作关系，在所有门店内增设了“农超对接”蔬菜销售区域，进一步减少了蔬菜流通环节，降低了蔬菜流通成本和销售价格。

（张国庆）

【**再生资源回收体系日益完善**】建设完成燕房再生资源分拣中心，新增回收网点60个，实现了良乡组团、燕房组团双核运行模式。

（张国庆）

【**黄标车淘汰工作圆满完成**】黄标车淘汰工作自2009年1月12日起至2011年1月31日，共办理淘汰黄标车报废2 974辆。其中大客228辆，重货132辆，中型客、货车483辆，小型客、货车138辆，微型客货1 993辆。汽车以旧换新共淘汰978辆，补贴资金1 006.1万元。

（张国庆）

【**完成区级储备粮增储各项工作**】2011年新增小麦储备1.3万吨、面粉300吨、大米50吨，全区粮食储备供给能力进一步增强。

（张国庆）

对外经贸

【**外资利用质量不断提升**】建立健全外资入资制度、催缴制度，增资扩股企业不断增多。2011年1—12月份新批外商投资企业7家，增资企业2家；协议总金额9 618.76万美元；协议外资8 506.89万美元。

（张国庆）

【**对外经济合作稳步推进**】积极帮助北京天资置业集团贸易公司、北京市碧桂园房地产开发有限公司等企业“走出去”，开拓国际市场。截止目前，全区共有19家企业到境外投资办厂。

（张国庆）

【**编制出口产品画册**】为帮助企业对外宣传、开拓国际市场和推介房山区特色出口产品，以房山区重点出口产品和特色产品为内容，编制出版了《房山区出口产品画册》。

（张国庆）

【**产业安全预警能力增强**】完善30家外贸重点企业监测机制，进一步落实重点企业联系制度，提高监测水平和质量，保障出口企业运行安全。

（张国庆）

名　录

北京市房山区商务委员会

主　　任：朱仕生

地　　址：北京市房山区长阳镇昊天北大街38号

邮　　编：102445

电　　话：81312935　81312937

传　　真：81312958

网　　址：shangwu.bjfsh.gov.cn

（张国庆）

通州区

概　　况

2011年，通州区商务委紧紧围绕市商务委、区委、区政府工作部署，牢牢抓住“现代化国际新城建设”这个千载难逢的战略机遇，深入贯彻落实科学发展观，以“创新驱动、转型发展”为主线，积极探索商务工作新道路，为“十二五”产业经济的发展开好局、起好步，全面实现“十二五”开局之年开门红，推动全区商务工作再跃新台阶，以优异成绩迎接党的十八大胜利召开。

商业流通

【社会消费品零售额持续快速增长】年内，通过支持商业企业开展“送温暖送服务，情系安置居民”、“消夏美食文化节”等多样化促销活动，落实家电下乡、以旧换新、节能补贴等政策，拉动区内消费，繁荣消费市场。2011年，全区社会消费品零售额完成208亿元，比上年同期增长16%，圆满完成市商务委和区政府下达的任务指标。

（孙丹凤）

【落实惠民促消费政策成效显著】全年举办多次促消活动，形式多样，效果明显。组织开展节日联合促销：春节期间，实现销售额26 391.5万元，同比增长25.2%；“五一”三天小长假共实现销售额3 962.9万元，销售总额同比增长25.5%；国庆期间，实现销售额1.4亿元，平均日销售额2 338万元，销售总额较去年同期持平。

（孙丹凤）

【家电下乡工作稳步推进】2011年，通州区累计销售家电下乡产品27 275台，销售金额达6 757.4万元。其中，销量占前四位的依次为彩电、空调、冰箱、洗衣机，销售台数分别是7 287台、6 091台、6 021台、3 880台，销售金额分别是2 202.88万元、1 971.51万元、1 330.33万元、413.32万元。这四者的销量之和占总销量的85.34%，销售金额之和占总销售额的87.57%。家电下乡的惠民政策，使百姓享受到政府给予的13%的资金补贴，充分满足了农村消费群体更高的消费追求。

（孙丹凤）

【家电以旧换新工作有序进行】2011年，通州商务委累计审核家电以旧换新产品113.1万件，补贴金额达3.43亿元。其中，通州区销售家电以旧换新商品13.53万件，销售金额达5.12亿元。一方面使百姓得到实惠，另一方面又极大地促进家电市场繁荣有序。

（孙丹凤）

【再生资源回收体系建设稳妥推进】再生资源体系建设工作是区政府为民办实事工程，主要内容为“规范站点、物流配送、专业分拣、厂商直挂”。我区从事再生资源工作的主体企业是北京盛世发废旧物资回收有限责任公司、北京金环森源回收公司、天天洁公司。盛世发公司负责建设再生资源回收分拣中心，地址在张家湾镇苍头村，占地98亩，一期已建成并通过验收；天天洁公司建设配套的22个再生资源回收站点，已建成并经过验收；北京金环森源回收公司负责社区前端收购，完成15个新的回收站点建设。

（孙丹凤）

【开展再生资源回收站点专项整治行动】根据89次区长办公会和北京市废品回收站点隐患专项整治工作会精神，制定了《通州区开展再生资源回收站点专项整治行动实施方案》，区商务委、公安、工商、城管、消防等部门多次开展联合整治检查，全区共出动人员千余人次。对有执照的287家再生资源站点进行了全面整治，其中30家已不再经营，对其余257家站点进行了指导规范。无证照的303家站点中，自行关闭的66家，取缔237家。整个清理过程中，共发出告知书的287份，拆除违法建设7万余平方米，腾退耕地80余亩，查处占道非法回收大货车1辆，现场查扣废品回收灯箱、牌子114个，废品回收用台秤34台，木材50余方，罚款500元。通过整治，“脏、乱、差”现象大为改观，有效净化了再生资源回收环境和城市卫生环境。

（孙丹凤）

【联合有关部门积极开展双打工作】制定《北京市通州区打击侵犯知识产权和制售假冒伪劣商品专项行动实施方案》，成立通州区打击侵犯知识产权和制售假冒伪劣商品专项行动领导小组。商务委、知识产权服务中心、工商分局、文化委、质量技术监督局、药品监督管理局通州分局等单位组成联合宣传小组，加强知识产权保护宣传，营造良好社会氛围。织了多次联合执法，共出动执法人员4 822人次，检查经营主体886户，检查批发零售市场、集贸市场等各类市场95次，整治重点区域36处，下发责令整改通知50份，取缔制假窝点5个，依法规处理40家无生产许可证生产企业。

（孙丹凤）

【蔬菜补贴“三限”措施稳定菜价】根据市、区关于蔬菜价格调控与收入工作会精神，2011年11月30日至2012年1月22日，推出稳定蔬菜价格补贴的“三限”措施。选取15种“大众消费、生活必需”的品种进行限价，价格下浮幅度为上一个交易日价格的25%。实施限价期间，政府直接补助资金达322.2万元。此举真正实现了百姓得实惠、政府得民心。

（孙丹凤）

【确保商务领域安全有序】以日常执法与专项整治相结合的方式做好安全监管工作。开展了“严惩非法违法，清理盲区死角”、“两节两会期间安全保障行动”、“两个规定4周年专项整治行动”、“亮剑行动”、“燃气安全隐患排查治理百日行动”、“百日攻坚”等14项专项整治活动。组织全区规模以上商业零售及餐饮企业培训15场，培训人员1 600余人次；组织大型安全生产宣传活动4次，发放宣传材料3 500余份；组织召开安全生产会议10场，下发红头文件21份；组织企业开展大型消防应急演练4场，组织经营单位负责人现场观摩2场。

（孙丹凤）

【加大流通领域食品安全监管和执法力度】坚持宣传与执法相结合，开展食品安全执法宣传活动6次，现场发放生猪、食盐、酒类宣传材料2万余份，解答群众咨询6 000余人次。取缔生猪私屠滥宰窝点32个，查没私屠生猪及产品52.5头；罚没私盐5 933.5公斤，罚没款8 200元；对286户酒类经营单位进行了备案登记。

（孙丹凤）

【加强重点议题研究工作】根据通州现代化国际新城的全新定位，结合十二五规划修编工作，聘请财贸职业学院商业研究所，编制《通州区十二五时期商业规划》。在规划编制前期，协调规划分局，整理新城最近规划资料及商业发展情况，为商业研究所提供大量翔实的资料，为商业规划编制工作奠定了基础，并已形成初步文稿。

（孙丹凤）

【加强市场建设和管理】年内对通州城区及农村的市场进行了调研摸底，并确定4家市场进行升级改造。召开市场负责人会议，对市场建设标准及程序进行了解读，聘请专业公司设计建设方案，并召开有形商品交易市场联席会对市场建设方案进行了审议。宋庄翟里市场改造完工，办理完营业执照开业；祥和市场、聚元鸿市场已主体完工，进行内部装修，待消防验收后领取营业执照；堡辛市场已办理完营业执照开业。

（孙丹凤）

【闲置锅炉房改造工作】此项工作是通州区政府为民办实事项目。年初组织永顺、梨园及四个街道办事处召开闲置锅炉房改造会议，对全区27家闲置锅炉房进行了全面统计和分析，初步确定对6家锅炉房进行改造。梨花园小区锅炉房改造装修完毕，共计400平米社区超市开业。其他5家锅炉房正在等待拆除烟囱，合同细节已初步达成一致。

【促进电子商务产业发展】以区政府名义起草并印发了《北京市通州区人民政府办公室关于加快通州区电子商务发展的意见》（通政办发〔2011〕15号），组织召开电子商务专题会，规划到2015年末，一主（通州商务园）“电子商务总部基地”引进50家以上有全国影响力的电子商务企业全国总部或区域总部，利用集聚规模形成强大聚集效应；两辅“电子商务物流基地”，通州物流基地引进40家以上“总部＋物流”型电子商务企业，张家湾镇、通州经济开发区西区引进40家以上电子商务物流中心。

（孙丹凤）

【加强典当企业监管】年内协助商务部、市审计署、市商务委对通州典当企业进行了抽查审计。完成2010年度典当企业年度核查工作。所有企业均顺利通过核查，并被评为A级。组织典当企业参加培训，7月份将所有典当企业纳入全国典当行业监管系统进行监管，企业发生的每一笔业务，必须录入监管系统，对企业每天发生的业务可以进行实时监管。2011年新设立三鑫、金通达、中侨、信和4家典当行，分支机构—华夏1家，汇金源、晋祥源2家迁出，和信、国泰2家进行了股权转让或增资变更。

（孙丹凤）

【加强加油站监管】截止2011年通州区共有加油站94个。按隶属关系划分，中石化加油站52个，其中自有自营站13个，租赁经营站39个；中石油加油站16个，其中自有自营站4个，租赁经营站12个；中石化龙禹公司加油站3个，全为租赁经营站；北京市石油化工产品开发供应公司加油站2个，其中参股站1个，租赁经营站1个；中化道达尔燃油有限公司加油站4个，全为租赁经营站；北京壳牌石油有限公司加油站2个，全为租赁经营站；北京首发高速公路经营管理有限公司加油站4个，全为自有自营站；北京三元石油有限公司加油站1个，为自有自营站；民有民营加油站10个。按经济类型划分，国有 30 个，民有 65（其中村办 7 个）。

（孙丹凤）

【完成区增加粮食储备工作任务】 截止 11 月 3 日，区储备总规模24 746吨，完成计划总数24 650吨的 100.4%，其中，小麦18 694吨，完成计划总数的99.4%；稻谷5 202吨，完成计划总数 104%；面粉 550 吨，完成计划总数的 100%；大米 300 吨，完成计划总数的 100%。购入的小麦、稻谷均为二等以上新粮，质量良好，品质上乘。购入粮食存储在区粮油贸易公司，其中原粮存储在大杜社库；成品粮存储在军供站。共使用资金6 400.68万元。

（孙丹凤）

【完成全区社会粮食供需平衡状况调查】 年内，完成 2010 年通州区社会粮食供需平衡状况调查工作，理清了全区社会粮食供需基本状况：全区 2010 年度年初社会粮食库存248 759吨（混合粮，下同）；本年粮食供给507 298吨，比去年的543 998减少36 700吨，减少 6%。其中粮食产量208 046吨，占粮食消费需求总量的 76%，比去年233 494吨减少25 448吨，减少 10.8%。本年粮食需求292 149吨，272 266 吨粮食消费中，口粮143 944吨，人均0.340 3公斤/日，（城镇居民人均0.293 9公斤/日，农民人均0.381 5公斤/日），饲料用粮93 671吨，工业及食品用粮29 420吨；年末社会粮食库存237 870吨，全区社会粮食供需基本平衡。

（孙丹凤）

【完成全区社会食用植物油供需平衡状况调查】 年内，开展全区社会食用植物油供需平衡状况调查，调查结果显示：2010 年度全区居民食用植物油年初库存1 426吨；口油购入21 191吨，口油消费21 427吨，日人均0.050 7公斤（含餐饮和食堂用油），年末库存1 190吨，食用植物油供给全部为市内购入。

（孙丹凤）

【完成区内粮食仓储设施和投资的调查】 年内，开展区内粮食仓储设施和投资调查，调查结果显示：截至 2010 年底，通州区现有规模以上粮食仓储企业 1 家，9 个库点，粮库总有效库容量 347 724 吨，同比下降 2.36%；从业人员 203 人，同比下降 8.97%；保粮环流熏蒸系统仓容量147 682吨，与去年持平；粮情测控系统仓容量350 199吨，同比下降 1.67%；实现机械通风仓容量350 199吨，同比下降 1.67%；仓储设施改造投资 155.27 万元，与去年大致持平。油罐数量及总罐容为零。2010 年，全区粮食流通基础设施建设投资项目 1 个，即北京市通州粮食收储库仓房维修改造项目，今年投资总额 155.27 万元，对北京市通州粮食收储库永乐店粮库 3、5、6、7 号平房仓架空层进行了维修改造。其中企业自筹资金 93.6 万元，地方财政投入 216 万元。上年投资项目 1 个，同比持平；投资总额154.3 万元，同比增加 0.97 万元。

（孙丹凤）

对外经贸

【新批外资及港澳台资显著增长】 2011 年，批准设立外商投资企业 32 家；增减资企业 31 家。投资总额合计24 098.851 7万美元，同比增长 130.32%；注册资金合计15 726.405 3万美元，同比增长 13.87%；合同利用外资14 475.364 1万美元，同比增长 40.55%。全年实际利用外资合计10 041

万美元，同比增长 11.05%。

（孙丹凤）

【新批企业外资及港澳台资来源】2011 年，共新批外商投资企业 32 家，分别来自香港 11 家，美国和台湾各 6 家，韩国 3 家，马来西亚、加拿大、英属维尔京群岛、德国、瑞典、柬埔寨各 1 家。

（孙丹凤）

【利用外资及港澳台资行业结构情况】新批外商投资企业行业分布为批发零售业 17 家、制造业 5 家、租赁和商务服务业 6 家、农林牧渔业 2 家、运输仓储业1家、技术服务业 1 家。

（孙丹凤）

【企业扩大投资规模增资明显】2011 年，通州共21 家外商投资企业增加投资。增资额度超过1 000万美元的企业有 4 家；增资额度在 500 万—1 000万美元之间的企业 6 家。

（孙丹凤）

【进出口贸易额持平】2011 年，受国际金融危机，原材料、人力成本上涨，汇率变动等不利因素影响，外贸出口无明显增幅。从海关统计数据来看，通州区进出口总额 24.05 亿美元，同比增长 2.17%。其中出口创汇 14.13 亿美元，同比下降 1.1%；进口付汇 9.92 亿美元，同比增长 7.22%。

（孙丹凤）

【对外贸易经营者备案登记情况】2011 年，共受理对外贸易经营者备案登记及变更事项 307 份；为 42 家加工贸易企业验厂并出具加工生产能力证明；审批加工贸易合同及合同变更 498 项。

（孙丹凤）

【做好绿卡企业服务】第一批确定的 30 家绿卡企业中，外商投资企业 11 家，外贸出口企业 1 家。通过政策指导、加快审批、企业走访以及邀请企业座谈等形式，为绿卡企业解决实际问题共计 30 余次。积极指导企业利用好国家关于外贸企业发展的中小企业国际市场开拓资金、出口信用保险、外贸公共服务平台建设资金等扶持政策，并认真组织区内重点企业参加了全市春秋两季进出口政策咨询会，企业与海关、外汇、检验检疫等部门的专家互动交流，了解进出口政策以及企业在开展业务中遇到的难点问题等。

【全区出口创汇形势特点】2011 年，通过对 30 家重点出口企业数据监测，发现通州区出口呈现以下特点：出口增速放缓；主要贸易形式为一般贸易，占 80%，加工贸易成为重要补充，占 20%；外商投资企业在全区扩大出口方面发挥着重要作用，30 家重点出口大户，外资企业 19 家，占比 63%；欧盟、美国等是主要出口市场，其它主要出口市场为香港、日本、以及东南亚等国家（地区）；重点出口企业出口产品集中在六大行业，即金属机械及电气、信息技术及材料、合成材料及化工、木材加工及家具制造、纺织服装以及专业贸易公司出口。

（孙丹凤）

名　录

北京市通州区商务委员会

主　　任：王士杰

地　　址：北京市通州区新华北路 161 号

邮　　编：101149

电　　话：69543319

传　　真：69521735

网　　址：bjtzh. gov. cn

（孙丹凤）

顺义区

概　况

2011年全区商务系统广大干部职工紧紧围绕“打造临空经济区，建设世界空港城”这一战略部署，在推进顺义商务城市化进程上做文章、下功夫，将“调结构、扩消费、促引资、保出口”作为工作主线狠抓落实，实现商务经济各项指标平稳运行，为“十二五”商务工作大发展打下了良好基础。2011年共实现社会消费品零售额217.3亿元，同比增长17.1%，增幅位居全市第二位。完成进出口总额153.86亿美元，同比增长22.24%，全市排名第六位，远郊区（县）排名第二位。实际利用外资4.0489亿美元，全市排名第6位。

商业流通

【做到三个“强化”，带动消费产业升级进档】一是强化规划引导，完善商业发展格局。启动白马路绿色生态消费圈建设工程。完成白马路及周边情况摸底调查工作，协调沿线镇政府包装酒店住宿、休闲旅游、农业观光、体育休闲等4类20个重点项目。制定《顺义区“十二五”商业发展规划实施方案》，将5年计划经济指标进行逐年分配、逐地区分配，制定倒排工期表，逐项督促落实。二是强化品牌引导，丰富商业业态。与华联的星光天地、居然之家等知名商业企业建立沟通渠道，组织区内企业参加“亚太零售商大会”、“专业化服务助力企业国际化沙龙”等活动，为金街悦港城等一批商业设施招商做好项目储备。三是强化活动引导，提振消费信心。组织区内商业餐饮企业开展“2011最受欢迎年夜饭评选”、“北京国际美食盛典”、“顺鑫甘百消夏美食广场”、“内蒙古、新疆特色商品大集”等活动，有效活跃我区商业氛围。

（李　鑫）

【谋划亮点、明确措施，培育现代化商务产业发展】一是服务协调，确保新国展各类展会顺利举行。2011年新国展共举办展会14个，展出面积72.4万平方米，接待各类人员110万人次。“两会”期间妥善协调解决E5馆的使用问题，组织各部门联合执法打击“黑盒饭”、“游商”等行为，圆满完成两会期间食品供应和保障维稳工作。二是资金扶持，促进会展企业壮大。对北京时代龙马等5家会展企业给予专项资金扶持340.93万元，帮助企业完善软硬件设备设施。

（李　鑫）

【城乡商业便利、安全程度显著提升】加快城乡商业体系建设。完成5家农贸市场升改工程，并在天竺、马坡、北小营确定三个村级综合商业服务中心选址，目前前期手续已经基本办理完毕，近期将破土动工，年内投入使用。落实惠民政策。家电下乡工作有序开展，2011年9类家电下乡产品共销售37859台，实现销售额1.02亿元。家电以旧换新圆满结束，3年来累计销售电器12.6

万台，实现销售金额 5.07 亿元。加强“菜篮子”工程建设。协调多部门出台《关于完善新建居民小区公共服务设施项目的文件》，并形成长效机制，解决了新建小区买菜难、卖菜贵等问题。圆满完成物资储备任务。防汛物资储备品种达到 24 种。建立居民常用蔬菜储备制度，保障极端天气下的居民用菜和必需品需求。规范家政服务行业发展。针对保洁、搬家、保姆等行业制定《顺义区家政服务标准（试行）》，建立顺义区家政服务网和网络服务热线，近期将对外正式公布运营。推介一批规模大、信誉好的正规家政企业，规范家政市场秩序。

（李　鑫）

【强化商业流通安全管理】落实“两个安全生产规定”。分行业组织 6 次安全生产培训，组织开展“火灾隐患攻坚整治亮剑行动”和“打击非法违法生产经营行为专项整治行动”，全年出动执法检查人员1 500余人次，检查各类生产经营单位1 200余家次。发放宣传材料1 000余份，教育从业人员1 200余人。落实商务系统食品安全工作。全年备案酒类经营户 457 家，累计达到4 399家，基本达到产品可溯源要求。加大食盐执法检查力度。查没“私盐”2.7 吨，在 2011 年 3 月，紧急调拨 400 吨食盐成功应对抢购风波。规范特殊行业经营秩序。制订《再生资源回收企业标准规范》，对企业必备资质证明、人员管理及培训制度、经营场所布局等提出明确要求，全年备案商户 218 家，取缔无证无照商户 87 家。完成全区 90 家加油站的成品油零售经营批准证书年审工作。

（李　鑫）

对外经贸

【强化服务意识、加强政策解读，外经贸活动力度不断加大】建立联谊机制。一是邀请区内外外商投资企业高管、驻京各大协会和驻京商社办事处的首席代表等商界高层人士举行高尔夫球联谊赛，打造服务外商、联系外商的品牌活动。二是召开外商投资企业座谈会，充分了解企业存在问题，为企业搭建经验交流平台。缩短办事时长。与空港工业区、物流基地、综合保税区、汽车基地等重点功能区建立大项目每月联系制度及报表制度，开辟大项目绿色通道，将审批时限由原来的 15 个工作日缩短为 10 个工作日，年内共追踪跟进大项目 10 个落地。另外，外经贸二十项审批职能入驻投资服务中心办公大厅一年来，得到了办事人员的肯定和好评，审批效率更高，服务态度更好。加强政策性文件解读。邀请海关商检部门和外汇管理局到我区开展专业知识培训，并联合推出便企措施。使企业了解海关等部门的政策法规，提高了企业办事效率，降低了进出口企业违法风险。开展进出口企业评级资质认定。协同海关顺义办事处认定进出口企业 A 级以上资质 7 家，促进全区进出口企业运行水平不断提高。

（李　鑫）

名　录

北京市顺义区商务委员会

主　　任：王福印

地　　址：北京市顺义区站前街顺鑫国际商务中心 10 层

邮　　编：101300

电　　话：69443513

传　　真：69443513

网　　址：www.bjsys.gov.cn

（李　鑫）

大兴区

概　况

2011年是“十二五”的开局之年，按照区委、区政府的总体部署，在市商务委的指导和各有关部门的共同努力下，大兴区商务委圆满完成了各项指标和任务。商务工作在扩大消费、提高利用外资质量、促进外贸出口、流通现代化建设和促进现代物流发展等方面均取得了突出的成绩，实现了“十二五”时期的开门红。

2011年，消费品零售额、利用外资、外贸出口三项重要经济指标实现较快增长，商务工作对新区发展做出积极贡献。大兴区全年累计完成社会消费品零售额173.3亿元，同比增长17%，高于全市平均增幅6.2个百分点。两区商务工作深度融合后，新区共实现零售额409亿元，增幅达到18.54%，高居全市首位，成为拉动全市消费增长的重要力量。

在全区龙头企业的带动下，外资对经济增长的拉动作用愈发明显，投资结构逐步优化、质量显著提升，外商直接投向第三产业比重进一步加大。全年累计利用外资1.3亿美元，同比增长13.3%，超额完成10%的年度指标，连续3年实现1亿美元以上，为全市吸引外资做出了积极贡献。新批项目第三产业投资额为5 415万美元，占实际利用外资总额的48.2%，7个新设立的外资项目投资额均超过500万美元，其中4个项目突破千万，标志着外资结构和规模质量进一步提升。

在国际经济形势不利的情况下，出口规模持续扩大，出口产品附加值逐步提升，全年出口总额达到5.3亿美元，同比增长45.8%，规模以上工业企业出口交货值达20.26亿元人民币，同比增长27.02%。2011年成功实现我区首批农产品出口欧洲，出口渠道进一步拓宽。

商业流通

【零售额完成情况】2011年全区社会消费品零售额累计完成173.3亿元，同比增幅17%，平均每月完成零售额14.4亿元。绝对额在5个发展新区排第4名，增幅第2名。

（李刚、王永学）

【家电下乡、家电以旧换新成效明显】积极落实“家电下乡、家电以旧换新”政策，通过组织区内家电连锁企业到各镇集贸市场开展宣传活动，效果明显。2011年共销售家电以旧换新商品111 874台，销售金额4.16亿元；销售家电下乡产品19 110台，销售金额5 223.59万元。

（李刚、王永学）

【酒类备案】发挥窗口作用加强行业指导，全年办理酒类备案登记387家。

（李刚、王永学）

【成品油年检】全年对96家成品油零售企业进行了经营资格检查，办理了年审手续。

（李刚、王永学）

【新增商业项目】大中电器商业中心：商业面积0.33万平米，4月15日开业；大中电器家居广场：商业面积0.33万平米，4月15日开业；苏宁电器旧宫南小街店：5月1日开业，商业面积0.16万平米；国美电器有限公司北京大兴第三商城：商业面积0.36万平米，5月20日开业；国美电器有限公司北京西红门商城：商业面积0.65万平米，6月3日开业；国美电器有限公司北京大兴第五商城：商业面积0.36万平米，7月8日开业；苏宁电器骏城店：商业面积0.5万平米，7月9日开业；物美大卖场兴华大街店：商业面积0.6万平米，9月15日试营业；北京宜惠多福超市：商业面积0.5万平米，11月27日开业。年内新开业商业面积共3.79万平米。

（李刚、王永学）

【保障市场运行安全】每月监测区内59家重点商场、餐饮、商品交易市场的经营销售情况，市场动态，为深入了解区内消费市场运行提供重要依据；此外商务委对规模以上商场超市、农贸市场、社区菜市场的生活必需品，包括肉、蛋、油、菜等进行摸底调查，掌握库存情况，为生活必需品应急储备、市场运行稳定提供有了保障。

（李刚、王永学）

【“春华秋实·喜迎中秋”农商交流展示会】9月9日，新区2011“春华秋实·喜迎中秋”农商交流展示会在北京经济开发区亦庄创意生活广场召开，由区政府和开发区管委会共同主办，市商务委相关负责人和新区领导参加启动仪式。此次活动组织了大兴区16家原产地农产品专业合作组织、13家农产品深加工企业、10家清真食品企业、5家精品花卉企业的200余种农产品、商品参展，现场设置了45个展位以供展示，并邀请了70家大型综合超市、餐饮行业、大型企业食堂参加交流洽谈。同时，百名社区居民代表受邀参加农商交流展示会。

（李刚、王永学）

【“中秋节”消费市场运行情况】中秋节期间监测的14家重点商超数据显示，9月10日至12日，3天累计销售5 367.33万元，同比增幅37.62%；除去王府井百货、乐购超市，同比增幅19.68%。王府井百货、星城商厦、物美大卖场、华堂商场等日销售均突破110万元。

（李刚、王永学）

【元旦消费市场运行情况】1月1日至3日，大兴区商务委提前做了市场销售及安全部署工作，各零售企业和餐饮企业狠抓节日契机，开展形式多样的商业活动吸引消费。据不完全统计，全区规模以上商场、超市和餐饮企业节日3天累计销售7 621.19万元，同比增长33%，万米以上商场日均客流8 550人。总体看，元旦期间大兴区消费市场运行平稳，未出现食品安全问题和安全生产事故。

（李刚、王永学）

【商业春节供应和促销活动安全有序】为确保春节市场繁荣、稳定，1月31日向全区商业企业发出通知，要求各企业精心策划，加大促销力度，并按照北京市实施《零售促销行为管理办法》细则，规范促销活动。

（李刚、王永学）

【春节期间消费市场繁荣稳定有序】春节期间各商业企业紧抓节日契机，14家规模以上商场、超市从腊月廿三到正月初六累计销售23 061.89万元，同比增长34.5%（除去王府井百货大兴店和乐购，总销售额为

19 771.55万元，同比增长15.32%）。

（李刚、王永学）

【落实“场店对接”工作】为贯彻落实市政府稳定物价保障群众基本生活的通知精神，按照市商务委工作部署，12月7日开始筛选销售网点，并在12月10日正式启动农产品批发市场和社区菜市场的“场店对接”工作。2010年12月10日至2011年3月15日，区内2家蔬菜销售网点累计销售蔬菜53万公斤，5个对接品种蔬菜共销售21万公斤，占蔬菜销售总量的39.6%。7个保本摊位销售5种蔬菜8万公斤，占对接蔬菜销量的38.1%。以上5种蔬菜平均价格均低于市场价格，保本摊位蔬菜价格比普通摊位价格平均低约20%。

（李刚、王永学）

【“五一”期间消费市场运行情况】各商业企业紧抓“黄金”销售期，15家商超3天累计销售6 818.15万元，同比去年增长33.93%；除去新开业的王府井和乐购，累计销售5 964.11万元，同比去年增长17.2%。万平米以上商场、超市平均每天客流1.2万人次。王府井百货、星城商厦、物美大卖场、华堂商场等日销售均突破200万元。

（李刚、王永学）

【商务部领导视察家电下乡政策落实情况】5月25日区商务委主要领导及相关负责人陪同商务部监察局主任刘玉庆、市商务委纪检书记郭伟视察大兴区家电下乡工作。

（李刚、王永学）

【召开再生资源回收企业规范管理工作专题会】7月13日上午，区政府组织召开了大兴区再生资源回收企业规范管理工作专题会议，区长李长友出席，副区长常红岩主持会议。13个职能部门及各镇、街道一把手参加了会议。会上，区商务委就2011年上半年再生资源回收经营场所的清理整治和体系建设工作做了汇报。会议研究了新区再生资源回收行业现存的主要问题，并讨论了解决措施。区长李长友提出“22条原则”，直指再生资源回收行业规范建设，提出要以科学发展观指导规范管理和体系建设工作，副区长常红岩做了具体工作部署。

（李刚、王永学）

【召开薛营特色街研讨会】为进一步落实区人大代表提出的“关于薛营烧烤一条街政府进行二期规划和投入的建议”，推进特色商业发展，7月12日，会同区民委、庞各庄镇政府，并邀请市商务委、饮食行业协会、市烹饪协会、清真专业委员会、区旅游局、区商联会、行业协会等相关领导和专家，在庞各庄镇政府召开了薛营特色街研讨会，就完善特色街的配套设施、规范经营及二期规划和发展进行了研讨。

（李刚、王永学）

【国庆节期间消费市场运行情况】区内16家重点商场、超市及专卖店国庆节期间累计销售1.8亿元，同比增长21.02%，环比增幅25%；除去乐购、物美兴华大街店，同比增幅17.41%，环比增幅26%。万平米以上商场、超市平均客流超过1.3万人。总体看，2011年国庆期间全区消费市场运行平稳，商品供应充足，市场井然有序。

（李刚、王永学）

【社区便民超市再添新成员】12月9日，任我在线社区连锁便民菜店8号店、29号店开业，至此，任我在线社区体验店总数已达26家。8号店位于兴政西里居委会旁，29号店位于兴政家园社区。店内不仅有新鲜价廉的果蔬，还有低于周边超市价格的生活必需品。经营品种丰富，果蔬 40 余种，销售生活必需品千余种。

（李刚、王永学）

【政府办实事项目顺利完成】年内，区商务委承办的 2011 年政府办实事项目已全部圆满完成。升级改造了 5 家菜市场；发展提升 10 家便民早餐店（点）；升级改造 20 家社区连锁便利店；完成 60 家农村连锁便利店升级改造；新增 80 家社区再生资源回收站点。

（李刚、王永学）

【第一批早餐经营示范店】在北京市商务委员会组织的北京市第一批“早餐经营示范店”颁牌仪式上，公布了第一批早餐经营示范店名单。大兴区共有 27 家早餐经营企业获此称号。

（李刚、王永学）

【加快再生资源回收体系建设】一是明确目标。明确了体系建设和行业规范整治的方向和措施。二是规范建管。在社区和实施社区化管理的村庄建成回收站点 160 个，新城地区覆盖率达到 70%以上，全部实施“三定”、“四规范”、“七统一”标准化管理，累计培训从业人员 1 400余人次，实现持证上岗。三是强化清整。依法取缔无照经营场所 270 处、流动三轮车 460 辆，清退证照不符企业 87 家，劝退有照回收经营场所 56 家，腾退土地 220 亩，拆除违法建设5 000余平米，消除安全隐患 865 处，规范提升回收场所 113 处，环境明显改善。四是加强宣传。持续开展“再生资源回收日”宣传活动，发放宣传材料16 000份、宣传袋8 000个。

（李刚、王永学）

【粮食仓储设施和粮食流通基础设施建设投资统计工作】根据国家粮食局和市粮食局对 2010 年度粮食仓储设施和粮食流通基础设施建设投资统计工作相关通知要求，认真布置落实以上两项统计工作。

（李刚、王永学）

【春节前区储备粮存储情况安全检查】春节前夕开展了区储备粮存储情况安全检查工作。此次重点检查了存储区储备粮的真实性和质量安全情况，经检查区储备粮帐实相符，质量符合储存安全标准。

（李刚、王永学）

【军粮供应站资格开展年度自查】年内，为切实履行军粮供应义务，确保军粮供应质量，进一步提升区军粮供应综合保障能力，区商务委根据《北京市粮食局军粮供应站监督管理办法》等文件规定和市粮食局相关通知精神，对区内军粮供应站资格展开年度自查工作。

（李刚、王永学）

【完成社会粮食、食用植物油及油料供需平衡调查工作】2 月初按照国家粮食局和市粮食局相关工作部署，并结合区内具体情况，对区内 2010 年度社会粮食、食用植物油及油料供需平衡情况展开了调查，在全区各镇、街道及相关企业的密切配合下目前已圆满的完成了此次调查工作。

（李刚、王永学）

【稻谷储备收购工作】大兴区粮食储备任务落实工作领导小组，根据区政府对《大兴区粮食储备任务落实方案》的批复意见，经研究决定委托大兴区粮油总公司公司已于 3 月 9 日起全面启动了一万吨区储备稻谷收购工作。

（李刚、王永学）

【市粮食局领导到大兴区检查指导工作】3

月31日，市粮食局副局长杨牧及市粮食局监督检查处相关人员到大兴区检查指导2011年粮食库存自查工作，并到青云店粮食收储库进行了实地检查指导。

（李刚、王永学）

【完成年度新增1万吨区储备稻谷任务】在各相关单位的共同努力下，4月14日，大兴区粮油总公司顺利完成了所下达的本年度新增1万吨区储备稻谷的收购任务，全部符合国家规定的质量标准，并安全入库。

（李刚、王永学）

【开展区储备粮存储情况安全检查】区商务委（粮食局）党政两位主要领导带队，对区内粮油总公司负责承储的区储备粮存储情况进行了安全检查。

（李刚、王永学）

【对区内国家政策性粮食库存及出库情况进行检查】根据国家粮食局、北京市粮食局、中国储备粮管理总公司北京分公司相关通知要求，按照在地原则，在前期粮食库存检查的基础上，对辖区内国家政策性存储粮承储库执行国家粮食购销政策情况进行了重点检查。

（李刚、王永学）

【市粮食局领导到大兴区检查指导粮食行业安全生产工作】6月8日，市粮食局流通管理处副处长于燕麟对大兴区粮油总公司下属魏善庄粮食收储库、大兴国家粮食储备库的化学药剂、仓储设施、设备情况等进行了实地检查。

（李刚、王永学）

【市粮食局局长李广禄到大兴区调研考察小麦长势情况】6月10日，北京市粮食局局长李广禄带领市粮食局相关人员到大兴区，对小麦生长情况进行调研考察。李广禄局长深入田间地头与农民亲切交谈，详细询问小麦生长情况、气候变化对小麦生长的影响、农民对粮食价格的心理预期等情况。

（李刚、王永学）

【食用植物油库存情况检查】6月17日，北京市食用植物油库存检查工作组对大兴区纳入统计范围内的两家企业的食用植物油商品库存进行了检查。

（李刚、王永学）

【组织召开庆“八一”暨军粮供应工作座谈会】7月28日上午，大兴区商务委（粮食局）组织召开了庆“八一”暨军粮供应工作座谈会，畅叙“双拥共建”主题，共庆“八一”建军节，征求驻区部队全区军粮供应工作的意见。区商务委（粮食局）、区军粮供应站有关人员和驻区部队代表参加了座谈会。

（李刚、王永学）

【开库收购区储备小麦】大兴区粮食储备任务落实工作领导小组，根据区政府对《大兴区粮食储备任务落实方案》的批复意见，研究决定委托区粮油总公司公司于8月19日起开库收购一万吨区储备小麦。

（李刚、王永学）

【检查大兴区2011年粮食流通统计工作】10月28日，北京市粮食局对大兴区2011年粮食流通统计工作进行了检查。

（李刚、王永学）

【建立1500吨面粉应急储备】大兴区粮食储备任务落实工作领导小组研究决定，按照“政府组织、企业运作、规模适当、轮换正常、加强监管”的原则，2011年11月7日，委托区粮油总公司完成了1500吨区面粉应急储备。

【加强粮食流通监督检查执法人员培训】随

着粮食流通形势的发展变化，粮食流通监督检查工作日益繁重，为提高粮食监督检查能力，大兴区商务委选送20名执法人员先后参加了大兴区法制办举办的《中华人民共和国行政强制法》培训讲座和北京市粮食局举办的粮食监督检查与行政执法培训。

（李刚、王永学）

【开展两节粮食行业安全生产和区内储备粮存储情况检查工作】12月29日，为确保元旦、春节期间全区粮食企业的安全生产，大兴区商务委（粮食局）组织相关人员对区粮油总公司下属礼贤粮食收储库、魏善庄粮食收储库、大兴国家粮食储备库的安全责任制度、消防设备情况、安全隐患排查情况和区储备粮存储情况等进行了实地检查。

（李刚、王永学）

【开展安全生产联合检查】新春佳节来临之际，大兴区商务委1月20日联合区安监局、区质监局、区公安分局、区消防支队，到林校街道对物美地下大卖场、火神庙商业中心等企业开展安全生产联合检查。

（李刚、王永学）

【部署春节安全生产和市场供应工作】大兴区商务委按照“建立有效机制，实现科学监管，构建安全商务”的工作思路，依托安全生产网格化监管机制，部署开展商务行业2011年春节期间安全生产工作，确保市场供应稳定有序。

（李刚、王永学）

【做好“两会”期间安全生产工作】一是加强组织领导，成立领导小组，制定工作方案；二是加强隐患排查，共检查排查重点企业20余家，整改完毕10余项隐患；三是开展专项行动，“两会”期间联合相关部门组成检查组，对重点区域、重点企业反复查、查反复；四是完善应急预案，启动重要时段安全生产工作机制，制定专项应急预案，做好应对工作。

（李刚、王永学）

【消除商务行业火灾隐患】为全力做好全国“两会”召开期间安全生产工作，进一步推动冬春季防火攻坚战向纵深发展，有效利用政府挂账督办机制，全力督促整改火灾隐患，确保全区商务行业生产安全。区商务委全力配合消防部门，将拟列为区级挂账火灾隐患的3家商务行业企业，全力配合消防部门进行了督促整改。

（李刚、王永学）

【全区商务行业安全生产工作会】4月29日，大兴区商务委员会联合区安监局、质监局、区消防支队召开全区70余家规模以上商业零售及餐饮经营单位主要负责人参加的安全生产工作会议。

（李刚、王永学）

【安全生产联合检查】为认真落实区委区政府工作部署，做好全区商务行业安全生产工作，确保商务行业安全和谐，5月1日，大兴区商务委主要领导带队，联合区消防支队、区综治办、林校街道办事处、庞各庄镇政府对林校街道辖区内的物美集团建兴店、鑫百万烤鸭店，庞各庄镇辖区内的北京中资利源物资回收有限公司三家企业进行安全生产联合检查。

（李刚、王永学）

【部门联动开展专项整治】为进一步加强中小型餐饮企业安全生产工作，解决中小型餐饮企业管理水平不高、安全存在隐患、卫生水平低等问题，5月6日，区商务委联合区卫生局、瀛海镇政府在瀛海镇召开辖区内40余家餐饮企业参加的生产安全、食品安全工作会。区商务委、区卫生局分别就中小型饮企业生产安全和食品安全工作进行了部署。区商务委要求全区中小型餐饮企业对油、电、气等易引发生产安全问题的关键环节加强检查，并就如何检查隐患、整改隐患等进行了培训。

（李刚、王永学）

【推进“打非打违”专项整治工作向纵深发展】根据区委区政府要求，大兴区商务委深入开展了以“整治隐患、规范经营、确保安全”为主题的百日整治行动。一是明确工作目标。把强力推进商务行业生产经营单位落实主体责任，提高商务委行业监管水平，确保商务行业安全生产形势总体平稳，再生资源市场规范经营，防止出现生产安全事故和监管责任事故作为工作目标，深入扎实开展专项整治行动。二是细化工作方案。采取主要领导督办，分管领导负责，联合相关部门，指导属地部门的方式，成立三个专项整治工作组，将百日整治行动划分为全面排查、深入整治、督查验收三个阶段，明确每个阶段的工作任务和责任人，确保每个阶段工作有序展开。三是完善三项台账。首先，完善全区分属地的商业零售及餐饮经营单位和再生资源市场及物流企业台账，并将规模以下商业和餐饮经营单位纳入台账；其次，完善隐患整治台账，将经营单位自查和政府部门排查的隐患问题建立完整的整治台账，确保全面细致地排查并整治；第三，完善隐患消除台账。将限改和需督办的隐患做到时限、治理、消除、上报、存档全程落实，确保问题及时销账。四是深入开展整治。为做好此项工作，区商务委采取下发有关通知、发送提示信息、召开企业大会、行业发出倡议、企业自愿承诺等形式，广泛宣传，深入动员，提高商务行业全行业对专项整治工作重要性的认识和做好此项工作的自觉性。至5月15日，区商务委出动安全生产检查人员200余人次，检查排查企业67家次，消除各类安全生产隐患91项，做到了隐患100%整改。五是规范回收市场。目前全区共有有照再生资源回收市场23家，站点325个。至5月13日，全区范围内共清查市场和站点600余家（含无照非法经营），停业整顿350家，取缔无照经营站点220家，排除隐患240处，出动执法人员2 500余人次，清理废品160余吨。

（李刚、王永学）

【开展2011年安全生产月活动】大兴区商务委下发通知，从2011年5月30日至6月30日，在全区商务行业开展“坚持安全发展，落实安全责任，构建安全商务”为主题的“安全生产月”活动，要求做到“四个到位”：一是宣传氛围到位，二是隐患自查自改到位，三是应急预案演练到位，四是教育培训到位。

（李刚、王永学）

【督促企业整改火灾隐患】为进一步推动商务行业安全生产工作，大兴区商务委积极采取措施督促商务行业经营单位整改火灾隐患。一是现场督办，二是协调督办，三是约谈督办。对发现的17项隐患现已整改完成。

（李刚、王永学）

【开展“应急演练周”活动】为进一步提高商务行业经营单位应对突发事件的处置能力，不断提升企业生产安全事故应急救援水平，减少事故损失，保障生命安全，大兴区商务委认真组织开展了商务行业经营单位安全生产“应急演练周”活动。

（李刚、王永学）

【开展商务行业安全生产联合检查】 9月29日，"十一"黄金周来临之际，大兴区商务委联合区安监局、区质监局、区公安分局、区消防支队到北京大中电器有限公司第七分公司、兴达顺物资回收站等企业开展安全生产联合检查。

（李刚、王永学）

【抓好预防煤气中毒工作】 为从源头做好预防煤气中毒工作，根据区预防煤气中毒工作领导小组有关工作要求，大兴区商务委于11月21日检查了区供销社所属聚鑫隆华市场销售的炉具情况。

（李刚、王永学）

【2011年执法工作】 2011年生猪屠宰、盐政、促销、酒类等执法累计出动948人次。查处盐政违法案件59件，涉及私盐加工窝点1处，其中立案查处2件，没收违法盐产品11 665公斤，罚款人民币1 168元；取缔私屠滥宰黑窝点10处，没收违法屠宰生猪及其产品37头；对全区酒类零售企业和批发企业进行备案登记，共办理备案登记110家，发放酒类流通随附单50余本。组织酒类执法检查4次，组织多部门联合执法检查2次，出动执法人员60人次，下达整改通知书11份。

（李刚、王永学）

【盐政专项执法检查】 2011年开展对食品加工用盐单位的专项执法检查，规范其进货渠道。上半年检查食品加工企业40多家，检查工地食堂25个，检查餐饮单位150个。与十家大型农副产品市场签订了"食盐安全协议书"，对百所中小学开展了碘盐安全知识进校园活动，完成了"食盐安全健康访千家"活动。

（李刚、王永学）

【生猪屠宰执法检查】 首先，2011年会同畜牧、环保部门完成了两家定点屠宰企业审核换证的初审工作，并通过了市商务委等相关部门的复审验收。其次，根据食品安全工作形势的需要，上半年与区内两家定点屠宰企业签订了食品安全责任书，要求两家屠宰企业落实食品安全主体责任，确保出厂肉品的食品安全。此外，加强对定点屠宰企业人员的培训。2011年上半年，为企业培训肉品品质检验员24名；屠宰技术人员91名，所有参与屠宰人员全部持证上岗。

（李刚、王永学）

【开展商务法规宣传】 大兴区商务监督检查所分别于"3·15"、"5·15"及2011年8月1日会同工商、卫生、市商务委执法监察大队等相关单位开展了大型宣传活动，通过制作展板，发放宣传材料、实物讲解等不同宣传形式向消费者宣传各项商务法律、法规，现场发放各类宣传材料3 000多份，接受群众咨询1 000余人次。

（李刚、王永学）

【举办"京南特色美食文化节"活动】 2011年，大兴区"京南特色美食文化节"首次被纳入北京国际美食盛典整体活动之一。本次美食节从4月中旬开始，到11月份结束，为期7个月，共涉及10项系列活动。

（李刚、王永学）

【参加北京市橱窗及店堂展示大赛】 商联会对区内7家商业零售企业及5家餐饮企业多次召开会议，进行部署。通过各单位的努力，今年3月份，大兴区共有4家企业参与了全市的评比，取得较好成绩。北京王府井百货大兴店、天兆食府、黄村眉州东坡酒楼、北京日月星辰民族文化生态园四家企业受到市商联会好评。

（李刚、王永学）

【开展餐饮企业餐饮制作业潜力调查】根据市商务委、市经济动员办、市卫戍区后勤部的联合通知，为尽快建立军队饮食保障动员资源信息体系，为军队军事斗争准备和非战争军事行动给养应急保障工作创造条件，对全市具备一次性制作3 000份以上标准餐份的套餐制作和单班加工3 000公斤以上成品粮的企事业单位进行调查。区商联会和区饮服修旅业行业协会组织区内符合要求的12家企业参与了调查。

（李刚、王永学）

【组织夏秋两季消费节】5月27日区商联会夏季品牌消费节在百联清城购物中心开幕。全区共有13家商业企业参加。9月23日区商联会秋季品牌消费节启动仪式在苏宁电器大兴一店举行。华堂商场、乐购超市、星城商厦、帝园商城、来子海鲜屋等十五家企业参加。

（李刚、王永学）

【组织企业文化培训班】11月30日上午，商联会为区内商业领域各行业从业人员举办2011年度大兴区企业文化建设及销售艺术培训班。全区商业、餐饮、石油、医药等各行业共计50余家会员单位250余名经理及员工骨干参加了本次培训班。

（李刚、王永学）

【获“枢纽型”社会组织认定】2011年8月8日，商联会被区社会工委认定为大兴区第二批区级“枢纽型”社会组织。

（李刚、王永学）

【物流基地概况】2011年，京南物流基地管委会紧紧围绕区商务委党组的工作安排并结合物流基地的实际情况，以经济效益为中心，以招商引资促进大项目落地为主攻方向，努力促进物流整体工作上水平。经过基地管委会全体干部员工负重而上，攻坚破难，使管委会各项工作取得了长足的进步和发展，全年完成业务收入346 739.9亿元，同比增长19.28%；实现上缴税金6 326.62万元，同比增长3.77%；货物吞吐量为541.4万吨，同比增长11.13%。

（李刚、王永学）

【基础设施建设】2011年园区基础设施重点为污水干线工程建设，项目于6月至8月进行招投标工作，并确定了施工单位及监理单位，9月办理完成工程开工证，10月初项目正式开工建设，目前已完成工程总体的60%。

（李刚、王永学）

【抓好重点项目建设】将工作任务逐项落实到人，统筹安排、逐项推进，积极协调各职能部门，帮助企业办理各项手续，及时摸清在建项目的进度，遇到问题及时解决，充分发挥服务职能。在各相关部门的支持配合下，目前园区主要工程进展顺利。(1) 普洛斯项目。项目总占地面积201 462.91平方米，其中建筑面积为98 579平方米，总投资1.8亿人民币。项目已经竣工，仓库投入使用，招商已经完毕，验收已经完毕，整个项目已经进入正常运转，已有凡客诚品、屈臣氏、汇通天天、丽婴坊等企业入驻，年产值可达4 500万元。(2) 益海嘉里项目。项目占地面积为102 262.9平方米，其中建筑面积4万平方米，总投资5亿人民币。在建项目包括以下几项：面粉车间、打包车间、筒仓及综合办公楼。目前办公楼已经装修完毕，面粉车间完成封顶，正在进行二次结构装修。打包车间基本完工，正在安装设备，工程总进度为80%，投资额为1.5亿。项目建成后年生产面粉24.42万吨，麸糠8.25万吨，面粉产品定位于食品专用粉和高端民用粉。该项目年产值7亿元，利税3 000万元人民币。（3）金隅集团商业金融项目。项目占地面积95亩，总建筑面积102 465平方米，设计总投资5亿元人民币，已于2011年九月份开工建设，1、6、9号楼已开工。1号楼已完成主体结构，正在进行内部装修；6、9号楼已完成基础地下结构。

（李刚、王永学）

【环境清理整治工作】物流基地联合天宫院街道办事处召开劳动就业及环境卫生整治会议，与园区各产权单位重新签订了门前三包协议书，进一步规范了园区整体环境卫生管理工作。

（李刚、王永学）

【领导调研】3月10日，大兴区新机场建设前期工作领导办公室，协同中国航空规划建设发展有限公司发展与规划研究中心和中国民航机场建设机关公司规划设计总院设计二所，到京南物流基地调研。11月17日，副区长喻华峰到京南物流基地调研工作，详细了解京南物流基地基本情况、听取园区基础设施及项目建设进展情况。汇报后，实地考察了园区道路及益海嘉里工程建设情况。

（李刚、王永学）

【专项整治工作】为加快现代物流产业发展，改善区内物流行业投资环境，自10月份起，开展大兴区物流行业（物流大院）专项整治工作。

由区领导牵头组织先后召开5次会议，研究、协调此项工作，并成立专项整治工作领导小组，联合公安、工商、交通、消防等相关单位，深入此次整治重点的物流大院，实地了解经营情况。检查发现，区内西红门镇、黄村镇、亦庄镇和旧宫镇有物流企业（大院）87家，总占地面积2 380 209.63平方米，建筑面积926 474平方米，共有商户2 410家。此次检查，共排查重点物流单位24家，涉及安全保卫、社会治安、消防等隐患九大类200余处，对于问题较多的物流大院，取缔5家，分别是洪宇聚鑫物流公司、五连环物流公司、陆明风物流公司、誉成石材经贸有限公司和豫金都货运中心、限期整改46家。

（李刚、王永学）

对外经贸

【外经贸概况】全年，全区实际利用外资13 088万美元，同比增长13.3%，外贸进出口总额实现104 169万美元，同比增长28.8%。其中进口总额51 123万美元，同比增长14.9%；出口总额53 046万美元，同比增长45.8%。全区共有外资企业384家，累计实际利用外资9.33亿美元，投资方向以三产为主，比例逐年增加，服务业领域投资加大，外商投资工业规模以上企业工业总产值占全区规模以上工业企业总产值的三分之一。外贸出口产品结构逐步优化。

（李刚、王永学）

【新批外商投资企业】2011年，大兴区新批外商投资企业18家，同比下降21.7个百分点。新批外资企业投资总额18 158万美元，同比去年12 578万美元增长44.4%；注册资本9 303万美元，同比去年10 027万美元减少7.2%；企业增资与新设立共吸收合同外资17 788.6万美元，同比去年18 488万美元下降3.8%。

（李刚、王永学）

【实际利用外资】2011年，大兴区实际利用外资实现13 088万美元，与上年同期相比增加1 534万美元，同比增长13.3%。1—12

月累计完成全年计划指标12 710万美元的102.9%。

（李刚、王永学）

【利用外资特点】一是实际利用外资继2009年实现10 205万美元、2010年实现11 554万美元后，2011年实现13 088万美元，连续三年突破一亿美元以上；二是在国家鼓励发展服务业利用外资政策引导下，近三年全区外商投资第三产业增势明显。2009年前，全区第三产业实际利用外资所占比例在25%以下，2009至2011年第三产业实际利用外资实现20 817万美元，占三年全部实际利用外资34 847万美元的59.7%，所占比例提高了近35个百分点。

（李刚、王永学）

【外贸出口特点】从出口商品情况来看，全区大宗商品出口主要是机电产品（焊接设备、节能阀门、钢铁铸件等）、农副产品加工（主要是肠衣、脱水蔬菜等）、贱金属及其制品（主要是钉子、钢铁导轨、金属软管等）、纺织服装（主要是毛针织品、无纺布、服装等），比重分别为15.4%、13.2%、12.8%、12%。均比去年同期有所提高，出口结构有所优化。从出口国别和地区来看：北美市场（美国和加拿大）吸纳全区出口总额的37%，欧盟市场（德国、法国、意大利、英国、俄罗斯）吸纳全区出口总额的36%，日韩市场吸纳全区出口总额的19%，其他市场吸纳全区出口总额的8%，欧美依然是全区出口的主要市场。

（李刚、王永学）

【对外贸易经营者备案登记】2011年，外贸易经营者备案登记事项权限由北京市商务委员会下放到区（县），全年大兴区共办理对外贸易经营者备案登记事项127项、备案变更登记事项78项。

（李刚、王永学）

【外商投资企业税收】2011年，大兴区外商投资企业缴纳各项税收突破12亿元，实现125 740万元人民币，同比增长21.9%，占全区整体税收的比重11.6%。其中，外商投资工业企业实现税收96 829万元人民币，同比增长16.1%；租赁和商务服务业实现税收7 430万元人民币，同比增长37.3%。

【外贸和服务外包公共服务平台情况】2011年，位于区内新媒体产业基地的北京九州通医药有限公司和生物医药基地的北京三元基因工程有限公司经区商务委初审和市商务委认定，分别获得外贸公共服务平台和服务外包公共服务平台，同时分别获得200万元和100万元的公共服务平台项目支持资金。

（李刚、王永学）

名　录

北京市大兴区商务委员会

主　　任：张丽英

地　　址：北京市大兴区黄村镇永华南里14号楼（大兴区商务委员会）907室

邮　　编：102600

电　　话：81298228　81298205　81298206

网　　址：www.dxsw.cn

（李刚、王永学）

昌平区

概　　况

2011年是“十二五”的开局之年，昌平区商务委员会认真贯彻区委三届十一次、十二次、十三次全会精神，紧紧围绕北京市重点商务工作和昌平发展大局，以“加快转变经济发展方式”为主线，以“扩内需、引外资、促出口、保增长”为核心，锐意进取，全力扩内需促进消费增长，大力抓服务促进外经贸发展，努力创新拓展商务发展空间，加强执法检查确保行业安全生产，圆满完成铁人三项世锦赛服务保障，果断处理“3·17”食盐哄抢突发事件，确保了各项工作开好头、起好步。社会消费品零售额实现250.0亿元，同比增长1.7%，剔除汽车消费影响因素，同比增长21.2%，总量首次跃居城市发展新区第一；实际利用外资9093万美元，同比增长2.3%；进出口总额实现23.0亿美元，同比增长13.5%；商业税收完成15.6亿元，增长7.3%；三资企业税收完成21.6亿元，增长43.6%。

服务区域经济

【经济指标持续增长】2011年，社会消费品零售额实现250亿元，同比增长1.7；实际利用外资9 093万美元，同比增长2.3%；进出口总额实现23.0亿美元，同比增长13.5%。

（赖金坚）

【商务税收快速增长】2011年，昌平区商务税收完成37.2亿元，同比增长25.7%，占全区税收总额的23.1%。其中商业税收完成15.6亿元，增长7.3%；三资企业税收完成21.6亿元，增长43.6%。

（赖金坚）

【做实做细为民办实事工程】完成了1个农贸市场升级改造、15个早餐工程网点建设；投资40万元，建成25个社区回收站点；配合区农委做好“农超对接”工作，组织开展农企、农超、农校对接活动，推进农业企业、专业合作社与社区超市对接，确定永旺国际商城为昌平区“农超对接”活动首家店；制定“场店对接”方案，完成“场店对接”工作。

（赖金坚）

【圆满完成铁人三项世锦赛服务保障】铁人三项世界锦标赛举办期间，5个售卖点累计派驻工作人员184人次，售卖各类食品物品1万余份；国泰百货、沃尔玛等8家重点商场累计销售2 566.3万元，同比增长73.4%。

（赖金坚）

【妥善处理“3·17”食盐哄抢突发事件】针对3月17日受日本大地震引发的食盐哄抢突发事件，会同发改委主动出击，积极采取有效措施，保障货源供应，加强价格检查，及时稳定了市场秩序、稳定了民心。

（赖金坚）

【积极推进再生资源回收产业发展】在每个月的最后一个星期六，开展以“参与资源回收、传播低碳理念、共建绿色北京”为主题的“再生资源回收日”活动；开展回收行业专项整治，按照区严厉打击非法违法生产经营建设行为专项行动领导小组的工作部署，牵头协调有关部门及各镇、街道，组织开展回收行业清理整治，取缔非法回收经营户309户，限期整改200户，规范有照经营户79户，拆除违法建设47 000平方米，清理高压线下经营户6户；制定了《昌平区商务委员会关于规范打造再生资源回收市场及低端产业加强流动人口规模调控的工作实施方案》。此外，还完成了再生资源回收网络平台建设的方案设计和投资预算。

（赖金坚）

商业流通

【组织多种形式的促销活动】组织开展了元旦、春节、清明、五一、端午、中秋、国庆等节日促销；举行了多彩啤酒消夏节、安利精品嘉年华等活动；组织区内名优特新企业参加了“京郊商品大集”，成功举办了以“走进魅力昌平，品味绿色美食，畅享健康生活”为主题的2011北京国际美食盛典之昌平绿色健康美食文化节；对春节期间开展年夜饭促销活动的餐饮企业进行评比，煌潮大酒店、拉斐特城堡酒店、北京迎祥商务酒店有限公司、北京市昌平区阳光商厦有限公司烤鸭店四家餐饮企业被推荐为2011年春节餐饮优秀活动企业。

（赖金坚）

【深化落实家电下乡和以旧换新政策】32个家电下乡网点销售6 578.6万元，同比增加5.5%；63个家电以旧换新网点销售4.57亿元，同比增加21.6%。

（赖金坚）

【加快推进重点商业项目建设】积极协调推进金隅万科购物广场项目建设，投资3 500万元，完成基坑处理80%；结合北京科技商务区（TBD）规划建设需要，进一步优化中关村国际商城二期奥特莱斯项目的功能定位和规划方案；成功举办知名品牌区（县）行——昌平站活动，有效实现了商业地产与知名品牌对接。

（赖金坚）

【着力提升行业管理服务水平】对44家餐饮企业作为“北京市第一批早餐经营示范点”进行了授牌；注重发挥行业协会作用，举办了3 500人参加的商品营业员、美容美发职业技能大赛。对北亚车市、阳光商厦等重点企业开展了综合执法检查；对9家典当行年度核查进行了初审；对70家成品油零售企业经营资质进行了检查。

（赖金坚）

对外经贸

【提高利用外资水平】新批设立外商投资企业26家，新批投资总额27 840万美元，注册资本20 495万美元，合同外资12 543万美元；16家企业增加投资总额15 489万美元，注册资本10 718万美元，合同外资7 086万美元。

（赖金坚）

【推动外经工作开展】境外投资取得新的进展。6家企业在境外设立公司。

（赖金坚）

【促进对外贸易稳步发展】积极筹备、参展第十五届中国国际贸易投资洽谈会和第十五届京港洽谈会，大力推介招商项目；组织重点企业参加第二届“进出口政策服务咨询会”；审核中小企业国际市场开拓资金资助项目81个；办理对外贸易经营者备案登记

210件（其中经营者变更64件）。

（赖金坚）

【积极做好加工贸易审批管理】实地验厂27次，审批加工贸易经营状况及生产能力证明27家，审批加工贸易合同364个，审批金额进口6 180.3万美元，出口16 605万美元。

（赖金坚）

【积极办理外商来华邀请函】受理审批外商来华邀请函62件，涉及11个国家，83名国外经贸技术人员。

（赖金坚）

新兴产业

【推进现代物流业发展】完成中关村园区昌平园内注册的物流企业基本情况的梳理；组织区内北汽福田汽车股份有限公司申报全国物流业劳动模范和先进工作者；组织申报“黑六”配送中心冷链物流体系建设项目等4个商业流通发展现代物流类项目。

（赖金坚）

【服务外包产业规模不断壮大】充分落实2010年昌平区服务外包支持资金、北京市服务外包发展专项资金、商务部服务外包人才培训支持资金和服务外包认证项目支持资金；积极协助企业申报2011年技术服务外包出口贴息工作。全年服务外包收入实现30亿元，同比增长7.0%。

（赖金坚）

【积极发展电子商务】对中关村科技园区昌平园内所有涉足电子商务的园区注册企业的项目规模、行业经营和发展需要进行了整理；完成北辰亚运村汽车交易市场扶持资金申请材料的报送和初审工作。

（赖金坚）

安全生产

【完善了基础工作】为了更好的做好各项执法检查工作，今年以来，加大了基础管理工作的力度。完成了监管企业基础档案的装订工作，与市法制办建立了区级行政执法部门行政处罚数据上报系统，与区检察院建立了行政执法与刑事司法相衔接信息共享平台系统，与市商务委建立了北京市商业企业安全生产档案管理系统及OA系统。

（赖金坚）

【加强食盐市场监管】严厉打击制、售、贩等违法行为。加强宣传，提高群众自我保护意识。出动宣传人员106人次，组织宣传共19场，发放宣传材料15 000余份。出动执法人员500余人次，执法检查200余次，检查食盐销售网点及食品加工用盐单位共285家，处罚21家违法经营户，罚没私假盐1 714余公斤，罚款3 000元。区盐业公司累计销售盐产品1.47万余吨，食盐专营得到有效保障。

（赖金坚）

【加强生猪屠宰行业的管理】出动执法人员43余人次，检查屠宰企业23次。重点检查定点屠宰企业的生产条件、管理情况、肉品品质检验、无害化处理等情况，特别是对生猪宰前停食静养12小时进行了为期10天的24小时驻场监管行动，保证了上市猪肉产品的质量。共屠宰生猪127万余头，优质品牌市场占有率明显提高，产品质量、肉品安全得到有效保证。

（赖金坚）

【加强行业安全生产监管】进一步在商业零售和餐饮经营单位中宣传贯彻“两个规定”，推动企业认真落实安全生产主体责任，促进商业餐饮业安全生产。出动执法人员900余人次，检查商业和餐饮行业500家次，下发执法文书220份，发现的安全隐患150项已全部督促企业整改完毕，对1家餐饮经营单位实施了行政处罚。

（赖金坚）

粮食流通

【心系百姓，进一步维护粮食流通秩序】开展了昌平区2010年度社会粮食供需平衡调查；监督做好退耕还林补助粮食的发放；积极做好国家临时存储粮食（移库玉米、小麦）拍卖后续的监管，没有出现倒买倒卖的现象发生；督促粮食企业做好2011年度清仓查库工作，做到账账相符，账实相符；加强粮食收储企业落实国家粮食购销政策的检查力度，确保市场粮价稳定；制定完善《昌平区区级储备粮管理办法》，主动做好区级储备粮增储工作；全力以赴保证军粮供应；协助市粮食局在城北市场安装了粮油价格实施显示屏，方便顾客动态了解价格变化。

（赖金坚）

其他

【领导班子调整】2011年9月27日，李长利同志调任昌平区商务委员会党组成员、副主任；免去张洪星同志区商务委员会党组成员、副主任职务。

（赖金坚）

名　录

北京市昌平区商务委员会

主　　任：云富勇

地　　址：北京市昌平区南环路55号

邮　　编：102200

电　　话：69746220

传　　真：69746220

网　　址：cpsww. bjchp. gov. cn

（赖金坚）

平谷区

商业流通

年内全区累计实现产业在地社会消费品零售额58.1亿元，同比增长17%。增速高于全市平均值6.2个百分点，居生态涵养区首位，全市排名第五。

政策引导、搭建平台，以充分调动重点商业企业积极性。制定了《平谷区2011年促消费保增长工作奖励办法》，提高商业对全区经济增长的贡献率。引进新的商业企业，扩大商业总体规模。年内引进了好伦哥、食立方等连锁餐饮企业。

加强管理，应统尽统。委托天成开元市场中心、西寺渠市场等16个市场主体，全面加强区内自产自销流动商户管理和零售额统计。加强统计数据分析，将指标任务进行分解，从行业、重点企业等不同方面进行深入分析，找准增长（下降）原因，及时地、有针对性地采取相应措施。

（匡　霞）

【努力推动“京津商谷”建设】开展“京津商谷”研究工作。根据区委、区政府提出的“一区三化五谷”建设目标，聘请北京物资学院对“京津商谷”进行研究，已完成《“京津商谷”研究报告》，等待审议。

积极推动马坊物流园区建设。争取国家政策支持。紧紧围绕“京津商谷”建设目标，力争从资金、行政审批、项目等方面支持马坊物流基地建设，推进平谷国际陆港建设，尽快加强基地基础设施建设，为国际陆港及物流基地的发展争取良好的政策环境。

加强高端商务区和特色市场建设。围绕平谷新城、万德福、御马坊等重点项目，做好招商引资工作，加快名牌商贸企业、电子商务企业引进；帮助东高村小提琴生产基地申报国家外贸转型升级专业型示范基地；做好大桃市场建设和奇石城建设。

积极推动通用航空产业园建设。配合通航产业基地管委会协调国家和北京市相关部门做好相关工作，搜集航空、会展等相关产业政策，发展飞机销售、会展等商务业态，做好通用航空产业基地商务区建设工作。

（匡　霞）

【家电、汽摩下乡等促消费工作】年内平谷区家电下乡产品共销售3.8万件，同比增长23%；销售额0.98亿元，同比增长42%。以旧换新产品2011年共销售4.3万件，同比增长38%；销售额1.7亿元，同比增长45%。与区内10余家大型家电销售企业联手举办了家电下乡促销季活动。在活动期间，我区家电销售额同比增长16%。以奖促销，对区内销售网点全面测评排名，对五家销售网点给予奖励；加强监督检查，规范补贴程序，提高服务质量。防止骗取补贴等扰乱市场秩序、损害消费者利益行为的发生。

（匡　霞）

【商业基础设施建设】加强市场改造建设，改善城乡居民消费环境。积极推进北部城区蔬菜水果市场建设。确定王辛庄镇、齐各庄市场建设地址，完成建设前期基础工作。

大华山小金山集贸市场主要工程基本完成；岳各庄和望马台两个农村集贸市场建设改造顺利完成；筹建农副产品展销中心、特色交易平台；完成东山秀水农业展览中心（昌金路鱼子山路口东北侧）建设；奇石城（纸寨桥东南侧）8 000平米已投入使用，并于2011年5月举办了第一届中国观赏石展览大会；平谷特色产品展销中心项目正在进行前期工作。

（匡 霞）

【便民商业网点建设】发展放心早餐示范店。落实《北京市早餐经营示范店规范（试行）》文件精神，通过检查验收，共为7家达到标准的早餐示范店统一挂牌。

开展连锁商业进社区工作。按照北京市打造社区一刻钟服务圈要求，积极推进便利店、早餐、菜店等7种便民商业进社区。年内选择6个社区作为试点，有针对性地制定了工作措施，已经全部实现7种商业业态服务功能全覆盖，便利城乡居民生产生活消费。

（匡 霞）

【做好以大桃为主的农产品销售】2011年平谷大桃销售顺畅，全区共销售大桃5.8亿斤，增长6.2%，创产值10.1亿元，增长44.3%。积极组织合作组织在全国各大水果批发市场建立“平谷大桃销售平台”，同时组织召开了新闻发布会进行宣传，为市场销售奠定良好的基础。探索多渠道销售模式，鼓励农超对接，成效突出。2011年新建农超对接47对，占总数的37%。组织企业参加农副产品展示展卖、京郊商品大集等活动，给果农带来显著经济效益，平谷大桃品牌效应已经树立。认真落实大桃营销奖励政策，保证从政策到资金的大力支持，促使我区大桃销售工作顺利开展。

（匡 霞）

【加强监管优化流通环境】积极开展生猪屠宰、食盐、粮食、再生资源等专项执法活动。全年累计出动执法检查人员1 226人次，出动执法车辆583车次，发放各类相关宣传材料6 000余份，酒类整改76家，酒类备案210户，取缔私屠滥宰户1户，没收生猪产品100公斤，没收私盐360公斤，保障人民生命财产安全，确保百姓吃上“放心肉”、“放心盐”、“放心粮”，保障了相关市场的流通秩序。

加强典当和成品油经营单位日常监管，开展安全生产专项行动，2011年累计出动执法检查750人次，各类促销活动期间检查102人次，查处各类安全隐患问题149项，督促全区重点商业零售经营单位及餐饮经营单位进行隐患排查和治理工作，提高了商业企业安全生产水平。

对外经贸

年内全区合同利用外资8 024.4万美元（龙基电力等三家企业减资8 225万美元，因此我区实际合同利用外资为－200.6万美元）；2011年实际利用外资6 024万美元，较上年同期增长12.4%，在全市五个生态涵养发展区中排名第二。

【出口创汇稳步增长】2011年共出口创汇1.96亿美元，同比增长21.19%。

（匡 霞）

【对外贸易保持水平】2011年共审批加工贸易合同184票，实现加工贸易进出口总值6 154.58万美元。其中进口总值1 959.8万美元；出口总值4 194.78万美元。审批加工贸易合同184票，变更308票，邀请外商来访26人次，出具加工生产能力证明24份，对3家企业进行了验厂。2011年对63家企业进行对外贸易经营者备案登记，完成了平谷区399家备案企业信息核查工作。

（匡　霞）

【强化政策扶持，加大国际市场开发力度】 发挥部门引导作用，承担中央及北京市中小企业资金拨付申请初审工作，服务出口企业发展。帮助企业申报2011年上半年中央及北京市开拓资金项目，9家企业的26个项目扶持金额59.92万元已经拨付。积极帮助华东和长安申报2011年小提琴出口基地公共服务平台项目并获得批准，扶持资金26万已到位。圆满完成全区对外贸易经营者备案登记核查工作。共对63家企业进行对外贸易经营者备案登记。依照商务部《关于做好对外贸易经营者备案登记信息核查工作的通知》，完成了平谷区437家备案企业信息核查工作。

（匡　霞）

【搭建服务平台，利用外资成效显著】 年内新建三资企业15家，增资8家，减资3家，境外投资8家，其他变更30家。全区利用外资500万美元以上大项目共6个，实现合同利用外资5 688万美元，占全区合同利用外资的70.9%。兴谷、马坊两大工业园区支柱作用突出。兴谷、马坊两大工业园区发挥产业聚集效应，2011年，吸引一志车、真金昌等汽车配件企业，旺洋、圃美多等食品企业分别入驻马坊、兴谷两大园区，实现利用外资4 639.7万美元，占全区合同利用外资的57.8%。汽车配件、食品制造业对全区工业产值增长的贡献率达60%以上。世亚、星宇车、日进等16家韩资汽车配件企业，1－11月份产值88.6亿元，占全区规模以上工业企业总产值50.3%；立旺、旺旺、乳旺等10家食品制造企业，1－11月份产值17.7亿元，占全区规模以上工业企业总产值10%。

做好全区吸引外资项目推介。向峪口、王辛庄、东高村等乡镇以及兴谷、马坊2个开发区收集包装项目，涉及旅游、新能源、物流等领域，推介参加第十五届京港经济合作研讨洽谈会。

（匡　霞）

名　录

北京市平谷区商务委员会

主　　任：王建忠

地　　址：北京市平谷区府前街七号

邮　　编：101200

电　　话：69962955

传　　真：69962955

（匡　霞）

怀柔区

概　况

2011年是实施“十二五”规划启动之年，也是怀柔商务发展极为特殊和不平凡的一年。面对全市消费领域重大政策调整和复杂变化的国际市场环境，怀柔商务委围绕“文化新都、宜居名城、和谐怀柔”的奋斗目标，以提升内向型商业和培育外向型商业相结合的“二元”发展模式为抓手，坚定信心，团结奋斗，克服困难，积极推进怀柔区各项商务工作，保持了商务经济平稳健康较快发展。2011年社会消费品零售额完成79.2亿元，同比增长16.8%，创3年来最高增幅，超额完成市区两级政府下达的任务指标；实际利用外资6 246.31万美元，合同外资取得重大突破，全年累计实现6.31亿美元，居五个生态涵养区之首；进出口总额实现6.89亿美元，同比增长5.45%。

商业流通

【城乡消费规模继续扩大】2011年，怀柔商务委以“促消费、保增长”为重点，不断加大促消费工作力度，围绕节日、餐饮、农村、旅游等重点领域，开展各项促消费工作，拉动消费持续增长。一是组织辖区内企业推出“名品耀五一·欢乐无限购”、“外贸商品展卖”、“夏凉商品特卖消夏节”、“怀柔惠民消费一卡通”、“2011怀柔购物季”等多项大型主题促销活动，繁荣市场，吸引消费，有力拉动了全区社会消费品零售额的持续快速增长。二是进一步落实“家电下乡”、“家电以旧换新”政策，全年累计销售政策家电5.6万台，销售金额1.8亿元，同比增长46.4%。三是餐饮服务业加快发展。2011年限额以上餐饮企业实现营业收入2.6亿元，同比增长20%，其中婚宴、家宴和旅游宴增势明显。四是开展农超对接、农餐对接工作。在农产品生产基地与超市之间、餐饮企业之间搭建平台，支持大型商场、超市、批发市场完善农产品配送、分拣、储备等体系建设，保证市场供应，减少流通环节，降低农产品价格。目前，大星发商贸有限公司已在全区9家分店开辟了“农超对接”专区，与12家鲜活农产品合作组织签订了采购合同，果蔬营业面积达3 500平方米，全年销售额同比增长48.13%，果蔬流通成本降低15%。老江阿泰餐饮有限公司已与专业种植合作社、怀柔肉联厂等单位签订了采购协议，开展“农餐对接”试点工作。

（张　蕊）

【便民商业体系日益完善】不断完善城镇中心区、社区、农村三个层次的便民体系，进一步提高居民生活便利度。一是健全社区商业网点。积极推动社区商业的发展，建设社区便民连锁店，完成8个社区的商业全覆盖，同时，引导连锁企业进社区，增加原有社区商业网点的服务功能。二是加强农村集贸市场建设。在实现“一镇乡一集市”的基础上，选择面积较大、人口较多的镇乡，改造建设第二个集贸市场。重点推进杨宋镇仙台市场、北房镇市场、安洲坝集贸市场等 6 个农村集贸市场地面硬化和交易厅棚的改造建设，总投资1 000余万元，新建全封闭交易厅棚13 400平方米，农村市场交易环境明显改善。三是推进便民早餐工程。积极探索“统一采购、统一加工、统一配送”的早餐供应模式，建成阿泰便民早餐配送中心，年配送量可达5 000吨，同时辐射怀柔、昌平、密云等区域，全面提升我区早餐体系的加工配送能力和产品质量。四是实施节能和无障碍改造。完成 4 家大中型商场超市、餐饮经营单位节能改造和 2 家商业餐饮企业无障碍设施改造。2011 年底区内2 000平方米以上商场超市全部完成无障碍设施改造。开展厨余垃圾分类试点工作，推广厨余垃圾“无害化、减量化和资源化”处理。五是健全再生资源回收体系。新建标准化回收亭 10 个，对现有社会有照站点进行整合改造，培训回收从业人员，指导企业开展“再生资源回收日”宣传活动，增强居民环保意识、节约意识，促进我区循环经济的发展，提高再生资源回收利用率。

（张　蕊）

【市场消费环境全面优化】商务行业安全管理和执法工作有序推进，流通市场秩序和经营环境逐步改善，商业流通领域实现健康、安全、稳定。开展打击侵犯知识产权和制售假冒伪劣商品专项行动，举办商业企业“双打”培训会，提高企业依法经营意识，会同科委、工商、文委等部门开展检查活动，打击侵权、假冒、盗版等违法行为，净化商业市场环境。以“重点区域联合执法”、“安全生产年”、“打非行动”等主题活动为重点，抓好商务行业安全监管工作，2011 年累计出动执法检查 823 人次，发现并整改安全隐患 105 项，移交安监、消防等部门责令改正 24 项、限期改正 73 项，及时清除各类安全隐患，实现安全生产零事故目标。实施食品安全动态管理，成功应对各种考验。开展生猪屠宰专项整治工作，严厉打击“瘦肉精”、“注水肉”等不法行为，强化对定点屠宰企业的日常监管，切实保障肉品质量安全；全面推进“放心盐”工程，健全食盐销售网络，完成食盐“一十百”工作目标，合格碘盐配送率达 100%；开展酒类流通专项整治工作，为 270 家酒类批发单位建立基础信息电子档案，开展溯源登记排查，有效提高酒类流通管理效率。

（张　蕊）

【市场保障机制不断健全】2011 年，粮油肉菜盐等生活必需品均出现了不同程度的价格波动。为全面及时掌握市场动态，加强了各类市场监测工作，建全网络化数据报送体系，及时采集企业经营、销售数据，并对数据进行科学分析，为政府决策提供第一手资料。坚持每月对区内八家重点商业企业进行数据统计，涵盖吃、穿、用三大类 23 种商品的购进、销售和库存情况。同时，扩充商务部重点流通企业监测系统样本企业数量，目前全区样本企业数已达 64 家，超额完成相关监测任务。

（张　蕊）

【行业服务与监管水平有效提高】开展各种形式的行业活动，充分发挥服务、规范、协调、引导作用，促进商业服务行业的整体提高。与区旅游局共同举办怀柔区第二届餐饮技能大赛，开展北京市“早餐示范店”申报工作、酒家酒店评选工作，进一步提升全区餐饮业整体水平，扩大企业知名度和影响力。在全区范围内继续开展“诚信兴商宣传月”活动，树立企业“诚信经营”理念，营造行业“和谐共赢”氛围。组织全区商业系统员工进行商务礼仪培训，提高商业一线员工的服务水平和服务技能。同时，加强粮食收储、成品油、典当、直销、再生资源等领域企业的审批、核查、年检等监管职能，强化退耕还林、区储备粮、军粮供应等政策性用粮监管，完成粮食平衡调查工作，将定期巡查、重点抽查、执法检查和专项整治相结合，促进了各行业健康有序发展。

（张　蕊）

对外经贸

【对外经贸工作扎实开展】2011年，我区实际利用外资6 246.31万美元，合同外资大幅增长，达到5.42亿美元。共有16家外商投资企业增资，累计投资总额增资20 003.87万美元，注册资本增资18 968.79万美元，合同外资增资18 181.27万美元，企业增资额高于新批企业入资额。2011年，进出口总额实现6.89亿美元，同比增长5.45%，已连续多年保持在五个生态涵养区之首。

（张　蕊）

【加强服务深化联动机制】积极寻求拓展服务的新路径，增强服务的灵活性和主动性。一是强化与海关、商检的沟通，及时帮助企业解决实际问题；联合海关开展管理达标升级工作，新增“A类”企业3家，目前全区共有“A类”企业15家。二是在外资项目审批中，坚持主动介入，牵头协调，确保项目顺利落地。三是强化调研宣传，重点开展怀柔总部经济政策宣传。年初出台了《怀柔区促进总部经济发展财政政策》，从企业总部落户、自建或购买办公用房、人才引进、税收等多方面制定了配套优惠措施和奖励政策；组织区内重点外商投资企业参加全市在京设立地区总部政策解读会，面向全市外商投资企业推介我区总部经济政策。开展“双自主”出口企业调查，为引导、鼓励企业走品牌发展之路奠定基础。四是与北京海关驻顺义办事处签署推进企业发展便民措施。双方达成加强与属地企业沟通联系、举办政企座谈会、联合验厂、业务件快速审批、法规政策培训等16项便民合作意向，推动海关与属地企业形成沟通联系机制，帮助企业加快通关手续办理，扩大进出口规模。五是深化与企业的联系机制。举办全区企业新春招待会、外经贸企业沙龙联谊、平谷马坊物流基地座谈会等活动，在政府与企业间、企业与企业间搭建相互沟通、增进友谊、共同发展的交流平台。

（张　蕊）

【加强企业扶持】组织区内企业参加北京市“京郊商品大集”，展示怀柔特色商品，提升区域品牌知名度。引导企业开拓国际市场，首次作为中小企业政策资金拨付的审核部门开展工作，2011年共有16家企业的69个项目通过审核，获得政策资金167.76万元，为我区企业进一步开拓国际市场，发展对外贸易提供了有力支持。

（张　蕊）

名　　录

北京市怀柔区商务委员会

主　　任：焦文东

地　　址：怀柔区迎宾中路21号

邮　　编：101400

电　　话：69645258

传　　真：69647234

网　　址：www.bjhrbc.gov.cn

（张　蕊）

密云县

概　况

2011年为“十二五”规划的开局之年，密云县商务委员会紧紧围绕密云县“三个走在前列”奋斗目标，努力落实科学发展观，克服各种不利因素影响，超额完成各项经济指标，县商务委获得市级表彰，被北京市商务委员会授予“2011年北京市促消费工作突出贡献奖”。全年完成社会消费品零售额94.1亿元，同比增长13.7%，连续十一年保持两位数以上的增长速度；完成实际利用外资额4 810万美元，同比增长10%，完成年计划目标的102%；实现出口商品总额2.1亿美元，同比增长45.2%。

商业流通

【改善商业中心区交通条件】加强鼓楼商业中心区停车系统建设改造，2011年投资535万元完成了北京鑫海韵通密云百货店停车引导系统改造。

（陆　广）

【建设“一刻钟社区服务圈”】2011年，密云县新增果园新里北区等8个社区达到商业服务功能全覆盖标准，新增服务项目主要是便民餐饮、洗衣、废品回收网点和社区缴费代收代缴等服务功能。

（陆　广）

【餐饮单位无障碍设施改造】继大型商场实施无障碍设施改造之后，2011年密云县重点餐饮单位眉州东坡酒楼和金地来大酒店率先完成了无障碍设施改造。

（陆　广）

【特色餐饮街绿色休闲美食品牌初步显现】位于密云县新中街南段的檀城国际餐饮街继2010年被北京市饮食行业协会授予“京郊特色美食街”之后，2011年6月至9月份开展了“2011·密云绿色休闲美食节”活动。位于密云县溪翁庄镇的鱼王美食街于9月份举办了“2011·北京密云鱼王美食节”活动，被北京市商务委员会评为“2011·北京国际美食盛典特色餐饮街”。两项美食促消费节庆活动，有力吸引了外来餐饮消费，共拉动消费2 580余万元，同期增幅达30%，使京郊绿色休闲美食品牌形象初步显现。

（陆　广）

【“超市下乡”农村商品流通网络建设继续加强】加强下乡连锁超市信息网络建设和管理水平：对旅游沿线30家连锁超市便利店进行二次升级改造；完成30家连锁超市的信息化联网，提高商品配送率。2011年，大星发200余家连锁超市销售额为8 066万元，配送额6 856万元，配送率达85%。

（陆　广）

【开展“农超对接”，惠农利民】推动百年栗园柴鸡蛋等特色农产品成功进入物美集团全市的连锁店，年销售额突破千万元；2011年9月，密云县商务委员会组织绿润、绿湖等特色农产品加工企业参加北京市京郊商品大集活动，集中展示销售密云绿色、环保、有机、健康的农产品。

（陆　广）

【开展“农餐对接”，让利于民】北京洪福环宇餐饮公司成为北京市第一批开展“农餐对接”工作的试点单位，2011年该公司从农民专业合作社采购粮食、蔬菜等原材料共5 092吨，占公司总用量的76%，间接带动近500名农民就业并获得实惠。

（陆　广）

【开展家电下乡、以旧换新，促消费成效显著】密云县29个家电下乡销售网点全年累计销售家电下乡产品3.46万台，销售额8 600余万元；家电以旧换新5.68万台，实现销售额2.2亿元。

（陆　广）

【农村集贸市场升级改造工作扎实推进】2011年完成了华远批发市场、兴旺新丰集贸市场、不老屯永兴市场、邵渠果品市场、墙子路华顺市场等5家市场的升级改造工作，使全县农村集贸市场达到33家，极大地促进了农村经济发展、加快了农副产品流通、解决了部分农民就业并增加了收入。

（陆　广）

【密云县再生资源回收体系初步建成】继2010年北京山林丰再生资源分拣中心正式投入运营以来，2011年该中心又建设了久润花园、石桥小区、行宫小区等10个社区回收站点。至2011年底，全县累计在17个社区建设了山林丰再生资源回收站，进一步加快了回收利用体系的建设。2011年，密云县加强废品回收站点整治，制定《密云县废品回收站点安全专项整治工作方案》，在全县范围进行集中检查整治，检查经营户123户次，依法取缔无照经营站点87户。

（陆　广）

【密云县露天餐饮管理模式初步形成】密云县对消夏露天餐饮实施“备案承诺制＋行业协会自律管理”，餐饮企业须向县商务委申请备案并做出经营承诺，经验收合格后方可经营露天餐饮。引导餐饮街成立行业自律组织，加强行业自律、互相监督、共同维护行业秩序。县商务、卫生、城管等政府部门对备案合格单位实施严格督查管理。2011年备案合格单位共40家，经营秩序良好。

（陆　广）

【粮食流通管理工作进一步加强】2011年完成成品粮品种调整和5 000吨原粮轮换会商工作。对103户粮食经营单位进行跟踪调查，掌握社会粮食供需平衡情况。完成2010年度退耕还林补助粮供应9 000余吨，涉及16个乡镇，240个行政村，6.9万余户。

（陆　广）

【市场信息监测网络体系建设进一步强化】及时掌握蔬菜、粮、油、肉、蛋、奶等生活必需品的价格波动，为领导决策提供依据。进一步扩大重点流通样本监测企业数量和监测范围，2011年新增样本企业22家，监测样本企业的销售额占全县社会消费品零售额的48%，位于全市第一名。

（陆　广）

【商务行业维持长期安全稳定】认真落实安全生产责任制，实行目标管理，密云县商务委与本行业50家重点企业签订《2011年度安全工作目标管理责任书》，完善行业动态安全监管网络，开展企业安全隐患自查自报系统建设工作，加强安全宣传教育培训，举办“商务行业安全知识培训班”6期，全行业各级培训人数达到5 000余人次，开展商务行业“隐患排查治理”及重要节日等专项整治行动 9 次。加强生猪屠宰、粮食、食盐、酒类流通及生活必需品的食品安全管理工作。2011 年，共出动执法人员3 094人次，出动车辆 883 车次，共检查行业经营单位7 965户次，处罚违法经营 16 户，其中立案5 户，没收盐产品 14 吨，罚款 2 万余元。自密云县商务局成立以来，县商务行业已实现连续八年无安全事故。

（陆　广）

【酒类流通管理稳步推进】截至 2011 年底全县新备案登记酒类经营户 220 家，总数突破4 000家，完成应备案户数的 90%，名列区（县）前茅。

（陆　广）

对外经贸

【外经贸年度发展指标全面完成】2011 年，密云县实现出口商品总额 2.1 亿美元，同比增长 45.2%；完成实际利用外资4 810万美元，同比增长 10%，完成年计划目标的102%。

（陆　广）

【外经贸审批服务工作规范高效】依法行政，规范审批。积极协调，及时完成古北水镇旅游有限公司等大型外商投资企业的设立及变更审批工作。2011 年，密云县新批外商投资企业 15 家，完成外商投资企业合同章程变更审批 62 项，外商投资企业批准证书 47 项。

（陆　广）

【外经贸领域争取上级扶持资金有新突破】2011 年，密云县外经贸领域共获得上级财政扶持资金超过1 000万元，扶持的项目主要是外经贸公共服务平台项目 2 项、利用市商务委中小企业国际市场开拓资金项目 25 项、朗迪服装公司服务外包出口贴息项目、北京呼叫中心产业基地项目。

（陆　广）

名　录

北京市密云县商务委员会

主　　任：彭兴宝

地　　址：北京市密云县檀西路 21 号

邮　　编：101500

电　　话：89089310

传　　真：89089320

网　　址：www.bjmycom.gov.cn

（陆　广）

延庆县

概　况

2011年是“十二五”开局之年，商务委在县委、县政府的正确领导下，认真贯彻落实县委十二届八次全会、县十四届人大五次会议精神，围绕延庆建设“绿色北京示范区”的奋斗目标，以全面构建“特色商务、生态商务、和谐商务”为核心，从满足城乡居民生产生活消费出发，全面履行商务职能，全县消费品市场繁荣有序，商品销售持续增长，内外贸发展取得显著成绩。

商业流通

【消费品市场平稳较快增长】2011年我县社会消费品零售额完成74.1亿元，同比增长15.4%；商业税收实现2.8亿元，同比增长12%。全年完成直接进出口总额3.3亿美元，同比增长107.4%；实际利用外资实现历史性的突破，达到13 934万美元。

【以节造势多样促销，销售保持稳步增长】据统计春节、五一、国庆等节假日期间，县城11家重点商场、超市共实现商品销售额10 948.5万元，同比增长18.3%；日上、恒生两大市场成交额6 095.6万元，同比增长1.4%。6月25日至8月25日举办的“2011延庆特色商业消夏节”期间，各企业促销活动达42场次，活动期间12家商业企业销售额10 578.1万元，同比增长10%。10月20日至12月31日开展的“2011延庆购物季”促销活动，12家参与企业销售额达1.1亿元，同比增长达45%以上，促销效果明显。

（段文江）

【创新服务，家电下乡取得实效】全年共销售各类家电下乡商品9 892件，销售额2 328.1万元，与去年持平；县内各家电以旧换新网点共销售以旧换新商品24 521件，销售额8 172万元，同比增长33.7%；回收旧家电16 460件，按注册地审核要求审核格立空调以旧换新资金申请材料13 506件，合计补贴资金399.7万元，在促销和惠民方面取得良好效果。

（段文江）

【再生资源分检中心及网络建设取得突破】“北京永安兴隆再生资源回收中心”2011年11月底完成设备的安装和调试后，已正式投入运营，回收网点数量达到23个，其中社区站点13个，乡镇站点10个。

（段文江）

【开展延庆十大特色餐饮评选活动】评选出了延庆十大特色餐饮，确定了具有我县民俗特色的十大热菜、十大主食和十大小吃，并在我县主流新闻媒体、旅游景区和主要餐馆进行了推介宣传。

（段文江）

【特色餐饮取得优异成绩】在2011·北京国际美食盛典上，我县荣获特色餐饮名街1条，特色风味名菜5道，特色名点2道，特色名小吃2道，凯思大酒店、新风大酒店、燕春饭店、永宁豆腐宴餐饮有限公司、育新餐厅5家饭店获得了特色餐饮名店称号。

（段文江）

【农超对接成效显著，万吨蔬菜进京城】为京客隆、欧阁有机农庄、物美等连锁超市配送有机和无公害蔬菜共计23个品种12 243吨，合计1 949.1万元。我县特色产品—永宁豆腐进京销售达12万公斤，销售额达60万元，同比增长12%。销售形式也由农超对接向农餐对接、农校对接、农宅对接等方面延伸。

（段文江）

【圆满完成旅游标准化示范县创建工作】在商业领域初步确定了旅游购物示范店3家，金盘级餐馆5家和银盘级餐馆3家。

（段文江）

【大力开展职工培训】11月21日至25日联合县职业技术教育中心开展了商业职工商业文明礼仪、商业心理学等五项内容的培训。146名国有商业职工通过5天的课堂听讲学习和岗位体会实践，并通过考试。

（段文江）

【便民网络功能日趋完善】乡村便民连锁配送网络、社区便民菜店服务网络及农资服务网络等现代流通网络功能日趋完善，经营更加规范，城乡居民消费更加便捷。

（段文江）

【开拓创新，开展周末菜市场试点】在北京4个社区开办周末菜市场，销售蔬菜达233.5吨，销售额46.7万元。在海淀区北航等社区举办的“周末车载蔬菜市场”模式得到国务院主要领导充分肯定，并被国家列为农产品流通体系建设重点任务向全国推广。

（段文江）

【加大商务法规宣传培训力度】举办消除碘缺乏危害宣传活动，发放宣传材料2 000余份，增强了群众安全用盐意识；在“3.15”、“安全生产月”、“119消防安全宣传周”期间开展集中宣传活动，加大商务行业相关法律法规的宣传工作力度；在新修订的《北京市安全生产条例》和《北京市消防条例》开始实施前，组织规模以上经营单位进行了宣传、培训，并在日上、中踏等重点企业，利用电子显示屏等发布宣传，增强商务系统干部职工以及人民群众对两个条例的认识。

（段文江）

【开展突发事件应急演练】组织商务系统、规模以上经营单位进行突发事件应急预案和应急演练培训，增强了干部职工处置突发事件的技能和逃生技巧。同时，为增强一线企业处置突发事件能力，组织重点企业开展应急演练活动，日上市场、中踏广场、沃尔玛、环球新意百货等重点企业均按照要求组织开展了全员参与的应急演练活动。

（段文江）

【加大执法力度，确保商业安全】2011年共出动执法检查人员2 345人次，检查经营单位736家次，下发限期整改通知书29份。涉及安全生产、盐业专营、酒类流通备案登记、粮食生猪定点屠宰等领域。通过开展商务执法检查行动，规范企业经营行为，营造安全有序的购销环境。

（段文江）

【做好应急调控，保障市场平稳运行】平息3月17日突发的食盐抢购风波，调运食盐200吨，应急批发配送食盐310吨，通过对盐业批发企业和县城的11个食盐保供点实施监管，执行限量供应、有序购买、执行定价等措施，使我县食盐市场快速恢复正常秩序。按照市商务委要求，自11月1日起，对猪肉市场加强监控，执行猪肉市场调控政策。通过有效监控，我县猪肉市场秩序和价格基本稳定。根据市政府关于降低蔬菜价格相关要求，积极协调日上、恒生两大市场，落实政府免除蔬菜摊位费、给予补贴的相关工作，对蔬菜价格进行调控。

（段文江）

【规范生猪屠宰行业发展】对华都阳光生猪屠宰厂各生产环节进行了细致检查，并对发现的问题进行了督促整改，于2011年3月通过市商务委审核。1—12月份屠宰生猪共计116 026头，销售总额17 738.5万元，未发现不合格猪肉出厂问题。

（段文江）

【继续完善盐业配送网络】目前我县共有食盐销售网点3 100个。全年我县食盐批发企业共为各销售网点配送各类盐产品5 440吨，比去年增销1 050吨，销售额550万元，同比增长22.5%，

（段文江）

【加强成品油市场管理】指导各加油站做好柴汽油储备和销售工作，保障市场供应。今年全县经营性加油站共销售柴汽油74 223.8吨，同比增幅11.5%，销售额合计71 298.9万元，同比增长22.4%。

（段文江）

【加强酒类流通管理】2011年共办理酒类流通备案登记30户，销售随附单3 950本，截止到2011年底，全县共办理了酒类流通备案登记1 637家。

（段文江）

【推进典当行业管理工作】完成了一家新设立的典当手续办理，审批了一家典当企业的股东及股权变更手续，并完成了五家典当企业年审及管理系统升级培训工作。

（段文江）

【加强市场信息监测】2011年新发展样本单位35家，累计监测企业达到55家，监测企业2011年零售额（营业收入）占全县社会消费品零售额的四分之一，为县领导及商务主管部门及时掌握市场动态、制定相关政策提供有力的依据。

（段文江）

【加大工作力度，促进粮食行业发展】完成了社会粮油供需平衡调查工作，加强粮食监管和数据统计工作，并对粮食市场加强监测，按要求及时上报市场情况，保障了我县粮食安全。按市政府2011年第105期会议纪要及11月3日召开的本市粮食企业重组工作会要求，积极落实延庆粮油总公司划归本市京粮集团相关事宜，保障了划转工作的顺利进行。完成了与昌平粮食部门的粮食流通统计台帐互查工作，并积极落实增加县级成品粮储备的相关准备工作。

（段文江）

【发挥职能作用，加强中心商业区及日上市场两个管委会办公室工作】加强对中心区的综合管理，清理中心区流动商贩、非法张贴物、小广告、音响噪音扰民工作，督促区域内商户落实门前三包责任等工作，维护区域整体秩序。协调解决中心区域内产权单位之间的各种纠纷问题。协调宝业恒基公司变更抵押登记事宜，经多方次协调，目前宝业恒基公司已经能够办理变更登记，其他工作按照程序进行；协调加快东关村回迁商户的回迁工作，目前已完成了回迁商户店内装修，商户回迁工作正在进行。

（段文江）

【做好日上市场商户信访处理工作】2011年

7 月，日上市场部分商户因租金上涨问题多次上访，经多方次协调市场主办方和商户，对市场经营情况进行了调研并向县政府报送了问题建议的报告。在县政府的协调下，市场主办方同意合理上涨租金，避免了矛盾激化，维持了市场秩序稳定。

（段文江）

对外经贸

【外资审批工作】全年新批外资项目 5 个，新批增资 22 万美元，合同外资 389 万美元，实际利用外资13 934万美元。全年共为 24 家企业办理了外贸经营权备案登记，完成辖区内 179 家进出口企业登记信息核查工作，准确掌握了进出口企业情况。

（段文江）

【境外投资企业快速发展】北京华信六合投资（澳大利亚）有限公司先后两次增资共 2970 万美元，企业发展前景良好。

（段文江）

【强化服务水平，促进外经贸工作健康发展】帮助金果园老农（北京）股份有限公司、北京光瑞机械制造有限责任公司申请到质量管理体系认证、商务洽谈等 4 个项目的中小企业国际市场开拓资金 7.7 万元。组织 4 家企业参加了重点联系企业信息管理系统培训，结合产业安全数据库扩容工作，指导企业按时填报数据，为上级部门制定、调整政策提供依据。积极宣传出口扶持政策，组织企业参加北京市进出口政策咨询说明会，提高出口信用保险覆盖率，召开了出口信用保险政策宣讲会，在保障企业出口收汇安全的同时，为企业提供信保融资渠道，扶持企业出口。

（段文江）

名　录

北京市延庆县商务委

主　　任：李东升

地　　址：北京市延庆县新城街 2 号

邮　　编：102100

电　　话：69101551

传　　真：69144243

网　　址：bjyg. gov. cn. /zwgk/jgzn/swj/dwjj/

（段文江）

第六部分

统　计　资　料

一、商业流通

1-1 社会消费品零售额

指标名称	2011年（亿元）	增长（%）
社会消费品零售额	6 900.3	10.8
按商品用途分		
吃类商品	1 561.4	17.3
穿类商品	665.2	21.3
用类商品	4 080.1	5.0
烧类用品	593.6	27.4
按地区分		
城镇	6 789.6	10.8
乡村	110.7	10.2
按消费形态分		
餐饮收入	772.4	15.9
商品零售额	6 127.9	10.2

数据来源：北京市经济发展月报

1-2 社会消费品零售总额（按功能区分组）

	2011年（亿元）	增长（%）
全市	69 003 246	10.8
首都功能核心区	13 801 824	17.3
东城区	6 912 796	18.5
西城区	6 889 028	16.1
城市功能拓展区	39 355 904	7.4
朝阳区	16 519 071	8.0
丰台区	7 385 339	0.1
石景山区	1 620 548	16.9
海淀区	13 830 946	10.0
城市发展新区	12 410 608	13.8
房山区	1 567 316	16.5
通州区	2 079 515	16.0
顺义区	2 172 906	17.1

（续）

	2011年（亿元）	增长（%）
昌平区	2 499 754	1.7
大兴区	1 732 638	17.0
亦庄开发区	2 358 479	19.7
生态涵养发展区	3 434 910	15.6
门头沟区	379 877	16.7
怀柔区	791 918	16.8
平谷区	581 228	17.0
密云县	941 233	13.7
延庆县	740 654	15.4

数据来源：北京市统计局

1-3 批发和零售业商品购销存情况

批发和零售业商品购销存情况	2011年	增长（%）
商品购进总额（亿元）	44 617.4	24.6
市内购进	9 186.6	8.5
市外购进	25 175.6	16.0
进口	10 255.2	81.6
商品销售总额（亿元）	44 636.2	17.9
批发额	38 683.2	19.3
市内批发	8 971.3	26.9
市外批发	28 168.8	17.4
出口	1 543.2	13.6
零售额	5 953.0	9.5
期末库存额（亿元）	3 783.5	19.2

数据来源：北京市经济发展月报

1-4 限额以上批发零售贸易业企业零售额

编号	类值	1—12月（万元）		
		2011年	2010年	2011年比2010年（%）
	合计	54 649 089	49 542 905	110.3
1	粮油、食品、饮料、烟酒类	5 700 004	4 932 773	115.6
	（1）粮油、食品类	4 352 258	3 750 066	116.1
	其中：粮油类	600 171	541 198	110.9
	肉禽蛋类	651 015	540 343	120.5
	水产品	135 216	114 917	117.7
	蔬菜类	137 752	118 019	116.7
	干鲜果品类	304 798	244 257	124.8

（续）

编号	类值	1—12月（万元）		
		2011年	2010年	2011比2010年（%）
	（2）饮料类	478 934	427 546	112.0
	（3）烟酒类	868 811	755 160	115.0
	其中：酒类	360 855	320 496	112.6
2	服装鞋帽、针、纺织类	6 193 596	5 108 285	121.2
	（1）服装类	4 691 739	3 826 586	122.6
	（2）鞋帽类	1 083 462	889 826	121.8
	（3）针、纺织品类	418 394	391 872	106.8
3	化妆品类	1 319 816	1 098 228	120.2
4	金银珠宝类	3 173 956	2 050 899	154.8
	其中：黄金及饰品、铂金饰品类	1 710 624	1 010 304	169.3
5	日用品类	2 272 769	1 842 891	123.3
	其中：洗涤用品类	350 355	284 619	123.1
	儿童玩具类	74 789	61 798	121.0
6	五金、电料类	127 390	131 251	97.1
7	体育、娱乐用品类	746 011	575 623	129.6
8	书报杂志类	1 168 978	920 468	127.0
9	电子出版物及音像制	190 783	160 469	118.9
10	家用电器和音像器材	2 371 454	2 019 129	117.4
11	中西药品类	4 384 315	3 486 986	125.7
	其中：西药类	3 055 169	2 409 281	126.8
	中草药及中成药类	849 472	652 354	130.2
12	文化办公用品类	3 607 841	2 519 134	143.2
13	家俱类	767 052	698 156	109.9
14	通讯器材类	1 778 826	1 239 032	143.6
15	煤炭及制品类	25 903	22 616	114.5
16	木材及制品类	0	0	—
17	石油及制品类	5 707 230	4 378 799	130.3
18	化工材料及制品类	487	1 085	44.9
	其中：化肥类	0	0	—
19	金属材料类	0	0	—
20	建筑及装潢材料类	471 663	460 235	102.5
21	机电产品及设备类	677 020	550 264	123.0
	其中：农机类	0	0	—
22	汽车类	13 132 383	16 640 454	78.9
	其中：汽车配件类	0	0	—
23	种子饲料类	0	0	—
24	棉麻类	158	352	44.9
25	其他类	831 456	705 779	117.8

数据来源：北京市统计局

1-5 重点商品品牌市场占有率

1-5-1 2011年服装品牌占有率前10名

女装

序号	品牌名称	比重（%）	序号	品牌名称	比重（%）
1	VERO MODA	2.73	6	玛丝菲尔	1.46
2	ONLY	2.63	7	欧时力	1.45
3	玫而美	2.20	8	朗姿	1.41
4	宝姿	1.87	9	ESPRIT	1.22
5	白领	1.74	10	卡利亚里	1.14

男衬衫

序号	品牌名称	比重（%）	序号	品牌名称	比重（%）
1	皮尔卡丹	5.83	6	金利来	2.00
2	萨巴蒂尼	4.92	7	康纳利	1.95
3	雅戈尔	4.49	8	绅士	1.86
4	辛柏林	2.60	9	沙驰	1.62
5	奥德臣	2.05	10	HUGO BOSS	1.50

男西服

序号	品牌名称	比重（%）	序号	品牌名称	比重（%）
1	萨巴帝尼	6.72	6	皮尔卡丹	2.51
2	观奇洋服	6.27	7	胜龙	2.45
3	依文	4.58	8	康纳利	2.42
4	威克多	4.43	9	雅戈尔	2.28
5	五木	3.12	10	顺美	2.20

童装

序号	品牌名称	比重（%）	序号	品牌名称	比重（%）
1	水孩儿	8.12	6	安奈儿	3.42
2	阿迪达斯	6.20	7	小猪班纳	2.44
3	耐克	5.05	8	杉杉	2.16
4	派克兰帝	4.46	9	E-LAND KIDS	2.10
5	丽婴房	3.48	10	巴拉巴拉	2.06

针织内衣

序号	品牌名称	比重（%）	序号	品牌名称	比重（%）
1	爱慕	6.56	6	世王	2.83
2	舒雅	6.08	7	三枪	2.41
3	小护士	5.91	8	朵彩	2.10
4	纤丝鸟	5.04	9	浩沙	1.69
5	铜牛	4.47	10	宜而爽	1.65

（续）

女士内衣

序号	品牌名称	比重（%）	序号	品牌名称	比重（%）
1	爱慕	14.89	6	古今	4.34
2	华歌尔	10.13	7	曼妮芬	4.11
3	安莉芳	6.22	8	婷美	2.95
4	黛安芬	6.21	9	舒雅	2.48
5	欧迪芬	5.15	10	兰卡文	2.30

羊毛衫

序号	品牌名称	比重（%）	序号	品牌名称	比重（%）
1	鄂尔多斯	6.52	6	克利雅	2.06
2	珍贝	4.10	7	贝珈米	1.88
3	人头马	2.92	8	法诗菲	1.87
4	海尔曼斯	2.83	9	帕罗	1.86
5	瑞群	2.81	10	雅佰仕	1.73

羊绒衫

序号	品牌名称	比重（%）	序号	品牌名称	比重（%）
1	珍贝	14.06	6	皮尔卡丹	4.20
2	鄂尔多斯	13.30	7	皮皮狗	4.09
3	帕罗	8.00	8	鹿王	3.99
4	米皇	7.22	9	兆君	3.46
5	雪莲	6.06	10	梦特娇	3.23

皮衣

序号	品牌名称	比重（%）	序号	品牌名称	比重（%）
1	白领	6.94	6	朗姿	1.40
2	庄子	2.57	7	邢氏	1.19
3	圣诺兰	1.79	8	赛美	1.11
4	ED ENROSE	1.67	9	玫而美	1.11
5	安姬奥	1.67	10	双豹	1.11

数据来源：北京商业信息咨询中心

1-5-2 2011年化妆品品牌占有率前10名

美容护肤

序号	品牌名称	比重（%）	序号	品牌名称	比重（%）
1	欧珀莱	13.02	4	欧莱雅	6.56
2	兰蔻	9.40	5	Dior	6.02
3	雅诗兰黛	8.10	6	娇兰	4.06

（续）

美容护肤

序号	品牌名称	比重（%）	序号	品牌名称	比重（%）
7	玉兰油	3.54	9	希思黎	3.16
8	CHANEL	3.23	10	资生堂	3.14

香水

序号	品牌名称	比重（%）	序号	品牌名称	比重（%）
1	CHANEL	29.83	6	CK	3.02
2	CD	25.22	7	娇兰	2.69
3	纪梵希	4.35	8	HUGO BOSS	2.52
4	阿玛尼	3.64	9	BURBERRY	2.47
5	兰蔻	3.60	10	雅诗兰黛	2.00

洗发护发

序号	品牌名称	比重（%）	序号	品牌名称	比重（%）
1	潘婷	10.79	6	沙宣	4.81
2	海飞丝	9.91	7	欧莱雅	4.75
3	飘柔	9.02	8	清扬	4.23
4	资生堂	7.11	9	舒蕾	3.47
5	力士	5.32	10	施华蔻	2.91

数据来源：北京商业信息咨询中心

1-5-3 2011年鞋类品牌占有率前10名

女鞋

序号	品牌名称	比重（%）	序号	品牌名称	比重（%）
1	百丽	8.08	6	圣琪儿	2.99
2	爱步	4.49	7	思加图	2.48
3	天美意	4.44	8	奥卡索	2.19
4	接吻猫	3.95	9	百思图	2.06
5	他她	3.57	10	米莲诺	2.00

男鞋

序号	品牌名称	比重（%）	序号	品牌名称	比重（%）
1	爱步	10.33	6	花花公子	2.88
2	金利来	3.61	7	铁狮东尼	2.87
3	克蕾斯丹妮	3.33	8	皮尔卡丹	2.73
4	梅尔代格	2.90	9	沙驰	2.71
5	骆驼	2.89	10	24小时	2.59

数据来源：北京商业信息咨询中心

1-5-4　2011年金银珠宝饰品品牌占有率前10名

黄金

序号	品牌名称	比重（%）	序号	品牌名称	比重（%）
1	菜百	48.62	6	翠绿	1.48
2	中国黄金	12.09	7	宝福	1.45
3	国华	11.50	8	老凤祥	1.26
4	周大福	7.28	9	明牌	1.12
5	同晖	1.80	10	六福	0.99

铂金

序号	品牌名称	比重（%）	序号	品牌名称	比重（%）
1	菜百	62.88	6	谢瑞麟	1.09
2	国华	15.30	7	金至尊	0.84
3	周大福	8.09	8	福麒	0.82
4	明牌	3.47	9	六福	0.75
5	瑞恩	1.18	10	周生生	0.56

翡翠

序号	品牌名称	比重（%）	序号	品牌名称	比重（%）
1	菜百	73.83	6	雪行	1.16
2	国华	7.01	7	豪雅	0.94
3	恒昌	2.67	8	鑫大元	0.66
4	和玉缘	2.51	9	东方晓鸣	0.65
5	紫云	2.11	10	珍瑞	0.59

镶嵌

序号	品牌名称	比重（%）	序号	品牌名称	比重（%）
1	菜百	37.76	6	谢瑞麟	3.78
2	周大福	14.17	7	戴梦得	2.19
3	瑞恩	6.85	8	金象	1.41
4	周大生	6.01	9	周生生	1.25
5	国华	5.33	10	ENZO	0.94

数据来源：北京商业信息咨询中心

二、对外贸易

2-1 海关进出口商品类别及构成

2-1-1 海关出口商品类别及构成

金额单位：万美元

类别	2011年		2010年		增（减）%
	金额	比重%	金额	比重%	
总值	**5 902 502**	**100.0**	**5 546 685**	**100.0**	**6.4**
初级产品	931 357	15.8	982 179	17.7	−5.2
工业制成品	4 971 145	84.2	4 564 506	82.3	8.9
机电产品	3 523 418	59.7	3 396 172	61.2	3.7
高新技术产品	1 811 652	30.7	1 937 141	34.9	−6.5

数据来源：北京海关统计月报

（李　倩）

2-1-2 北京地区海关进口商品类别及构成

金额单位：万美元

类别	2011年		2010年		增（减）%
	金额	比重%	金额	比重%	
总　值	**33 046 978**	**100.0**	**24 594 293**	**100.0**	**34.4**
初级产品	20 360 317	61.6	14 870 066	60.5	36.9
工业制成品	12 686 661	38.4	9 724 227	39.5	30.5
机电产品	7 663 764	23.2	6 661 077	27.1	15.1
高新技术产品	3 145 656	9.5	2 751 645	11.2	14.3

注：数据摘自北京海关统计月报

（李　倩）

2-2 海关进出口商品分类金额

2-2-1 海关出口商品分类金额

金额单位：万美元

商品名称	2011年	2010年	同比（±%）
总　值	**5 902 502**	**5 546 685**	**6.5**
第1章　活动物	2 482	2 534	−2.0
第2章　肉及食用杂碎	63	183	−65.9
第3章　鱼及其他水生无脊椎动物	3 155	1 926	63.8
第4章　乳；蛋；蜂蜜；其他食用动物产品	798	785	1.7

（续）

商品名称	2011年	2010年	同比（±%）
第5章 其他动物产品	4 624	4 339	6.6
第6章 活植物；茎、根；插花、簇叶	509	539	−5.7
第7章 食用蔬菜、根及块茎	6 315	4 811	31.3
第8章 食用水果及坚果；甜瓜等水果的果皮	997	961	3.7
第9章 咖啡、茶、马黛茶及调味香料	2 542	1 640	55.0
第10章 谷物	26 997	26 975	0.1
第11章 制粉工业产品；麦芽；淀粉等；面筋	568	120	372.9
第12章 油籽；子仁；工业或药用植物；饲料	13 122	9 160	43.1
第13章 虫胶；树胶、树脂及其他植物液、汁	5 885	3 822	54.9
第14章 编结用植物材料；其他植物产品	48	21	129.3
第15章 动、植物油、脂、蜡；精制食用油脂	1 239	528	134.8
第16章 肉、鱼及其他水生无脊椎动物的制品	11 995	10 179	17.8
第17章 糖及糖食	818	1 048	−21.9
第18章 可可及可可制品	4 116	3 607	14.1
第19章 谷物粉、淀粉等或乳的制品；糕饼	5 081	3 627	40.1
第20章 蔬菜、水果等或植物其他部分的制品	32 906	22 263	47.8
第21章 杂项食品	2 991	2 410	23.9
第22章 饮料、酒及醋	852	648	32.4
第23章 食品工业的残渣及废料；配制的饲料	939	1 142	−17.8
第24章 烟草、烟草及烟草代用品的制品	166	186	−10.6
第25章 盐；硫磺；土及石料；石灰及水泥等	31 612	20 247	56.1
第26章 矿砂、矿渣及矿灰	608	462	31.6
第27章 矿物燃料、矿物油及其产品；沥青等	756 811	847 989	−10.8
第28章 无机化学品；贵金属等的化合物	119 542	57 228	108.9
第29章 有机化学品	92 537	84 316	9.8
第30章 药品	16 186	12 239	32.2
第31章 肥料	120 892	130 888	−7.7
第32章 鞣料；着色料；涂料；油灰；墨水等	6 601	5 658	16.7
第33章 精油及香膏；芳香料制品化妆盥洗品	2 787	2 442	14.1
第34章 洗涤剂、润滑剂、人造蜡、塑型膏等	6 837	5 929	15.3
第35章 蛋白类物质；改性淀粉；胶；酶	2 062	1 410	46.2
第36章 炸药；烟火；引火品；易燃材料制品	4 850	4 862	−0.2
第37章 照相及电影用品	902	1 021	−11.7
第38章 杂项化学产品	68 093	52 991	28.7

（续）

商品名称	2011年	2010年	同比（±%）
第39章 塑料及其制品	58 172	57 220	1.6
第40章 橡胶及其制品	39 230	32 562	20.5
第41章 生皮（毛皮除外）及皮革	9	14	−30.8
第42章 皮革制品；旅行箱包；动物肠线制品	7 540	7 821	−3.6
第43章 毛皮、人造毛皮及其制品	4 237	3 497	21.5
第44章 木及木制品；木炭	12 113	9 368	29.3
第45章 软木及软木制品	9	0	38 970.8
第46章 编结材料制品；篮筐及柳条编结品	3 409	2 930	16.4
第47章 木浆等纤维状纤维素浆；废纸及纸板	1 380	1 203	14.7
第48章 纸及纸板；纸浆、纸或纸板制品	11 071	11 151	−0.7
第49章 印刷品；手稿、打字稿及设计图纸	8 562	6 160	40.8
第50章 蚕丝	3 041	2 782	9.3
第51章 羊毛等动物毛；马毛纱线及其机织物	8 086	8 436	−4.2
第52章 棉花	5 378	4 036	33.2
第53章 其他植物纤维；纸纱线及其机织物	480	251	90.9
第54章 化学纤维长丝	5 410	4 325	25.1
第55章 化学纤维短纤	8 357	6 953	20.2
第56章 絮胎、毡呢及无纺织物；线绳制品等	6 263	5 219	20.0
第57章 地毯及纺织材料的其他铺地制品	10 413	9 908	5.2
第58章 特种机织物；簇绒织物；刺绣品等	1 463	1 615	−9.4
第59章 浸渍、涂布、包裹或层压织物；工业用纺织制品	3 435	2 117	62.2
第60章 针织物及钩编织物	701	669	4.8
第61章 针织或钩编的服装及衣着附件	68 375	59 907	14.2
第62章 非针织或非钩编的服装及衣着附件	112 653	104 191	8.2
第63章 其他纺织制品；成套物品；旧纺织品	16 000	15 173	5.5
第64章 鞋靴、护腿和类似品及其零件	20 566	15 898	29.4
第65章 帽类及其零件	5 570	4 364	27.6
第66章 伞、手杖、鞭子、马鞭及其零件	66	120	−45.0
第67章 加工羽毛及制品；人造花；人发制品	449	352	27.3
第68章 矿物材料的制品	14 037	12 505	12.3
第69章 陶瓷产品	30 597	22 561	35.7
第70章 玻璃及其制品	23 949	22 299	7.4
第71章 珠宝、贵金属及制品；仿首饰；硬币	38 898	28 457	36.7
第72章 钢铁	253 837	178 737	42.0

（续）

商 品 名 称	2011年	2010年	同比（±%）
第73章 钢铁制品	254 863	184 190	38.4
第74章 铜及其制品	5 016	5 020	0.0
第75章 镍及其制品	1 889	1 473	28.3
第76章 铝及其制品	29 084	21 735	33.9
第78章 铅及其制品	1 021	271	277.1
第79章 锌及其制品	330	282	17.1
第80章 锡及其制品	17	124	−86.1
第81章 其他贱金属、金属陶瓷及其制品	11 408	9 248	23.4
第82章 贱金属器具、利口器、餐具及零件	14 358	11 440	25.5
第83章 贱金属杂项制品	8 512	8 060	5.6
第84章 核反应堆、锅炉、机械器具及零件	741 217	637 678	16.4
第85章 电机、电气、音像设备及其零附件	1 790 417	1 926 090	−7.0
第86章 铁道车辆；轨道装置；信号设备	85 928	32 604	163.5
第87章 车辆及其零附件，但铁道车辆除外	186 023	174 714	6.5
第88章 航空器、航天器及其零件	45 691	41 336	10.5
第89章 船舶及浮动结构体	256 276	252 206	1.6
第90章 光学、照相、医疗等设备及零附件	198 727	155 605	28.1
第91章 钟表及其零件	1 467	585	150.9
第92章 乐器及其零件、附件	5 546	5 887	−5.7
第93章 武器、弹药及其零件、附件	589	841	−30.0
第94章 家具；寝具等；灯具；活动房	46 954	42 964	11.0
第95章 玩具、游戏或运动用品及其零附件	12 083	11 747	2.9
第96章 杂项制品	7 006	6 084	15.2
第97章 艺术品、收藏品及古物	279	382	−27.1
第98章 特殊交易品及未分类商品	54 522	42 184	29.2

数据来源：摘自北京海关统计月报

（李 倩）

2-2-2 海关进口商品分类金额

金额单位：万美元

商 品 名 称	2011年	2010年	同比（±%）
总 值	**33 046 978**	**24 594 293**	**34.2**
第1章 活动物	19 910	12 717	56.6
第2章 肉及食用杂碎	60 158	15 397	290.7
第3章 鱼及其他水生无脊椎动物	27 500	24 051	14.3
第4章 乳；蛋；蜂蜜；其他食用动物产品	17 735	14 056	26.2

（续）

商 品 名 称	2011年	2010年	同比（±%）
第5章 其他动物产品	2 592	1 647	57.4
第6章 活植物；茎、根；插花、簇叶	2 823	2 257	25.1
第7章 食用蔬菜、根及块茎	5 230	6 709	－22.0
第8章 食用水果及坚果；甜瓜等水果的果皮	9 627	5 089	89.2
第9章 咖啡、茶、马黛茶及调味香料	1 395	626	122.3
第10章 谷物	86 521	46 708	85.2
第11章 制粉工业产品；麦芽；淀粉等；面筋	1 852	1 262	46.8
第12章 油籽；子仁；工业或药用植物；饲料	311 261	286 181	8.8
第13章 虫胶；树胶、树脂及其他植物液、汁	2 226	1 133	96.5
第14章 编结用植物材料；其他植物产品	2 212	1 310	69.0
第15章 动、植物油、脂、蜡；精制食用油脂	85 799	86 561	－0.9
第16章 肉、鱼及其他水生无脊椎动物的制品	158	346	－54.2
第17章 糖及糖食	166 934	65 811	153.7
第18章 可可及可可制品	11 167	10 476	6.6
第19章 谷物粉、淀粉等或乳的制品；糕饼	4 098	1 815	125.6
第20章 蔬菜、水果等或植物其他部分的制品	3 842	2 889	33.0
第21章 杂项食品	5 582	3 927	42.2
第22章 饮料、酒及醋	17 859	10 085	76.9
第23章 食品工业的残渣及废料；配制的饲料	56 777	49 571	14.6
第24章 烟草、烟草及烟草代用品的制品	110 701	76 376	44.9
第25章 盐；硫磺；土及石料；石灰及水泥等	24 895	22 661	10.2
第26章 矿砂、矿渣及矿灰	1 838 281	1 574 298	16.3
第27章 矿物燃料、矿物油及其产品；沥青等	17 001 953	12 214 103	39.0
第28章 无机化学品；贵金属等的化合物	284 165	289 107	－1.7
第29章 有机化学品	170 399	168 892	0.9
第30章 药品	183 466	143 223	28.1
第31章 肥料	245 756	160 764	52.9
第32章 鞣料；着色料；涂料；油灰；墨水等	12 476	10 421	19.7
第33章 精油及香膏；芳香料制品化妆盥洗品	8 367	5 929	41.1
第34章 洗涤剂、润滑剂、人造蜡、塑型膏等	12 667	9 687	30.8
第35章 蛋白类物质；改性淀粉；胶；酶	8 581	6 162	39.3
第36章 炸药；烟火；引火品；易燃材料制品	1 736	1 877	－7.5
第37章 照相及电影用品	7 433	7 447	－0.2
第38章 杂项化学产品	107 825	104 446	3.2

（续）

商　品　名　称	2011年	2010年	同比（±%）
第39章　塑料及其制品	162 090	153 982	5.3
第40章　橡胶及其制品	60 764	51 837	17.2
第41章　生皮（毛皮除外）及皮革	2 341	2 077	12.7
第42章　皮革制品；旅行箱包；动物肠线制品	8 318	4 613	80.3
第43章　毛皮、人造毛皮及其制品	2 868	2 279	25.9
第44章　木及木制品；木炭	115 552	50 598	128.4
第45章　软木及软木制品	855	534	60.3
第46章　编结材料制品；篮筐及柳条编结品	5	6	－12.3
第47章　木浆等纤维状纤维素浆；废纸及纸板	58 736	41 882	40.2
第48章　纸及纸板；纸浆、纸或纸板制品	38 472	31 636	21.6
第49章　印刷品；手稿、打字稿及设计图纸	34 490	34 244	0.7
第50章　蚕丝	436	339	28.6
第51章　羊毛等动物毛；马毛纱线及其机织物	43 571	37 909	14.9
第52章　棉花	187 370	123 241	52.0
第53章　其他植物纤维；纸纱线及其机织物	9 434	6 930	36.1
第54章　化学纤维长丝	5 823	6 144	－5.1
第55章　化学纤维短纤	82 656	70 491	17.3
第56章　絮胎、毡呢及无纺织物；线绳制品等	5 219	5 203	0.6
第57章　地毯及纺织材料的其他铺地制品	1 019	1 131	－9.9
第58章　特种机织物；簇绒织物；刺绣品等	1 583	1 753	－9.7
第59章　浸渍、涂布、包覆或层压织物；工业用织制品	2 524	2 678	－5.8
第60章　针织物及钩编织物	1 970	1 522	29.4
第61章　针织或钩编的服装及衣着附件	8 540	5 379	58.8
第62章　非针织或非钩编的服装及衣着附件	13 397	9 083	47.5
第63章　其他纺织制品；成套物品；旧纺织品	1 526	1 335	14.3
第64章　鞋靴、护腿和类似品及其零件	9 791	5 697	71.9
第65章　帽类及其零件	345	225	53.4
第66章　伞、手杖、鞭子、马鞭及其零件	40	25	61.2
第67章　加工羽毛及制品；人造花；人发制品	57	37	54.1
第68章　矿物材料的制品	4 492	3 368	33.6
第69章　陶瓷产品	7 750	5 527	40.2
第70章　玻璃及其制品	34 626	32 794	5.6
第71章　珠宝、贵金属及制品；仿首饰；硬币	222 120	165 353	34.3
第72章　钢铁	132 509	111 358	19.3

（续）

商 品 名 称	2011年	2010年	同比（±%）
第73章 钢铁制品	101 687	95 466	6.5
第74章 铜及其制品	186 111	174 952	4.7
第75章 镍及其制品	31 985	16 062	99.1
第76章 铝及其制品	27 317	22 029	24.0
第78章 铅及其制品	536	220	144.1
第79章 锌及其制品	10 461	14 159	−25.7
第80章 锡及其制品	3 409	2 176	56.7
第81章 其他贱金属、金属陶瓷及其制品	13 508	12 982	5.5
第82章 贱金属器具、利口器、餐具及零件	22 060	20 603	7.1
第83章 贱金属杂项制品	18 732	16 069	16.6
第84章 核反应堆、锅炉、机械器具及零件	1 733 469	1 373 933	26.2
第85章 电机、电气、音像设备及其零附件	2 010 906	2 064 864	−2.6
第86章 铁道车辆；轨道装置；信号设备	45 145	76 515	−41.0
第87章 车辆及其零附件，但铁道车辆除外	2 551 183	2 079 758	22.7
第88章 航空器、航天器及其零件	310 080	253 723	22.2
第89章 船舶及浮动结构体	57 461	69 016	−16.3
第90章 光学、照相、医疗等设备及零附件	795 344	621 184	28.1
第91章 钟表及其零件	19 098	9 867	93.6
第92章 乐器及其零件、附件	1 304	1 555	−16.2
第93章 武器、弹药及其零件、附件	782	277	182.4
第94章 家具；寝具等；灯具；活动房	29 655	18 458	59.6
第95章 玩具、游戏或运动用品及其零附件	4 663	4 504	3.5
第96章 杂项制品	3 033	2 804	8.1
第97章 艺术品、收藏品及古物	1 943	701	177.3
第98章 特殊交易品及未分类商品	2 883 857	1 225 200	135.4

数据来源：摘自北京海关统计月报

（李 倩）

2-3 按洲别（地区）分海关进出口贸易额

2-3-1 北京地区出口到各洲情况一览表

金额单位：万美元

	出 口	同比增减额	同比±%	占总出口比重%
亚洲	3 189 766	234 555	7.9	54.0
东盟	690 707	−172 740	−20.0	11.7
中东	467 060	31 470	7.2	7.9

（续）

	出　口	同比增减额	同比±%	占总出口比重%
欧洲	1 142 978	−16 939	−1.5	19.4
欧盟（27 国）	938 777	−59 357	−5.9	15.9
非洲	474 898	−28 778	−5.7	8.0
北美洲	548 813	80 730	17.2	9.3
拉丁美洲	413 853	81 680	24.6	7.0
大洋洲	128 348	5 915	4.8	2.2

数据来源：摘自北京海关统计月报

（李　倩）

2-3-2　北京地区从各洲进口情况一览表

金额单位：万美元

	进　口	同比增减额	同比±%	占总出口比重%
亚洲	15 404 197	4 364 176	39.5	46.6
东盟	1 204 865	121 036	11.2	3.6
中东	8 399 090	2 898 560	52.7	25.4
欧洲	5 904 009	916 070	18.4	17.9
欧盟（27 国）	3 407 419	455 959	15.4	10.3
非洲	5 112 756	1 062 426	26.2	15.5
北美洲	2 622 024	865 712	49.3	7.9
拉丁美洲	2 704 051	883 593	48.5	8.2
大洋洲	1 293 440	326 550	33.8	3.9

数据来源：摘自北京海关统计月报

（李　倩）

2-4　按国别（地区）分海关进出口贸易额

金额单位：万美元

国别（地区）	进 出 口	出　口	进　口
总　值	**38 949 480**	**5 902 502**	**33 046 978**
沙特阿拉伯	3 298 231	48 060	3 250 172
美国	2 746 273	493 025	2 253 248
德国	2 266 741	170 183	2 096 558
日本	2 220 296	544 921	1 675 374
安哥拉	2 075 824	45 696	2 030 129
韩国	1 811 662	295 975	1 515 686
瑞士	1 533 251	10 671	1 522 581

（续）

国别（地区）	进 出 口	出 口	进 口
伊朗	1 449 875	169 993	1 279 882
澳大利亚	1 338 212	106 064	1 232 148
巴西	1 214 146	86 246	1 127 900
阿曼	1 067 968	3 075	1 064 893
伊拉克	1 035 227	45 254	989 974
香港	932 806	458 955	473 851
苏丹	912 283	38 137	874 146
俄罗斯联邦	911 794	127 123	784 671
委内瑞拉	843 922	46 565	797 357
哈萨克斯坦	829 941	70 405	759 536
南非	811 924	45 447	766 477
科威特	662 054	7 133	654 920
印度	578 987	287 110	291 877
土库曼斯坦	480 333	13 724	466 609
阿联酋	452 622	76 520	376 102
印度尼西亚	443 651	149 905	293 745
加拿大	414 027	45 362	368 665
刚果（布）	403 378	17 054	386 324
马来西亚	384 622	47 431	337 191
英国	364 082	85 002	279 080
法国	358 047	81 497	276 550
中华人民共和国	350 974	0	350 974
台湾省	342 017	124 863	217 155
新加坡	338 912	128 985	209 927
卡塔尔	272 804	5 896	266 908
也门	269 778	1 178	268 600
墨西哥	262 760	57 433	205 327
意大利	247 339	56 211	191 128
越南	239 796	156 276	83 520
泰国	204 211	72 377	131 834
阿尔及利亚	195 272	16 545	178 727
赤道几内亚	164 343	8 634	155 709
荷兰	158 887	78 116	80 772
哥伦比亚	152 985	15 962	137 023
匈牙利	146 848	129 271	17 577

（续）

国别（地区）	进 出 口	出 口	进 口
利比亚	135 187	5 111	130 076
菲律宾	126 407	51 174	75 233
埃及	125 980	17 549	108 431
乌克兰	124 353	25 607	98 746
比利时	124 352	45 671	78 681
尼日利亚	122 984	34 029	88 955
阿根廷	120 298	12 108	108 190
秘鲁	119 119	17 055	102 064
巴基斯坦	108 551	55 083	53 468
瑞典	104 305	38 354	65 951
奥地利	100 377	7 436	92 941
以色列	98 238	24 369	73 869
古巴	96 896	44 635	52 261
赞比亚	92 391	23 813	68 579
芬兰	89 359	33 440	55 919
西班牙	79 714	44 360	35 354
刚果（金）	78 976	7 535	71 442
朝鲜	76 344	69 591	6 752
土耳其	73 170	30 586	42 584
缅甸	71 055	65 220	5 836
毛里塔尼亚	70 797	2 535	68 262
智利	69 949	25 482	44 467
蒙古	64 753	13 859	50 894
罗马尼亚	60 718	51 153	9 564
厄瓜多尔	60 455	21 007	39 449
白俄罗斯	57 409	21 623	35 786
挪威	56 349	8 323	48 026
文莱	54 745	1 779	52 966
新西兰	52 974	12 607	40 367
喀麦隆	46 522	5 764	40 758
波兰	45 923	22 129	23 794
丹麦	44 446	17 499	26 947

（续）

国别（地区）	进出口	出口	进口
乌拉圭	44 204	3 281	40 922
乌兹别克斯坦	43 992	11 280	32 711
博茨瓦那	41 849	41 848	1
孟加拉国	40 482	32 445	8 037
津巴布韦	33 897	2 203	31 695
斯里兰卡	32 070	30 099	1 972
加纳	30 171	16 559	13 612
埃塞俄比亚	30 146	22 281	7 864
乍得	30 103	4 432	25 671
澳门	28 646	28 513	133
捷克	27 667	11 796	15 871
希腊	25 099	23 476	1 624
巴拿马	24 016	23 937	78
老挝	23 894	10 264	13 631
约旦	23 161	7 167	15 994
爱尔兰	22 868	5 438	17 429
保加利亚	22 214	3 302	18 912
叙利亚	20 662	19 533	1 129
利比里亚	20 601	20 592	9
哥斯达黎加	20 209	3 918	16 291
加蓬	19 751	5 756	13 995
特立尼达和多巴哥	17 610	635	16 974
巴布亚新几内亚	17 565	2 345	15 220
纳米比亚	16 844	900	15 944
英属维尔京群岛	15 237	15 235	2
肯尼亚	14 895	14 503	392
摩洛哥	14 196	6 845	7 350
葡萄牙	12 672	5 501	7 171
坦桑尼亚	12 365	10 017	2 349
玻利维亚	11 312	6 664	4 647
马里	10 963	7 828	3 135
斯洛伐克	10 668	6 480	4 188

（续）

国别（地区）	进 出 口	出 口	进 口
莫桑比克	10 536	4 105	6 431
百慕大	10 426	10 426	0
马耳他	10 256	7 662	2 594
巴哈马	10 143	10 143	0
巴林	9 492	5 768	3 724
塞拉利昂	8 913	8 854	59
柬埔寨	8 278	7 295	983
塔吉克斯坦	7 210	4 105	3 105
安提瓜和巴布达	7 145	7 144	0
阿塞拜疆	6 769	5 207	1 561
突尼斯	6 745	3 542	3 203
多米尼加共和国	6 662	1 974	4 688
尼日尔	6 488	6 488	0
洪都拉斯	6 285	1 676	4 609
国别（地区）不详	6 089	0	6 089
所罗门群岛	5 723	83	5 640
马达加斯加	5 357	3 912	1 444
阿尔巴尼亚	5 226	300	4 925
克罗地亚	5 007	3 513	1 495
乌干达	4 971	4 333	638
马绍尔群岛	4 741	4 741	0
塞浦路斯	4 663	2 783	1 880
爱沙尼亚	4 405	2 426	1 980
塞内加尔	4 384	3 983	401
多哥	4 137	2 300	1 837
卢森堡	4 049	1 833	2 216
斯洛文尼亚	3 746	2 163	1 583
吉尔吉斯斯坦	3 705	3 388	318
塞尔维亚	3 614	3 359	255
马拉维	3 601	1 072	2 529
立陶宛	3 596	2 975	621
贝宁	3 232	1 527	1 705
拉脱维亚	3 153	2 619	534
吉布提	2 867	2 867	0
布基纳法索	2 700	330	2 370

（续）

国别（地区）	进 出 口	出 口	进 口
危地马拉	2 621	2 594	27
尼泊尔	2 246	2 119	127
黎巴嫩	2 194	2 165	29
马尔代夫	2 180	2 180	0
巴拉圭	2 151	2 148	2
卢旺达	2 110	2 110	0
科特迪瓦	2 056	820	1 237
波多黎各	1 964	331	1 633
斐济	1 818	1 777	42
格鲁吉亚	1 785	1 636	148
毛里求斯	1 736	1 682	54
牙买加	1 670	1 661	9
几内亚	1 388	1 206	182
圭亚那	1 250	1 247	3
巴巴多斯	1 137	1 136	1
亚美尼亚	1 105	1 089	16
塞舌尔	916	916	0
布隆迪	879	879	0
萨尔瓦多	820	808	11
冰岛	805	729	76
伯利兹	789	783	6
中非	746	583	163
前南马其顿	722	631	91
厄立特里亚	695	656	39
黑山	577	487	89
阿富汗	537	461	76
圣文森特和格林纳丁斯	531	531	0
尼加拉瓜	508	424	84
留尼汪	468	468	0
东帝汶	458	439	18
摩尔多瓦	382	244	138
索马里	381	10	371
苏里南	264	241	23
几内亚比绍	258	258	0

（续）

国别（地区）	进　出　口	出　　口	进　　口
汤加	239	234	5
开曼群岛	231	231	0
海地	214	214	0
列支敦士登	205	101	105
莱索托	180	126	54
瓦努阿图	161	161	0
法属波利尼西亚	151	133	18
波黑	147	142	4
多米尼克	146	144	2
格林纳达	141	141	0
萨摩亚	116	116	0
格陵兰	110	0	110
摩纳哥	110	12	97
法罗群岛	68	0	68
冈比亚	42	40	2
新喀里多尼亚	41	41	0
荷属安地列斯	40	40	0
阿鲁巴	38	38	0
不丹	33	33	0
马约特	30	30	0
巴勒斯坦	29	29	0
科摩罗	29	29	0
法属圭亚那	25	25	0
佛得角	25	24	1
直布罗陀	22	22	0
非洲其他国家（地区）	18	18	0
基里巴斯	11	11	0
图瓦卢	11	11	0
安道尔	11	10	0
大洋洲其他国家（地区）	9	9	0
马提尼克	9	9	0
社会群岛	6	6	0
瑙鲁	5	4	1
圣马力诺	4	0	4

（续）

国别（地区）	进出口	出口	进口
密克罗尼西亚联邦	4	4	0
斯威士兰	2	0	2
瓜德罗普	1	1	0
西撒哈拉	1	0	1
库腊索岛	1	1	0
圣其茨和尼维斯	1	0	1
圣卢西亚	1	1	0
拉丁美洲其他国家（地区）	1	1	0

数据来源：摘自北京海关统计月报

（李　倩）

2011 年北京地区企业前十位贸易伙伴

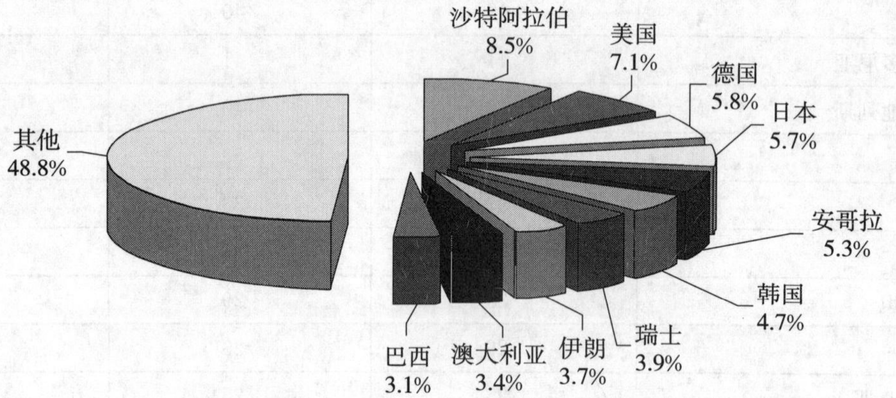

2011 年北京地区企业前十位出口市场

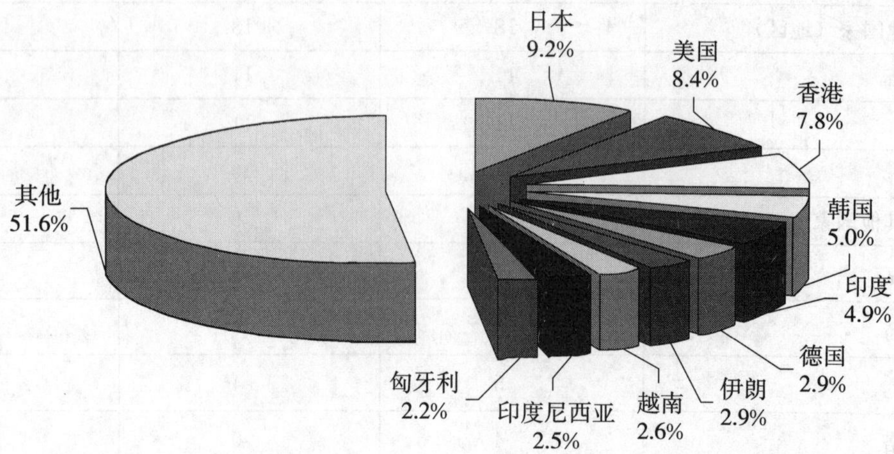

2011 年北京地区企业前十位进口市场

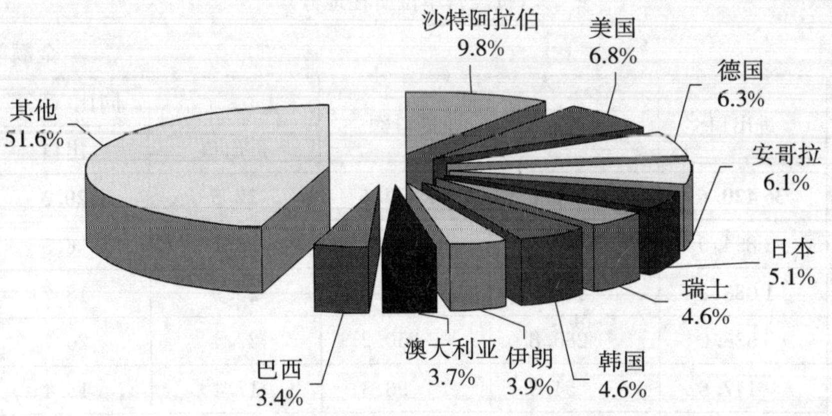

2-5　海关进出口贸易额（分贸易方式）

金额单位：万美元

贸易方式	进出口	出口	进口
总　值	**38 949 480**	**5 902 502**	**33 046 978**
一般贸易	32 734 577	2 987 818	29 746 759
加工贸易	3 558 355	2 066 391	1 491 964
来料加工	1 254 069	385 374	868 695
进料加工	2 304 287	1 681 017	623 269
海关特殊监管区域	1 787 649	283 577	1 504 072
保税监管场所进出境货物	1 646 417	276 533	1 369 884
海关特殊监管区域物流货物	137 653	7 044	130 608
国家间、国际组织无偿援助和赠送的物资	31 877	30 467	1 410
其他境外捐赠物资	24 962	748	24 215
寄售、代销贸易	177	0	177
加工贸易进口设备	166	0	166
对外承包工程出口货物	530 272	530 272	0
租赁贸易	148 221	102	148 119
外商投资企业作为投资进口的设备、物品	105 887	0	105 887
出料加工贸易	957	337	619
易货贸易	14	4	11
免税外汇商品	1 338	0	1 338
其他贸易	25 028	2 787	22 241

数据来源：摘自北京海关统计月报

（李　倩）

2-6 全国各省市进出口贸易总额

（按经营单位所在地分）

金额单位：万美元

地 区	进出口	出口额	进口额	同比（%）		
				进出口	出口	进口
总 值	**36 420.6**	**18 986.0**	**17 434.6**	**22.5**	**20.3**	**24.9**
北 京	3 894.9	590.3	3 304.7	29.1	6.5	34.2
天 津	1 033.9	445.0	588.9	25.9	18.7	32.0
河 北	536.0	285.8	250.2	27.4	26.7	28.3
山 西	147.6	54.3	93.3	17.4	15.4	18.5
内蒙古	119.4	46.9	72.6	36.8	40.6	34.5
辽 宁	959.6	510.4	449.2	18.9	18.4	19.4
吉 林	220.5	50.0	170.5	30.9	11.7	37.8
黑龙江	385.1	176.7	208.4	50.9	8.5	125.7
上 海	4 373.1	2 096.9	2 276.2	18.5	16.0	20.9
江 苏	5 397.6	3 126.2	2 271.4	15.9	15.6	16.3
浙 江	3 094.0	2 163.6	930.4	22.0	19.9	27.3
安 徽	313.4	170.8	142.5	29.1	37.6	20.2
福 建	1 435.6	928.4	507.2	32.0	29.9	36.0
江 西	315.6	218.8	96.7	46.0	63.1	17.9
山 东	2 359.9	1 257.9	1 102.0	24.8	20.7	29.8
河 南	326.4	192.4	134.0	83.1	82.7	83.5
湖 北	335.2	195.3	139.8	29.2	35.3	21.7
湖 南	190.0	99.0	91.0	29.6	24.4	35.9
广 东	9 134.8	5 319.4	3 815.3	16.4	17.4	15.0
广 西	233.5	124.6	108.9	31.6	29.7	33.9
海 南	127.6	25.4	102.2	47.5	9.5	61.4
四 川	477.8	290.5	187.4	46.2	54.2	35.3
重 庆	292.2	198.4	93.8	135.1	164.9	89.9
贵 州	48.8	29.9	19.0	55.2	55.5	54.8
云 南	160.5	94.7	65.8	19.5	24.5	13.0
西 藏	13.6	11.8	1.8	62.5	53.4	169.9
陕 西	146.2	70.1	76.1	20.8	12.9	29.2
甘 肃	87.4	21.6	65.8	18.0	31.8	14.1
青 海	9.2	6.6	2.6	17.1	42.0	−18.8
宁 夏	22.9	16.0	6.9	16.6	36.7	−13.1
新 疆	228.2	168.3	59.9	33.2	29.8	44.0

数据来源：商务部

2-7　历年进出口总额一览表

（1993—2011 年）

金额单位：万美元

年度	进出口总额	出口额	进口额
1993	2 826 683	672 105	2 154 578
1994	2 927 427	834 206	2 093 221
1995	3 703 513	1 024 977	2 678 536
“九五”时期	17 417 315	5 010 231	12 407 084
1996	2 931 833	811 975	2 119 858
1997	3 038 852	961 103	2 077 749
1998	3 050 609	1 051 293	1 999 316
1999	3 433 844	989 059	2 444 785
2000	4 962 177	1 196 801	3 765 376
“十五”时期	39 273 900	9 269 879	30 004 021
2001	5 154 131	1 178 687	3 975 444
2002	5 250 870	1 261 464	3 989 406
2003	6 846 262	1 685 173	5 161 089
2004	9 465 509	2 057 493	7 408 016
2005	12 557 128	3 087 062	9 470 066
“十一五”时期	113 900 296	24 818 619	89 081 677
2006	15 817 225	3 797 921	12 019 304
2007	19 294 630	4 892 328	14 402 302
2008	27 171 187	5 745 424	21 425 763
2009	21 476 276	4 836 261	16 640 014
2010	30 140 978	5 546 685	24 594 293
“十二五”时期			
2011	38 949 480	5 902 502	33 046 978

（李　倩）

2-8　1995—2011 年北京进出口额在全国各地区的排名

年　份	进　口	出　口
1995	2	3
1996	2	7
1997	2	7
1998	2	5
1999	2	7

（续）

年　份	进　口	出　口
2000	2	7
2001	2	7
2002	3	7
2003	4	7
2004	4	8
2005	4	7
2006	3	7
2007	3	7
2008	2	6
2009	2	7
2010	2	7
2011	2	7

（李倩）

三、服务外包与技术贸易

3-1 北京市2011年服务外包（离岸）外包类别情况

外包类别	2010年执行金额（万美元）	2011年执行金额（万美元）	同比增幅（%）
服务外包（离岸）合计	153 755.9	244 880.90	59.3
其中：			
信息技术外包	120 121.4	179 821.97	49.7
业务流程外包	22 086.5	29 693.28	34.4
知识流程外包	11 485.0	35 365.65	307.9
其他服务产品	63.1	----	----

（刘树民）

3-2 北京市历年服务外包（离岸）情况

年　度	合同数（份）	执行金额（万美元）	同比增幅（%）
总　计	**22 861**	**390 811.0**	
2006年	4 240	35 583.2	—
2007年	4 742	42 454.2	19.3
2008年	3 050	54 176.8	27.6
2009年	5 264	104 841.0	93.5
2010年	5 565	153 755.9	46.7
2011年	5 884	244 880.9	59.3

（刘树民）

3-3 2011年技术进出口合同登记情况

3-3-1 技术出口合同认定登记情况

一、按合同类型分

合同类型	合同数（份）	合同金额（万美元）	技术费（万美元）
合计	1111	1 242 787.7	662 947.7
技术开发	695	188 818.1	186 803.2
技术转让	30	1 721.8	1 721.8
技术咨询	17	597.4	596.9
技术服务	369	1 051 650.4	473 825.8

（巨振乐）

二、按企业类型分

卖方机构	合同数（份）	合同金额（万美元）	技术费（万美元）
合计	1 111	1 242 787.7	662 947.7
机关法人	2	28.5	28.5
事业法人	40	1 194.1	1 194.1
社团法人	1	7.7	7.7
企业法人	1 068	1 241 557.5	661 717.5
自然人	0	0.00	0.00
其他组织	0	0.00	0.00

（巨振乐）

三、按技术领域分

技术领域	合同数（份）	合同金额（万美元）	技术费（万美元）
合计	1111	1 242 787.7	662 947.7
电子信息技术	778	174 214.5	172 247.2
航空航天技术	8	17 381.3	17 381.3
先进制造技术	11	123 792.2	41 306.3
生物、医药和医疗器械	125	27 221.8	27 149.9
新材料及其应用	36	1 622.5	1 053.6
新能源与高效节能	76	324 029.3	192 625.6
环境保护与资源综合利用	27	200 994.6	39 897.7
核应用技术	11	211 229.9	124 133.9
农业技术	7	155 361.0	44 763.8
现代交通	9	6 296.3	1 744.4
城市建设与社会发展	23	644.5	644.0

（巨振乐）

技术出口数据来源：北京市技术市场管理办公室

3-3-2 技术引进合同登记情况

一、按合同类型分

引进方式（合同类别）	合同数（份）	合同金额（万美元）	技术费（万美元）
总计	1 501	422 848.0	348 868.1
A：专利技术的许可或转让（包括专利申请权的转让）	42	88 161.4	87 855.8
B：专有技术的许可或转让	192	130 753.1	128 332.5
C：技术咨询、技术服务	912	106 852.8	60 819.2
D：计算机软件的进口	323	63 021.4	63 020.7
E：A、B内容之一相关联的商标许可	1	170.8	170.8
F：涉及A、B、C内容之一的合资生产、合作生产等	5	1 331.7	703.0

（续）

引进方式（合同类别）	合同数（份）	合同金额（万美元）	技术费（万美元）
G：为实施 A 至 G 项内容而进口的成套设备、关键设备、生产线等	25	32 550.7	7 960.1
H：其他方式的技术进口	1	6.1	6.1

（巨振乐）

二、按企业性质分

企业性质分类	合同数（份）	合同金额（万美元）	技术费（万美元）
总计	1 501	422 848.0	348 868.1
国有企业	581	163 668.1	90 235.7
集体企业	40	1 651.2	1 651.2
外资企业	537	231 729.8	231 228.4
民营企业	339	24 196.4	24 196.4
其他	4	1 602.6	1 556.4

（巨振乐）

三、按国民经济行业分

企业性质分类	合同数（份）	合同金额（万美元）	技术费（万美元）
总计	1 501	422 848.0	348 868.1
农、林、牧、渔业	2	135.2	135.2
农业	1	94.9	94.9
畜牧业	1	23.9	23.9
农业服务业	0	16.4	16.4
采矿业	76	44 250.9	6 596.0
煤炭开采和洗选业	1	196.0	196.0
石油和天然气开采业	75	44 054.8	6 400.0
制造业	521	252 477.2	219 792.0
农副食品加工业	0	17.2	17.2
食品制造业	4	548.3	548.3
纺织业	1	77.8	77.8
纺织服装、鞋、帽制造业	3	196.3	196.3
皮革、毛皮、羽毛（绒）及其制品业	0	82.9	82.9
造纸及纸制品业	1	1 622.2	993.5
文教体育用品制造业	2	33.2	33.2
石油加工、炼焦及核燃料加工业	23	9 844.2	5 944.5
化学原料及化学制品制造业	47	34 094.5	30 424.0

（续）

企业性质分类	合同数（份）	合同金额（万美元）	技术费（万美元）
医药制造业	10	2 238.6	1 843.2
橡胶制品业	2	148.9	148.9
塑料制品业	1	201.2	201.2
非金属矿物制品业	7	1 789.9	1 789.9
黑色金属冶炼及压延加工业	22	27 417.6	5 619.0
有色金属冶炼及压延加工业	1	181.9	29.3
金属制品业	2	11.4	11.4
通用设备制造业	28	3 767.1	3 703.9
专用设备制造业	68	15 443.2	15 175.4
交通运输设备制造业	127	42 793.1	40 984.5
电气机械及器材制造业	18	4 050.8	4 050.8
通信设备、计算机及其他电子设备制造业	114	99 559.7	99 559.7
仪器仪表及文化、办公用机械制造业	35	3 180.8	3 180.8
工艺品及其他制造业	2	176.9	176.9
废弃资源和废旧材料回收加工业	3	4 999.7	4 999.7
电力、燃气及水的生产和供应业	27	6 058.0	5 242.6
电力、热力的生产和供应业	24	4 447.7	3 632.3
燃气生产和供应业	3	1 498.1	1 498.1
水的生产和供应业	0	112.3	112.3
建筑业	44	1 140.8	1 140.2
房屋和土木工程建筑业	3	271.1	271.1
建筑安装业	16	480.0	479.4
建筑装饰业	21	309.9	309.9
其他建筑业	4	79.9	79.9
交通运输、仓储和邮政业	25	12 275.9	10 235.8
铁路运输业	0	148.5	148.5
道路运输业	1	281.5	281.5
城市公共交通业	6	824.5	616.4
水上运输业	1	8.5	8.5
航空运输业	14	6 065.6	5 607.4
装卸搬运及其他运输服务业	3	4 798.7	3 424.9
仓储业	0	148.5	148.5
信息传输、计算机服务和软件业	245	63 247.2	63 247.2
电信和其他信息传输服务业	12	5 331.4	5 331.4

（续）

企业性质分类	合同数（份）	合同金额（万美元）	技术费（万美元）
计算机服务业	145	50 956.4	50 956.4
软件业	88	6 959.4	6 959.4
批发和零售业	38	2 751.2	2 751.2
批发业	6	94.8	94.8
零售业	32	2 656.4	2 656.4
住宿和餐饮业	3	703.3	703.3
住宿业	3	29.0	29.0
餐饮业	0	674.3	674.3
金融业	46	10 609.1	10 609.1
银行业	40	10 518.2	10 518.2
保险业	5	64.6	64.6
其他金融活动	1	26.3	26.3
房地产业	126	5 982.1	5 982.1
房地产业	126	5 982.1	5 982.1
租赁和商务服务业	46	1 708.4	1 708.4
租赁业	5	519.9	519.9
商务服务业	41	1 188.5	1 188.5
科学研究、技术服务和地质勘查业	147	10 262.8	10 201.6
研究与试验发展	29	652.6	647.6
专业技术服务业	115	9 427.6	9 371.4
科技交流和推广服务业	3	182.6	182.6
水利、环境和公共设施管理业	1	52.6	52.6
环境管理业	1	52.6	52.6
居民服务和其他服务业	140	9 058.2	8 501.3
居民服务业	83	3 249.5	3 249.5
其他服务业	57	5 808.7	5 251.7
教育	5	249.6	249.6
教育	5	249.6	249.6
卫生、社会保障和社会福利业	1	7.5	7.5
卫生	1	7.5	7.5
文化、体育和娱乐业	7	1 212.7	1 047.2
广播、电视、电影和音像业	1	250.6	85.1
体育	6	962.1	962.1
公共管理与社会组织	1	60.0	60.0
国家机构	1	60.0	60.0

（巨振乐）

四、利用外资

4-1 按投资方式分外商直接投资情况

金额单位：万美元

项目名称	项目数（个）	实际外资
总　计	**1 636**	**705 447**
中外合资企业	262	78 983
中外合作企业	10	15 068
外商独资企业	1 361	594 890
外商投资股份制	3	16 506

（高　茜）

4-2 按投资产业分外商直接投资情况

金额单位：万美元

产业名称	项目数（个）	实际外资
总　计	**1 636**	**705 447**
第一产业	8	214
第二产业	59	80 798
第三产业	1 569	624 435

（高　茜）

4-3 按投资行业分外商直接投资情况

金额单位：万美元

行业名称	项目数（个）	实际外资
总　计	**1 636**	**705 447**
农、林、牧、渔业	8	214
农业	7	70
畜牧业	0	67
渔业	0	72
农、林、牧、渔服务业	1	5
采矿业	1	440
石油和天然气开采业	0	440
非金属矿采选业	1	0

（续）

行业名称	项目数（个）	实际外资
制造业	53	63 303
农副食品加工业	1	9
食品制造业	4	6 112
饮料制造业	0	1 244
纺织业	0	49
纺织服装、鞋、帽制造业	1	444
木材加工及木、竹、藤、棕、草制品业	1	0
造纸及纸制品业	1	0
印刷业和记录媒介的复制	0	107
文教体育用品制造业	0	503
石油加工、炼焦及核燃料加工业	0	120
化学原料及化学制品制造业	0	3 929
医药制造业	2	5 741
塑料制品业	3	108
非金属矿物制品业	0	290
金属制品业	0	576
通用设备制造业	5	4 116
专用设备制造业	11	12 419
交通运输设备制造业	10	11 915
电气机械及器材制造业	2	2 854
通信设备、计算机及其他电子设备制造业	6	11 510
仪器仪表及文化、办公用机械制造业	4	1 190
工艺品及其他制造业	2	69
电力、燃气及水的生产和供应业	2	14 712
电力、热力的生产和供应业	0	13 191
水的生产和供应业	2	1 521
建筑业	3	2 343
房屋和土木工程建筑业	0	312
建筑安装业	0	709
建筑装饰业	3	818
其他建筑业	0	504
交通运输、仓储和邮政业	9	16 288
铁路运输业	1	0
道路运输业	1	300

（续）

行业名称	项目数（个）	实际外资
城市公共交通业	0	37
水上运输业	1	275
航空运输业	0	3 306
管道运输业	1	0
装卸搬运和其他运输服务业	4	3 414
仓储业	1	8 956
信息传输、计算机服务和软件业	191	109 246
电信和其他信息传输服务业	1	1 545
计算机服务业	93	18 169
软件业	97	89 534
批发和零售业	395	115 437
批发业	386	66 539
零售业	9	48 898
住宿和餐饮业	31	1 705
餐饮业	31	1 705
金融业	10	27 668
证券业	1	0
保险业	2	337
其他金融活动	7	27 331
房地产业	8	112 539
房地产业	8	112 539
租赁和商务服务业	536	190 363
租赁业	1	536
商务服务业	535	189 827
科学研究、技术服务和地质勘查业	330	44 294
研究与试验发展	117	13 138
专业技术服务业	96	16 742
科技交流和推广服务业	116	12 561
地质勘查业	1	1 856
水利、环境和公共设施管理业	1	5 042
环境管理业	0	29
公共设施管理业	1	5 013
居民服务和其他服务业	7	390
居民服务业	4	26

（续）

行业名称	项目数（个）	实际外资
其他服务业	3	364
教育	3	4
教育	3	4
卫生、社会保障和社会福利业	1	0
卫生	1	0
文化、体育和娱乐业	47	1 459
广播、电视、电影和音像业	3	44
文化艺术业	43	1 221
体育	1	0
娱乐业	0	194

（高　茜）

4-4　按投资国别分外商直接投资情况

金额单位：万美元

国别名称	项目数（个）	实际外资
总　　计	**1 636**	**705 447**
亚洲	1 153	439 231
中国香港	735	323 041
中国澳门	3	564
中国台湾	86	920
文莱	1	121
柬埔寨	2	0
印度尼西亚	3	0
马来西亚	14	1 200
菲律宾	1	0
新加坡	49	12 898
泰国	1	4
朝鲜	2	0
印度	3	35
伊朗	10	28
伊拉克	0	29
以色列	3	18
日本	114	77 196
约旦	1	0
卡塔尔	0	53

（续）

国别名称	项目数（个）	实际外资
沙特阿拉伯	2	0
韩国	119	22 372
土耳其	0	752
阿拉伯联合酋长国	4	0
非洲	19	1 399
阿尔及利亚	1	0
刚果	1	0
利比里亚	0	5
毛里求斯	5	1 311
尼日利亚	0	2
塞舌尔	9	81
南非	2	0
莱索托	1	0
欧洲	212	51 035
塞浦路斯	3	7
比利时	2	62
丹麦	2	3 671
英国	22	6 245
德意志联邦共和国	63	17 939
法国	24	6 642
爱尔兰	3	693
意大利	20	860
卢森堡	3	3 216
荷兰	18	3 677
希腊	0	65
西班牙	12	1 184
奥地利	8	89
芬兰	5	630
匈牙利	0	1
罗马尼亚	1	0
瑞典	7	715
拉脱维亚	1	0
列支敦士登	0	43
挪威	3	122

（续）

国别名称	项目数（个）	实际外资
瑞士	10	4 226
亚美尼亚	1	24
白俄罗斯	1	366
哈萨克斯坦	2	0
吉尔吉斯	1	0
俄罗斯	2	565
克罗地亚共和国	1	0
拉美洲	71	149 843
阿根廷	1	6
巴巴多斯	0	821
伯利兹	1	2
巴西	0	31
开曼群岛	17	35 982
智利	0	20
英属维尔京群岛	52	112 981
北美洲	165	33 637
加拿大	32	2 603
美国	132	30 221
百慕大	1	813
大洋洲	39	1 550
澳大利亚	24	569
新西兰	5	39
萨摩亚	10	893
马绍尔群岛共和国	0	49
其他	19	28 745

（高　茜）

五、对外经济

5-1 境外投资

金额单位：万美元

年 度	企业数（个）	批准投资总额	中方协议投资额
1979	1	22.00	—
1980	4	181.80	—
1981	2	25.80	—
1982	3	20.80	—
1983	2	166.50	—
1984	3	210.07	—
1985	5	190.30	—
1986	4	56.60	—
1987	6	213.72	—
1988	12	720.70	—
1989	6	671.00	—
1990	11	396.90	—
1991	23	3 623.18	—
1992	34	819.45	—
1993	47	12 562.49	—
1994	30	486.68	—
1995	25	2 510.86	—
1996	22	1 656.70	—
1997	20	715.46	—
1998	21	550.73	—
1999	13	394.58	—
2000	20	2 502.29	—
2001	20	912.30	—
2002	25	5 086.04	—
2003	38	63 249.61	—
2004	52	20 371.08	13 621.48
2005	52	24 216.24	7 582.08

（续）

年　度	企业数	批准投资总额	中方协议投资额
2006	76	31 654.53	6 980.56
2007	87	36 642.53	9 439.85
2008	103	42 491.15	20 582.28
2009	140	49 958.39	30 580.71
2010	266	177 084.38	69 383.36
2011	237	209 700.08	74 533.75
总计	1410	690 064.94	232 704.07

（张成成）

5-2　对外承包工程

金额单位：万美元

国别名称	新签合同额	完成营业额	外派人数（人）	期末在外人数（人）
合计	**261 088**	**248 098**	**7 370**	**12 414**
阿富汗	0	0	0	84
巴林	0	87	4	4
孟加拉	316	17	2	1
缅甸	432	242	18	16
柬埔寨	6	3	0	0
朝鲜	410	101	0	0
中国香港	275	0	1	1
印度	8 776	4 919	232	66
印度尼西亚	535	0	9	9
伊朗	19 691	18 341	2	54
日本	247	0	0	0
科威特	0	1 713	23	14
老挝	0	76	0	49
马来西亚	188	2 622	20	150
蒙古	3 289	487	257	200
巴基斯坦	0	1 184	0	0
卡塔尔	0	1 866	156	70
沙特阿拉伯	40 522	6 398	360	371
新加坡	528	479	1	461
斯里兰卡	3	323	0	5
叙利亚	1 892	376	0	0
泰国	6 289	86	2	0

（续）

国别名称	新签合同额	完成营业额	外派人数（人）	期末在外人数（人）
土耳其	256	178	1	0
阿拉伯联合酋长国	4 399	9 862	996	629
越南	1 967	769	20	33
东帝汶	3	2	0	0
哈萨克斯坦	1 472	919	4	105
乌兹别克斯坦	1 924	557	0	9
阿尔及利亚	6 658	4 845	403	547
安哥拉	10 445	49 768	2 467	5 367
贝宁	80	49	0	0
博茨瓦纳	0	384	0	0
布隆迪	866	510	38	50
喀麦隆	0	3 997	101	96
佛得角	0	100	0	0
中非共和国	518	272	12	10
乍得	15 537	13 230	343	327
刚果（布）	4 316	5 005	67	216
埃及	348	105	3	20
赤道几内亚	0	982	3	66
埃塞俄比亚	27 136	10 862	64	230
加蓬	6 231	0	0	0
加纳	938	1 311	1	196
几内亚	1 030	409	59	59
几内亚（比绍）	0	0	0	60
肯尼亚	5 189	4 479	39	55
利比亚	0	5 792	109	0
马里	825	422	0	0
毛里塔尼亚	35	5	0	0
毛里求斯	6 105	5 440	559	519
莫桑比克	4 315	2 641	18	67
纳米比亚	0	0	0	10
尼日尔	0	0	0	2
尼日利亚	40 532	63 563	378	800

（续）

国别名称	新签合同额	完成营业额	外派人数（人）	期末在外人数（人）
卢旺达	506	1 593	10	141
塞内加尔	0	22	0	0
南非	360	162	0	0
苏丹	2 892	2 734	36	36
坦桑尼亚	3 608	4 185	180	249
多哥	3 788	0	0	1
乌干达	3 950	1 230	15	69
赞比亚	3 538	1 992	118	505
津巴布韦	518	530	15	100
刚果（金）	95	32	13	8
丹麦	468	255	1	0
英国	600	660	0	2
荷兰	130	110	0	0
波兰	299	0	2	0
爱沙尼亚	325	0	1	0
格鲁吉亚	422	65	1	0
白俄罗斯	0	1 560	50	50
俄罗斯联邦	584	7	2	0
塞尔维亚	1 178	1 329	1	0
安提瓜和巴布达	0	362	0	38
巴西	966	0	2	0
智利	0	6	0	0
格林纳达	0	440	120	85
巴拿马	0	108	0	0
特立尼达和多巴哥	0	361	0	60
美国	11 291	3 040	0	0
百慕大群岛	0	28	0	0
澳大利亚	1 046	1 316	0	0
巴布亚新几内亚	0	193	31	42

（崔春玲）

5-3 对外劳务合作

金额单位：万美元

国别名称	新签劳务人员合同工资总额	劳务人员实际收入总额	派出人数（人）	期末在外人数（人）
合计	**1 941**	**3 805**	**4 434**	**5 428**
塞浦路斯	5	40	126	90
中国香港	242	314	400	365
以色列	212	59	233	122
日本	246	1 662	770	1 464
马来西亚	9	83	385	244
蒙古	267	44	78	78
菲律宾	3	38	71	33
新加坡	376	972	1 485	2 347
阿拉伯联合酋长国	0	16	0	10
台湾省	532	304	368	319
塞拉利昂	0	2	4	7
英国	0	5	87	73
德国	19	81	151	98
法国	0	0	10	3
希腊	0	0	5	5
加拿大	30	185	259	169
美国	0	0	2	1

第七部分

大　事　记

2011年大事记

1月

2011年1月11日（星期二）

闫小彦参加七省市区保障春节期间首都市场蔬菜供应协调会

2011年1月15日（星期六）

卢彦、束为、闫小彦、陈泽星、许康、李薇薇、申金升参加2011年市"两会"网上询问、咨询活动卢彦和闫小彦参加七省区市保障春节期间首都市场蔬菜供应联合行动

2011年1月24日（星期一）

卢彦、束为、韩雯 参加市领导与跨国公司负责人座谈会

2011年1月25日（星期二）

卢彦等部分委领导参加"2011北京商务新春联欢会"

2011年1月26日（星期三）

郭伟主持召开部分支部书记座谈会，听取组织中青年干部深入商业一线实践锻炼工作

2月

2011年2月16日（星期三）

卢彦、许康 参加2011年度北京十大商业品牌评选颁奖典礼

3月

2011年3月10日（星期四）

程玉华参加本市在利比亚人员撤离和安全保障工作总结会

2011年3月17日（星期四）

束为、闫小彦参加程副市长主持召开的本市食盐配送工作紧急会议

闫小彦组织召开加强本市生猪屠宰管理工作紧急会议

闫小彦指挥本市食盐紧急调运配送工作

4月

2011年4月13日（星期三）

韩雯参加第109届春季广交会

2011年4月14日（星期四）

许康参加本市打击侵犯知识产权和制售假冒伪劣商品专项行动工作推进会

2011年4月28日（星期四）

束为闫小彦、刘行苍 参加全市落实"菜篮子"工程责任制，加强蔬菜零售网络建设现场会

2011年4月29日（星期五）

闫小彦参加全市市级特色街授牌暨迎"五一"特色街消费周启动仪式

5月

2011年5月31日（星期二）

程玉华参加第三届服务贸易大会

6月

2011年6月1日（星期三）

郭伟、闫小彦、程玉华、许康、李薇薇、申金升、孙尧、韩雯、刘行苍参加第三届服务贸易大会

2011年6月2日（星期四）

郭伟、闫小彦、许康、申金升、孙尧、刘行苍参加服贸大会

2011年6月27日（星期一）

李薇薇、孙尧参加北京国际商贸中心建设专题培训班

7月

2011年7月6日（星期三）

闫小彦参加2011北京特色商业消夏节开幕式

2011年7月8日（星期五）

闫小彦参加“放心肉”服务体系建设工作部署会

8月

2011年8月6日（星期六）

闫小彦、刘行苍参加海淀北航社区周末车载蔬菜市场正式营业启动仪式

10月

2011年10月3日（星期一）

李薇薇出席时尚香港北京大集开幕式

2011年10月18日（星期二）

李薇薇、赵立宗参加2011中国（北京）电子商务大会

2011年10月20日（星期四）

孙尧、赵立宗参加2011拍卖季开幕式

孙尧、赵立宗参加2011购物季开幕式

11月

2011年11月30日（星期三）

郭伟、闫小彦、程玉华、许康、申金升、孙尧、魏忆京、张东芳向市人大财经委报告2011年商务发展情况和2012年工作初步安排

12月

2011年12月9日（星期五）

孙尧参加保税物流中心（B型）验收

2011年12月10日（星期六）

闫小彦参加“保障冬季首都蔬菜市场供应联合行动”启动仪式

2011年12月28日（星期三）

闫小彦、许康、李薇薇、刘行苍陪同市领导调研促消费工作

赵立宗参加2011北京购物季闭幕式、北京国际美食盛典闭幕式暨2012北京城里过大年启动仪式

第八部分

附　　录

北京市商务委员会组织序列

（截至2011年12月31日）

序　　号	市商务委处室
1	办公室
2	综合处（研究室）
3	法制与公平贸易处（世贸组织事务处）
4	流通规划处
5	流通发展处
6	流通秩序处
7	服务交易处
8	储备调控处（北京市盐务管理办公室）
9	市场运行处
10	物流发展处
11	酒类管理处
12	商务服务业发展协调处
13	外贸运行处
14	外贸发展处
15	机电进出口处（北京市机电产品进出口办公室）
16	服务贸易处
17	对外经济合作处
18	外资发展处
19	外资管理处（对港澳台经济合作处）
20	安全监管处
21	财务处
22	人事处
序　　号	**市政府口岸办公室处室**
23	秘书处
24	综合业务处
25	航空港处
26	陆港管理处（北京市人民政府口岸办公室丰台货运口岸管理处、北京市人民政府口岸办公室朝阳口岸管理处）

序　号	市粮食局（部门管理机构）
1	办公室
2	调控处
3	政策法规处
4	储备处
5	监督检查处
6	流通管理处
7	财务处
8	人事处
序　号	**市商务执法监察大队（直属管理机构）**
1	法制科
2	办公室
3	财务科
4	执法一队
5	执法二队
6	执法三队
7	执法四队

北京市商务委员会领导成员

卢　彦　党组书记，主任
束　为　党组副书记，副主任
郭　伟　党组成员，纪检组组长
闫小彦　党组成员，副主任
陈泽星　党组成员，副主任（2011年1月调出）
程玉华　党组成员，副主任
许　康　党组成员，副主任
李薇薇　党组成员，副主任
申金升　副主任
孙　尧　副主任
魏忆京　委员（副局级）
张东芳　委员（副局级）（2011年8月任职）
韩　雯　副巡视员
刘行苍　副巡视员
赵立宗　副巡视员（2011年5月调入）
陈　文　援藏指挥部副指挥（副局级）

北京市人民政府口岸办公室领导成员

王卫平　　党组书记，主任

吴伯棠　　党组成员，纪检组长

魏登范　　党组成员，副主任

王立杰　　党组成员，副主任（2011 年 11 月调入）

王洪存　　党组成员，副主任（2011 年 11 月调出）

北京市粮食局领导成员

李广禄	党组书记，局长
周爱华	党组副书记，纪检组长
朱　雷	党组成员，副局长
张　强	党组成员，副局长
杨　牧	党组成员，副局长